注册国际投资分析师考试指定用书（2024）

财务会计和财务报表分析

国际投资专业人士学习平台
瑞士投资专业人士培训中心　编著
中　国　证　券　业　协　会

中　国　证　券　业　协　会　编译

中国财经出版传媒集团
中国财政经济出版社
北京

图书在版编目（CIP）数据

财务会计和财务报表分析／国际投资专业人士学习平台，瑞士投资专业人士培训中心，中国证券业协会编著；中国证券业协会编译．--北京：中国财政经济出版社，2024.7

注册国际投资分析师考试指定用书．2024

ISBN 978－7－5223－2742－6

Ⅰ．①财… Ⅱ．①国… ②瑞… ③中… Ⅲ．①财务会计－资格考试－教材②会计报表－资格考试－教材 Ⅳ．①F234.4②F231.5

中国国家版本馆 CIP 数据核字（2024）第 034688 号

责任编辑：郁东敏　　　　责任校对：张　凡

封面设计：中通世奥　　　　责任印制：党　辉

财务会计和财务报表分析

CAIWU KUAIJI HE CAIWU BAOBIAO FENXI

中国财政经济出版社 出版

URL：http：//www.cfeph.cn

E－mail：cfeph@cfeph.cn

社址：北京市海淀区阜成路甲 28 号　邮政编码：100142

营销中心电话：010－88191522

天猫网店：中国财政经济出版社旗舰店

网址：https：//zgczjjcbs.tmall.com

北京鑫海金澳胶印有限公司印刷　各地新华书店经销

成品尺寸：185mm×260mm　16 开　26.75 印张　415 000 字

2024 年 7 月第 1 版　2024 年 7 月北京第 1 次印刷

定价：75.00 元

ISBN 978－7－5223－2742－6

（图书出现印装问题，本社负责调换，电话：010－88190548）

本社质量投诉电话：010－88190744

前　言

注册国际投资分析师（CIIA）考试由注册国际投资分析师协会（Association of Certified International Investment Analyst，ACIIA）主办。ACIIA是由欧洲金融分析师联合会、亚洲证券分析师联合会以及欧洲、亚洲、大洋洲和拉丁美洲的近30个国家和地区的投资分析师组织，于2000年6月联合成立的国际性专业机构，其宗旨是推行投资分析领域的国际标准。CIIA考试涵盖了投资分析师应当掌握并熟练运用的各类专业知识，其专业水准得到了注册国际投资分析师协会各成员国家和地区，以及部分其他专业组织的广泛认可，通过CIIA考试是具有在不同国家或地区从事金融服务业工作能力的重要标志之一。

中国证券业协会于2001年成为ACIIA的会员，此后开始推动引入CIIA考试，并于2006年3月11日在我国组织了首次CIIA考试。CIIA考试作为我国证券行业多层次人才教育培训体系的重要组成部分，对促进证券行业专业人员提升专业素养和国际视野，积极服务资本市场高水平制度型开放具有积极意义。同时，CIIA考试充分尊重不同国家或地区的投资分析专业人员学习和工作的法律环境和语言环境，允许使用中文参加考试，非常适合我国从事投资分析、财富管理、企业融资以及投资银行等工作，特别是需要在不同国家和地区工作的专业人士报考。截至2024年6月，我国境内共有2288人通过了CIIA考试。

近期，注册国际投资分析师协会发布了2024版注册国际投资分析师考试教材，新版英文教材在逻辑结构和层次上重新进行了梳理，更新了部分内容，主要包括：一是各本教材中局部内容调整。根据理论知识和市场实践发展，更新各本教材的局部内容，如《公司财务》中增加租赁相关内容，《衍生产品估值与分析》中增加多种期货合约、套期保值的介绍，更新期权定价模型、套利关系的内容，细化信用衍生品的介绍等。二是新编《投资组合管理》，增加现代投资组合理论、有效市场假说与行为金融、多因子模型和因子投资、客户目标及投资策略、资产负债管理、国际投资、可持续投资、绩效度量与评价、投资经理的选择、股票投资组合管理、交易所交易基金、另类投资、金融科技和数据分析等内容，重新梳理了章节构成。三是优化逻辑、体例，考虑教材内容体系庞大，各本教材对部分章节知识的排布顺序进行了调整，使内容由浅入深、循序渐进，增强逻辑性，重新编排了章、节、小节、知识点编号。四是更新了数据、案例，增加了一些新的企业经营案例、年报分析案例等，更新了各类图表、案例中的数据，时间信息与近期市场进程同步。

为便于报考人员学习、掌握相关知识体系，中国证券业协会组织专家对英文原版教材进行了翻译。在历时数月的2024版《注册国际投资分析师考试指定用书》翻译工作中，专家们对整套7本教材逐字逐句研读、斟酌、修订，力求信、达、雅，但由于编译工作浩繁，时间紧张，书中难免有所疏漏、不足甚至错误之处，恳请读者批评指正。

如有任何意见和建议，欢迎发送邮件至 zybzb@ sac. net. cn。

中国证券业协会

2024年7月

目　录

第 1 章　原则和准则

1.1　财务报告环境

1.1.1　财务报表

财务会计被看作一门商业语言，是外界了解一个组织商业活动的媒介。我们不可能详细地解释所有的商业活动，因此，财务报表成为传递组织信息的工具。财务报表的主要目标是向其使用者提供有关其商业经营的真实和公正的信息，所以，组织能够通过财务报表使外界了解它们的活动。

本章是导论部分。整个财务会计就好像一个望远镜：初始章节进行简明的术语介绍，后续章节将详细解释这些术语。因此，读者必须通读这些术语，如资产负债表等，并熟悉和了解它们。为了使读者更好地理解资产负债表、综合收益表和现金流量表等，本章的附录提供了博世（Bosch）集团（一家德国工业企业）的财务报表。读者可以阅读附录并尝试理解各个项目，如果有不懂的内容，不用担心，我们会在后续章节里详细讲解。

资产负债表、综合收益表和现金流量表是三张主要的财务报表，这三张报表也被称为基本财务报表。除此之外，还有所有者权益变动表以及附注。这些报表的编制应遵循不同的规则，这些规则具有一般性，但是具体的规则却可能因国而异。

规范财务报表编制的规则主要来自以下三个方面：

①规范公司报告的法律；

②证券市场监控主体的法规；

③专业会计团体的准则。

财务分析师对公司发布的财务报表极为关注，因为财务分析师并没有参与公司财务报表的具体编制过程，所以充分理解财务报表中的各个项目、列报规则和报表编制过程中所依据的基本原则，对财务分析师而言就显得至关重要。本书将对上述事项逐一进行讲解。

1.1.1.1　资产负债表

资产负债表，也称财务状况表。在所有的财务报表中，资产负债表是最重要的，它在财务年度的年末编制。财务年度也就是财政年度、会计年度和会计期间等。收集财务信息的整个过程就是为了便于这些报表的编制。资产负债表由两边或两个部分组成，分为资产部分、负债和所有者权益部分。负债和所有者权益部分又分为负债与所有者权益两部分。

资产，是企业拥有或控制的资源。资产分为两类：固定资产和流动资产。

固定资产（或非流动资产），是指企业经济活动中长期使用的资产，包括建筑物、设备和对联营企业的投资等。这些资产具有使用寿命长的特点。取得这些资产的目的是将其用于生产商品或提供劳务。因此，固定资产一般不是为了再出售而持有，而是被企业持有直至不能再提供服务。

流动资产包括存货、短期（少于 1 年）索取权和现金。这些资产由企业的经济活动产生，不会被企业长期持有，会在业务活动过程中被同类资产永久地替换。

负债，代表与企业没有所有权关系的各方（比如银行）的索偿权。负债包括借款和对供应商的负债（应付账款）。负债可分为金融负债、经营负债和准备金。

- 金融负债，是指由于融资活动而产生的负债（借款）。
- 经营负债，包括对供应商的负债（应付账款），是由企业经营活动产生的。对供应商负债的重要性取决于商业惯例。在许多国家，对供应商的付款可以递延几个星期或几个月，在这些国家，对供应商的负债就显得极为重要。

短期负债（少于 1 年）和中长期负债（超过 1 年）一般应分别列示。

- 准备金，是指时间或金额不确定的负债。准备金的确认是为由风险和不确定性引发的很可能发生的未来现金流出提供准备。

所有者权益，又称股东权益，是指对企业资产扣除负债后剩余的索取权。所有者权益等于企业所有者投入企业的财富加上企业过去经营所产生的盈余。

所有者权益可以用来计量企业所有者投入企业的财富，即：

所有者权益 = 资产 − 负债

资产负债表是下面基本会计恒等式的数值陈述：

资产（A）= 负债（L）+ 所有者权益（E）

资产和负债的报告要遵循公认会计原则（GAAP），一些会计规则，如资产应以成本列表、计提资产减值准备等，要遵循不同的会计原则。后续章节将详细介绍这些规则和准则。

资产负债表就是反映资产、负债和所有者权益之间关系的财务报表。资产负债表反映一个既定时点上各类资产的价值，这些资产的价值随时间变动而变动，但基本会计恒等式始终成立，因此，资产负债表是一个时点的概念。

资产负债表在特定的会计期末编制，通常是年末。除了年度资产负债表，许多国家市场监管机构要求企业更频繁地编制资产负债表。

我们注意到，许多企业也编制利润分配表。这一报表主要是说明企业产生的会计盈余是如何在股东和其他受益人之间进行分配的，以及有多少作为留存收益留在企业内。

表 1－1 是某公司的资产负债表。注意：为了便于读者理解，这里给出的是一张简化的资产负债表。本章后的附录给出了详细的资产负债表和其他表格。

表 1－1　　**资产负债表**　　单位：百万元

资产	金　额	负债和所有者权益	金　额
流动资产		**流动负债**	
现金和现金等价物	8.83	应付账款和其他应付款	15.08
其他流动资产	5.28	应付票据	18.68
应收账款和其他应收款	19.47	应交税费	1.46
存货	12.31	应计负债和递延收益	4.80
预付账款和应计项目	1.38		
流动资产合计	47.27	**流动负债合计**	40.02
固定资产		**长期负债**	
不动产、厂房和设备	32.65	长期债务	7.17
其他固定资产	9.32	应付职工薪酬	3.76
无形资产	10.76	递延税款	2.64
固定资产合计	52.73	准备金	4.60
		长期负债合计	18.17
		归属母公司的所有者权益	
		股本	10.00
		留存收益	30.81
			40.81
		少数股东权益	1.00
		所有者权益合计	41.81
资产总计	100.00	**负债和所有者权益总计**	100.00

1.1.1.2 综合收益表

企业编制的第二张重要的财务报表是综合收益表，它主要反映企业在某一段特定期间的经营成果，也就是企业经营的最终结果。它告诉我们，企业在某一特定期间是否盈利，也解释了企业在某一特定会计期间的绩效。这是一个流量概念。

综合收益表包括以下两个组成部分：

- 利润表（收益表）；
- 其他综合收益表。

利润表包括收入和费用。收入是企业活动产生的财富的增加，收入的确认必须符合必要的条件。收入包括销售收入和利息收入等。费用是为赚取相关的收入而发生财富的减少。费用包括原材料耗费、人工费用、折旧费用、利息费用和所得税费用等。

利润表的基本原则是：利润或损失是某个期间收入和费用的差额。这就是配比原则，即收入①和产生收入的所有费用②相匹配。当期损益也称作净利润。

利润（损失）或净收入 = 收入 − 费用

因为某些当期发生的引起财富增加或者财富减少的事项并不符合收入或费用确认的必要条件，所以这些事项不能在利润表中予以确认，例如固定资产重估增值。国际会计准则允许企业定期对其有形固定资产进行评估。因为可靠性的缺失，所以重估产生的增值不能确认为当期损益（重估的金额并不是交易产生的结果，只是该企业或评估专家的估计）。这种财富的变动应在其他综合收益表中列报。

当期净利润或净损失加上其他综合收益即可得到综合收益总额。计算公式如下：

综合收益总额 = 利润或损失 + 其他综合收益

直到2008年，公认会计原则并没有要求企业编制综合收益表。作为企业财务报表的组成部分，只要求企业编制利润表。其他综合收益中的项目以及与股东交易使所有者权益变动的相关事项包括在企业所有者权益变动表中。

从2009年开始，只有与股东交易使所有者权益变动的相关事项在所有者权益变动表中列报，与股东交易无关的事项应在综合收益表中列报。

因为企业具有持续经营的特征，所以必须定期向各类利益相关者报告企业的经营业绩。因为报告期间的需要，配比原则的概念被引入。配比原则，是指为计算某报告

---

① 严格地说，收入是由企业业务活动产生的经济利益的流入（商品和服务的销售收入、收到的利息等）。其他收入的组成部分是“利得”（参见第2章）。

② 费用是由交付或生产货物、提供服务或从事构成该企业正在进行的主要业务的其他活动而产生的经济利益的流出。

期间的利润，应将该期间内的收入与赚取这些收入所产生的费用以及其他综合收益相匹配。报告期间一般指 1 年。

按照国际财务报告准则（IFRS）的规定，综合收益表可以采用以下两种方式列报：

- 单张报表列报方式；
- 两张报表列报方式，即利润表加其他综合收益表。

表 1－2 和表 1－3 是两种列报方式的举例。

表 1－2　　单张报表列报方式

××企业综合收益表　　单位：百万元

项　目	金　额
销售收入	80 000
销售成本	(45 000)
毛利润	35 000
其他业务利润	8 000
销售费用	(15 000)
管理费用	(8 000)
其他费用	(5 000)
财务费用	(3 000)
税前利润	12 000
所得税	(3 000)
本年利润（净利润）	9 000
汇兑差异	(800)
重估增值变动	2 500
投资性房地产利得	400
其他综合收益	2 100
综合收益合计	11 100

表 1－3　　两张报表列报方式

××企业利润表　　单位：百万元

项　目	金　额
销售收入	80 000
销售成本	(45 000)
毛利润	35 000

续表

项　　目	金　　额
其他业务利润	8 000
销售费用	(15 000)
管理费用	(8 000)
其他费用	(5 000)
财务费用	(3 000)
税前利润	12 000
所得税	(3 000)
本年利润（净利润）	9 000

××企业其他综合收益表

本年利润（净利润）	9 000
汇兑差异	(800)
重估增值变动	2 500
投资性房地产利得	400
其他综合收益	2 100
综合收益合计	11 100

许多国家的公认会计原则并没有明确规定收入和费用的列报格式。但是，基于各个企业的习惯，形成了一些有效的列报样式。表1－4、表1－5是这些样式的几个例子。

表1－4　　列报样式一

项　　目	N年	N－1年
销售收入	—	—
－销货成本	—	—
＝毛利润	—	—
＋其他营业收入	—	—
－营业费用	—	—
＝营业利润或息税前利润（EBIT）	—	—
－利息	—	—
＝税前利润	—	—
－所得税	—	—
＝特殊项目前收益	—	—
±特殊项目	—	—
＝净利润	—	—

表 1－5　列报样式二

项　　目	N 年	N－1 年
销售收入	—	—
－销货成本	—	—
＝毛利润	—	—
＋其他营业收入	—	—
－营业费用	—	—
－营业利润或息税前利润（EBIT）	—	—
－所得税	—	—
＝税后净营业利润（NOPAT）	—	—
－利息	—	—
＝特殊项目前收益	—	—
±特殊项目	—	—
＝净利润	—	—

在综合收益表中，费用可按其性质或者按其功能进行分类并列报。

第一种方法是将性质相同的费用（如货物采购、运输成本、薪酬和折旧等）进行加总。这是欧洲大陆使用的传统列报方式。

第二种方法是按费用的功能列报，通常是将费用分为销售成本、销售费用和管理费用等。这种列报方式通常在英美国家使用。与按费用的性质列报相比，按费用的功能列报可提供更多的相关信息。但是，在实务中按功能对费用进行分配需要更多的专业判断。

表 1－6 是两种列报格式范例。

表 1－6　两种列报格式范例

按性质划分经营费用			按功能划分经营费用		
	N 年	N－1 年		N 年	N－1 年
销售收入	×	×	**销售收入**	×	×
其他业务收入	×	×	销货成本	(×)	(×)
产成品和在产品存货的变动	(×)	×	毛利润	×	×
企业已完工并已资本化的产品项目	×	×	其他业务收入	×	×
原材料和消耗品的消耗	(×)	(×)			
薪酬费用	(×)	(×)	销售费用	(×)	(×)
折旧与摊销费用	(×)	(×)	管理费用	(×)	(×)
其他营业费用	(×)	(×)	其他营业费用	(×)	(×)

续表

按性质划分经营费用			**按功能划分经营费用**		
	N 年	N－1 年		N 年	N－1 年
营业利润	×	×	营业利润	×	×
财务费用	(×)	(×)	财务费用	(×)	(×)
投资收益	×	×	投资收益	×	×
税前利润	×	×	**税前利润**	×	×
所得税费用	(×)	(×)	所得税费用	(×)	(×)
特殊项目前的净利润或损失	×	×	**特殊项目前的净利润或损失**	×	×
特殊项目	×	(×)	特殊项目	×	(×)
净利润	×	×	净利润	×	×

对综合收益表进行分析时，辨别经常性项目和非经常性项目是至关重要的。经常性项目是持续经营的项目，而非经常性项目则为非持续经营的项目。非经常性项目一般分为以下三类：

- 特殊项目；
- 已终止经营的项目；
- 会计估计的变更。

（1）特殊项目是通常不会发生或很少发生的项目。比如，某企业的主要客户破产。在收购方的利润表中，由此产生的损失异常大，所以将该损失归类为特殊项目。

（2）当企业决定终止一个分部时，就会因终止经营而产生收益或损失。终止经营的业务随后被售出。一旦决定将此业务分部售出，该业务分部的收入和费用就应当单独计算和列示。

【例 1－1】 终止经营在利润表中的列报见表 1－7。

表 1－7　　终止经营在利润表中的列报

持续经营的利润	10 000
所得税	－2 000
持续经营的净利润	8 000
终止经营	
来自终止经营的净利润（税后）	2 000
处置业务分部的损失，包括停工阶段计提的经营损失准备	－1 000
净利润	9 000

（3）第三类主要的非经常性项目是会计估计变更或会计政策变更的影响。这种影响既可能是会计原则的变更带来的，也可能是应用会计原则方法的变更带来的。比

如，折旧率或摊销率的变更以及折旧方法或摊销方法的变更。有时企业会将折旧方法从直线折旧法变更为余额递减法或做相反变更。在这些情形下，应充分披露上述变更的影响。值得注意的是，会计变更一般不会对合并现金流量产生影响。

因此，财务分析师应深入了解利润模式的实质，以便真正确定某些收入或费用项目对企业长期盈利的影响。

1.1.1.3 现金流量表

现金流量表是一个经济实体编制的第三张报表，它反映了特定期间内企业现金流的来源、使用情况以及所有交易对现金结余的影响。

现金流量表也提供企业在特定期间进行的投资和融资活动的相关信息。它从经营活动提供的现金流量开始，这是企业的现金内部来源。经营现金流量通常以净额报告，而其他现金流量以总额报告。也就是说，所有的投资和融资活动的现金流量报告应包括所有细节（内容），而不仅仅是净额。

现金流量表将在本章第三部分详细讲解。

1.1.1.4 所有者权益变动表

根据国际会计准则理事会（IASB）和其他几个准则制定机构的要求，企业需要编制所有者权益变动表。

在 2009 年前，所有者权益变动表主要包括当期所有者权益的所有变动，尤其是以下内容：

- 与股东进行的资本交易；
- 分配给股东的股利；
- 本期净利润；
- 直接计入所有者权益的利得或损失；
- 其他。

从 2009 年开始，所有者权益变动表只列报了由于与股东交易产生的所有者权益变动（主要是股本增加、股本减少和股利）。这些变动是货币性的（也就是说，这些变动将导致现金的流入或流出）。

所有其他变动（即净利润、直接计入所有者权益的利得或损失）将在综合收益表中列报，而不再在所有者权益变动表中列报。这些变动是非货币性的（不会对现金流量产生影响）。

所有者权益变动表如表 1－8 所示。

表 1－8　　**所有者权益变动表**　　单位：百万元

项　目	股本	股本溢价	留存收益	外币折算差额	合计	少数股东权益	所有者权益合计
N－1 年 1 月 1 日所有者权益	**363**	**1 308**	**480**	**4**	**2 155**	**645**	**2 800**
股本发行	100	420			520		520
N－1 年综合收益合计			120	－57	63	60	123
股利			－75		－75		－75
N－1 年 12 月 31 日所有者权益	**463**	**1 728**	**525**	**－53**	**2 663**	**705**	**3 368**
会计政策变更的影响			－33		－33	－17	－50
N－1 年 12 月 31 日所有者权益（重述）	**463**	**1 728**	**492**	**－53**	**2 630**	**688**	**3 318**
股本返还	－73				－73		－73
股利			－50		－50		－50
N 年综合收益合计			160	178	338	80	418
N 年 12 月 31 日所有者权益	**390**	**1 728**	**602**	**125**	**2 845**	**768**	**3 613**

综合收益和其他所有者权益变动的关系如表 1－9 所示。

表 1－9　　**综合收益与其他所有者权益变动**

	所有者权益变动		财务报表
	增加	减少	
与股东的交易（货币性变化）	股本发行（新增资本）	股本返还；股利	所有者权益变动表
综合收益总额（非货币性变化）	净利润（如果是盈利）+ 不影响净利润的所有者权益增加： • 重估增值增加 • 货币折算差额 • 其他	净利润（如果是亏损）+ 不影响净利润的所有者权益减少： • 重估增值减少 • 货币折算差额 • 其他	综合收益表

1.1.1.5　财务报表附注

如前文所述，财务报表的主要目的是进行适当的会计披露。因此，财务报表附注（有时被称为报表项目的注解或脚注）具有重要意义。在所有规范信息披露的规则中，财务报表附注是整个财务报表的有机组成部分。财务报表附注通常分为三个部分：

- 会计政策描述；
- 会计准则要求披露的信息；
- 财务报表公允列报需要提供的其他信息。

财务报表附注披露编制财务报表所运用的会计政策，尤其要详细说明固定资产的估值方法、折旧方法、养老金计划的会计处理方法等，有时还提供关于可转售证券的价值变动、债务参数的变化、税收处理、税收优惠、递延承诺事项等方面的信息。

财务报表附注对于企业经营业绩的时间序列分析和企业之间的横向比较分析非常重要。保证被评估的不同企业所遵循的会计政策具有可比性，且这些政策在该时期内保持不变，是非常重要的。在分析前，需要对财务报表进行事先调整，以保证这些财务报表基于同样的会计政策，否则任何分析都没有意义。

财务报表附注尤其要提供有关或有事项的信息。或有事项是可能发生并会影响企业收益的事件。如前文所述，资产负债表中的负债是由过去的事件引发的对企业的索偿权。将来的事件也可能引发对企业的索偿权，有些项目的实际索偿权可能并不确定。举例来说，企业为职工的银行贷款提供担保，如果职工到期偿还债务，企业就没有负债产生；如果职工违约，企业就必须还款。这样，在职工还清债务前，这种可能的索偿权都存在，但并不确定。如果职工碰巧违约，那么企业就需要承担负债。这是一个有关或有负债的简单事例。

或有事项，是指未来有可能但不是很可能发生并导致预期损失的不确定事项。国际财务报告准则（IFRS）规范了或有事项披露的要求，但是对或有负债是否报告主要依赖于企业的判断。在这些附注里，披露的一个主要项目是企业的衍生金融产品交易的风险敞口状况。如果企业存在衍生金融产品风险敞口，它需要披露当衍生金融产品的标的商品或有价证券的价格反向变化时，这些风险敞口可能给企业造成的最大损失。除此之外，重大风险和不确定性必须加以披露。

对每个财务分析师来说，财务报表附注代表了企业的潜在“地雷”，它有可能改变整个企业的状况。财务报表项目的附注可以提供报表正文没有反映的额外信息，而这些信息对公允反映一个企业的财务状况是必要的。会计准则和资本市场的监管者要求披露这些信息。

年度报告还包括其他各种报告，比如审计报告、公司董事会报告、员工一览表和公司时间序列数据等。由此可见，财务报表和其他资料构成所有财务分析师所需要的最重要信息。

1.1.1.6　商业活动和财务报表的关系

财务报表是分析企业业绩不可或缺的文件。这些报表真实公允地反映了企业经营的情况。因此，财务报表和商业活动之间有着直接的联系。

资产负债表反映了企业投资活动与融资活动之间的关系。任何企业都是首先向股东和债权人筹集资金，然后购买资产。接着，企业才可以生产产品或提供服务。销售产品或提供服务会产生收入。企业购买原材料、劳动力并发生其他费用，用收入或其他融资活动取得的资金偿还债权人的债务，购买更多机器并分配一定盈余给股东。

商业活动的第一部分是融资活动和投资活动。因此，资产负债表反映了资金从哪里来（资金来源）和投向哪里（资金运用）的细节。换句话说，它反映了企业取得资产所需资金的来源和资金的投资去向。负债和所有者权益方代表了融资活动，资产方代表了企业的投资活动。财务报表没有提供每一台设备的明细信息，为了便于分析，设备按类别加以报告。

利润表是反映企业营业活动的报表，该报表详细地反映了企业通过各种活动产生的收入。收入与为赚取这些收入而产生的费用相匹配。企业的经营活动在利润表中以货币的形式反映。我们把非经营活动的利得和损失也计入综合收益表中，就反映了企业的完整情况。

因此，通过这些报表中以货币形式表现的投资活动、融资活动、经营活动和非经营活动，我们就可以了解企业的全貌。

1.1.2 财务报告问题

1.1.2.1 财务报表的使用

财务报表的主要使用者是外部利益相关者，有很多外部利益相关者需要使用会计信息。主要的使用者包括职工、政府、投资者、债权人、银行和特定利益团体。

权益投资者的主要兴趣就是发现他们计划的投资或现存投资的风险—收益比。财务报表反映了企业过去的真实情况，权益投资者据此做出重大决策。权益投资者和财务分析师不仅使用这些基本财务报表，而且还广泛地使用财务报表附注和其他补充表格，从中提炼出更多信息。在英美国家，会计准则制定机构一般将权益投资者作为会计信息的主要使用者，因此，它们制定的规则主要是为了满足这些群体的需要而设计的。在其他国家，投资者的优先地位并没有被清晰地界定，但实际上，大公司的财务报表主要还是服务这一群体。

财务报表的另一类重要使用者是债权人，他们并不拥有企业，他们的兴趣仅仅在于确保企业能够满足他们的索偿权。他们可能要承担一定的违约风险，但他们不能获得企业的超额盈余。因此，债权人详细分析财务信息以评价企业的资信。他们也会考虑企业的盈利能力和现金流量。

当今，企业都对自己的竞争对手的财务报表也进行深入分析，这使他们对竞争对手的财务状况非常了解。该企业的竞争力有多强？它能在价格战中幸存下来吗？是否可以对它进行收购？它的优势和弱点是什么？这些问题的答案都可以通过分析财务报表得到。

近年来发生了许多并购事件，而且这一趋势会进一步上升。确定一个并购对象，初始的分析只能利用并购对象的财务报表得到。

一旦做出收购的决定，就要马上确定其他事项，如互换比率、价格和估价等。第一步是进行“假设”分析，以便对合并后的实体的财务报表进行预测；第二步是研究收购是否可以让收购方的股东真正获利。为了达到这一目的，企业目前的财务报表是重要的基石。

除了这些主要的利益相关者外，政府和监管机构、如资本市场监管机构、银行业监管机构和反垄断委员会也使用财务报表进行决策，财务报表也被工会组织广泛地运用于与企业进行的谈判。

1.1.2.2　会计准则的国际差异

会计包括两个方面：确认和计量。确认是将交易和事项的影响列入财务报表的过程；计量是将金额指定给财务报表某个特定项目的过程。

在世界范围内，会计技术和基本原则是一致的。然而，某些国家在会计原则的应用，特别是在与计量相关原则的运用方面，还存在差异。

（1）两种会计模式

大多数专业人士认同以下两种主要的会计模式：

- 英美模式（the Anglo-American Model）；
- 欧洲大陆模式（the Continental European Model）。

两种模式的成因可以归为以下三大方面，这些因素影响了会计：

一是主要的融资模式。在英美国家，会计的主要目的是为金融市场提供有用的信息；而在欧洲大陆，传统上更重视向其他使用者，如银行、职工、政府以及一般公众提供所需要的信息。许多专家认为，上述区别源于融资模式的不同：美国和英国的企业主要向股东融资；而欧洲大陆的企业主要由银行提供资金。

二是法律体系。一般存在两种法律体系：

- 普通法体系（the Common Law System）；
- 成文法体系（the Code Law System）。

英美国家使用普通法体系。在这种法律体系下，法律规则建立在判例基础上，因而，并没有一个通用的条例适用于所有的案例。公司法的规范很少，也没有针对会计的专门法律规定。会计规范通常由私营部门的会计专业组织制定。

相反，欧洲大陆的多数国家使用成文法体系。成文法的特征是有一套详细的法律规则。会计规范通常由政府或政府指定的组织制定，并且会计规范具有法律效力。

三是税收制度的影响。在欧洲大陆的多数国家，税收以会计利润为依据计征，只有已经在利润表中确认了的费用才可以从应税所得中扣减。比如，一家公司财务报表中的资产如果分 10 年计提折旧，那么基于税收的目的计提折旧的年数也不能少于 10 年，其结果是企业为达到避税的目的而有意低估收益。

相反，在英美国家，会计与税收一般是明确分离的。在会计上，公司可对资产按 10 年计提折旧；同时，如果财政部门认可，纳税时可以按 5 年计算折旧。在这些国家里，企业没有必要使会计选择与税法保持一致，企业在报告较高会计利润的同时，不会导致额外的税负。

在比较位于不同会计模式的国家的公司的业绩时，必须牢记这一差异。

诺布斯（Nobes）在会计制度分类中将这两种会计模式称为“微观基础模式”（即英美模式）和“宏观统一模式”（即欧洲大陆模式）（见图 1－1）。

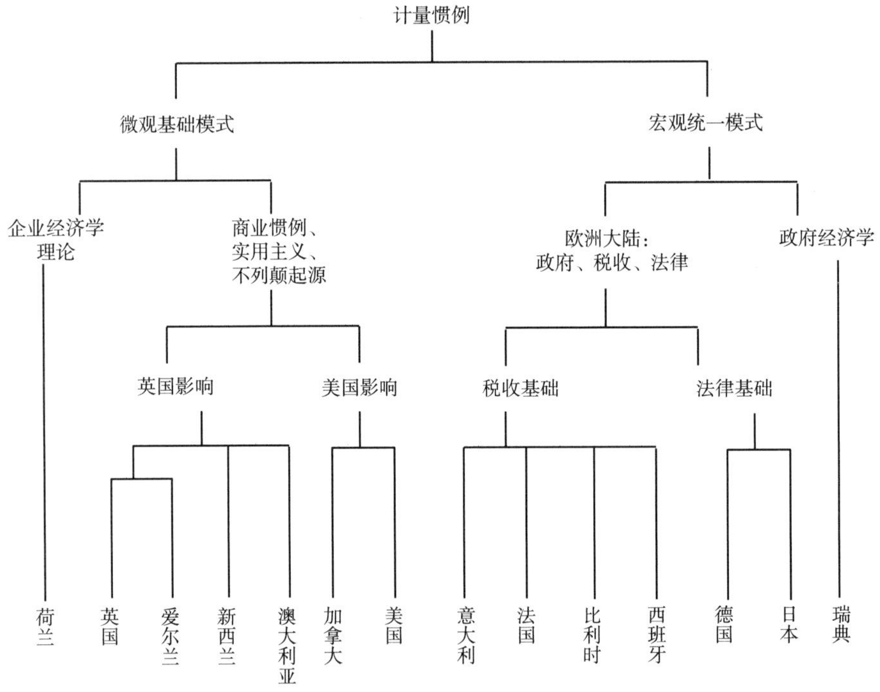

图 1－1　计量惯例

资料来源：Nobes C.，International classification of financial reporting，Croom Helm，London，1984.

（2）会计协调与国际会计准则理事会（IASB）

一直以来，各国会计规范均存在差异。从 20 世纪 90 年代开始，随着金融市场和经济全球化的发展，这种情形正在发生改变。大型公司国际化程度越来越高，它们越来越依赖于国际资本市场融资，这样就使会计实务在全球范围内的协调变得日趋重要。

会计协调始于 1973 年国际会计准则委员会（IASC）的创立。IASC 由来自 9 个国家的专业会计组织创立，旨在制定和颁布国际会计准则，同时改进和协调国际会计准则。2000 年，IASC 进行全面改组，并于 2001 年初改为国际会计准则理事会（IASB）。IASB 发展迅速，目前，其成员组织将近 120 个，几乎覆盖了全世界所有国家。

IASB 负责颁布国际财务报告准则（IFRS）。虽然“IFRS”是官方正式的表述，它同时代表了国际财务报告准则和国际会计准则，但是，仍然将 2000 年前颁布的会计准则称为国际会计准则（IAS）。每个准则规范一个特定的会计事项，比如，存货（IAS 2）、无形资产（IAS 38）和股票期权（IFRS 2）。

尽管 IASB 具有国际性，但它还是受来自英美国家（特别是美国）会计专业组织的影响。这也说明了为什么 IFRS 具有英美会计模式的特色。

作为私营组织，IASB 没有强制执行国际会计准则的权力。然而，基于以下原因，IASB 对会计准则的影响举足轻重：

①各国会计准则的制定者在制定本国会计准则时，一般以 IFRS 为蓝本。

②部分发展中国家和新兴工业化国家已经将 IFRS 作为本国的会计准则。

③欧盟已发出会计指令，从 2005 年起，要求所有上市公司必须执行 IFRS。

基于上述原因，至少对大型上市公司而言，各国会计准则之间的差异会被逐渐消除。会计准则协调的下一步工作是使国际财务报告准则（IFRS）和美国会计准则（US GAAP）实现融合。

1.1.3　附录

表 1－10、表 1－11、表 1－12、表 1－13 和表 1－14 摘自博世（Bosch）集团的年报（一家德国工业企业）。

表 1－10 **利润表** 单位：百万欧元

项目	注释	2016 年	2015 年
销售收入	**1**	**73 129**	**70 607**
销售成本		－47 711	－46 675
毛利润		**25 418**	**23 932**
销售及管理费用	2	－14 776	－13 787
研发成本	3	－6 954	－6 378
其他业务利润	4	1 816	3 932
其他营业费用	5	－1 994	－3 068
权益法下来自合并实体的利润		－175	－44
息税前利润		**3 335**	**4 587**
财务收入	6	2 528	2 987
财务费用	6	－2 496	－3 085
税前利润		**3 367**	**4 489**
所得税	7	－993	－952
净利润		**2 374**	**3 537**
归属于非控制股东的净利润	8	425	344
归属于母公司股东的净利润		1 949	3 193

表 1－11 **其他综合收益表** 单位：百万欧元

项目	2016 年	2015 年
净利润	**2 374**	**3 537**
计入其他综合收益的可转售金融工具价值变动	330	38
其中：归属于非控制股东权益的金额	16	14
转入利润表的金额	16	－149
其中：归属于非控制股东权益的金额	－10	－2
非欧元区企业货币折算调整项目	－18	924
其中：归属于非控制股东权益的金额	－17	66
需要重新分类计入损益的项目	**328**	**813**
其中：权益法下来自合并实体的金额	3	－1
养老金重新计量的利得和损失	－509	811
其中：归属于非控制股东权益的金额	－1	—
不需要重新分类计入损益的项目	－509	811
其中：权益法下来自合并实体的金额	—	—
其他综合收益	－181	1 624
综合收益	2 193	5 161
其中：归属于非控制股东的收益	413	422
归属于母公司股东的收益	1 780	4 739

表 1－12　　　　资产负债表　　　　单位：百万欧元

资产	注释	2016 年 12 月 31 日	2015 年 12 月 31 日
流动资产			
现金及现金等价物	10	4 753	3 707
应收账款	11	14 364	13 240
其他金融资产	12	2 376	1 833
应收所得税		396	300
其他资产	13	1 778	1 504
存货	14	9 895	9 651
流动资产小计		**33 562**	**30 235**
非流动资产			
金融资产	15	12 067	11 534
应收所得税		159	81
不动产、厂房和设备	16	19 085	18 142
无形资产	17	12 174	12 490
按权益法核算的投资		93	152
其他资产		207	161
递延所得税	7	4 528	4 471
非流动资产小计		**48 313**	**47 031**
资产总额		**81 875**	**77 266**
负债和所有者权益	**注释**	**2016 年 12 月 31 日**	**2015 年 12 月 31 日**
流动负债			
应付账款	18	6 885	6 184
其他金融负债	19	2 683	2 195
应交所得税		241	233
其他负债	20	6 122	5 494
所得税准备		107	109
其他准备	20	4 027	3 663
流动负债小计		**20 055**	**17 878**
非流动负债			
金融负债	19	5 702	5 343
其他负债	20	236	247
养老金准备	21	11 841	11 262
所得税准备		828	816
其他准备	20	4 937	4 841
递延所得税	7	2 192	2 455
非流动负债合计		**25 736**	**24 964**
所有者权益	**22**		
股本		1 200	1 200

续表

资产	注释	2016 年 12 月 31 日	2015 年 12 月 31 日
资本公积		4 557	4 557
留存收益		28 540	26 948
未分配利润		138	142
非控制性股东权益		1 649	1 577
所有者权益合计		**36 084**	**34 424**
所有者权益和负债合计		**81 875**	**77 266**

表 1-13　　所有者权益变动表　　单位：百万欧元

项目	股本	资本公积	库藏股	留存收益	其他综合收益				未分配利润	归属于母公司所有者权益	归属于非控制性股东权益	所有者权益总计
					外币折算差额	证券估值变动	其他变化	合计				
2015 年 1 月 1 日	1 200	4 557	-62	25 368	418	729	-3 993	-2 846	102	28 319	1 222	29 541
综合收益					858	-123	811	1 546	3 193	4 739	422	5 161
股利									-102	-102	-291	-393
留存收益变动				3 051					-3 051			
其他变动							-109	-109		-109	224	115
2015 年 12 月 31 日	1 200	4 557	-62	28 419	1 276	606	-3 291	-1 409	142	32 847	1 577	34 424
综合收益					-1	340	-508	-169	1 949	1 780	413	2 193
股利									-142	-142	-283	-426
留存收益变动				1 811					-1 811			
其他变动							-50	-50		-50	-58	-108
2010 年 12 月 31 日	1 200	4 557	-62	30 230	1 275	946	-3 849	-1 628	138	34 435	1 649	36 084

表 1-14　　现金流量表　　单位：百万欧元

项目	附注 23	2016 年	2015 年
息税前利润		**3 335**	**4 587**
折旧和摊销		4 244	4 359
养老金准备和非流动准备增加		5	888
非流动资产处置利得		**-135**	**-100**
非流动资产处置损失		88	127
投资的重新估值			**-2 136**
按权益法核算的投资收益		81	**44**
财务收益（影响现金流）		1 293	1 507
财务费用（影响现金流）		-1 457	-1 630

续表

项目	附注 23	2016 年	2015 年
收到利息和股利		548	475
支付的利息		-246	-242
支付的所得税		-1 191	-1 044
现金流		**6 565**	**6 835**
存货变动		-148	-148
应收账款和其他资产变动		-1 316	385
负债变动		757	-489
流动准备变动		279	-624
经营活动现金流（A）		**6 137**	**6 969**
收购子公司和其他业务单元		-8	-3 507
处置子公司和其他业务单元		26	19
非流动资产增加		-5 213	-4 848
非流动资产处置收益		316	456
购买有价证券		-7 248	-9 844
处置有价证券		6 901	10 520
投资活动现金流量（B）		**-5 226**	**-7 204**
贷款		1 665	486
偿还金融负债		-1 167	-748
支付股利		-425	-393
融资活动现金流量（C）		**73**	**-655**
流动性的增加（A+B+C）		**984**	**-1 900**
期初的流动性（1 月 1 日）		**3 707**	**5 513**
汇率相关的流动性增加		11	90
合并所导致的流动性增加		51	4
期末的流动性（12 月 31 日）		4 753	3 707

1.2　财务报表的编制和列报框架

1.2.1　财务报表的目标

根据国际会计准则第 1 号（IAS 1）《财务报表列报》的规定，财务报表的目标是“向各类财务报表使用者提供与企业财务状况、经营成果和现金流量有关的会计信息，帮助他们做出经济决策。财务报表还反映企业管理层受托经济责任的履行情况”。

财务报表的使用者极其广泛，包括投资者（现有的和潜在的）、债权人、职工、供应商、客户、政府以及公众。

财务报表使用者对财务报告有不同的信息需求，具体如下：

- 投资者主要关注与其投资的风险和回报相关的信息，投资者需要信息来帮助他们决定是否购买、出售或持有公司发行的证券。
- 债权人需要信息来帮助他们预测企业是否有能力偿还贷款的本金和利息。
- 职工们关注其雇主（企业）的稳定性和盈利能力。职工们也关注其雇主是否有能力提供报酬和养老金。
- 供应商需要信息来评估企业支付货款的能力。
- 其他。

尽管不同类型的使用者对财务报表有不同的信息需求，但是国际会计准则理事会（IASB）认为，可以满足投资者需求的财务报表，也能满足其他报表使用者的多数需求。

这种以资本市场为导向编制的财务报告是英美会计模式的观念。与其相反，不以资本市场为导向编制的财务报告，一直以来在欧洲大陆占主导地位。

与强调投资者的信息需求相一致，国际会计准则理事会（IASB）认为，财务报表应提供评估企业产生现金流量能力的信息，包括评估现金流量的金额及其产生的时间和不确定性方面的信息。

1.2.2 会计惯例

会计制度建立在一套被广泛认可的会计原则（会计惯例）基础之上。这些会计惯例衍生出所有的具体会计准则。为了能够恰当地理解财务报表中的信息，报表使用者应对会计原则有良好的认知。国际会计准则理事会的概念框架和国际会计准则第1号阐述了如下的会计惯例。

1.2.2.1 权责发生制

财务报表的编制以权责发生制（Accrual Basis）为基础。权责发生制，是指对交易或事项要在其权利或责任发生时予以确认（而不是在现金收到或付出时确认）。

根据权责发生制原则，在第N年12月20日企业销售了某商品，尽管直到第N+1年1月企业才收到销售货款，但企业应在第N年确认其销售收入。

因为许多交易的发生和完成归属于不同期间，按照权责发生制的要求，在报告日有必要进行相应的调整。这些调整会导致对暂时性资产（例如预付款项和应计收入）或暂时性负债（例如应计费用和递延收入）的确认。

1.2.2.2　持续经营

根据持续经营（Going Concern）原则，财务报表是基于企业在可以预见的未来会继续从事其经营活动的假设而编制的。也就是说，企业既没有意图，也没有必要进行清算。

在持续经营假设下，资产的账面价值很可能高于其清算价值。

当然，在企业管理层有意或被迫无奈对企业进行清算时，则不应采用持续经营假设。当财务报表不是以持续经营假设为基础编制时，企业应对没有遵循持续经营原则的事实予以披露，同时披露财务报表编制的基础以及没有将企业视为持续经营实体的原因。

1.2.2.3　谨慎性原则

资产的价值和准备的计提金额依赖于未来的事项和情况，具有不确定性。例如，可疑应收账款是否能够收回以及固定资产的可使用年限。

这就必然会导致如何处理不确定性的问题。一般认为，企业在编制财务报表时应遵循谨慎性（Prudence）原则（或称稳健性原则或审慎原则），既不高估资产或收入，也不低估负债或费用。

然而，国际会计准则理事会（IASB）申明谨慎性原则的应用不代表允许企业创造“秘密储备”，在执行国际财务报告准则（IFRS）前，创造“秘密储备”的做法曾在某些国家存在。因此，国际财务报告准则禁止有意低估资产或收入、有意高估负债或费用。

执行谨慎性原则可能导致如下实际后果：

- 在很有可能发生时就确认费用；
- 仅在确定时才确认收入。

上述做法导致对好消息和坏消息的不对称处理，使得基于会计对企业所做的估值（即对所有者权益的计量）被向下扭曲，因此，分析财务报表时应对此予以格外关注。

1.2.2.4　可比性

财务分析师主要通过对企业在各个会计期间的财务报表进行比较，来确定企业财务状况和经营成果的发展趋势。但不幸的是，会计数据在很大程度上取决于会计方法的选择。例如，如果企业将加速折旧法改为直线法计提折旧，一般会导致当期利润的增加。因为按直线法计提的折旧费用，一般会低于加速折旧法下的折旧费用。

会计方法的变更使得财务报表的跨期比较变得更加困难，然而，在客观环境发生变化的情形下，为达到财务报表公允列报的目标，完全禁止会计方法的变更似乎不太可能。因此，国际会计准则第 8 号《当期净损益、重大差错和会计政策变更》并不禁止会计处理方法的变更，但对相关会计变更的条件进行了严格的规范，并要求企业披露会计变更对财务报表的相关影响。

如果企业对不同期间的财务报表列报进行修订，财务报表的跨期比较会变得更加复杂。因此，国际会计准则第 1 号《财务报表的列报》禁止变更财务报表的列报，除非新的列报方式更适宜或者来自新准则的要求。

必须能够对采用不同会计政策的企业的财务报表进行比较，为此，国际会计准则理事会要求，各个企业应披露其编制财务报表时所采用的会计政策。这有助于财务分析师辨认不同企业对相似交易所采用的会计方法的差异及其对所要比较的企业的财务报表的影响。

1.2.2.5 实质重于形式

传统上，有两种相互对立的会计观点：

- 法律观；
- 经济观。

根据法律观，会计应反映交易的法律性质；而根据经济观，会计应反映交易的经济实质。

我们以融资租赁为例来说明这两种观点的区别。在融资租赁下，允许承租人获得在租赁到期日购买租赁资产的权利。具体情形如下：

• 如果会计核算采用法律观，租赁的标的资产应该在出租人的资产负债表中予以确认，因为只要资产的产权证没有转移，出租人就仍拥有该项资产的所有权。

• 如果会计核算采用经济观，在会计核算中相关的问题不再是“谁拥有资产的所有权凭证”，而是“谁承担与该资产所有权相关的风险和回报”。在融资租赁协议中，于租赁开始日就已将与资产所有权相关的全部风险和回报转移给了承租人，所以，租赁资产应在承租人的资产负债表中予以确认。

实质重于形式原则要求交易的会计处理和列报应依据其实质和经济实际，而不是依据交易的法律形式。换言之，在会计领域，与法律观相比，经济观占据更主导地位。

实质重于形式原则是会计英美观的体现，有些国家还不认可这项原则，但它是国际财务报告准则的基本原则之一。

1.2.3　基本概念

国际会计准则理事会颁布的概念框架给出了财务报表基本要素的定义。这些定义非常重要，原因在于具体会计准则的制定是以这些基本概念为依据的。

1.2.3.1　资产

资产，是指“过去的经济事项产生的而由企业控制的、预期会导致未来经济利益流入企业的经济资源”。

在这里使用“控制”而不是“拥有”，是强调持有资产的所有权凭证并不是资产确认的必要条件。在资产负债表中可能包括企业在法律上并不具有所有权的资产，比如租赁资产。

未来经济利益，是指资产有潜在的为企业带来现金流的能力。资产的主要特征是可产生未来的现金流。资产可以通过多种方式产生现金流，例如：

- 通过在生产产品或提供劳务中使用资产；
- 通过资产交换（特别是与现金交换）；
- 通过清偿负债。

1.2.3.2　负债

负债，是指“由于过去的经济事项引起的企业现在承担的义务，该义务的履行预期会导致经济资源流出企业”。

当义务源自合同或法律时，则该义务具有法律的强制性。但是，商业惯例以及保持良好的商业关系或为了体现公平交易的愿望，也可能产生义务。还应该考虑“推定义务”，特别是在确定某些应计准备时。

可导致负债的义务必须是现时的义务。比如，在未来某一时间购买一项资产的决定本身不会导致义务的产生，只有在资产已经交付或企业为取得该项资产已签订了一项不可撤销的协议时，才应该确认负债。

义务的清偿将导致企业放弃体现经济利益的资源。这一特征也使负债不同于捐赠，因为捐赠一般不需要偿还。

义务的清偿有以下几种方式：

- 支付现金；
- 转让其他资产；
- 提供劳务；
- 其他。

1.2.3.3　所有者权益

所有者权益（或股东权益），是指“企业的总资产扣除总负债后的剩余权益”。换言之，就是：

所有者权益 = 资产 − 负债

这一定义清晰地表明所有者权益的金额依存于资产和负债的计量，也就是说，依存于企业所采用的会计惯例和会计政策。

所有者权益的来源有以下两方面：

- 来自于企业所有者的投入（实收资本和资本公积）；
- 来自于企业仍未分配给股东的过去的盈余（留存收益）。

1.2.3.4　收入

收入，是指“特定会计期间经济利益的增加，但是不包括企业股东的投入导致的企业所有者权益的增加”。

值得注意的是，所有者权益的增加可能源于资产的增加，也可能源于负债的减少。

国际会计准则理事会的概念框架区分了以下两类收入：

- 收入（Revenues），源于企业的日常经营活动（比如销售收入、利息收入、股利收入、特许权收入等）；
- 利得（Gains），可能源于或也可能不是源于企业的日常活动。利得包括固定资产处置收入、资产重估带来的未实现收入。

1.2.3.5　费用

费用，是指“特定会计期间经济利益的减少，但是不包括对股东的分配所导致的所有者权益的减少”。

收入和费用的定义是对称的。

与收入一样，国际会计准则理事会的概念框架将费用分为以下两类：

- 严格意义上的费用（Expenses），产生于企业的日常活动（比如销售成本、工资和折旧等)；

• 损失 (Losses)，可能产生于企业的日常活动，也可能产生于非日常活动（比如资产处置损失或资产重估损失)。

1.2.4　会计确认的标准

会计师面对的主要问题是“应在何时将资产、负债、收入和费用确认到财务报表中”。国际会计准则理事会的概念框架为这一问题提供了精确的答案。

根据国际会计准则理事会的要求，符合财务报表要素（资产、负债、所有者权益、收入和费用）定义的项目必须同时满足以下两个条件时，才能予以确认：

• 与该项目相关的未来经济利益（即现金和现金等价物）很可能流入或流出企业；

• 该项目的成本或价值能够可靠地计量。

由于上述一般原则将在规范财务报表要素（资产、负债、收入和费用）的具体准则中详细阐述，即在后续章节中讲解，在此就不再对这些一般原则进行详细分析。

下文的附录（见系列表 1 – 15、系列表 1 – 16、系列表 1 – 17）提供了合并财务报表的范例。不必在意这些财务报表的日期。这些范例旨在提供不同的列报格式，由于列报遵循一致性的原则，变化一般不大。

在这些范例中，你会发现“少数股东权益”这一项目。目前阶段，不必过于担心此类项目。少数股东权益，是指企业子公司的少数股东所享有的股东权益，我们将在“合并财务报表”部分详细讲解。

1.2.5　附录：合并财务报表

1.2.5.1　路威酩轩集团（法国）(见系列表 1 – 15)

系列表 1 – 15　　路威酩轩集团（法国）

合并利润表　　单位：百万欧元（每股收益除外）

项目	附注	2016 年	2015 年	2014 年
销售收入	23、24	37 600	35 664	30 638
销售成本		(13 039)	(12 553)	(10 801)
毛利润		24 561	23 111	19 837
营销与销售费用		(14 607)	(13 830)	(11 744)

续表

项目	附注	2016 年	2015 年	2014 年
管理费用		(2 931)	(2 663)	(2 373)
对关联公司投资收入（或损失）	7	3	(13)	(5)
持续经营活动产生的利润	**23、24**	**7 026**	**6 605**	**5 715**
其他业务收入和支出	25	(122)	(221)	(284)
营业利润		**6 904**	**6 384**	**5 431**
净计息负债的成本		(83)	(78)	(115)
其他理财收入和费用		(349)	(336)	3 062
净理财收入（费用）	**26**	**(432)**	**(414)**	**2 947**
所得税	27	(2 109)	(1 969)	(2 273)
少数股东损益前净利润		**4 363**	**4 001**	**6 105**
少数股东损益		(382)	(428)	(457)
净利润（归属于集团的）		**3 981**	**3 573**	**5 648**
归属于集团的基本每股收益（单位：欧元）	28	7.92	7.11	11.27
计算每股收益的股份数		502 911 125	502 395 491	501 309 369
归属于集团的稀释每股收益（单位：欧元）	27	7.89	7.08	11.21
计算稀释每股收益时的股份数		504 640 459	504 896 946	503 861 733

合并综合收益表

单位：百万欧元

项目	附注	2016 年	2015 年	2014 年
少数股东损益前净利润		4 363	4 001	6 105
折算调整	15.4	109	631	534
转入利润表的金额		(32)	0	0
税收影响		(9)	135	104
		68	766	638
可供出售金融资产的价值变动	8.13	18	(32)	494
转入利润表中的金额		4	(91)	(3 326)
税收影响		1	20	184
		23	(103)	(2 648)
未来外汇现金流量套期价值变动		48	(63)	(30)
转入利润表中的金额		(26)	33	(163)
税收影响		(2)	3	57
		20	(27)	(136)
计入所有者权益，且可以转入利润表的利得和损失		111	636	(2 146)
葡萄园土地价值的变动		30	64	(17)

续表

项目	附注	2016 年	2015 年	2014 年
转入合并准备的金额		0	0	(10)
税收影响		108	(21)	9
		138	43	(18)
员工福利承诺：来自精算利得和损失的价值变动	29	(86)	42	(161)
税收影响		17	(16)	52
		(69)	26	(109)
计入所有者权益，但不可以转入利润表的利得和损失		69	69	(127)
综合收益		4 543	4 706	3 832
少数股东损益		(434)	(558)	(565)
归属于集团的综合收益		4 109	4 148	3 267

合并资产负债表

单位：百万欧元

项目	附注	2016 年 12 月 31 日	2015 年 12 月 31 日	2014 年 12 月 31 日
资　　产				
品牌和其他无形资产——净额	3	13 335	13 572	13 031
商誉	4	10 401	10 122	8 810
厂场、设备	6	12 139	11 157	10 387
联营企业的投资	7	770	729	519
可供出售金融资产——非流动部分	8	744	574	580
其他非流动资产	9	777	552	489
递延税金	27	2 058	1 945	1 436
非流动资产		**40 224**	**38 651**	**35 252**
存货和在产品	10	10 546	10 096	9 475
应收账款	11	2 685	2 521	2 274
所得税		280	384	354
其他流动资产	12	2 343	2 355	1 916
现金及现金等价物	14	3 544	3 594	4 091
流动资产小计		**19 398**	**18 950**	**18 110**
总资产		59 622	57 601	53 362
负债及所有者权益				
股本	15. 1	152	152	152
股本溢价	15. 1	2 601	2 579	2 655
库存股和以股份清算的衍生品	15. 2	(520)	(240)	(374)
累计的折算调整	15. 4	1 165	1 137	492
重估价公积金		1 049	949	1 019

续表

项目	附注	2016 年 12 月 31 日	2015 年 12 月 31 日	2014 年 12 月 31 日
其他公积金		17 965	16 189	12 171
净利润（归属集团的部分）		3 981	3 573	5 648
所有者权益（归属集团部分）		26 393	24 339	21 763
少数股东权益	17	1 510	1 460	1240
所有者权益总额		27 903	25 799	23 003
长期借款	18	3 932	4 511	5 054
非流动准备	19	2 342	1 950	2 291
递延税款	27	4 137	4 685	4 392
其他非流动性负债	20	8 498	7 957	6 447
非流动负债小计		**18 909**	**19 103**	**18 184**
短期借款	18	3 447	3 769	4 189
应付账款	21.1	4 184	3 960	3 606
所得税		428	640	549
计提的准备	19	352	421	332
其他流动负债	21.2	4 399	3 909	3 499
流动负债小计		**12 810**	**12 699**	**12 175**
负债及所有者权益合计		**59 622**	**57 601**	**53 362**

合并所有者权益变动表

单位：百万欧元

项目	股份数	股本	股本溢价	库存股及以股份支付的衍生品	累计折算调整	重估增值公积				净利润和其他公积	所有者权益合计		
						可供出售金融资产	未来外币套期现金流	葡萄园土地	雇员福利承诺		集团所有者权益	少数股东权益	合计
附注		15.1		15.2	15.4							17	
2013 年 12 月 31 日	507 793 661	152	3 849	(451)	(8)	2 855	136	946	(37)	19 437	26 879	1 028	27 907
所有者权益中确认的利得和损失					500	(2 648)	(122)	(15)	(96)	0	(2 381)	108	(2 273)
净利润										5 648	5 648	457	6 105
综合收益		0	0	0	500	(2 648)	(122)	(15)	(96)	5 648	3 267	565	3 832
股票期权计划及类似费用										37	37	2	39
库存股和以股份支付的衍生品				27						(17)	10	0	10

续表 1

项目	股份数	股本	股本溢价	库存股及以股份支付的衍生品	累计折算调整	重估增值公积				净利润和其他公积	所有者权益合计		
						可供出售金融资产	未来外币套期现金流	葡萄园土地	雇员福利承诺		集团所有者权益	少数股东权益	合计
股票认购权的行权	980 323		59								59		59
注销的股份	(1 062 271)		(50)	50							0		0
子公司股本的增加											0	3	3
中期和期末股利										(1 579)	(1 579)	(328)	(1 907)
爱马仕股票的实物分红[a]			(1 203)							(5 652)	(6 855)		(6 855)
合并主体中控制权的变化										(5)	(5)	11	6
少数股东权益股份变化										(2)	(2)	32	30
少数股东权益的收购承诺										(48)	(48)	(73)	(121)
2014 年 12 月 31 日	507 711 713	152	2 655	(374)	492	207	14	931	(133)	17 819	21 763	1 240	23 003
所有者权益中确认的利得和损失					645	(103)	(25)	33	25		575	130	705
净利润										3 573	3 573	428	4 001
综合收益		0	0	0	645	(103)	(25)	33	25	3 573	4 148	558	4 706
股票期权计划及类似费用										35	35	2	37
购买或处置库存股和以股份支付的衍生品				23						(13)	10		10
股票认购权的行权	552 137		35								35		35
注销的股份	(1 124 740)		(111)	111							0		0
子公司股本的增加											0	89	89
中期和期末股利的支付										(1 659)	(1 659)	(229)	(1 888)

续表 2

项目	股份数	股本	股本溢价	库存股及以股份支付的衍生品	累计折算调整	重估增值公积				净利润和其他公积	所有者权益合计		
						可供出售金融资产	未来外币套期现金流	葡萄园土地	雇员福利承诺		集团所有者权益	少数股东权益	合计
合并主体中控制权的变化										(9)	(9)	1	(8)
少数股东权益股份变化										5	5	(3)	2
少数股东权益的收购承诺										11	11	(198)	(187)
2015 年 12 月 31 日	507 139 110	152	2 579	(240)	1 137	104	(11)	964	(108)	19 762	24 339	1 460	25 799
所有者权益中确认的利得和损失					28	23	19	113	(55)		128	52	180
净利润										3 981	3 981	382	4 363
综合收益		0	0	0	28	23	19	113	(55)	3 981	4 109	434	4 543
股票期权计划及类似费用										39	39	2	41
库存股和以股份支付的衍生品				(322)						(21)	(343)		(343)
股票认购权的行权	907 929		64								64		64
注销的股份	-920 951		(42)	42							0	0	0
子公司股本的增加											0	41	41
中期和期末股利										(1 811)	(1 811)	(272)	(2 083)
合并主体中控制权的变化										(5)	(5)	22	17
少数股东权益股份变化										(56)	(56)	(35)	(91)
少数股东权益的收购承诺										57	57	(142)	(85)
2016 年 12 月 31 日	507 126 088	152	2 601	(520)	1 165	127	8	1 077	(163)	21 946	26 393	1 510	27 903

合并现金流量表　　单位：百万欧元

项目	附注	2016 年	2015 年	2014 年
1. 经营活动和经营性投资				
营业利润		6 904	6 384	5 431
来自联营企业的投资收益（或损失）和股利	7	18	27	26
折旧、摊销和准备的净增加		2 143	2 081	1 895
其他计算的费用		(177)	(456)	(188)
其他调整		(155)	(91)	(84)
营运资本变动前的经营现金流		**8 733**	**7 945**	**7 080**
净计息负债的成本：支付的利息		(59)	(75)	(116)
支付的所得税		(1 923)	(1 807)	(1 639)
营运资本变动前的经营活动净现金流		**6 751**	**6 063**	**5 325**
营运资本的变动	14. 2	(512)	(429)	(718)
经营活动提供的净现金流		**6 239**	**5 634**	**4 607**
经营性投资	14. 3	(2 265)	(1 955)	(1 775)
经营活动和经营性投资的净现金流（自由现金流量）		**3 974**	**3 679**	**2 832**
2. 金融资产投资				
购买的非流动可供出售的金融资产[a]	8、13	(28)	(78)	(57)
销售非流动可供出售的金融资产	8	91	68	160
收到的股利	8	6	4	69
与非流动可供出售的金融资产和合并投资相关的税款支付		(461)	(265)	(237)
购买或出售合并投资的影响	2. 4	310	(240)	(167)
金融资产投资提供或使用的净现金流		**(82)**	**(511)**	**(232)**
3. 与所有者权益相关的交易				
路威酩轩集团股本的增加	15. 1	64	35	59
少数股东增加的对子公司的投资		41	81	3
购买或处置库存股和以路威酩轩集团股份支付的衍生品		(352)	1	1
路威酩轩集团支付的中期和终期股利[b]		(1 810)	(1 671)	(1 619)
与支付中期和终期股利相关的税款支付		(145)	(304)	(79)
合并范围内的子公司支付的少数股东中期和终期股利	17	(267)	(228)	(336)
购买或出售少数股东权益	2. 4	(95)	(4)	10
与所有者权益相关交易提供或使用的净现金流		**(2 564)**	**(2 090)**	**(1 961)**
融资活动前的现金流变动		**1 328**	**1 078**	**639**
4. 融资活动				
借款	18. 1	913	1 008	2 407
偿还借款	18. 1	(2 134)	(2 443)	(2 100)
购买或出售流动性可供出售的金融资产	8、13	(113)	(3)	(106)

续表

项目	附注	2016 年	2015 年	2014 年
融资活动的净现金流		**(1 334)**	**(1 438)**	**201**
5. 汇率变动的影响		**(47)**	**(33)**	**27**
现金及现金等价物的变动（以上五项之和）		**(53)**	**(393)**	**867**
期初现金及现金等价物余额	**14.1**	**3 390**	**3 783**	**2 916**
期末现金及现金等价物余额	**14.1**	**3 337**	**3 390**	**3 783**
支付的税款总额		**(2 529)**	**(2 376)**	**(1 955)**

注：

[a] 用于对冲净金融债务（参见注释 18）的非流动可供出售的金融资产的现金影响在“4. 融资活动”部分的“购买或出售流动性可供出售的金融资产”项下列报。

[b] 除了相关税收影响外，2014 年以爱马仕股份进行的分配对现金没有影响。

1.2.5.2 菲亚特（意大利）（见系列表 1－16）

系列表 1－16　　菲亚特（意大利）

合并利润表　　单位：百万欧元（每股收益除外）

项目	附注	2016 年	2015 年	2014 年
销售净额	4	111 018	110 595	93 640
销售成本		95 295	97 620	81 592
销售、管理和其他费用		7 568	7 576	6 973
研究与开发成本	5	3 274	2 864	2 334
投资收益		316	143	131
使用权益法核算的被投资单位的利润	12	313	130	117
其他投资收益		3	13	14
处置投资的利得		13	0	12
重组成本		88	53	50
净财务费用	6	2 016	2 366	2 051
税前利润		**3 106**	**259**	**783**
所得税费用	7	1 292	166	424
来源于持续活动的利润		**1 814**	**93**	**359**
来源于终止营业活动的税后利润	3	0	284	273
净利润		**1 814**	**377**	**632**
净利润归属于：				
归属于母公司股东的净利润		1 803	334	568

续表

项目	附注	2016 年	2015 年	2014 年
归属于非控制性股东的净利润		11	43	64
		1 814	377	632
来自于持续性经营活动的净利润归属于:				
归属于母公司股东的部分		1 803	83	327
归属于非控制性股东的部分		11	10	32
		1 814	93	359
每股收益	28			
基本每股收益		1.192	0.221	0.465
稀释后的每股收益		1.181	0.221	0.460
每股来自于持续性经营活动的净利润	28			
基本每股收益		1.192	0.055	0.268
稀释后的每股收益		1.181	0.055	0.265

注：所附注释是合并财务报表的有机组成部分之一。

合并综合收益表　　单位：百万欧元

项目	附注	2016 年	2015 年	2014 年
净利润（A）		1 814	377	632
在后续期间不需要重新分类计入合并利润表的项目	27			
设定受益计划重新计量的利得（或损失）		584	679	(327)
分享按权益法核算的被投资企业设定受益计划重新计量的利得（或损失）的份额		(5)	(2)	(4)
相关税收影响		(261)	(201)	28
与终止经营相关项目的税后净利润			3	(5)
在后续期间不需要重新分类计入合并利润表的项目合计（B1）		**318**	**479**	**(308)**
在后续期间可能被重新分类计入合并利润表的项目	27			
现金流量套期金融工具的利得（或亏损）		(249)	186	(144)
可供出售金融资产的利得（或亏损）		15	11	(24)
海外业务折算时的汇兑收益		458	1 002	1 323
分享按权益法核算的被投资企业其他综合收益（或损失）的份额		(122)	(17)	51
相关税收影响		69	(48)	26
与终止经营相关项目的税后净利润			18	(74)
在后续期间可能被重新分类计入合并利润表的项目合计（B2）		**171**	**1 152**	**1 158**
税后其他综合收益合计（B1）+（B2）=（B）		489	1 631	850
综合收益总计（A+B）		2 303	2 008	1 482
综合收益总计归属于:				

续表

项目	附注	2016 年	2015 年	2014 年
归属于母公司股东的综合收益		2 288	1 953	1 350
归属于非控制性股东的综合收益		15	55	132
		2 303	2 008	1 482
归属于母公司股东的综合收益总额				
持续经营的部分		2 288	1 685	1 182
终止经营的部分			268	168
		2 288	1 953	1 350

注：所附注释是合并财务报表的有机组成部分之一。

合并资产负债表

单位：百万欧元

项目	附注	2016 年 12 月 31 日	2015 年[1] 12 月 31 日	2015 年[1] 1 月 1 日
资产				
商誉和使用寿命不确定的无形资产	9	15 222	14 790	14 012
其他无形资产	10	11 422	9 946	8 835
不动产、厂房和设备	11	30 431	27 454	26 408
运用权益法核算的投资	12	1 793	1 658	1 471
其他金融性资产	13	649	724	700
递延所得税资产	7	3 699	4 056	4 186
其他应收款项	15	581	485	1 000
应收税款	15	93	98	44
应计收入和预付费用（非流动部分）		372	325	206
其他非流动资产		359	176	114
非流动资产小计		**64 621**	**59 712**	**56 976**
存货		12 121	11 351	10 449
有回购承诺的已售资产		1 533	1 881	2 018
应收账款和其他应收款项		7 273	6 575	7 653
应收税款（流动部分）		206	307	284
应计收入和预付费用（流动部分）		389	367	309
其他金融资产		762	1 243	610
现金及现金等价物		17 318	20 662	22 840
持有待售资产		120	5	10
持有待分配资产			3 650	
流动资产小计		**39 722**	**46 041**	**44 173**
资产总额		**104 343**	**105 753**	**101 149**
所有者权益及负债				
所有者权益	27			

续表

项目	附注	2016 年 12 月 31 日	2015 年[1] 12 月 31 日	2015 年[1] 1 月 1 日
归属于母公司股东的所有者权益		19 168	16 805	14 064
非控制性股东所有者权益		185	163	313
股东权益合计		**19 353**	**16 968**	**14 377**
负债				
长期负债	21	16 111	20 418	26 014
应付雇员福利负债	19	9 052	9 406	8 904
准备	20	6 520	5 680	4 711
其他计息负债	16	16	307	169
递延所得税负债	7	194	156	233
应交税费	22	25	31	50
其他负债	22	3 603	3 183	3 306
非流动负债合计		**35 521**	**39 181**	**43 387**
应付账款		22 655	21 465	19 854
短期计息负债和长期计息负债中一年内到期的部分	21	7 937	7 368	7 710
其他计息负债	16	681	429	579
应付雇员福利负债	19	811	658	688
准备	20	9 317	8 112	6 069
应交税费	22	162	241	296
其他负债	22	7 809	7 747	8 189
持有待售负债	3	97		
持有待分配负债	3		3 584	
流动负债合计		**49 469**	**49 604**	**43 385**
所有者权益和负债总计		**104 343**	**105 753**	**101 149**

注：[1] 参见注释 2“报表编制的基础”以获得有关对以前年度余额进行重新分类和调整的更为详细的信息。所附注释是合并财务报表的有机组成部分之一。

合并现金流量表

单位：百万欧元

项目	附注	2016 年	2015 年	2014 年
1. 经营活动提供的现金流				
持续性活动的净利润（亏损）		1 814	93	359
摊销或折旧		5 956	5 414	4 607
因处置有形和无形资产的净损失		13	18	8
处置投资的利得（亏损）		(13)		(9)
其他非现金项目	30	111	812	348
收到的股利		123	112	87

续表 1

项目	附注	2016 年	2015 年	2014 年
计提准备的变动额		1 519	3 206	1 169
递延税款的变动额		389	(279)	(179)
承诺回购已售资产和 GDP 工具的变动额		(95)	6	177
存货的变动额		(471)	(958)	(821)
应收账款的变动额		177	(191)	106
应付账款的变动额		776	1 571	1 470
其他应付和应收款的变动额		295	(580)	24
经营活动中终止营业部分的现金流			527	823
小计		**10 594**	**9 751**	**8 169**
2. 投资活动现金流				
不动产、厂房、设备和无形资产的投资		(8 815)	(8 819)	(7 804)
对联营企业、合营企业和非合并子公司的投资		(116)	(266)	(17)
处置有形资产和无形资产的收入		36	29	38
处置其他投资的收入		55		38
融资活动应收款项的净变动额		(483)	410	78
证券投资的变动额		299	(239)	40
其他变动额		(15)	11	19
投资活动终止营业部分使用的现金流			(426)	(532)
小计		**(9 039)**	**(9 300)**	**(8 140)**
3. 筹资活动现金流量	**30**			
新发行的债券		1 250	2 840	4 629
债券偿还		(2 373)	(7 241)	(2 150)
发行其他长期计息债务		1 342	3 061	4 873
偿还其他长期计息债务		(4 618)	(4 412)	(5 834)
短期计息债务和其他金融资产或负债的净变动额		(591)	(36)	496
法拉利 10% 的首次公开发行净收入	3		866	
强制可转换证券和其他股份发行收入	27			3 094
菲亚特并入菲亚特克莱斯勒后的现金退出权	1			(417)
股票期权的行权				146
支付股利		(18)	(283)	
收购非控制性股权				(2 691)
其他变化		(119)	10	(45)
终止营业的筹资活动的现金流			2 067	36
小计		**(5 127)**	**(3 128)**	**2 137**
外汇折算差异		228	681	1 219

续表 2

项目	附注	2016 年	2015 年	2014 年
4. 现金及现金等价物变动小计		**(3 344)**	**(1 996)**	**3 385**
期初现金及现金等价物		20 662	22 840	19 455
期末持有待分配资产中的现金及现金等价物			182	
5. 期末现金及现金等价物	**17**	**17 318**	**20 662**	**22 840**

注：所附注释是合并财务报表的有机组成部分之一。

合并所有者权益变动表　　单位：百万欧元

项目	归属于母公司股东									
	股本	库存股	其他公积	现金流套期公积	货币折算差额	可供出售的金融资产	设定受益计划重新计量变动	享有的权益法核算被投资企业的其他综合收益份额	非控制性股东权益	合计
2013 年 12 月 31 日[3]	4 477	(259)	5 202	101	38	(13)	(757)	(134)	4 258	12 913
股本增加	2		989						3	994
菲亚特并入菲亚特克莱斯勒	(4 269)	224	4 045							0
强制性可转换证券(注释 27)			1 910							1 910
现金退出权（注释 1）	(193)		(224)							(417)
分配的股利									(50)	(50)
股权激励报酬		35	(31)							4
净利润			568						64	632
其他综合收益（损失）				(205)	1 266	(24)	(303)	48	68	850
所得税扣缴义务分配									(45)	(45)
收购非控制子公司股份[1]			1 875	35	175		(518)		(3 990)	(2 423)
其他变动额			4						5	9
2014 年 12 月 31 日	17	0	14 338	(69)	1 479	(37)	(1 578)	(86)	313	14 377
分配的股利			(17)						(283)	(300)
股权激励报酬			80							80
净利润			334						43	377
法拉利 10% 的首次公开发行（注释 2）			869	7	(4)		1		(7)	866
所得税扣缴义务分配				132	1 016	11	479	(19)	12	1 631
其他变动额			(149)		1				85	(63)
2015 年 12 月 31 日	17	0	15 455	70	2 492	(26)	(1 098)	(105)	163	16 968

续表

项目	归属于母公司股东									
	股本	库存股	其他公积	现金流套期公积	货币折算差额	可供出售的金融资产	设定受益计划重新计量变动	享有的权益法核算被投资企业的其他综合收益份额	非控制性股东权益	合计
股本增加									18	18
强制性可转换证券(注释 27)	2		(2)							0
股权激励报酬			98							98
净利润			1 803						11	1 814
其他综合收益（损失）				(182)	456	15	324	(128)	4	489
其他变动额[2]			(42)	49	(36)		6		(11)	(34)
2016 年 12 月 31 日	19		17 312	(63)	2 912	(11)	(768)	(233)	185	19 353

注：

[1] 该项目与以下事项有关：在菲亚特克莱斯勒收购其此前未持有的菲亚特克莱斯勒美国公司 41.5% 剩余权益后，对菲亚特克莱斯勒持有 41.5% 权益的菲亚特克莱斯勒美国公司 12.48 亿欧元的规定受益计划准备进行重新计量（参见注 3，合并范围）。

[2] 金额主要涉及对以下事项所产生的准备的重新分类：法拉利因截至 2015 年 12 月 31 日的年度分类为终止经营而产生的准备，2016 年 1 月 3 日完成的法拉利 N. V. 的分拆而导致的准备，以及本集团于 2016 年 5 月分派的拥有的 RCS Media Group SpA 公司 16.7% 的所有权权益。

[3] 参见注释 2 “财务报表编制的基础” 来获得有关对以前年度余额调整的更为详细的信息。所附注释是合并财务报表的有机组成部分之一。

1.2.5.3　尼康（日本）（见系列表 1－17）

系列表 1－17　　　　尼康（日本）

合并资产负债表

项目	注释	2015 年 3 月 31 日（百万日元）	2016 年 3 月 31 日（百万日元）	2016 年 3 月 31 日（千美元）
资产				
流动资产				
现金及现金等价物	15	259 625	251 210	2 229 414
应收票据及应收账款	15			

续表 1

项目	注释	2015 年 3 月 31 日（百万日元）	2016 年 3 月 31 日（百万日元）	2016 年 3 月 31 日（千美元）
顾客		131 521	98 929	877 966
非合并子公司和联营企业		34	61	543
存货	5	239 983	247 448	2 196 020
递税所得税资产	12	37 862	37 451	332 362
其他流动资产		20 651	28 982	257 202
应收款的坏账准备		(4 160)	(2 434)	(21 597)
流动资产小计		685 516	661 647	5 871 910
不动产、厂房和设备	6			
土地		16 143	15 681	139 168
建筑物和构筑物		133 377	130 932	1 161 982
机器设备		209 496	202 722	1 799 095
家具		86 149	84 266	747 834
租赁资产		9 317	8 403	74 571
在建工程		4 393	3 566	31 648
小计		**458 875**	**445 570**	**3 954 298**
减：累计折旧		(310 790)	(317 910)	(2 821 357)
不动产、厂房和设备净额		148 085	127 660	1 132 941
投资和其他资产				
证券投资	4，15	70 117	62 274	552 663
对非合并子公司和联营企业的投资及预付款项		10 972	11 926	105 836
对职工等的长期贷款		355	78	691
退休后福利资产	8	9 659	1 700	15 083
软件		20 482	17 900	158 854
商誉		3 076	20 766	184 292
押金		3 958	3 582	31 789
递延所得税资产		10 153	7 591	67 369
其他资产	12	10 858	30 747	272 883
应收款坏账准备		(286)	(44)	(389)
投资和其他资产小计		139 344	156 520	1 389 071
资产总额		**972 945**	**945 827**	**8 393 922**
负债及所有者权益				
流动负债				
短期借款	7，15	13 600	13 600	120 696

续表 2

项目	注释	2015 年 3 月 31 日（百万日元）	2016 年 3 月 31 日（百万日元）	2016 年 3 月 31 日（千美元）
长期负债中一年期到期的部分	7，15	16 012	13 671	121 330
应付票据及应付账款	15			
供应商		113 206	116 757	1 036 178
非合并子公司和联营企业		519	643	5 706
应交所得税	15	5 038	4 012	35 602
应计费用	15	58 455	53 616	475 823
预收款		46 489	67 960	603 123
产品质量保证负债		9 166	7 066	62 711
其他流动负债	16	24 780	17 100	151 761
流动负债小计		**287 265**	**294 425**	**2 612 930**
长期负债				
长期计息债务	7，15	85 886	85 501	758 795
应计养老金成本	8	8 477	8 902	79 003
资产弃置义务		3 624	3 658	32 460
递延所得税负债	12	11 472	8 952	79 445
其他长期负债	16	4 020	3 381	30 012
长期负债小计		**113 479**	**110 394**	**979 715**
承诺和或有负债	14，16，17			
负债合计		**400 744**	**404 819**	**3 592 645**
所有者权益				
普通股，无面值 （登记 1 000 000 000 股，发行在外 400 878 921 股）		65 476	65 476	581 078
资本公积	9	80 712	80 625	715 515
股份收购权	10	1 133	1 339	11 885
留存收益	9	378 516	388 730	3 449 858
库藏股——以成本计 2015 年 4 152 366 股 2016 年 4 687 767 股	2（k），9	（12 413）	（13 255）	（117 634）
累计的其他综合收益（损失）				
可供出售的金融资产的未实现利得（损失）		20 774	11 735	104 153
套期会计下衍生工具的递延利得（损失）		（1 201）	（35）	（312）
外币折算调整		40 518	12 551	111 383

续表 3

项目	注释	2015 年 3 月 31 日 （百万日元）	2016 年 3 月 31 日 （百万日元）	2016 年 3 月 31 日 （千美元）
设定退休福利计划		（1 821）	（6 688）	（59 353）
小计		**571 694**	**540 478**	**4 796 573**
非控制性股东权益		507	530	4 704
股东权益总额		**572 201**	**541 008**	**4 801 277**
负债及所有者权益总额		**972 945**	**945 827**	**8 393 922**

注：参见合并财务报表注释。

合并利润表

（截止到 3 月 31 日的财年）

项目	注释	2015 财年 （百万日元）	2016 财年 （百万日元）	2016 财年 （千美元）
销售净额		**857 782**	**822 916**	**7 303 124**
销售成本		**532 383**	**505 298**	**4 484 360**
毛利润		325 399	317 618	2 818 764
销售费用和管理费用	11	281 987	280 917	2 493 051
营业利润		**43 412**	**36 701**	**325 713**
其他收入（费用）				
利息和股利收益		2 713	3 246	28 805
利息费用		（1 406）	（1 385）	（12 289）
外汇损失		（1 789）	（172）	（1 526）
出售不动产、厂房和设备损失		（56）	（26）	（234）
长期资产减值损失	6	（16 230）	（8 449）	（74 984）
证券投资价值损失		（3）		
出售不动产、厂房和设备利得		92	3 173	28 158
出售证券投资利得		4 982	573	5 083
重组费用	20		（2 726）	（24 194）
环境费用	21		（1 833）	（16 271）
联营企业投资收益		1 421	1 449	12 860
其他（净额）		2 017	3 030	26 902
其他收入（费用）小计		（8 259）	（3 120）	（27 690）
所得税前利润		35 153	33 581	298 023

续表

项目	注释	2015 财年（百万日元）	2016 财年（百万日元）	2016 财年（千美元）
所得税	12			
流动部分		11 006	11 008	97 689
递延部分		5 729	282	2 505
所得税小计		16 735	11 290	100 194
净利润		**18 418**	**22 291**	**197 829**
归属于少数股东的净利润		**54**	**99**	**881**
归属于母公司股东的净利润		**18 364**	**22 192**	**196 948**
普通股每股收益		**单位：日元**	**单位：日元**	**单位：美元**
基本每股净收益		46.29	55.98	0.50
稀释每股净收益		46.21	55.85	0.50
本年可分配的现金股利		32.00	18.00	0.16

注：参见合并财务报表注释。

合并综合收益表

（截止到 3 月 31 日的财年）

项目	注释	2015 财年（百万日元）	2016 财年（百万日元）	2016 财年（千美元）
净利润		**18 418**	**22 291**	**197 829**
其他综合收益（损失）	18			
未实现可供出售金融资产的价值变动利得（损失）		7 915	（9 039）	（80 220）
套期会计下衍生金融工具递延利得（损失）		（1 041）	1 166	10 345
外币折算调整		23 201	（28 020）	（248 666）
设定退休福利计划		928	（4 884）	（43 345）
享有的联营企业其他综合收益的份额		11	18	155
其他综合收益（损失）合计		31 014	（40 759）	（361 731）
综合收益（损失）		**49 432**	**（18 468）**	**（163 902）**
综合收益（损失）归属于：				
归属于集团的综合收益		49 271	（18 515）	（164 319）
归属于非控制性股东的综合收益		161	47	417

注：参见合并财务报表注释。

合并所有者权益变动表

（截止到 3 月 31 日的财年） 单位：百万日元

项目	股份数（千股）	普通股股本	股本溢价	股票认购权	留存收益	库存股	累计其他综合收益（损失）				小计	非控制性股东权益	所有者权益总额
							可供出售金融资产未实现利得（损失）	套期会计下衍生金融工具递延利得（损失）	外币折算调整	设定退休福利计划			
2014 年 4 月 1 日（来自上期报告的金额）	**396 660**	**65 476**	**80 712**	**953**	**384 843**	**(12 619)**	**12 859**	**(160)**	**17 424**	**(2 762)**	**546 726**	**87**	**546 813**
会计变更的累计影响					**(11 971)**						**(11 971)**		**(11 971)**
2014 年 4 月 1 日(重述后)	**396 660**	**65 476**	**80 712**	**953**	**372 872**	**(12 619)**	**12 859**	**(160)**	**17 424**	**(2 762)**	**534 755**	**87**	**534 842**
调整项目：													
新纳入合并的子公司和清算子公司的留存收益					88						88		88
归属于母公司股东的净收益［注释 2（C）］					18 364						18 364		18 364
现金股利(每股 32.0 日元)					(12 693)						(12 693)		(12 693)
购买库藏股	(4)					(6)					(6)		(6)
处置库藏股	71				(115)	212					97		97
当年净变动				180			7 915	(1 041)	23 094	941	31 089	420	31 509
2015 年 3 月 31 日余额	**396 727**	**65 476**	**80 712**	**1 133**	**378 516**	**(12 413)**	**20 774**	**(1 201)**	**40 518**	**(1 821)**	**571 694**	**507**	**572 201**
调整项目：													
归属于母公司股东的净收益［注释 2（C）］					22 192						22 192		22 192
现金股利(每股 30.0 日元)					(11 902)						(11 902)		(11 902)
购买库藏股	(580)					(976)					(976)		(976)
处置库藏股	45				(76)	134					58		58
因与非控制性股东交易导致的母公司股东权益的变动			(87)								(87)		(87)
当年净变动				**206**			**(9 039)**	**1 166**	**(27 967)**	**(4 867)**	**(40 501)**	**23**	**(40 478)**
2016 年 3 月 31 日余额	**396 192**	**65 476**	**80 625**	**1 339**	**388 730**	**(13 255)**	**11 735**	**(35)**	**12 551**	**(6 688)**	**540 478**	**530**	**541 008**
2015 年 3 月 31 日余额	**396 727**	**581 078**	**716 289**	**10 051**	**3 359 208**	**(110 160)**	**184 373**	**(10 657)**	**359 585**	**(16 164)**	**5 073 603**	**4 501**	**5 078 104**
调整项目：													
归属于母公司股东的净收益［注释 2（C）］					196 948						196 948		196 948

续表

项目	股份数（千股）	普通股股本	股本溢价	股票认购权	留存收益	库存股	累计其他综合收益（损失）				小计	非控制性股东权益	所有者权益总额
							可供出售金融资产未实现利得（损失）	套期会计下衍生金融工具递延利得（损失）	外币折算调整	设定退休福利计划			
现金股利(每股30.0日元)					(105 628)						(105 628)		(105 628)
购买库藏股	(580)					(8 662)					(8 662)		(8 662)
处置库藏股	45				(670)	1 188					518		518
因与非控制性股东交易导致的母公司股东权益的变动			(774)								(774)		(774)
当年净变动				1 834			(80 220)	10 345	(248 202)	(43 189)	(359 432)	203	(359 229)
2016年3月31日余额	**396 192**	**581 078**	**715 515**	**11 885**	**3 449 858**	**(117 634)**	**104 15**	**(312)**	**111 383**	**(59 353)**	**4 796 573**	**4 704**	**4 801 277**

注：参见合并财务报表注释。

合并现金流量表

（截止到3月31日的财年）

项目	注释	2015财年（百万日元）	2016财年（百万日元）	2016财年（千美元）
经营活动的现金流量				
所得税前利润		35 153	33 581	298 023
将所得税前利润调整为经营活动提供的净现金流				
支付的所得税		(11 108)	(12 783)	(113 443)
折旧和摊销		38 458	37 739	334 918
长期资产减值损失		16 230	8 449	74 984
坏账准备的计提（转回）		3	(1 425)	(12 649)
产品质量担保准备		(863)	(1 984)	(17 605)
利息和股利收益		(2 713)	(3 246)	(28 805)
利息费用		1 406	1 385	12 289
出售不动产、厂房和设备的利得（损失）		(35)	(3 146)	(27 924)
出售证券投资的利得（损失）		(4 982)	(573)	(5 083)
证券投资价值变动的利得（损失）		3		
对联营企业利润的权益		(1 421)	(1 449)	(12 860)
其他（净额）		32	19 028	168 869

续表

项目	注释	2015 财年（百万日元）	2016 财年（百万日元）	2016 财年（千美元）
资产和负债的变动				
应收账款、应收票据的变动额		（3 777）	30 813	273 458
存货的变动额		15 103	（17 099）	（151 748）
应付账款、应付票据的变动额		（4 892）	3 555	31 549
应计费用的变动额		1 669	（4 330）	（38 424）
预收款的变动额		（4 044）	21 215	188 273
设定受益负债净额的变动额		（875）	（223）	（1 981）
其他变动额（净额）		（2 038）	（4 292）	（38 091）
调整小计		36 156	71 634	635 727
经营活动提供的净现金		71 309	105 215	933 750
投资活动的现金流量				
购买不动产、厂房和设备的付款		（22 337）	（21 957）	（194 863）
销售不动产、厂房和设备的收入		377	3 678	32 645
购买证券投资		（1 028）	（6 791）	（60 270）
销售证券投资的收入		6 947	1 009	8 955
收购子公司股权导致合并范围变化	22		（43 563）	（386 604）
应收贷款的净减少（增加）		（20）	（162）	（1 442）
其他变动（净额）		（8 884）	（13 095）	（116 212）
投资活动使用的现金流量		（24 945）	（80 881）	（717 791）
融资活动的现金流量				
短期借款的变动额		（896）	0	（2）
发行长期负债的收益			12 500	110 934
偿还长期负债		（10 000）	（15 000）	（133 120）
支付的股利		（12 686）	（11 910）	（105 700）
向非控制性股东支付股利		（35）	（24）	（213）
其他变动（净额）		（1 338）	（3 740）	（33 183）
融资活动的净现金流量		（24 955）	（18 174）	（161 284）
外币折算调整对现金及现金等价物的影响		14 196	（14 575）	（129 353）
现金及现金等价物净增加额（减少额）		35 605	（8 415）	（74 678）
新纳入合并范围的子公司期初现金及现金等价物		2 652		
期初现金及现金等价物金额		221 368	259 625	2 304 092
期末现金及现金等价物金额		259 625	251 210	2 229 414

注：参见合并财务报表注释。

1.3　现金流量表

1.3.1　现金流量表的原理

仅仅依据资产负债表和综合收益表，不足以判断一家公司的经营状况是否良好。从短期经营来看，流动性对于企业的生存至关重要，现金流量表可以满足财务分析师了解企业流动性方面信息的需要。现金流量表可以使我们更深入地了解企业在当前和未来产生足够现金的能力，以及现金的各个组成项目的变化趋势等，有助于我们在诸如融资、股利分配和投资等方面做出重要决策。

根据《国际会计准则第 7 号——现金流量表》，现金只包括库存现金、存放在银行和其他金融机构的活期存款。现金等价物包括短期高流动性金融工具，即能够很容易转换为已知金额现金并且到期日在 3 个月以内的金融工具。在大多数情况下，银行借款属于融资活动的内容之一。然而，在一些国家，存在银行透支的概念，公司需要按时偿还透支的款项。透支可以使公司的银行账户余额在某一正值与负值之间浮动。依据这种概念，透支额也将被包括在现金等价物中。

现金流分析中最重要的概念是自由现金流（FCF），这也是财务分析师在估值模型中使用的最基本的分析工具。自由现金流来源于现金流量表，因此，现金流量表已经成为大部分国家强制披露的财务报表。

美国和欧洲项目融资的主要方式不同。美国企业主要利用权益融资工具，而欧洲公司则更普遍地使用债务融资工具。对于债务融资来说，现金流量表就显得越发重要了。现金流量表尤其能有助于投资者和债权人分析公司创造未来现金流的能力，进而评价公司是否能够按时偿还债务的能力。现金流量表的作用具体体现在以下四个方面：

第一，现金流量表能够让投资者和债权人了解公司的融资结构及现金义务；

第二，提供有关资产、负债和营运资本变化等的附加信息，这些信息在资产负债表或者综合收益表中都是没有办法反映出来的；

第三，通过消除会计政策不同产生的影响，改善不同企业之间的横向比较分析；

第四，用于预测未来现金流的确定性和时间分布。

典型的现金流量表一般包括四个部分：经营活动产生的现金流量、融资活动产生的现金流量、投资活动产生的现金流量、年初和年末的现金和现金等价物余额。

（1）经营活动产生的现金流量，是指由所有交易产生的现金，这些交易既不包括投资活动也不包括融资活动，它包括所有那些对公司经营业务和其他特殊交易至关重要的活动。

（2）融资活动产生的现金流量，主要包括长期融资和短期融资的有关资本来源的交易，也包括企业对股东的支付及企业接受来自股东的投资。

（3）投资活动产生的现金流量，主要指资产负债表中的资产方，也包括资产的处置。除此之外，收购和处置业务及子公司也包括在其中。

（4）现金和现金等价物的净变化，是上述三项活动的平衡数字或净变化。对这些活动的研究有利于我们进行有效的管理以及做出正确的投资决策。

我们必须要注意到，现金流量表不包括非现金交易项目，但这也是这种分析方法的一大缺陷。因为现金流量表中仅仅包括现金流量，所以不包含非现金交易项目往往被认为是合理的。然而，为了符合“真实和公允”这一基本前提，会计准则要求在财务报表的其他地方披露非现金交易项目。如果我们了解了非现金交易中都包括了哪些项目，我们就能了解到它们有多么重要。典型的非现金交易主要包括：将债务转换为所有者权益；将一种债务或者所有者权益转换成另一种类型或者分类的所有者权益；运用融资租赁获得资产；通过发行股票或者债券等取得资产；非现金资产和债务之间的交换，或者相同类型的非现金资产和负债的交换；为股票或者债务而处置资产。

请看下面的现金流量表（见表 1－18），这个现金流量表中没有涉及非现金交易，非现金交易以财务报表附注的形式加以披露。

表 1－18　　**现金流量表**　　单位：百万元

项目	第 N 期	第 N－1 期
净利润	**6 659**	**6 010**
非现金项目转回		
少数股东权益	27	26
所得税	1 833	1 882
折旧和摊销		
有形固定资产	1 261	1 161
无形资产	248	227
联营公司投资收益	－383	－239
出售投资收益	－288	**－89**
净财务收入	－793	－759

续表

项目	第N期	第N-1期
利息和其他财务收入	1 816	2 114
利息和其他财务支出	-815	-1 366
税费支出	-1 690	-1 843
营运资本变化前的现金流量	**7 875**	**7 124**
重组支出	-488	-698
净流动资产和其他净经营现金流的变化	-494	-573
经营活动产生的现金流量	**6 893**	**5 853**
有形固定资产投资	-1 371	-1 577
处置有形固定资产投资	286	303
购买无形资产和金融资产	-733	-384
处置无形资产和金融资产的收益	385	91
收购或者出售子公司	239	235
收购少数股东权益	-68	-1
可转售证券投资	-1 755	-2 503
投资活动产生的现金流量	**-3 017**	**-3 836**
期权费收入	—	2
库藏股的变动	-1 919	722
长期金融债务的变动	-336	-691
短期金融债务的变动	-130	-1 583
股利支出	-1 935	-1 663
融资活动产生的现金流量	**-4 320**	**-3 213**
货币折算对现金和现金等价物的净影响	74	-31
现金和现金等价物的净变动	-370	-1 227
年初的现金和现金等价物	**6 651**	**7 878**
年末的现金和现金等价物	**6 281**	**6 651**

上述现金流量表根据《国际会计准则第7号——现金流量表》编制，该表包括现金等价物项目，但不包括非现金交易项目。

我们必须认识到，编制现金流量表对于公司的会计师来说可能很容易，但是对于公司外部人士来说则是相当困难的，因为编制现金流量表还需要一些资产负债表和综合收益表中所没有的信息。然而，要根据某会计期间期初和期末的资产负债表、相应的综合收益表和附注等编制一张适当的现金流量表还是有可能的。我们将在下一部分讨论如何编制和使用现金流量表。

1.3.2　现金流和收入流的关系

在这一节中，我们可以了解到资产负债表、综合收益表与现金流量表之间的关系。除此之外，我们还将了解编制现金流量表的方法、现金流量表的局限性和如何使用现金流量表。

如前文所述，现金流量表的产生是为了弥补因使用权责发生制概念编制资产负债表、利润表和综合收益表而产生的不足。很明显，资产负债表和综合收益表（或利润表）会受到会计政策的影响，且最大的问题在于，它们不能提供有关企业的长期偿付能力和流动性方面的充足信息。长期偿付能力，是指公司长期内偿还债务的能力。流动性是确保公司有足够多的现金和现金等价物进行日常营运的能力。

现金流分析的最大优点在于，现金流分析将根据折旧政策和准备金的不同来进行调整。这将在下面的例题中有所体现。

【例 1－2】第 N 年年初，企业用 600 000 元购得一台设备，它的使用寿命是 5 年，5 年之后的残值为 0。假设在接下来的 5 年中每年将产生 800 000 元的现金流入，现金流出（不包括所得税）为 300 000 元，公司的所得税税率是 30%。

净利润和净现金流量的计算如表 1－19 所示。

表 1－19　　净利润和净现金流量的计算（使用寿命 =5 年）　　单位：元

项目	N	N＋1	N＋2	N＋3	N＋4	合计
现金流入	800 000	800 000	800 000	800 000	800 000	4 000 000
现金流出	－300 000	－300 000	－300 000	－300 000	－300 000	－1 500 000
税前现金流量	500 000	500 000	500 000	500 000	500 000	2 500 000
折旧	－120 000	－120 000	－120 000	－120 000	－120 000	－600 000
税前利润	380 000	380 000	380 000	380 000	380 000	1 900 000
税费	－114 000	－114 000	－114 000	－114 000	－114 000	－570 000
净利润	266 000	266 000	266 000	266 000	266 000	1 330 000
净现金流量	386 000	386 000	386 000	386 000	386 000	1 930 000

如果这个设备的使用寿命是 3 年而不是 5 年，则净利润和净现金流量的计算如表 1－20所示。

表 1-20　净利润和净现金流量的计算（使用寿命 =3 年）　单位：元

项目	N	N+1	N+2	N+3	N+4	合计
现金流入	800 000	800 000	800 000	800 000	800 000	4 000 000
现金流出	-300 000	-300 000	-300 000	-300 000	-300 000	-1 500 000
税前现金流量	500 000	500 000	500 000	500 000	500 000	2 500 000
折旧	-200 000	-200 000	-200 000	0	0	-600 000
税前利润	300 000	300 000	300 000	500 000	500 000	1 900 000
税费	-90 000	-90 000	-90 000	-150 000	-150 000	-570 000
净利润	210 000	210 000	210 000	350 000	350 000	1 330 000
净现金流量	410 000	410 000	410 000	350 000	350 000	1 930 000

从表 1-19 和表 1-20 可以清楚地看出：

- 税前现金流量并不受所选择的折旧政策的影响；
- 税后现金流的变化只与缴纳的所得税的多少有关。

有关的比较如表 1-21 所示。

表 1-21　折旧政策对现金流的影响　单位：元

项目	N	N+1	N+2	N+3	N+4	合计
所得税费用						
-当使用寿命 =5 年时	114 000	114 000	114 000	114 000	114 000	570 000
-当使用寿命 =3 年时	90 000	90 000	90 000	150 000	150 000	570 000
节约（超支）税金	24 000	24 000	24 000	-36 000	-36 000	0
净现金流量						
-当使用寿命 =5 年时	386 000	386 000	386 000	386 000	386 000	1 930 000
-当使用寿命 =3 年时	410 000	410 000	410 000	350 000	350 000	1 930 000
差异	24 000	24 000	24 000	-36 000	-36 000	0

现金流量表是一种依据两个连续期间的资产负债表和综合收益表编制而成的财务报表。接下来我们将讨论如何编制现金流量表。

将交易分析[①]作为理解现金流量表编制的基础。我们可以将资产负债表中的项目金额变化和与其相关的综合收益表项目进行调整，得出所要报告的交易和事项的现金流量结果。这些变化将根据它们是否属于经营活动、投资活动或者融资活动的性质来进行分类。分类和现金流量描述如表 1-22、表 1-23 和表 1-24 所示。

---

① 改编自 White, Sondhi and Fried. "The Analysis and Use of Financial Statements", John Wiley, 1998, pp. 91-92。

表 1 - 22　　经营活动产生的现金流量（CFO）

资产负债表账户	现金流量描述
应收账款	从客户收到的现金
存货	为购买投入品而支付的现金
预付费用	现金费用
应付账款	为购买投入品而支付的现金
预收账款	从客户收到的现金
应付租金	现金费用
应付利息	利息支出
应交所得税	所得税支出
递延所得税	所得税支出

表 1 - 23　　投资活动产生的现金流量（CFI）

资产负债表账户	现金流量描述
不动产、厂房和设备	资本性支出，出售不动产的收入
对关联企业的投资	为收购和投资支付的现金

表 1 - 24　　融资活动产生的现金流量（CFF）

资产负债表账户	现金流量描述
应付票据	债务的增加或减少
短期债务	债务的增加或减少
长期债务	债务的增加或减少
应付债券	债务的增加或减少
普通股	股权融资或者股票回购
留存收益	股利支付

简言之，资产的增加（减少）代表现金的净流出（流入）；负债的增加（减少）代表现金的净流入（流出）。

有两种方法列报由经营活动产生的现金流量，即直接法和间接法。直接法就是直接列示总现金收入和总现金支出的主要种类；间接法就是这些现金流量是通过调整非现金交易对净利润（或者综合收益总额）的影响而得到的。因为对诸如利息和股利等项目的会计处理方法很多，所以财务分析师必须小心。直接法的一个主要的好处就在于使用者能够更好地了解公司的净利润和现金流之间的关系，表 1 - 25 就是对这种转化的一个总结①。

① 资料来源 Epstein, Mirza. "Interpretation and Application of International Accounting Standards 2000", Wiley, 2000, p99.

表 1－25　　净利润和现金流量的关系

权责发生制	加	减	现金收付制
净销售收入	期初应收账款	期末应收账款	＝从客户收到的现金
销售成本	期末存货和期初应付账款	期初存货和期末应付账款	＝支付给供应商的现金

显然，这些包括在现金流量表中的经营活动部分的现金数量是调整计算出来的金额，而不是直接余额。

在间接法中，我们需要从净利润（或者综合收益总额）中加上或者减去一些项目来计算经营活动产生的现金流量。因为其容易理解和编制，所以也是一种最常用的方法。这种方法强调流动资产和流动负债项目变动。

虽然国际会计准则理事会（IASB）鼓励公司在报告经营活动产生的现金流量时使用直接法（见表1－26），但是在实际中，大部分公司都是使用间接法的（见表1－27）。

表 1－26　　现金流量表的列报——直接法

经营活动产生的现金流量	
从客户收到的现金	（＋）
支付给供应商和员工的现金	（－）
其他经营现金流入	（＋）
其他经营现金流出	（－）
支付利息和股利*	（－）
支付所得税	（－）
经营活动产生的净现金流量	Ⅰ
投资活动产生的现金流量	
购买固定资产	（－）
出售固定资产的收入	（＋）
收购子公司和分支机构	（－）
处置子公司和分支机构	（＋）
收到的利息和股利	（＋）
投资活动产生的净现金流量	Ⅱ
融资活动产生的现金流量	
发行股本	（＋）
返还资本	（－）
发行债券	（＋）
偿还债券	（－）
支付融资租赁债务	（－）
支付利息和股利*	（－）
融资活动产生的净现金流量	Ⅲ

续表

净现金流量	Ⅳ = Ⅰ + Ⅱ + Ⅲ
期初现金余额	Ⅴ
期末现金流量	Ⅵ = Ⅴ + Ⅳ

注：* 该项目既可以被列入经营活动产生的现金流量，也可以被列入融资活动产生的现金流量。

表 1－27　　现金流量表的列报——间接法

经营活动产生的现金流量		
税前净利润	（＋）	
折旧和准备金增加	（＋）	非现金收入和费用的调整
转回准备金	（－）	
出售资产的损益	（＋）或者（－）	调整非经营项目产生的现金流量
支付利息 *	（＋）	
收到的利息和股息	（－）	
存货的变动	（＋）或者（－）	调整营运资本的变动
应收账款的变动	（＋）或者（－）	
应付账款的变动	（＋）或者（－）	
所得税支付	（－）	
经营活动产生的现金流量	Ⅰ	
投资活动产生的现金流量		
购买固定资产	（－）	
出售固定资产的收益	（＋）	
收购子公司和分支机构	（－）	
处置子公司和分支机构	（＋）	
收到的利息和股息	（＋）	
投资活动产生的现金流量	Ⅱ	
融资活动产生的净现金流量		
发行股本	（＋）	
返还资本	（－）	
发行债券	（＋）	
偿还债券	（－）	
支付融资租赁债务	（－）	
支付利息和股息 *	（－）	
融资活动产生的净现金流量	Ⅲ	
净现金流量	Ⅳ = Ⅰ + Ⅱ + Ⅲ	
期初现金余额	Ⅴ	
期末现金余额	Ⅵ = Ⅴ + Ⅳ	

注：* 该项目既可以被列入经营活动产生的现金流量，也可以被列入融资活动产生的现金流量。

下面举例说明如何依据给定的资产负债表和综合收益表，使用直接法和间接法来编制现金流量表。

【例1－3】 假设以下是ABC公司第1年和第2年的财务报表（见表1－28～表1－30），使用直接法和间接法编制现金流量表（见表1－31、表1－32）。

表1－28　　ABC公司第1年末和第2年末资产负债表　　单位：百万元

项目	第1年	第2年
资产		
现金	150	200
应收账款	0	200
存货	50	35
流动资产合计	200	435
对联属企业投资	15	35
建筑物	300	350
累计折旧	**－100**	**－125**
固定资产合计	215	260
资产总额	415	695
负债		
短期借款	65	120
应付账款	75	150
应计负债	75	50
应付利息	**0**	**25**
应交税费	**0**	**25**
应付股利	**0**	**50**
流动负债合计	**215**	**420**
应付债券	**100**	**125**
负债总额	**315**	**545**
普通股股本	50	75
资本公积	50	50
留存收益	0	25
所有者权益总额	100	150
负债和所有者权益总额	415	695

表 1－29　**第 2 年度的综合收益表**　单位：百万元

销售净额	1 000	
销售商品成本	－600	
毛利润		400
经营费用	－75	
折旧费用	－25	
租金费用	－50	
利息费用	－125	
税前利润		125
所得税费用	－25	
本年净利润		100
其他综合收益		0
综合收益合计		100

表 1－30　**留存收益变动**　单位：百万元

期初余额	0	
本年净利润	10	
已宣告的股利	－75	
期末余额		25

表 1－31　**第 2 年现金流量表——直接法**　单位：百万元

经营活动产生的现金流量		
从客户收到的现金	800	
支付给供应商的现金	－510	
其他经营现金流出	－150	
支付利息	－100	
支付所得税	0	
经营活动产生的净现金流量		40
投资活动产生的现金流量		
购买建筑物	－50	
对联属企业投资	－20	
投资活动产生的净现金流量		－70
融资活动产生的现金流量		
发行普通股	25	
发行债券	25	
短期借款	55	

续表

融资活动产生的现金流量		
支付股息	-25	
融资活动产生的净现金流量		80
净现金流量		50
第2年年初现金余额		150
第2年年末现金余额		200

表1-32　第2年现金流量表——间接法　单位：百万元

经营活动产生的现金流量		
税前利润	125	
折旧费用	25	
存货变动	15	
应收账款的变动	-200	
应付账款的变动	75	
应计负债的变动	-25	
应付利息的变动	25	
应交税费的变动	25	
税费支付	-25	
经营活动产生的净现金流量		40
投资活动产生的现金流量		
购买建筑物	-50	
对联属企业投资	-20	
投资活动产生的净现金流量		-70
融资活动产生的现金流量		
发行普通股	25	
发行债券	25	
短期借款	55	
支付股息	-25	
融资活动产生的净现金流量		80
净现金流量		50
第2年年初现金余额		150
第2年年末现金余额		200

计算过程：

从客户收到的现金 = 销售净额 - 应收账款的增加 = 1 000 - 200 = 800（百万元）

支付给供应商的现金 = 销售成本 − 存货的减少 − 应付账款的增加

= 600 − 15 − 75 = 510（百万元）

其他经营活动现金流出 = 租金支出 + 经营费用支出 + 应计负债的减少

= 50 + 75 + 25 = 150（百万元）

支付利息 = 利息支出 − 应付利息的增加 = 125 − 25 = 100（百万元）

支付所得税 = 税费支出 − 应交税费的增加 = 25 − 25 = 0（百万元）

支付股利 = 已宣告的股利 − 应付股利的增加 = 75 − 50 = 25（百万元）

在收购和资产剥离的情形中，现金流量表弥补了公司业绩分析中存在的一个重要缺陷。因此，财务分析师应该同时分析资产负债表、综合收益表以及现金流量表，理解它们之间的钩稽关系，这也有助于财务分析师对现金流变化趋势的扭曲现象进行解释。

我们可以看出，现金流量表对于分析公司的业绩起着非常重要的作用。在大多数国家，现金流量表是股东可以获得的财务报表的有机组成部分。财务分析师喜欢使用现金流量表的原因是它能够解决大部分由会计政策变化而引发的问题。他们还意识到，现金流量对于一个公司来说，至少同盈利能力一样重要。

第 2 章　利润表和外币业务

2.1　收入确认

2.1.1　来自客户的收入

收入的会计核算主要有两个问题：

- 应何时确认收入；
- 应确认多少收入。

根据权责发生制原则，收入应在交易发生时确认，而不是在收到货款时确认。但是，确定交易日期有时并非易事，这一点我们可以从下文中发现。

2.1.1.1　确认日期

根据《国际财务报告准则第 15 号——与客户之间合同产生的收入》，当承诺的商品或服务转移给客户时，即买方获得对该资产的控制权时，公司确认收入。

确定控制权何时发生转移并不那么容易，取决于所转让资产的性质和交易特点。国际财务报告准则第 15 号对两种合同进行了区分：

- 在某个时间点履行义务的合同；
- 在一段时期履行义务的长期合同。

（1）在某个时间点履行义务的合同

这些合同主要是销售商品。在大多数情况下，控制权的转移和相应的收入确认与货物交付一致。该规则同样适用于立即提供服务的合同（例如修理车辆）。

（2）在一段时期履行义务的长期合同

这些合同需要在持续数月或数年的时期内提供服务。

根据国际财务报告准则第 15 号，该类合同的收入必须按照完成工作的百分比在特定期间的综合收益表中确认。需要注意的是，这一确认与收款通知、已收到或可收到的金额无关。如果已完成工作的价值高于已收款的金额，那么其差额应以应收账款确认；反之，如果已收款的金额高于已完成工作的价值，则其差额部分确认为预收账款，并在流动负债项下列示。

可以用不同的方法估计完工百分比。最常用的方法是根据已发生成本占预期总成本的百分比来估计。此时，确认的收入金额可按以下公式得出：

$$当期确认的合同收入=\frac{合同总收入\times 累计已发生收入}{累计已发生收入}-(累计已确认收入+预计未来成本)$$

【例2-1】 ABC公司以1 000 000元投标取得一项桥梁建筑工程，3年完工。该桥梁的预期成本为800 000元。ABC公司将分四期取得工程合同款，每期取得250 000元。首期250 000元将随订单获得，其余款项分别于每年年末获得。假定桥梁在规定时间内建成。各年发生的成本如下：第1年300 000元，第2年和第3年各为250 000元。有关发生的工程成本和收到的工程款的资料见表2-1。编制的三年内的综合收益表和资产负债表如表2-2和表2-3所示。

表2-1 ABC公司发生的工程成本和收到的工程款 单位：元

项目	第1年	第2年	第3年
至今发生的成本	300 000	550 000	800 000
预计未来将发生的成本	500 000	250 000	
至今收款金额	500 000	750 000	1 000 000

表2-2 ABC公司综合收益表（完工百分比法） 单位：元

项目	第1年	第2年	第3年
已赢得的合同收入	375 000(1)	312 500(2)	312 500(3)
确认的成本	-300 000	-250 000	-250 000
毛利	75 000	62 500	62 500

(1) =(300 000/800 000)×1 000 000 =375 000（元）

(2) =(550 000/800 000)×1 000 000 -375 000 =312 500（元）

(3) =(800 000/800 000)×1 000 000 -375 000 -312 500 =312 500（元）

表2-3 ABC公司资产负债表（完工百分比法） 单位：元

报表要素	报表项目	第1年	第2年	第3年
资产	现金	200 000	200 000	200 000
负债	预收款项	500 000	750 000	0
所有者权益	留存收益	75 000	137 500	200 000

这里我们假设所有的交易都是现金交易。

根据国际财务报告准则第 15 号，完工百分比法必须用于合同的所有结果都能够可靠地估计的建造合同。

如果合同的结果不能可靠地加以估计，收入仅在发生的合同成本的范围内确认。这种方法被称为完成合同法，它导致在合同完成时确认整个利润。

【例 2－1（续）】 假设合同的结果是无法估计的。编制的三年内的综合收益表和资产负债表如表 2－4 和表 2－5 所示。

表 2－4　　ABC 公司综合收益表（完成合同法）　　单位：元

项目	第 1 年	第 2 年	第 3 年
已确认的合同收入	300 000	250 000	450 000
已发生的合同成本	－300 000	－250 000	－250 000
毛利	0	0	200 000

表 2－5　　ABC 公司资产负债表（完成合同法）　　单位：元

报表要素	报表项目	第 1 年	第 2 年	第 3 年
资产	现金	200 000	200 000	200 000
负债	预收款项	200 000	200 000	0
所有者权益	留存收益	0	0	200 000

2.1.1.2　收入的计量

公司应该按其预期收到的交易价格的金额确认收入，即应该按扣除所有商业折扣或数量折扣以及扣除代第三方收取的款项（如增值税和销售税）后的金额确认为收入。

当部分金额可变时，卖方可以按照期望值（即以概率为权重计算的加权金额的总和）或最可能的金额确认收入。

（1）存在退货权的销售

金额可变的一个例子是，买方有权在交易后退货。在这种情况下，确认的收入限于公司期望收到的金额（即与不允许退货的项目相对应的金额）。

【例 2－2】 在第 N 年，一家邮购公司出售 1 000 000 元的货物。销售合同规定，如果客户不满意，客户有权退回所购买的物品。根据统计数据，估计的退货率为 5%。

在第 N 年该公司应确认的收入（销售额）＝1 000 000×95%＝950 000（元）

（2）存在重大融资成分的合同

当收款延迟几年时，交易价格必须根据货币时间价值的影响进行调整。该调整的目的是按照如果顾客采取现金购买而需要支付的价格来确认收入。

必须对现金流入进行贴现，在货物交付日确认的收入的金额等于未来收款的现值。该金额与收款总额之间的差额确认为信用期内的利息收入。

为简化起见，国际财务报告准则第15号规定，当商品或服务的交付与收款的时间间隔少于一年时，不需要调整货币时间价值的影响。

【例2-3】 第N年12月31日，S公司向C公司销售商品100 000元。该笔款项分三期支付：交付商品时，收到40 000元；1年后，收到30 000元；2年后，收到30 000元。

商品的销售成本为80 000元，C公司适用的借款利率为6%，在交易日该笔销售未来现金流入的现值为：

$$现值=40\ 000+\frac{30\ 000}{1.06}+\frac{30\ 000}{1.06^2}=95\ 000(元)$$

该笔交易记录对综合收益表的影响如表2-6所示。

表2-6　　C公司交易记录对综合收益表的影响　　单位：元

项目		第N年	第N+1年	第N+2年
收入	销售收入	95 000		
	利息收入		3 300(1)	1 700(2)
费用	销售成本	80 000		
本年利润		15 000	3 300	1 700
综合收益小计		15 000	3 300	1 700

(1) = (9 500 - 40 000) × 6% = 3 300（元）

(2) = (9 500 + 3 300 - 40 000 - 30 000) × 6% = 1 700（元）

（3）混合合同

有时商品销售合同中还包括提供附加的劳务，比如，销售商品的同时还提供维修服务。类似这样的混合销售合同，应采用现值分别对销售商品和提供劳务的收入进行确认。

【例2-4】 第N年6月30日，某公司销售设备，价款为100 000元，该价款中包括两年的维修服务合同。卖方预计每年的维修成本为5 000元，该服务的毛利率是20%，该设备采购成本为80 000元。公司适用的借款利率为6%。

第N年6月30日，维修服务的现值是：

$$现值=\frac{5\ 000\times 1.2}{1.06}+\frac{5\ 000\times 1.2}{1.06^2}=11\ 000(元)$$

收入确认如表2-7所示。

表 2-7　　收入确认对综合收益表的影响　　单位：元

综合收益表项目		第 N 年	第 N+1 年	第 N+2 年
收入	销售收入	89 000(1)		
	服务收入		6 000	6 000
费用	销售成本	80 000	5 000	5 000
	利息费用		660	340
本年利润		9 000	340	660
综合收益		9 000	340	660

（1） =100 000 - 11 000 = 89 000（元）

第 N+1 年利息 = 6% ×（11 000） = 660（元）

第 N+2 年利息 = 6% ×（11 000 + 660 - 6 000） = 340（元）

以下是一家工业公司提供的关于收入确认信息的例子。

ABB 公司（瑞典 & 瑞士）

当销售商品的协议存在令人信服的证据，商品的交付已发生，价格固定或可确定并且能合理确定货款的可收回性时，本公司一般会确认销售商品的收入。关于产品的销售，在客户取得产品所有权并承担采购订单或销售协议中所指定的与产品所有权相关的风险和回报之前，交付不被视为已经发生，因此也不能确认收入。

长期建造类合同收入的确认一般采用完工百分比会计法。本公司主要采用成本比例法来度量合同完工进度，即已发生实际成本占预计总成本的最优估计的百分比来估计完工百分比，并对正在进行中的合同进行例行审查以更新对预期总成本的最优估计。

无论是短期建造类合同还是长期建造类合同，如果其结果不能合理可靠地加以估计，或者因固有的危险使估计变得困难，那么该类合同应按完成合同法进行会计核算。完成合同法下的收入在合同实质性完成时确认，即在客户验收测试或类似验收活动中符合规定的性能被客户接受时，才确认收入。

服务交易收入在提供服务时确认。对于长期服务合同，收入在合同期限内按直线法确认；如果提供服务的模式不是直线形的，则按照与所提供服务的模式相一致的方式确认收入。

2.1.2 费用确认的标准

会计准则一般不会详细讲解费用的确认。原因在于，在配比原则下，费用确认的标准与收入确认直接相关。

费用确认的指导性原则要求与同一笔交易相关的收入和费用必须同时确认。也就是说，在某一期间确认收入时，为获取这些收入而发生的所有费用必须在同一期间确认。

2.1.3　股票期权及类似福利的会计处理

近年来，作为公司董事、高管人员和其他许多员工薪酬的一种形式，股票期权变得越来越普遍。然而，关于是否或者如何在综合收益表中确认股票期权，会计上一直有不同看法。

- 许多人认为，不应将股票期权作为费用确认，因为股票期权并不会导致企业财富的减少。授予股票期权一般会导致股东权利的稀释，但不会对公司的整体价值产生影响，影响的只是现任股东的权利。股票期权的授予可以看作企业财富在现任股东和未来股东之间的转移，并不影响企业的价值。
- 不在综合收益表中确认股票期权所带来的弊端是，员工成本的重要组成部分不能得到反映，特别是对刚刚成立的公司而言，员工薪酬通常是以股票期权的形式支付的。这种做法也会使高管人员的薪酬机制变得模糊不清，从而与公司治理原则背道而驰。上述情形很可能是促使国际会计准则理事会颁布《国际财务报告准则第 2 号——以股份为基础的支付》的原因，该准则要求将股票期权作为费用确认。该准则并不仅仅局限于对股票期权的规范，它的范围包括基于公司股份价格支付的所有交易。

2.1.3.1　股份支付的分类

国际财务报告准则第 2 号将以股份为基础的交易分为三类。

- 以权益结算的股份支付，是指企业为获取产品或服务以自身的权益工具（包括股票或者股票期权）作为对价进行结算的交易；
- 以现金结算的股份支付，是指企业为获取产品或服务而承担以公司自身股份价格为基础计算确定的负债；
- 企业为获取产品或劳务而进行的交易规定，无论是企业本身还是产品或劳务的提供者都有权选择支付的方式，即以权益结算或以现金结算。

股份支付确认的原则是：当企业获取相应的产品或劳务时，基于股份支付的交易应予以记录。因此，企业对股份支付确认的结果是：

- 如果支付的方式是股票或者股票期权，即属于以权益结算的股份支付，那么会使企业的所有者权益增加；
- 如果以现金作为结算方式，那么会使企业的负债增加。

如果企业获取的产品或劳务不符合资产确认的条件，则应确认为费用。由员工提供的劳务就是一个典型的例子。

2.1.3.2 以权益结算的股份支付交易

以权益结算的股份支付交易应以换取商品或服务的公允价值计量。如果所换商品或劳务的公允价值不能够可靠地估计，则应以授予日所授权益工具的公允价值计量。

国际财务报告准则第2号指出，一般而言，作为雇员薪酬计划组成部分的雇员服务很难直接计量。所以，换取雇员的服务通常是按照所授予雇员的股票或者股票期权的公允价值计量。

对于无行权条件的股票或股票期权，在授予日即确认为费用。

【例2-5】 第N年1月10日，公司授予雇员股票10 000股，这些股票是在第N-1年11月以每股250元（面值100元）购入的，在第N年1月10日，这些股票的市场价格为每股280元。

在第N年，公司应确认费用（员工成本）2 800 000元。

一般而言，股票或者股票期权的授予要求满足一定的条件，比如，要求雇员满足一定的服务年限；或者与企业的经营业绩挂钩，如与公司的利润增长指标或股票价格的增长指标挂钩。在这种情形下，所获取的商品或者服务的成本应在满足上述条件的等待期间内摊销。下面对不同行权条件情况下的会计处理进行详细讲解。

（1）以员工服务年限为条件的权益性股份支付

如果行权以员工服务一定期限为条件，则授予的股份或期权应在符合条件的期间内予以确认，每年确认的金额应根据对员工离职概率的估计进行调整。

权益工具公允价值的变动不会在员工提供的服务成本中予以反映。

【例2-6】 在第N年年初，X公司签署了一项合同，允许其1 000名员工在第N+2年年末每人获取公司10股股份，条件是这些员工在第N+2年年末仍然在职。授予日，这些股份的市场价格为每股100元，预计90%的员工在第N+2年年末仍然在职。

在合同规定的期限内，员工的离职率和X公司股份市场价格的变动如表2-8所示。

表2-8　　员工的离职率和X公司股份市场价格的变动

	第N年 1月1日	第N年 12月31日	第N+1年 12月31日	第N+2年 12月31日
预计达到3年服务期要求的员工比例或人数	90% （预计）	80% （预计）	75% （预计）	780人
X公司股份的市场价格（元）	100	95	110	125

这些股票期权的会计处理对财务报表的影响如表2－9所示。

表2－9　　股票期权的会计处理对财务报表的影响　　单位：千元

综合收益表	第N年	第N+1年	第N+2年
费用：员工成本	267	233	280
本年利润	－267	－233	－280
综合收益小计	－267	－233	－280
资产负债表	第N年12月31日	第N+1年12月31日	第N+2年12月31日
所有者权益：未行使的股份权利	267	500	
留存收益	－267	－500	－780

1/3×(1 000×10×0.1×80%)＝267(千元)

[2/3×(1 000×10×0.1×75%)－267]＝233(千元)

267＋233＝500(千元)

(780×10×0.1)－500＝280(千元)

(2) 以非市场条件为行权条件的权益性股份支付

如果行权条件是非市场条件的业绩指标，公司必须在授予日估计预计达到行权条件所需的时间。如果后续信息表明达到行权条件所需的时间与前期估计不同时，还应做相应的调整。

【例2－7】 第N年年初，X公司决定授予其首席执行官1 000份股票期权，前提是当年的经营收入比第N－1增长30%。授予日，X公司的股票市价为每股100元，预计达到这一业绩指标的期限为3年。在随后的年度中，X公司的经营利润、预计达成时间以及股票市价如表2－10所示。

表2－10　　X公司的经营利润、预计达成时间以及股票市价

	第N年1月1日	第N年12月31日	第N+1年12月31日	第N+2年12月31日
与第N－1年相比经营收入的增长	—	+5%	+25%	+32%
预期达到行权条件期间	第N+2年12月31日	第N+3年12月31日	第N+2年12月31日	—
X公司股票市价（元/股）	100	95	110	125

X公司在可行权期间的综合收益表和资产负债表如表2－11所示。

表 2－11 X 公司在可行权期间的综合收益表和资产负债表 单位：千元

综合收益表	第 N 年	第 N＋1 年	第 N＋2 年
费用：员工成本	25	42	33
本年利润	－25	－42	－33
综合收益小计	－25	－42	－33
资产负债表	第 N 年 12 月 31 日	第 N＋1 年 12 月 31 日	第 N＋2 年 12 月 31 日
所有者权益：未行使的股份权利	25	67	
留存收益	－25	－67	－100

1/4 ×（1 000 ×0.1）＝25（千元）

2/3 ×（1 000 ×0.1）－25 ＝42（千元）

（1 000 ×0.1）－67 ＝33（千元）

（3）以市场条件为行权条件的权益性股份支付

如果业绩指标是某一市场条件（即与股票市价相关的条件），则会计处理方法与附非市场条件的情形相同，只是不再对预计达到行权条件的期限进行后续调整。

【例 2－8】第 N 年 1 月 1 日，X 公司授予 10 名高管人员每人 10 000 股股票期权，期权的期限为 8 年。每份期权允许被授予人以 160 元购买 X 公司的股份 1 股。此股票期权要求同时满足下列两个条件方可行权：

- 公司股票市价高于 170 元/股；
- 公司股票市价高于 170 元/股时，该高管人员仍在公司任职。

期权授予日，公司股票市价为 120 元/股，公司估计股票期权的公允价值为 3 元。根据股票期权定价模型，预计最可能满足行权条件的期限为 4 年。

第 N 年 12 月 31 日，X 公司的股票市价和股票期权的公允价值分别是 130 元/股和 4 元/股。预计在第 N＋3 年年末前，该公司的股票市价不会达到 170 元/股，同时预计，在此日期到来前，有 1 名高管人员会离职。

后续各年相关数据的变化如表 2－12 所示。

表 2－12 X 公司后续各年的相关数据

	第 N 年 1 月 1 日	第 N 年 12 月 31 日	第 N＋1 年 12 月 31 日	第 N＋2 年 12 月 31 日	第 N＋3 年 12 月 31 日
X 公司股票的市价（元/股）	120	130	150	180	185
期权的公允价值（元）	3	4	6	10	15
预计达成条件的期限（年）	第 N＋3 年 12 月 31 日	第 N＋3 年 12 月 31 日	第 N＋2 年 12 月 31 日		
预计有受益人数（人）	9	9	8		

在第 N +2 年年末，达到期权的行权条件，10 名高管人员在职，这些期权将在未来 5 年内行权。股票期权对未来财务报表的影响如表 2 –13 所示（假设期权在第 N +3 年行权）。

表 2 –13　　X 公司股票期权对未来财务报表的影响　　单位：千元

综合收益表		第 N 年	第 N +1 年	第 N +2 年	第 N +3 年
费用：员工成本		67.5	52.5	180	0
本年利润		–67.5	–52.5	–180	0
综合收益小计		–67.5	–52.5	–180	0
资产负债表		第 N 年 12 月 31 日	第 N +1 年 12 月 31 日	第 N +2 年 12 月 31 日	
所有者权益	股票期权	67.5	120	300	300
	留存收益	–67.5	–120	–300	–300

1/4 ×（10 000 ×0.003 ×9）=67.5（千元）

2/4 ×（10 000 ×0.003 ×8）–67.5 =52.5（千元）

67.5 +52.5 =120（千元）

（10 000 ×0.003 ×10）–120 =180（千元）

值得注意的是，在第 N +3 年并没有确认任何费用，原因是期初已满足行权条件。

2.1.3.3　以现金结算的股份支付交易

以现金结算的股份支付交易，应当按照企业为获取商品或劳务而承担的负债的公允价值计量该商品或劳务。在负债清偿前，每个报告日（资产负债表日）应对负债的公允价值重新计量，并将相关变动计入综合收益表。

典型的以现金结算的股份支付交易，是公司授予员工的奖金，该奖金的多少取决于公司股票市价的变化情况。

如果该项权利不附加任何条件，则应在授予日立即将该奖金确认为费用。

【例 2 –9】 第 N 年年末，X 公司将其股票市价在第 N 内增长的 20% 作为员工的奖金。在此期间，X 公司的股票市价从 2 000 万元已经增加到 2 300 万元。

此时，X 公司应在第 N 年的综合收益表内确认 600 000 元的额外成本。

如果此权利的取得附带条件，则该项费用应在等待期内摊销。

【例 2 –10】 在第 N 年年初，X 公司签订股份支付协议，规定在授予日至行权日，其 1 000 名员工每人有权收到 10 倍于股票市价增长的等值现金。可行权期间为第 N +2 年1 月 1 日至第 N +3 年 12 月 31 日，行权条件是截至第 N +1 年 12 月 31 日，员工仍为该公司服务。授予日，公司股票市价为100元/股，按期权定价模型计算的奖金增值权的公允价值为220元。此外，预计有5%的员工在第N+1年年底会离职。

后续年度，相关数据如表2-14所示。

表2-14　X公司后续各年的相关数据

项目	第N年 12月31日	第N+1年 12月31日	第N+2年 12月31日	第N+3年 12月31日
年末X公司股票的市价（元/股）	120	130	145	125
行权日X公司股票的市价（元/股）			140	135
奖金增值权在年末的公允价值（元）	250	300		
第N+1年12月31日员工人数（人）	950（预计）	960		
本年将行权的员工人数（人）			400	560

对财务报表的影响如表2-15所示。

表2-15　X公司奖金增值权对未来财务报表的影响　单位：千元

综合收益表	第N年	第N+1年	第N+2年	第N+3年
费用：员工成本	119	169	40	28
本年利润	-119	-169	-40	-28
综合收益小计	-119	-169	-40	-28
资产负债表				
资产：现金			-160	-356
负债：奖励计划	119	288	168	0
所有者权益：留存收益	-119	-288	-328	-356

1/2×(950×0.25)=119(千元)

(960×0.3)-119=169(千元)

119+169=288(千元)

400×10×(0.14-0.1)=160(千元)

288×560/960=168(千元)

160-(288-168)=160-[288×(400/960)]=40(千元)

288+40=328(千元)

160+[560×10×(0.135-0.1)]=356(千元)

560×10×(0.135-0.1)-168=28(千元)

2.2　外币业务

2.2.1　外币业务

近年来，全球化已经成为所有商业实体的时尚术语，也引发了会计业的变革。到目前为止，我们所讨论的还是使用单一货币来编制财务报表。然而，一旦有不同货币的交易发生，我们就必须解决如何报告这些交易的问题。除了不同货币的交易之外，许多公司还开展了海外业务，这些公司在不同国家拥有子公司或有大量海外股权投资。这些投资的业绩都需要在母公司的财务报表中体现。这给会计师带来三大问题，它们是：

- 因不同国家的会计准则和会计政策不同而引发的问题；
- 以外币发生了应付款和应收款、销售收入和费用支出的交易，但这些交易却以公司所在国货币计量；
- 对资产、负债以及其他资产负债表项目进行折算，并将这些项目并入财务报表。

《国际会计准则第 21 号——外汇汇率变动的影响》回答了这些问题，该准则适用于：

- 以外币而不是以功能货币为计价单位的外币业务会计；
- 分支机构、区域机构和子公司等的外币财务报表的折算。

国际会计准则第 21 号的内容以功能货币为核心，将功能货币定义为“在企业经营的主要经济环境下的货币”。国际会计准则第 21 号指出，主要经济环境一般是企业发生现金收入和现金支出的经济环境。为确定其功能货币，企业应主要考虑下列因素：

- 主要影响其产品或劳务的销售价格的货币；
- 主要影响其人工、材料和其他费用的货币。

在多数情形下，企业的功能货币也是其列报货币，即财务报表以该种货币列示。但是，对于某些企业，特别是国外子公司或分支机构，其功能货币与列报货币可能不同。例如，法国某公司的美国分支机构会有如下情形：

- 因为大部分的收入和费用都以美元计价，所以，该分支机构的功能货币有可能是美元；

- 因为财务报表以欧元列报，所以，列报货币是欧元。

2.2.1.1 外币业务的会计处理

初始确认时，外币业务（包括销售、采购和支付等）在交易日应以功能货币和外币之间的即期汇率记录。

在每一个财务报告日：

- 外币货币性项目应以期末汇率报告；
- 以历史成本计量的非货币项目按交易发生日的汇率报告；
- 以公允价值计量的非货币项目按确定公允价值时的汇率折算。

【例2-11】一家非美国公司第N年1月10日以10 000美元销售其商品，但是这笔款项在资产负债表日（第N年6月30日）仍未收回。即期汇率如下：

- 第N年1月10日：1元=0.6092美元
- 第N年6月30日：1元=0.6190美元

在第N年1月10日，该公司确认销售收入为16 414.97元（=10 000/0.6092）。然而，第N年6月30日的资产负债表中的应收账款项并没有以16 414.97元来列报，而是要按照期末汇率（第N年6月30日的汇率）来计算。因此，资产负债表中应收账款项目的金额应该是16 155.09元（=10 000/0.6190）。

该差异259.88元（=16 414.97-16 155.09）是外币资产持有损失。这种损失不是由于销售价格下降产生的，而是由于美元与报告货币之间汇率变化造成。本例中，报告货币已经升值，所以同样金额的美元应收账款折算出了更少的报告货币金额。假设此项应收账款在7月31日收到，当天的汇率为1元=0.6080美元，计算汇兑损益。

在第N年7月1日至第N+1年6月30日之间，财务报表应报告下列信息：

- 应收账款收回额=10 000/0.6080=16 447.37元；
- 汇兑收益=16 447.37-16 155.09=292.28元；
- 从交易日至结算日，该笔交易的实际收益=16 447.37-16 414.97（32.40元）。

但是，该笔金额分别在两个会计期间予以确认，在截至第N年6月30日的会计年度确认汇兑损失259.88元，在截至第N+1年6月30日的会计年度确认汇兑收益292.28元。

2.2.1.2 汇兑差异的确认

根据国际会计准则理事会（IASB）的要求，所有因货币性项目结算而产生的汇兑差额（收益或者损失）应该在其产生的期间确认为收益或者费用。这也是例2-11

中，为什么在第 N 年 6 月 30 日截止的会计期间，需要确认汇兑损失 259.88 元；而在第 N +1 年 6 月 30 日截止的会计期间，则确认汇兑收益 292.28 元。

例外的情况是，如果货币性项目产生的汇兑差额构成了对外国主体净投资的一部分时，在处置外国主体的净投资之前，该项差额应该被归入所有者权益类项目。

2.2.2　外币报表折算

用外币计价的交易，即使数额巨大，也不会对年末的财务报表产生很大的影响。但是，财务分析师却面临这样一个实际问题，那就是如何将外国子公司或者分支机构的财务报表并入母公司的财务报表中。本节将从一些案例出发，来给出这一问题的会计处理。

境外主体的财务报表通常采用下列汇率折算成列报货币：

- 资产和负债：采用期末汇率；
- 收入和费用：采用交易日的汇率（或者是当期的平均汇率）。

由此产生的汇兑差额在所有者权益项下的单独项目中列报。因此，汇率波动会影响综合收益，但对当期损益没有影响。只有在被投资的企业被出售或者清算时，累计的折算调整才被作为收益或损失予以确认。

这种方法被称作“现行汇率法”或者“期末汇率法”。

为理解这些原则在实践中的应用，我们来看【例 2 -12】。

【例 2 -12】 表 2 -16 和表 2 -17 是一家美国子公司的财务报表。

表 2 -16　　第 N 年 12 月 31 日美国子公司的资产负债表　　单位：千美元

资产	
不动产、厂房和设备	500 000
存货	120 000
应收账款	300 000
现金	30 000
资产总额	950 000
负债	500 000
所有者权益	
实收资本	100 000
留存收益	350 000
所有者权益总额	450 000

表 2-17 **第 N 年度美国子公司的综合收益表** 单位：千美元

销售收入	**600 000**
销售成本	-460 000
毛利润	140 000
折旧	-50 000
其他费用	-60 000
本年利润	30 000
其他综合收益	0
综合收益总额	30 000

第 N-1 年 12 月 31 日，折算后所有者权益如下：

实收资本	100 000
留存收益	400 000
累计折算差异	32 000
所有者权益总额	532 000

第 N 年 12 月 31 日的汇率是：1 美元 =1.25 元。为了简化，我们假设第 N 年内的所有交易按以下年内平均汇率折算：1 美元 =1.3 元。

首先折算收入和费用，接着将得出的折算损益转入资产负债表（见表 2-18）。

表 2-18 **外币报表折算**

综合收益表	**千美元**	**折算汇率**	**千元**
销售收入	600 000	1.3	780 000
销售成本	-460 000	1.3	-598 000
毛利润	140 000	1.3	182 000
折旧	-50 000	1.3	-65 000
其他费用	-60 000	1.3	-78 000
本年利润	30 000	1.3	39 000
其他综合收益（累计折算差额变动）			-8 500*
综合收益合计	30 000		30 500*
资产负债表	**千美元**	**折算汇率**	**千元**
资产：			
不动产、厂房和设备	500 000	1.25	625 000
存货	120 000	1.25	150 000
应收账款	300 000	1.25	375 000

续表

资产负债表	千美元	折算汇率	千元
现金	30 000	1.25	37 500
资产总额	950 000	1.25	1 187 500
负债	500 000	1.25	625 000
所有者权益			
实收资本（如上期资产负债表所示）	100 000		100 000
留存收益（439 000 = 400 000 + 39 000）	350 000		439 000
累计折算差额（562 500 − 100 000 − 439 000）			23 500
所有者权益总额（1 187 500 − 625 000）	450 000		562 500

* 其他综合收益（累计折算差额变动）= 第 N 年 12 月 31 日累计折算差额（23 500）−
第 N − 1 年 12 月 31 日累计折算差额（32 000）= −8 500

第 N 年综合收益合计 = 第 N 年 12 月 31 日所有者权益总额（562 500）−
第 N − 1 年 12 月 31 日所有者权益总额（532 000）= 30 500

从以下摘录的年度报告也可以看出，一些公司是如何折算国外子公司财务报表的。

佳能（日本）

在日本以外、功能货币不是日元的子公司，其资产和负债按照资产负债表日的日元汇率来折算，收入和费用项目按照本年度平均汇率折算。因财务报表折算而产生的损益不包含在当期利润中，并在其他综合收益（损失）中列报。外币交易（包括外汇合约）以及以外币计价的资产和负债的折算所产生的损益在合并利润表中列入其他收入（扣除项目）。

路威酩轩集团（法国）

合并财务报表以欧元列报（以不同功能货币列报的企业财务报表需折算为欧元）：

- 资产负债表项目按期末汇率折算；
- 利润表项目按当年平均汇率折算。

由这些汇率的运用所导致的折算差异在所有者权益的“累计折算调整”项下列报。

2.2.3　恶性通货膨胀经济

外国主体的财务报表如果是以处于恶性通货膨胀经济下的货币来报告的，那么在折算成母公司所在国的货币之前，应该进行重述。

资产负债表的货币项目因为已经按照资产负债表日的现行货币单位记录，所以不再重述。相反，非货币项目却需要运用一般价格指数来进行重新估值。

在综合收益表中，折旧和摊销按照与相应的资产项目同样的方法进行重估。所有其他的费用和收入则应依据从这些项目被初始记录之日起到当前为止的一般价格指数的变化进行重述。

相应的净货币头寸的利得或损失应该列入当年损益。

《国际会计准则第 29 号——在恶性通货膨胀经济中的财务报告》并未明确提供被视为发生恶性通货膨胀的通货膨胀率的绝对数值，它只给出了恶性通货膨胀经济的一些特征。它们是：

（1）当地人倾向于以非货币性项目或者其他汇率稳定的外币保存自己的财富；

（2）价格不再用本地货币表示，而是用一个汇率稳定的外币代替；

（3）即使在一个很短的信用期内，赊销价格都需要根据预期的购买力损失来给予相应的补偿；

（4）利率、工资和物价都与价格指数紧密相关；

（5）三年的累计货币膨胀率超过 100%。

以下是一个有关如何处理处于恶性通货膨胀经济中的子公司的案例。

雀巢（瑞士）

雀巢集团公司如果在恶性通货膨胀经济体下经营，公司的资产负债表和净经营成果需要根据当地货币的一般购买力变化重估，在按年末汇率折算成瑞士法郎前，需要使用资产负债表日官方价格指数进行重估。

第 3 章　资产负债表

3.1 资　　产

如“原则和准则”部分所述，资产负债表是企业编制的最基本的财务报表。根据法律规定，资产负债表一般每年编制一次；同时根据法律要求还要编制中期报表。资产负债表的主要构成要素是资产、负债和所有者权益。

在资产负债表中，第一类也是最重要的一类是资产。根据国际会计准则理事会（IASB）的定义，资产是企业所控制的，在过去交易中形成的经济资源，这些资源预期会使经济利益流出企业。

简单地讲，一个项目如果满足以下条件，将被确认为资产：①能为企业带来未来经济利益；②企业有权获得这些经济利益；③赋予该权利的交易已经发生。

资产可以分为两大类：①流动资产；②固定资产。

流动资产包括现金和现金等价物，以及能够在一个营业周期内就转换为现金的资产。流动资产可以进一步分为以下几类：现金和现金等价物、短期投资、应收账款、存货和预付费用等。

固定资产可分为长期投资、不动产、厂房和设备、无形资产和其他固定资产。

要判断一个项目是否应被确认为资产，首先检验它是否满足上述资产确认的条件。该项目一旦被确认为资产后，再进一步将其划分为流动资产或固定资产。之后，还需要对这项资产的价值进行计量。最后，该项目才在资产负债表中适当的位置列报。根据基本会计恒等式，当资产负债表的资产方列入一项资产时，相应的，在综合收益表或者资产负债表的负债方或其他部分将有另一项记录列入。我们首先分析资产的价值计量。

现金是指企业的库存现金和银行存款。正常情况下，如果库存现金或银行存款因受到限制而存在差异，则会有相应的附注加以说明。但是，很多资产负债表都不提供这项信息。

预付费用是由于预先支付未来的费用而形成的资产。随着时间的推移，费用逐渐发生，这些资产也将逐渐减少直至消失。例如，预先支付给土地所有者的一年的租金。在第六个月末，预付租金的一半已经消耗掉，预付租金的账面价值是尚未消耗的那部分金额。一个例外是法定机构的存款，只有在服务终止时才能退还。例如，港务局或电力公司可能会要求一笔款项作为押金，这笔押金将永远存在。但它会作为流动资产的一个组成部分列示，因为这些押金在“需要时”可以被收回。公司可能会任意支取这些押金，尽管公司在很长一段时间内不会这样做。因此，这项存款具有流动性，应将其归类于流动资产。

3.1.1　不动产、厂房和设备

《国际会计准则第 16 号——不动产、厂房和设备》将不动产、厂房和设备定义为具有下列特征的有形资产：

- 为用于生产商品或提供劳务、出租或经营管理而持有；
- 使用寿命预计超过一个会计期间。

3.1.1.1　按成本计量

不动产、厂房和设备应当按照成本进行初始计量。成本包括：

- 扣除任何商业折扣和折让以及可退还的税款（如增值税）后的采购价格；
- 使得资产达到预定可使用状态前所发生的可直接归属于该项资产的费用，比如场地准备费、安装及调试费等；
- 包括预计的最终的资产拆卸费、搬移费和场地清理费。

成本应按确认资产时的现金价格等值计量。如果付款时间超出正常的信用期限，资产的成本应以未来付款的现值计量。

【例 3－1】 第 N 年 1 月 1 日，某公司购买一项资产，与卖方达成协议，购买款项分三次支付，具体如下：

- 资产交付时，支付 20 000 元；
- 1 年后支付 10 000 元；
- 2 年后支付 10 000 元。

该公司可以从银行获得贷款，年利率为 6%。

那么，该资产的初始确认成本不是 40 000 元，而是按未来付款的现值计量：

$$现值 = 20\,000 + \frac{10\,000}{1.06} + \frac{10\,000}{1.06^2} = 38\,334(元)$$

3.1.1.2　折旧

折旧是指将固定资产的成本分期进行摊销，以便与该生产经营期间内运用该固定资产而创造的收入相配比的过程。这一过程，对固定资产而言称为折旧，对无形资产而言称为摊销，对自然资源而言称为损耗，对会计师而言折旧就是成本分摊。这个过程源于收入和成本配比原则。根据这一原则，计算一个期间的利润，要扣除用于创造这一利润的所有费用和资源损耗。

因此，折旧可以被视为这样一个过程，资产的取得成本或资产的价值（当资产价值被重估时）在其使用年限内被系统、合理地分摊到该期间的收入中。值得注意的是，对会计师而言，折旧与资产或其经济效用的磨损无关，资产的折余价值并不一定是其效用的指标。

资产的应计折旧总额等于资产的初始成本减去其残值。公式列明如下：

资产应计折旧总额 = 资产的初始成本 - 资产的残值

残值，是指假定资产预计使用寿命已满并处于使用寿命终了的预期状态时，企业预计可以从该项资产处置中获得的金额。

资产的使用寿命，是指企业期望使用它的期限。如果企业计划将资产保留至不再能使用，则资产的使用寿命等于资产的总寿命年限。但是，如果企业计划在有限的年限内使用该项资产，然后将其出售，则该项资产的使用寿命就不同于其总寿命年限。

【例3-2】 第N年1月1日，某公司以10 000元购买了一项资产，并计划使用3年后将其以4 000元出售。那么：

资产应计折旧总额 = 10 000 - 4 000 = 6 000（元）

使用寿命 = 3（年）

第N年折旧费用（直线折旧法） = 6 000/3 = 2 000（元）

在许多国家，残值不从资产成本中扣除，所以，计算折旧不依据资产的使用寿命，而是以总寿命年限为依据。

【例3-2（续）】 对应金额是：

资产应计折旧总额 = 10 000（元）

第N年折旧费用 = 10 000/5 = 2 000（元）

上述例子说明，只要对资产残值和使用寿命的估计是正确的，两种方法下的结果是相同的。

折旧方法有两大类，它们是直线折旧法和加速折旧法。加速折旧法又分为两类：余额递减法和年数总和法。

财务分析师应该考虑的两个主要问题是：

- 折旧方法的选择。尽管国际财务报告准则（IFRS）允许使用任何一种方法，但是必须在财务报表附注中充分披露所使用的方法。国际财务报告准则同时要求，需要对所选用的方法进行定期核查。
- 不管使用哪种折旧方法，都要定期对资产的使用年限进行重新估计。

下面讨论直线折旧法和加速折旧法。在所有折旧方法中，一些专有名词的含义是相同的。折旧是指计入综合收益表的折旧费用，是资产价值的减少部分。从首次折旧开始所提折旧的累计额称为累计折旧。累计折旧是资产初始成本的减少额，扣除累计折旧后的资产价值称为资产的账面价值。

直线折旧法。依据这种方法，资产的价值在其使用年限内等额分摊，这种方法的主要优点就是简单。

【例3-3】一项资产的取得成本（也称为初始成本）为5 000元，使用年限为5年，假定无残值，计算该资产的年折旧费用（见表3-1）。

$$折旧费用=\frac{取得成本-残值}{使用年限}=\frac{5\ 000-0}{5}=1\ 000(元)$$

表3-1　折旧计算表（直线法）　单位：元

年限	折旧费用	累计折旧	期末账面价值
1	1 000	1 000	4 000
2	1 000	2 000	3 000
3	1 000	3 000	2 000
4	1 000	4 000	1 000
5	1 000	5 000	0
合计	5 000		

加速折旧法。这种方法的使用反映了下列事实：在资产使用初期，它的生产力更高，因此，资产在其使用的初期应该计提更多折旧。我们讨论使用得最多的一种加速折旧方法，即余额递减法。按照余额递减法，折旧费用等于资产的期初账面价值乘以直线折旧率倍数。其中，双倍余额递减法最为常用，该方法计算的年折旧费为：

$$折旧费用=2\times直线折旧率\times年初账面价值$$

其中：

$$直线折旧率=1/预计使用年限$$

【例3-4】一项资产的取得成本为5 000元，使用年限为5年，假设资产的残值为0。运用双倍余额递减法计算每年的折旧费用（见表3-2）。

$$折旧率=2\times直线折旧率=2\times20\%=40\%$$

表 3－2 **折旧计算表（双倍余额递减法）** 单位：元

年份	期初账面价值 (1)	折旧费用 (2)＝(1)×40%	累计折旧 (3)	期末账面价值 (4)＝(1)－(2)
1	5 000	2 000	2 000	3 800
2	3 000	1 200	3 200	1 800
3	1 800	720	3 920	1 080
4	1 080	432	4 352	648
5	648	259	4 611	389
…	…	…	…	…

按照这种方法，资产的账面价值永远不会为零。在某些国家，当使用加速折旧法计算的折旧费用小于期初账面价值除以剩余使用年限得到的折旧费用时，这时将折旧方法调整为直线折旧法，即：

$$\text{折旧费用} = \text{Max}\left[\text{加速折旧法下的折旧费用};\ \frac{\text{期初账面价值}}{\text{剩余使用年限}}\right]$$

根据这种调整，【例 3－4】中的表 3－2 变为表 3－3。

表 3－3 **折旧计算表（双倍余额递减法，经调整）** 单位：元

年限	期初账面价值 (1)	折旧费用 (2)＝(1)×40%	累计折旧 (3)	期末账面价值 (4)＝(1)－(2)
1	5 000	2 000	2 000	3 800
2	3 000	1 200	3 200	1 800
3	1 800	720	3 920	1 080
4	1 080	540	4 460	540
5	540	540	5 000	0
		5 000		

第 1 年折旧费用＝Max[5 000×40%；5 000/5]＝2 000（元）

第 2 年折旧费用＝Max[3 000×40%；3 000/4]＝1 200（元）

第 3 年折旧费用＝Max[1 800×40%；1 800/3]＝720（元）

第 4 年折旧费用＝Max[1 080×40%；1 080/2]＝540（元）

第 5 年折旧费用＝Max[540×40%；540/1]＝540（元）

在美国使用的另一种加速折旧法是年数总和法。按照这种方法，折旧费用为：

$$\text{折旧费用} = (\text{成本} - \text{残值}) \times \frac{\text{剩余使用年限}}{\text{剩余使用年限总和}}$$

【例 3－5】 剩余使用年限从各年的年初计算（见表 3－4）。

表 3－4　　剩余使用年限

时间	剩余使用年限
第 1 年	5
第 2 年	4
第 3 年	3
第 4 年	2
第 5 年	1
年数总和	15

折旧费用计算表变成表 3－5。

表 3－5　　折旧计算表（年数总和法）　　单位：元

年份	折旧率	折旧费用	累计折旧	期末账面价值
1	5/15	1 667	1 667	3 333
2	4/15	1 333	3 000	2 000
3	3/15	1 000	4 000	1 000
4	2/15	667	4 667	333
5	1/15	333	5 000	0
合计		5 000		

从上述的例子可以清晰地看出，尽管资产的实际使用状况是一样的，但折旧方法不同，折旧费用也会不同。财务分析师在解释财务报表的这些数字的时候必须非常小心。

下面是有关固定资产折旧披露的示例。

波音（美国）

房地产、厂房和设备按成本（包括建造期间的相关利息）减去累计折旧记录。按照下面预计的使用寿命提取折旧：新建筑物和土地改良支出的折旧年限为 10～40 年；机器和设备的折旧年限为 4～20 年。采用的主要折旧方法为：建筑物和土地改良支出，采用 150% 的余额递减法；机器和设备，采用年数总和法。资本化的内部使用的软件包含在其他资产中，并在 5 年内以直线法摊销。公司定期评估长期资产剩余折旧年限的适当性，当然，还将公司管理层的资产处置计划考虑在内。

雀巢（瑞士）

资产负债表上的不动产、厂房和设备采用历史成本计量。将固定资产按使用寿命进行分类，在此基础上分类提取折旧，将固定资产初始成本减去残值后的应提折旧总额按直线法在预计使用寿命年限内摊销。公司总部固定资产的残值率为 30%，其他类型资产为零。

公司各类资产的使用寿命如下：

建筑物：20～40年；

机器和设备：10～25年；

工具、家具、信息技术和杂项设备：3～10年；

交通工具：3～8年；

土地：不计提折旧。

每年评估使用寿命、分类和残值的适当性。该评估考虑资产的性质及其预期用途，包括但不限于关闭设施，以及技术演变和竞争压力而可能导致的技术过时。

索尼（日本）

不动产、厂房和设备按成本计量。采用直线法计提折旧。建筑物的折旧年限为2～50年，机器和设备折旧年限为2～10年。重大翻新和添加按成本进行资本化。维护、修理、小型翻新和改良支出直接计入当期损益。

3.1.1.3 公允价值计量

传统上，不动产、厂房和设备以成本计量。然而，《国际会计准则第16号——不动产、厂房和设备》提供了可替代的会计处理方法。该种方法为资产价值的向上调整提供了可能。资产价值向上调整的逻辑是：由于通货膨胀的影响，资产负债表可能会变成毫无意义的不同时期成本的汇集。由于资产是以其历史成本列报的，它们的公允价值与其在资产负债表中的计价没有关系。这使得这些财务报表对分析变得毫无意义。

国际会计准则第16号允许资产以其公允价值计量。公允价值，是指在公平交易中，熟悉情况的交易双方自愿进行资产交换的金额。当该项资产有活跃的市场时，公允价值的最佳估计就是该项资产的市场价值。当不存在活跃的市场时，公允价值可以采用未来现金流量折现予以估计。

国际会计准则第16号也鼓励对资产价值进行重估。如果采用重估模式，则应定期进行重估（不必每年进行）。同时，国际会计准则第16号还建议，当对一项资产采用重估模式时，对该项资产所属的资产组中的所有资产也应采用重估模式。

上述内容涉及重估资产折旧的会计处理问题。当资产被重新估值，价值的增加部分被作为资产价值重估增值记入资产负债表的所有者权益项下。重估价值引起的折旧应作为一项费用参与本年利润的计算。但是，国际会计准则第16号允许企业将重估增值转入留存收益，记入留存收益的金额等于基于重估价值基础上的折旧与基于历史成本计价基础上的折旧之差。

资产价值重估导致的递延税项应从资产价值重估增值中扣减。

【例 3－6】 第 N－3 年 1 月购入一台设备，价值 100 000 元，预计使用年限 5 年。第 N－1 年 12 月 31 日，该设备的公允价值为 90 000 元。该公司所得税税率为 30%。

第 N－1 年 12 月 31 日资产的公允价值 90 000 元

重估日资产的账面价值：100 000－3×20 000＝40 000 元

差额 50 000 元

递延税款：50 000×30%＝15 000 元

资产重估增值 35 000 元

资产价值重估对第 N－1 年 12 月 31 日资产负债表的影响见表 3－6。

表 3－6　资产价值重估对第 N－1 年 12 月 31 日资产负债表的影响　单位：元

报表项目		金额	变动
资产	设备	90 000	＋50 000
负债	递延税款	15 000	＋15 000
所有者权益	资产重估增值	35 000	＋35 000

资产价值重估对第 N－1 年综合收益表的影响见表 3－7。

表 3－7　资产价值重估对第 N－1 年综合收益表的影响　单位：元

报表项目	金　额
本年净利润	0
其他综合收益：资产重估增值变动	35 000
综合收益总额	35 000

第 N－1 年 12 月 31 日资产的剩余使用年限：2 年

后续折旧费用：90 000/2＝45 000 元

按历史成本计算的折旧费用：100 000/5 20 000 元

差额 25 000 元

其中：重估盈余减少（70%）：17 500 元

递延税款减少（30%）：7 500 元

资产价值重估对第 N 年 12 月 31 日资产负债表的影响见表 3－8。

表 3－8　资产价值重估对第 N 年 12 月 31 日资产负债表的影响　单位：元

报表项目		金额	变动
资产	设备	45 000	－45 000
负债	递延税款（变动＝30%×25 000）	7 500	－7 500

续表

报表项目		金额	变动
所有者权益	资产重估增值	17 500	-17 500
	留存收益（变动 = -45 000 + 7 500 + 17 500）	-20 000	-20 000

资产价值重估对第 N 年综合收益表的影响见表 3-9。

表 3-9　资产价值重估对第 N 年综合收益表的影响　单位：元

报表项目		金额
收入	所得税费用（递延税项减少）	7 500
费用	折旧	45 000
净利润		-37 500
其他综合收益		0
综合收益总额		-37 500

当资产的价值下跌时，如果该资产在以前没有被重估过，减值损失可直接确认为费用；如果该资产之前发生过重估增值，减值损失应首先冲减资产重估增值，冲减后的剩余部分再确认费用。

【例 3-7】 某企业第 N-8 年 1 月取得一块价值 100 000 元的土地。在第 N-4 年 12 月 31 日，土地的重估价值是 150 000 元。在第 N 年 12 月 31 日，土地的可变现价值降到 80 000 元。所得税税率为 30%。

第 N-4 年 12 月 31 日的资产负债表见表 3-10。

表 3-10　第 N-4 年 12 月 31 日资产负债表　单位：元

报表项目		金额	变动
资产	土地	150 000	+50 000
负债	递延税款	15 000	+15 000
所有者权益	资产重估增值	35 000	+35 000

第 N 年 12 月 31 日的资产负债表见表 3-11。

表 3-11　第 N 年 12 月 31 日资产负债表　单位：元

报表项目		金额	变动
资产	土地	80 000	-70 000
负债	递延税款	0	-15 000
所有者权益	资产重估增值	0	-35 000
	留存收益	-20 000	-20 000

第 N 年综合收益表见表 3-12。

表 3－12 第 N 年综合收益表 单位：元

报表项目		金额
收入	所得税费用（递延所得税减少）	15 000
费用	减值损失（150 000－80 000）－35 000	－35 000
净亏损		－20 000
其他综合收益	资产重估增值变动	－35 000
综合收益总额		－55 000

上述例子说明了怎样进行资产重估的会计处理。这种处理方法的最大缺陷是对于公允价值的金额没有统一的认定。这也是财务分析师应该非常小心的地方。如果公允价值的金额可以准确地确定，那么公允价值计价法就比历史成本计价法具有更多的信息含量。然而，并不是所有国家都允许进行资产价值重估（美国就禁止资产价值重估）。

3.1.2 投资性房地产

除了不动产、厂房和设备（即为生产商品、提供劳务、出租或经营管理而持有的）外，企业可能还有为赚取租金或资本增值而持有的固定资产。这些资产被称为投资性房地产，典型的例子是企业出租给其他企业的办公大楼。

因为这些资产是用于投资的，所以应按照《国际会计准则第 40 号——投资性房地产》规定的特定计量规则进行处理。投资性房地产的初始确认以成本计量。尽管投资性房地产的所有者可以采用成本模式或公允价值模式对投资性房地产进行后续计量，但一经选定，应对所有的投资性房地产均要采用同一方法进行计量。

资产负债表中投资性房地产的公允价值应反映其市场状况。

国际会计准则第 40 号规定，公允价值的最佳证据是在活跃市场中类似投资性房地产的现行市价。如果不存在活跃的市场，公允价值可以通过以下方法进行估计：

- 对不同性质、条件和位置的房地产的现行市价进行调整；
- 对不活跃市场中类似房地产的近期价格进行调整；
- 对该投资性房地产可产生的预计未来现金流量（税前）进行折现。

如果选择公允价值模式计量，其价值重估规则与不动产、厂房和设备价值重估的规则有显著不同。具体如下：

- 应在每个资产负债表日对投资性房地产的公允价值进行重估（而国际会计准则第 16 号仅要求定期重估）；
- 公允价值变动应立即确认为当期损益（国际会计准则第 16 号规定，公允价值变动直接计入所有者权益)。

此外，如果采用公允价值模式计量，则在每个报告日都需要对投资性房地产的公允价值进行重新计量，所以投资性房地产不需要计提折旧。

【例3-8】 某公司拥有一栋用于出租的写字楼。该写字楼产生的最近一笔经营现金流入（税前）是100 000元。第N-1年12月31日，该写字楼的公允价值为1 150 000元。

假定公司计划将写字楼出租5年，然后以市价1 000 000元售出。

该写字楼适用的利率为6%。

预计未来的现金流如表3-13所示。

表3-13　投资性房地产预计未来的现金流　单位：千元

年份	第N+1年	第N+2年	第N+3年	第N+4年	第N+5年
税前经营现金流量	105	130	110	105	100

未来现金流量的现值计算如下：

$$第N年12月31日现金流量的现值=\frac{105}{1.06}+\frac{130}{1.06^2}+\frac{110}{1.06^3}+\frac{105}{1.06^4}+\frac{100+1\ 000}{1.06^5}=1\ 212（千元）$$

$$第N+1年12月31日现金流量的现值=\frac{130}{1.06}+\frac{110}{1.06^2}+\frac{105}{1.06^3}+\frac{100+1\ 000}{1.06^4}=1\ 180（千元）$$

$$第N+2年12月31日现金流量的现值=\frac{110}{1.06}+\frac{105}{1.06^2}+\frac{100+1\ 000}{1.06^3}=1\ 121（千元）$$

$$第N+3年12月31日现金流量的现值=\frac{105}{1.06}+\frac{100+1\ 000}{1.06^2}=1\ 078（千元）$$

$$第N+4年12月31日现金流量的现值=\frac{100+1\ 000}{1.06}=1\ 038（千元）$$

第N+5年12月31日现金流量的现值=1 000（千元）

如果该公司采用公允价值模式计量投资性房地产，财务报表如表3-14和表3-15所示。

表3-14　综合收益表　单位：千元

项目	第N年	第N+1年	第N+2年	第N+3年	第N+4年	第N+5年
投资性房地产公允价值变动	+62	-32	-59	-43	-40	-38
净利润	62	-32	-59	-43	-40	-38

续表

项目	第N年	第N+1年	第N+2年	第N+3年	第N+4年	第N+5年
其他综合收益	0	0	0	0	0	0
综合收益总额	62	-32	-59	-43	-40	-38

表3-15 **资产负债表** 单位：千元

项目	第N年 12月31日	第N+1年 12月31日	第N+2年 12月31日	第N+3年 12月31日	第N+4年 12月31日	第N+5年 12月31日
资产：投资性房地产	1 212	1 180	1 121	1 078	1 038	1 000
所有者权益：留存收益	62	30	-29	-72	-112	-150

下面摘自一家保险公司年报，这里提供了该公司投资性房地产会计处理的实例。

AXA公司（安盛保险公司，法国）

投资性房地产（不包括全部或部分用来支持由投保人承担财务风险合同所产生的负债的房地产投资）按成本确认。该类投资性房地产在预计使用年期内计提折旧，并在其残值能够可靠地估计时考虑其残值。

3.1.3 无形资产

无形资产，是指不具有实物形态的非货币性资产，包括专利、版权、许可证、计算机软件、开发费用、商标、客户名单和商誉等。

3.1.3.1 无形资产的确认标准

像其他资产一样，必须满足下列标准才可确认为资产：

- 与该资产有关的未来经济利益（即正的现金流）很可能流入企业；
- 该资产的成本可以可靠地计量。

然而，在实务中，确认无形资产是否符合上述条件比确认有形资产更为复杂。如果无形资产是企业通过购买取得的，那么由于已经进行交易，其成本容易计量。假定购买的无形资产很可能为企业带来未来的经济利益，该无形资产一般按购买成本计量。

如果无形资产由企业内部产生，可靠地计量无形资产的成本就变得更为复杂，因为与该无形资产相关的成本很难辨认。另外，由于没有发生交易，很难可靠地估计该无形资产的市场价值，同时，也无足够的证据表明该无形资产可为企业带来正的现金流入。所以，《国际会计准则第38号——无形资产》的核心是规范内部产生的无形资产的会计处理。

为评估内部产生的无形资产是否满足相关的确认条件，国际会计准则第38号将无形资产的产生过程分为下列两个阶段：

- 研究阶段。研究，是指为获取新的科学或技术知识而进行的原创性的、有计划的调查。
- 开发阶段。开发，是指在进行商业性生产或使用前，将研究成果或其他知识应用于某项计划或设计，以生产出新的或具有实质性改进的材料、设备、产品、过程、系统或服务。

国际会计准则第38号规定：

- 研究阶段发生的成本应立即确认为费用。
- 开发阶段发生的成本，如果满足无形资产的确认条件，可以资本化。但是，如果在开发阶段发生的成本已经费用化，在后续阶段则不能再予以资本化。

该准则对研究阶段和开发阶段进行了严格区分。这样做的理由是，企业在研究阶段无法证明研究支出能产生未来的可销售产品，也无法证明能带来未来的可辨认的经济利益。

然而，在开发阶段，如果企业能够证明未来的经济利益是可靠的，国际会计准则第38号则允许该开发支出资本化。资本化的条件如下：

- 完成该无形资产在技术上具有可行性；
- 具有完成该无形资产并使用或出售该无形资产的意图；
- 具有使用或出售该无形资产的能力；
- 可确认该无形资产产生未来经济利益的方式；
- 有足够的技术和财务资源支持，以完成该无形资产的开发，并有能力使用或出售；
- 归属于该无形资产开发阶段的支出能够可靠地计量。

开发支出的资本化是国际财务报告准则与美国公认会计原则（US GAAP）的最主要区别之一。美国公认会计原则规定，开发支出必须在发生时立即确认为费用。

国际会计准则第38号中明确指出，企业自创商誉以及内部产生的品牌、出版物名和客户名单等，不应确认为无形资产。

3.1.3.2 无形资产的计量

无形资产应当按照成本进行初始计量。初始确认后的计量可采用成本模式或公允价值模式。有关重估资产价值的相关规定与有形资产类似（参见“不动产、厂房和设备”部分）。

然而，国际会计准则第38号规定，只有存在活跃市场的无形资产才能使用重估模式。因此，重估模型仅限于有限数量的资产，例如，出租车牌照和生产配额等。

国际会计准则第38号对以下两类无形资产进行了区分：

- 使用寿命有限的无形资产；
- 使用寿命不确定的无形资产。

大多数无形资产的使用寿命有限，应在其使用年限内摊销。无形资产达到可供使用状态时开始摊销。可摊销金额要扣除残值。一般而言，除非存在活跃市场，否则无形资产的残值为零。对于上述无形资产，采用直线法摊销。

应在每个资产负债表日对无形资产的摊销期限和摊销方法进行复核，如果有必要也可以予以变更。该类变更应作为会计估计变更，按照《国际会计准则第8号——本期净损益、基本错误和会计政策的变更》进行会计处理。

使用年限不确定的无形资产很少，典型的例子就是并购商誉。该类无形资产不进行摊销，但是，每年需要对该项资产的使用年限进行评估，以确定使该项资产使用年限不确定的相关事项或条件是否继续存在。如果不再满足使用寿命不确定的标准，应将该项资产进行摊销。该项变更遵循国际会计准则第8号的规定，按会计估计变更处理。

下面是一些公司有关研发支出会计处理的实例：

葛兰素史克公司（英国）

研发支出在发生时直接计入当期损益。开发支出在满足资产确认的标准时（通常为主要市场已提出监管备案，并认为极有可能获得批准），就会予以资本化。用于研发的不动产、厂房及设备根据本集团的政策予以资本化及折旧。

佳能公司（日本）

研发支出在发生时直接计入当期费用。

飞利浦（荷兰）

研究支出在发生时直接计入当期费用。对于将研究成果应用于生产新的或大幅改进的产品和工艺的计划或设计而进行的开发活动的支出。如果产品或工艺在技术上和商业上可行，且本公司拥有充足的资源并有意向完成该开发，可以可靠地计量该项支出，则应将该开发支出资本化为无形资产。资本化的开发支出包括所有直接成本（包括材料成本和直接人工成本）。其他开发支出和研究活动的支出计入当期损益。资本化的开发支出按成本减去累计摊销及减值损失后的净额列报。资本化的开发支出确认为无形资产，在其预计使用年限内按直线法进行摊销，摊销计入当期损益。

西门子（德国）

研究活动的支出在发生时计入当期损益。当开发活动的成本符合国际会计准则第 38 号规定的确认标准时，予以资本化。资本化的开发支出按成本减去累计摊销及减值损失后的净额列报，摊销期限一般为 3～10 年。

3.1.4　存货

《国际会计准则第 2 号——存货》规范了与存货计价相关的事项。存货可以分为以下三类：

- 原材料：用于生产过程中，且有市场价值的投入品。
- 在产品：多数情况下，没有现成的销售市场或者没有市场价值。
- 产成品：是指最终产品并且是公司可以用于销售的产品。

对商业企业而言，这些分类不存在，因为这类企业只有一种存货，即库存商品。

按照会计准则的要求，当计量存货取得成本时，需要考虑存货达到目前的状态和地点所发生的一切成本。有两种不同的方法来衡量存货的取得成本，即：

- 离岸价，或称船上交货价，即保险费和运费由买方支付；
- 到岸价，或称成本加保险费加运费价，即成本、保险费和运费均由卖方支付。

在购买材料时发生的任何费用都要计入存货成本。

3.1.4.1　计价基础

期末存货计价的主要原则是成本与可变现净值孰低原则。可变现净值是指预计售价减去预计完工费用和预计销售过程中必须发生的费用。采用这个原则的主要原因是会计的谨慎性原则。

对于制造业企业而言，存货的取得成本是使产品达到某种特定的完工状态而发生的一切费用的总和。其中，有些间接成本是变动成本（随着产量的变化而变化），而另一些是固定成本（不随产量而变化，是固定不变的）。厂房和机器的折旧费就是固定生产成本的例子。

固定成本的存在使得存货价值的计量取决于产量的变化，见例 3－9。

【例 3－9】 某产成品的单位变动生产成本是 10 元，每年固定成本总额是 100 000 元。该企业第 1 年生产了 10 000 件产品，第 2 年生产了 8 000 件，第 3 年生产了13 000 件。各年年末存货数量均为 1 000 件。计算各年每件产品的生产成本（见表 3－16）。

表 3-16 产品成本的计算

期间	第 1 年	第 2 年	第 3 年
产量（件）	10 000	8 000	13 000
变动成本总额（元）	100 000	80 000	130 000
固定成本总额（元）	100 000	100 000	100 000
生产成本总额（元）	200 000	180 000	230 000
单位产品的生产成本（元/件）	20.00	22.50	17.69

由此可见，存货价值会随产量变化而变化。国际会计准则第 2 号为避免存货价值波动，要求将固定成本按照正常产量进行分摊。所谓正常产量，是指在正常情况下的年平均产量。

例如，每年的正常产量是 10 000 件，则产品成本计算如表 3-17 所示。

表 3-17 产品成本的计算

期间	第 1 年	第 2 年	第 3 年
产量（件）	10 000	8 000	13 000
变动成本总额（元）	100 000	80 000	130 000
固定成本分摊（元）			
100 000 × (10 000/10 000) = 100 000（元）	100 000		
100 000 × (8 000/10 000) = 80 000（元）		80 000	
100 000 × (13 000/10 000) = 130 000（元）			130 000
总生产成本（元）	200 000	160 000	260 000
每件产品的生产成本（元/件）	20.00	20.00	20.00

如果存货价值不能高于其成本，则这种方法不能用于过量生产的时候。因此，期末存货的价值计算如下：

第 1 年期末存货成本 = 1 000 × 20 = 20 000（元）

第 2 年期末存货成本 = 1 000 × 20 = 20 000（元）

第 3 年期末存货成本 = 1 000 × 17.69 = 17 690（元）

3.1.4.2 成本流转假设（先进先出法、后进先出法和加权平均法）

除选择期末存货计价的方法之外，同样需要对发出存货的成本流转进行假设。设想顾客到商店买面包，虽然无法确定他将会选择哪袋面包，但卖出的面包是分批进货的。在同一进货批次中，任何一个面包都可能被顾客选中而被卖出。为了对发出的存货进行计价，需要决定存货是怎样流转出去的。国际会计准则第 2 号提出了三种方法：

- 先进先出法（FIFO）；
- 后进先出法（LIFO）（已经被国际财务报告准则取消）；
- 加权平均法。

先进先出法假设先取得的存货先使用或卖出，这就意味着期末存货是由最后取得的存货组成的。相反，后进先出法假设最后取得的存货最先使用或卖出，这就意味着期末存货是由最早取得的存货组成的。在加权平均法下，发出存货的成本按照所有存货的加权平均成本来计价。在通货膨胀的情况下，后进先出法下销售成本要高于其他方法下的销售成本。在先进先出法下，最早取得的存货的成本总是与按当前售价计算的收入配比，可能会扭曲企业的利润，甚至可能会导致用于重置新存货的资源不足。

存货成本流转的基本等式如下：

期初存货成本（BI）+本期购货成本=本期销售成本（CGS）+期末存货成本（CI）

存货成本流转假设通常会影响期初存货成本和期末存货成本的金额。本期购货成本按存货取得的成本计价，由此，可以计算出本期销售成本。【例 3-10】说明了该存货成本流转假设。

【例 3-10】 以下是某企业某期某种产品采购和销售的数据。用上述三种存货发出计价方法计算产品的本期销售成本和期末存货成本。单位产品售价是 12 元。

1 月 1 日存货：每件 10.00 元，共 180 件。

本期采购：1 月 5 日：每件 10.50 元，购入 200 件。1 月 20 日：每件 10.80 元，购入 100 件。

本期销售：1 月 12 日：220 件。1 月 25 日：70 件。

（1）先进先出法（FIFO）

1 月 12 日的销售成本：

180×10.00=1 800 元

40×10.50= 420 元

220 2 220 元

1 月 25 日销售成本=70×10.50=735（元）

期末存货：

90×10.50= 945 元

100×10.80=1 080 元

190 2 025 元 即：2 025/190=10.658（元/件）

期末存货同样可以通过下面的公式计算得出：

期末存货 = 期初存货 + 本期购买 - 销售成本

期初存货：	180 × 10.00 =	1 800 元
+ 本期采购：	+ 200 × 10.50 =	+ 2 100 元
	+ 100 × 10.80 =	+ 1 080 元
- 销售成本：	- 220	- 2 220 元
	- 70	- 735 元
= 期末存货：	190	2 025 元

（2）后进先出法（LIFO）

1 月 12 日的销售成本：

200 × 10.50 = 2 100 元

20 × 10.00 = 2 000 元

220　　　　2 300 元

1 月 25 日销售成本 = 70 × 10.80 = 756（元）

期末存货：

160 × 10.00 = 1 600 元

30 × 10.80 = 　324 元

190　　　　1 924 元　即：1 924/190 = 10.126（元/件）

（3）加权平均法

在加权平均法下，单位存货成本在每次购买后都要重新计算。

$$1\text{ 月 }5\text{ 日采购后的加权平均成本} = \frac{180 \times 10.00 + 200 \times 10.50}{180 + 200} = 10.263\text{（元/件）}$$

该加权平均单位成本用来计算 1 月 12 日的销售成本。

$$1\text{ 月 }20\text{ 日采购后的新的加权平均成本} = \frac{160 \times 10.263 + 100 \times 10.80}{160 + 100} = 10.469\text{（元/件）}$$

该加权平均单位成本用来计算 1 月 25 日的销售成本和期末存货成本。

表 3-18 是三种存货发出计价方法的总结。

表 3-18　　三种存货发出计价方法的比较　　单位：元

项目	先进先出法（FIFO）	后进先出法（LIFO）	加权平均法（WAC）
期初库存：180 × 10.00	1 800	1 800	1 800
+ 本期采购： 1 月 5 日：200 × 10.50	2 100	2 100	2 100

续表

项目	先进先出法（FIFO）	后进先出法（LIFO）	加权平均法（WAC）
1 月 20 日：100 × 10. 80	1 080	1 080	1 080
本期采购小计	3 180	3 180	3 180
－销售成本			
1 月 12 日	－180 × 10. 00 ＝ －1 800	－200 × 10. 50 ＝ －2 100	－220 × 10. 263 ＝ －2 258
	－40 × 10. 50 ＝ －420	－20 × 10. 00 ＝ －200	
1 月 25 日	－70 × 10. 50 ＝ －735	－70 × 10. 80 ＝ －756	－70 × 10. 469 ＝ －733
销售成本小计	－2 955	－3 056	－2 991
期末存货	90 × 10. 50 ＝945	160 × 10. 00 ＝1 600	160 × 10. 469 ＝1 989
	100 × 10. 80 ＝1 080	30 × 10. 80 ＝324	
	2 025	1 924	1 989

在通货膨胀的环境下，运用后进先出法计算出的期末存货价值比其现时的重置成本要低。期末存货当前的重置成本和它在资产负债表中列报的价值之间的差额被称为后进先出法准备。

在该例中，后进先出法准备的金额为 128 元（＝190 × 10. 80 － 1 924）。在一些国家，在财务报表附注中必须披露后进先出法准备。在重置成本下降的情况下，后进先出准备会减少。

在例 3 － 10 中，先进先出法、后进先出法和加权平均法对盈利的具体影响见表3 － 19。

表 3 － 19　　　　三种存货发出计价方法对盈利的影响

项目	先进先出法（FIFO）	后进先出法（LIFO）	加权平均法（WAC）
销售收入（元）	3 480	3 480	3 480
销售成本（元）	－2 955	－3 056	－2 991
毛利润（元）	525	424	489
毛利率（毛利润/销售收入）（%）	15. 1	12. 2	14. 1

注：290 × 12 ＝3 480（元）

从表 3 － 19 可以看到，不同的成本流转假设对各个盈利指标有不同的影响。

多年来，三种存货发出计价方法都被允许使用。目前，国际会计准则第 2 号禁止使用后进先出法，因为这种方法不能反映存货实物的实际流动。

以下是一些公司的年度报表的节选，其中披露了存货计价政策。

大众汽车公司（德国）

资产负债表中的存货包括原材料、耗材和物料用品、商品、在产品和自制产成品，均按成本与可变现净值孰低法列报。存货成本包括直接成本和可直接归属的间接成本。借款成本不能资本化。相同或类似存货的发出计价一般运用加权平均成本法。

英荷皇家壳牌公司（英国 & 荷兰）

期末存货按成本与可变现净值孰低法列报。成本包括直接采购成本（包括运输）以及使存货达到其现状和位置所产生的相关成本。石油、天然气和化学品存货的发出计价采用先进先出法（FIFO），材料存货的发出计价采用加权平均成本法。

3.1.5 应收账款

应收账款，是指由于为顾客提供赊销而产生的应收而尚未收到的款项，它们的重要性取决于不同国家和不同企业的特点：在一些地区（尤其是欧洲大陆），公司之间的许多交易都建立在商业信用基础之上，但是在有些国家通常是现金交易；即使那些运用赊销的公司，也可以通过提供现金支付折扣来加速应收账款的收回。

应收账款在资产负债表上以可变现净值列报，即以应收账款总额减去坏账准备后的净额列报。坏账准备一般由公司管理层基于以往的经验和客户的财务状况加以估计。在每个资产负债表日，要根据最新的信息对坏账准备的金额进行调整。

坏账准备对于评价企业的盈余质量非常重要。可惜的是，财务分析师通常无法评估企业客户的财务状况。考虑到坏账准备的数额包含大量的主观因素，财务分析师必须对坏账准备的一些重要变化保持警觉。

3.1.6 现金及现金等价物

《国际会计准则第 7 号——现金流量表》将“现金等价物”定义为：“短期、具有高度流动性、价值变动风险极低且随时可以转换为已知金额现金的投资。”现金等价物从购买之日算起的期限通常为 3 个月或者更短。

根据国际会计准则第 7 号，现金及现金等价物是编制现金流量表的基础。

3.1.7 资产减值

当资产的账面价值超过其可收回金额时，根据谨慎性原则，企业应确认资产减值损失。资产的可收回金额，是指通过持续使用或出售资产可以收回的金额。

《国际会计准则第36号——资产减值》规定了估计资产可收回金额应遵循的程序。

3.1.7.1 可收回金额的计量

资产的可收回金额是下述两者的较高者：

- 资产的公允价值减去处置费用；
- 资产的使用价值。

估计资产可收回金额的公式如下：

可收回金额 = Max（公允价值减去处置费用；使用价值）

公允价值减去处置费用等于资产出售价格减去处置该资产的费用。使用价值是使用该项资产预期获得的税前现金流量的现值。

【例3-11】第N-2年1月1日，一家医院以800 000元购买扫描仪一台。最初，预计该设备可使用8年，并以80 000元售出。采用直线法对该设备计提折旧。近年来，同类型的设备数量增长迅速，使得该设备的盈利能力变得不确定。该医院正在考虑对该项资产计提减值损失的必要性。最新估计的现金流量数据如表3-20所示。

表3-20　使用扫描仪预期获得的现金流量　单位：千元

项目	第N+1年	第N+2年	第N+3年	第N+4年	第N+5年
现金流入	200	190	180	160	150
现金流出					
职工工资	-50	-51	-52	-53	-54
维修费用	-8	-9	-11	-13	-16
经营现金流	142	130	117	94	80

第N+5年12月31日，该设备的公允价值预期为40 000元。

第N年12月31日，估计该设备可以550 000元售出，处置成本为售价的10%。同类投资适用的利率为6%。

第N年12月31日，该设备的账面价值=800-（800-80）×3/8=530（千元）

第N年12月31日，设备的使用价值为：

$$使用价值=\frac{142}{1.06}+\frac{130}{1.06^2}+\frac{117}{1.06^3}+\frac{94}{1.06^4}+\frac{80+40\times 90\%}{1.06^5}=509\ (千元)$$

第 N 年 12 月 31 日，公允价值减去处置费用 = 550 × 90% = 495（千元）

第 N 年 12 月 31 日，资产的可回收金额 = Max（509，495） = 509（千元）

第 N 年 12 月 31 日，企业需要确认资产减值损失 = 530 - 509 = 21（千元）

资产减值损失对财务报表的影响见表 3 - 21。

表 3 - 21　　资产减值损失对财务报表的影响　　单位：千元

综合收益表		第 N 年度
费用	减值损失	21
净利润		-21
其他综合收益		0
综合收益合计		-21
资产负债表		第 N 年 12 月 31 日
资产	不动产、厂房和设备	509
所有者权益	留存收益	-21

3.1.7.2 识别可能减值的资产

企业必须在每个报告日评估资产是否存在减值的迹象。如果存在，应当估计该项资产的可收回金额。

无论当期是否存在减值迹象，企业必须对下列资产做年度减值测试：

- 使用寿命不确定的无形资产；
- 尚未达到预定可使用状态的无形资产（如开发支出）；
- 企业合并产生的商誉。

多数资产的使用价值很难估计，原因在于由该类资产产生的现金流量难以单独辨认。生产过程中涉及的所有不能产生独立现金流量的资产都属于这种情况。

《国际会计准则第 36 号——资产减值》规定，这些资产必须受到其现金产生单元（CGU）的影响。资产的现金产生单元是产生现金流入的最小可识别资产组，该资产组产生的现金流入基本上独立于其他资产的现金流入。

如果现金产出单元的组成部分有减值迹象，企业必须确定该现金产出单元的可收回金额，并将其与构成该现金产出单元资产的账面价值比较。如果减值测试表明该现金产出单元已减值，应当将减值损失在组成该现金产出单元的各资产间进行分配，从而减少各资产的账面价值。

3.1.8　金融资产

金融资产包括：

- 现金；
- 其他企业的权益工具（股票）；
- 从另一家企业收取现金或另一项金融资产的合同权利。

因为金融资产包括所有的货币性资产，所以上述的定义比较宽泛。

金融资产的会计处理应遵循《国际财务报告准则第9号——金融工具》的相关规定。国际财务报告准则第9号还规范金融负债和权益工具等其他金融工具的会计处理，这些内容将在下文详述。

对子公司、联营企业和合营企业的投资（即对其他企业实施控制或重大影响的投资）不在本部分讲述，该内容将在“合并财务报表”部分予以讲解。

3.1.8.1　金融资产的分类

为了计量的目的，金融资产应分为下列三类：

- 以摊余成本计量的金融资产；
- 以公允价值计量且其变动计入当期损益的金融资产；
- 以公允价值计量且其变动计入其他综合收益的金融资产。

在购买日，基于下列情况对每项金融资产进行分类，将其归入上述三类金融资产之一：

- 公司管理这些金融资产的商业模式；
- 它们的合同现金流量特征。

商业模式不依赖于管理层对单个金融工具的持有意图，它不是逐一对各项金融工具进行管理的方法。它被定义在对金融资产组合如何管理以实现特定目标的层次上。因此，一家公司可能拥有不同商业模式的多个投资组合。

以摊余成本计量的金融资产需要满足下列两个条件：

- 持有该类金融资产的目的是收取合同现金流；
- 这些现金流在指定日期支付，并仅为本金和利息的支付。

如果一项金融资产同时符合以下两个条件，则将其划分为以公允价值计量且其变动计入其他综合收益的金融资产：

- 在以收取合同现金流并出售金融资产为目标的商业模式中持有该金融资产；

- 这些现金流在指定日期支付，且仅为本金和利息的支付。

这两类金融资产由具有合约支付日期和到期日的非衍生金融资产构成，如债券。以摊余成本计量的投资组合中包含的金融资产，不需要持有至到期，其中一些可能会被出售，特别是当它们的信用风险增加时，但这种销售不应该经常发生。相比之下，在以公允价值计量且其变动计入其他综合收益的金融资产组合中，资产出售则是其商业模式的一部分。

不属于上述两类之一的金融资产，被分类为以公允价值计量且其变动计入当期损益的金融资产。

基于这些定义，权益工具投资通常应被分类为以公允价值计量且其变动计入当期损益的金融资产。尽管如此，可以选择将其中一部分权益工具投资作为“以公允价值计量且其变动计入其他综合收益的金融资产”，以避免未来公允价值变动在净利润中列报。该决定必须在确认日做出，且不可撤销。

相反，公司也可以在初始确认时，将一项金融资产指定为以公允价值计量且其变动计入当期损益的金融资产，以消除或大幅度减少计量或确认的不一致性。如果某金融资产应按摊余成本计量，而它们又与以公允价值计量的负债挂钩，则会产生计量和确认的不一致。国际会计准则委员会提到了作为这种情况的一个例子：一组贷款由交易性债券融资，并且它们公允价值的变动趋于相互抵销。如果公司定期买入和卖出债券，但很少贷款，前者应按公允价值计量，后者应按摊余成本计量。对两类金融工具均以公允价值计量将消除确认这些工具利得和损失时间上的不一致性。

当且仅当投资组合的商业模式发生变化时，金融资产才能重新分类。在这种情况下，所有受影响的金融资产都必须重新分类。

3.1.8.2 金融资产的计量

除“以公允价值计量且其变动计入当期损益的金融资产”外，所有金融资产应按其公允价值加交易费用进行初始计量；“以公允价值计量且其变动计入当期损益的金融资产”按其公允价值进行初始计量。

初始确认后，“以摊余成本计量的金融资产”按摊余成本进行后续计量，其他所有金融资产按公允价值进行后续计量。

金融资产的公允价值变动所导致的利得和损失按如下方法确认：

- 与分类为“以公允价值计量且其变动计入当期损益的金融资产”相关的公允价值变动所导致的利得和损失，计入当期损益。
- 与分类为“以公允价值计量且其变动计入其他综合收益的金融资产”相关的

公允价值变动所导致利得和损失，应计入其他综合收益。

【例3－12】在资产负债表日（第N年12月31日），证券组合见表3－22和表3－23。

表3－22　　证券组合的构成

证券	面值（元/份）	数量（份）	购买日	成本（元/份）	在第N－1年12月31日市值*（元/份）	在第N年12月31日市值*（元/份）
股票X	100	20	第N年3月10日	260		250
股票X	100	10	第N－1年6月5日	280	290	250
股票Y	100	50	第N年4月8日	120		125
股票Z	200	30	第N－1年11月10日	350	340	335
债券A	1 000	10	第N－1年8月25日	1 000	占99%	占97%

注：*债券，采用面值的百分数标价。

表3－23　　第N年12月31日组合价值　　单位：元

证券	成本	变动前的价值	在第N年12月31日市值	变动
股票X	20×260＋10×280＝8 000	20×260＋10×290＝8 100	30×250＝7 500	－600
股票Y	50×120＝6 000	50×120＝6 000	50×125＝6 250	250
股票Z	30×350＝10 500	30×340＝10 200	30×335＝10 050	－150
债券A	10×1 000＝10 000	10×（1 000×99%）＝9 900	10×（1 000×97%）＝9 700	－200
小计	34 500	34 200	33 500	－700

（1）如果这些金融资产被划分为“以公允价值计量且其变动计入当期损益的金融资产”，则财务报表见表3－24和表3－25。

表3－24　　第N年综合收益表　　单位：元

金融资产公允价值变动损失	－700
本年亏损	－700
其他综合收益	0
综合收益总额	－700

表3－25　　第N年12月31日资产负债表　　单位：元

资产	金融资产	33 500
所有者权益	留存收益（33 500－34 500）	－1 000

（2）如果这些金融资产被划分为“以公允价值计量且其变动计入其他综合收益

的金融资产”，则公允价值变动对财务报表的影响见表3－26和表3－27。

表3－26　**第N年综合收益表**　单位：元

金融资产的损失	0
本年亏损	0
其他综合收益	－700
综合收益总额	－700

表3－27　**第N年12月31日资产负债表**　单位：元

资产	金融资产	33 500
所有者权益	留存收益	0
	金融资产累计损失	－1 000

当有证据表明，由于预期的信用损失，分类为“以摊余成本计量的金融资产”和“以公允价值计量且其变动计入其他综合收益的金融资产”一定发生减值时，公司必须确认的减值损失准备的金额：

- 如果自初始确认以来，信用风险显著增加，则为金融资产整个期限的预期信用损失；
- 如果自初始确认以来，信用风险没有显著增加，则为12个月的预期信用损失。

该损失准备在净利润中确认。

当“以公允价值计量且其变动计入其他综合收益的金融资产”终止确认（即出售）时，在其他综合收益中确认的累计利得或损失将从所有者权益重新分类计入当期损益。

【例3－13】续例3－12，假设资产被划分为“以公允价值计量且其变动计入其他综合收益的金融资产”（假设2）。在第N+1年，股票X以6 200元出售，因此，X股票累计损失（7 500－8 000＝－500）必须被转入利润表。假设在第N+1年，其他证券的公允价值没有发生变化，则财务报表见表3－28和表3－29。

表3－28　**第N+1年综合收益表**　单位：元

金融资产销售的损失	6 200－8 000	－1 800
本年亏损		－1 800
其他综合收益		0
重新分类调整计入当期损益	8 000－7 500	500
综合收益总额		－1 300

表 3-29　**第 N+1 年 12 月 31 日资产负债表**　单位：元

资产	现金	62 000
	金融资产（33 500 - 7 500）	26 000
所有者权益	留存收益	-1 800
	金融资产累计损失（-1 000 + 500）	-500

金融资产的摊余成本，是指金融资产的初始确认金额减去偿还的本金，加上或减去对金融资产的初始确认金额与到期可收回金额之间的差额进行摊销所形成的累计摊销额，再减去减值损失或不可收回的金额。

有效利率，是指金融资产在预期存续期间预计未来现金收支折现为该金融资产当前账面价值所使用的利率。

【例 3-14】 下面举例说明计算债券摊余成本的方法。

第 N 年 1 月 1 日，E 公司发行的债券的相关信息如下：面值：100 元；利率：6%；到期日：第 N+9 年 12 月 31 日；发行价格：94 元。

在发行日，H 公司购买了 100 份债券，每份债券的交易成本为 2 元。该债券被归类为持有至到期投资。

H 公司债券投资的现金流入和流出如表 3-30 所示。

表 3-30　**H 公司债券投资的现金流入和流出**　单位：元

	第 N 年年初	第 N 年年末至第 N+8 年年末	第 N+9 年年末
现金流入/流出	-9 600	600	10 600

9 600 = 100 × (94 + 2)

金融资产的有效利率是下面方程的解：

$$9\,600 = \sum_{t=1}^{9} \frac{600}{(1+k)^t} + \frac{10\,600}{(1+k)^{10}}$$

$\Rightarrow k = 6.56\%$

利用该利率计算摊余成本见表 3-31。

表 3-31　**摊余成本的计算**　单位：元

日期	理财收入 (I) = (IV) × 6.56%	利息 (II)	债券折价的摊销 (III) = (I) - (II)	摊余成本 (IV)
第 N 年 1 月 1 日				9 600
第 N 年 12 月 31 日	630	600	30	9 630
第 N+1 年 12 月 31 日	631	600	31	9 661

续表

日期	理财收入 (I) = (IV) ×6.56%	利息 (II)	债券折价的摊销 (III) = (I) - (II)	摊余成本 (IV)
第 N+2 年 12 月 31 日	634	600	34	9 695
第 N+3 年 12 月 31 日	636	600	36	9 730
第 N+4 年 12 月 31 日	638	600	38	9 769
第 N+5 年 12 月 31 日	641	600	41	9 809
第 N+6 年 12 月 31 日	643	600	43	9 852
第 N+7 年 12 月 31 日	646	600	46	9 899
第 N+8 年 12 月 31 日	649	600	49	9 948
第 N+9 年 12 月 31 日	652	600	52	10 000
合计			400	

H 公司债券的会计处理见表 3-32 和表 3-33。

表 3-32　　综合收益表　　单位：元

项目	第 N 年	第 N+1 年	第 N+9 年
理财收入	630	631	652
本年利润	630	631	652
其他综合收益	0	0	0
综合收益总额	630	631	652

表 3-33　　资产负债表　　单位：元

项目	第 N 年 12 月 31 日	第 N+1 年 12 月 31 日	第 N+9 年 12 月 31 日
资产：债券	9 630	9 661	10 000
所有者权益：留存收益	630	1 261	6 400

注：6 400 = 630 + 631 + 634 + … + 652。

3.1.8.3　套期会计

对具有风险的资产和负债可以进行套期保值。企业可以对与确定承诺或未来交易相关的风险进行套期保值。《国际财务报告准则第 9 号——金融工具》涵盖了被套期项目和套期工具的确认与计量的具体规范。

套期工具，是指企业为进行套期而指定的衍生或非衍生金融资产或金融负债，其公允价值或现金流量变动预期可抵销被套期项目的公允价值或现金流量变动。

国际财务报告准则第 9 号将套期关系分为以下三类：

● 公允价值套期；

● 现金流量套期；

● 境外经营净投资套期。

（1）公允价值套期

公允价值套期，是对资产、负债和尚未确认的确定承诺的公允价值的变动风险进行的套期。公允价值套期的例子列举如下：

● 公司通过签订利率互换合约（浮动利率与固定利率互换）以抵销因固定利率借款公允价值变动的风险；

● 公司可以通过购买看跌期权以抵销证券市价下跌的风险；

● 公司可以通过卖出石油远期以抵销存货价格变动的风险。

在公允价值套期下，被套期项目和套期工具的公允价值的变动应计入当期损益。因为套期工具和被套期项目的公允价值变动方向是相反的，所以，只有未进行套期的风险才会对损益产生影响。

【例3-15】 H公司持有100股X股票，公允价值为每股700元。为规避股票价格可能下降的风险，H公司购买了100份X股票的看跌期权，购买该股票期权的成本为2 000元，行权价格为每股680元。

假定X股票每股价格跌至650元，从而使股票期权（看跌期权）的公允价值增加到4 600元，H公司当时确认：

● 股票损失 =100×(700-650) =5 000（元）

● 套期工具（看跌期权）利得 =4 600-2 000 =2 600（元）

对利润的净影响仅为-2 400元，这一金额反映了套期的部分有效性。

表3-34和表3-35分别是资产负债表和综合收益表。

表3-34　　资产负债表　　单位：元

报表项目		第N年12月31日	变动
资产	股票	65 000	-5 000
	看跌期权	4 600	2 600
所有者权益	留存收益	0	-2 400

表3-35　　综合收益表　　单位：元

报表项目	第N年
费用——股票持有损失	2 400
本年损失	-2 400

续表

报表项目	第N年
其他综合收益	0
综合收益合计	-2 400

（2）现金流量套期

现金流量套期，是指对已确认资产、负债或很可能发生的预期交易的现金流量变动进行套期。

现金流量套期的例子列举如下：

- 公司通过签订利率互换合约（固定利率与浮动利率互换）以抵销因浮动利率借款而产生的利息支付增加的风险；
- 公司可通过卖出货币远期合同以对冲汇率变动引起的外币金额变动的风险。

现金流量套期的基本原则是在同一会计期间确认套期工具和被套期项目现金流量的利得或损失。因此，在每个报告日：

- 套期工具利得或损失中有效的部分，确认为其他综合收益；
- 只将套期工具利得或损失中无效的部分计入当期损益。

当与被套期项目相关的现金流量发生时，应将初始计入其他综合收益的相关利得或损失转出，计入当期损益。

【例3-16】 S公司从国外客户收到价值为100 000美元的订单。这笔交易将在第N+1年3月31日发生。为规避汇率变动的风险，S公司卖出100 000美元的远期外汇合约，远期汇率为：1美元=2元。

第N年12月31日，汇率为1美元=1.80元。套期工具利得为100 000×0.2=20 000元，完全抵销了预期交易的损失。该利得直接计入其他综合收益。

第N+1年3月31日，交易发生。当日汇率为1美元=1.85元，将收到的美元转换成元。调整套期工具的利得并将其转出计入当期损益。对利润的总影响为100 000×(2.00-1.85)=15 000元。

表3-36和表3-37分别是资产负债表和综合收益表。

表3-36　　资产负债表　　单位：元

报表项目		第N年12月31日	第N+1年3月31日
资产	套期工具	20 000	0
所有者权益	现金流量套期的累计利得	20 000	0
	留存收益	0	15 000

表 3 - 37　综合收益表　单位：元

报表项目		第 N 年	第 N + 1 年
收入	现金套期利得	0	15 000
本年损失		0	15 000
其他综合收益	现金套期利得	20 000	
	包含在利润表中的利得的重新分类调整		- 20 000
综合收益合计		20 000	- 5 000

3.2 负　　债

负债可以定义为："由过去的经济业务引起的企业承担的现实义务，偿还负债会导致企业经济利益的流出。"

负债通常是公司利用除纯粹所有权（股权）融资工具外的其他工具融资时所产生的。大部分负债产生于债务工具的发行、贷款和合同的订立。这些事项可能是由于公司的持续经济活动或法律义务而发生。

企业因赊购而产生的应付账款就是因合同产生负债的例子。由发行债务工具而产生负债的例子如债券的发行。公司还会从银行和其他金融机构获得贷款。

负债首先可以分为长期负债和流动负债。流动负债，是指在 1 年或超过 1 年的一个营业周期内到期的负债，非流动负债的期限超过 1 年。

在前面的章节中，某个项目必须满足所列的全部条件，才能被认定为负债。如果有一项或多项条件不能满足，那么它就要被单独分类。

例如，如果使义务必然产生的事件没有发生，那么它将会被归类为"或有负债"。某些债务工具兼具一些权益的特性，这种情况下，它们就会被确认为混合证券，而非纯债务。因此，财务分析师必须认真辨识负债的性质以确定其中的含义。

对于短期债务或流动负债来说，负债的现值和清偿债务所需要实际支付的现金流大致是相同的。因此，它们会以现值或实际清偿价值进行记录。但是，我们在记录长期负债时就遇到了问题，我们将运用债券代表长期负债。

3.2.1　债券和其他金融负债

金融负债通常按摊余成本计量且不能重新分类。

然而，如果出于以下原因可以产生更多相关信息，则公司可能会将金融负债指定为以公允价值计量且其变动计入当期损益的金融负债：

- 这样做将消除或减少计量或确认的不一致；或者
- 根据明文规定的风险管理或投资策略，该负债属于某金融资产和负债组，其绩效以公允价值为基础进行评估。

金融负债主要包括银行借款和债券。

债券有两种偿付义务：一种是债券的本金或到期价值的偿付，到期价值又称作债券的票面价值或面值；另一种是定期的利息偿付，占票面价值的一定比例，该比例被称为息票率或票面利率。利息偿付的周期性决定了利息的偿付期间。

债券经常以不同于票面价值的价格发行。当价格或现金收入高于债券面值时，我们将其差额称作溢价；如果现金收入低于债券面值，其差额称作折价。溢价或折价会在债券的存续期限内进行摊销并调整利息费用，溢价摊销将会冲减利息费用，而折价摊销会增加利息费用。

根据国际财务报告准则第9号的规定，应按照固定的利率（该利率为将债券存续期间的未来现金支付折现为当前账面价值所使用的利率）和债券每年的期初余额将溢价或折价在债券存续期间内进行摊销，以使得当年的利息费用等于市场利率乘以债券的期初余额。当年的利息费用与实际支出的利息的差额即为溢价或折价的摊销金额。这种方法被称为“有效利率法”或“实际利息法”。

下面我们再来看一个债券溢价的例子。

【例3-17】 某公司发行票面价值总额为8 000 000元（8 000张、每张面值为1 000元的债券）的5年期债券，票面利率为8%，从第N年1月1日起按年支付利息，每张债券以1 050元的价格发行，并将按照1 000元的面值偿还本金。

首先计算有效年利率k。该利率是使得公司未来支付的现金现值与公司已收现金相等的利率（也称作到期收益率）。利用公式计算可得：

有效年利率 $k=6.7875\%$

$$8\,000\times1\,050=\frac{640\,000}{1+k}+\frac{640\,000}{(1+k)^2}+\frac{640\,000}{(1+k)^3}+\frac{640\,000}{(1+k)^4}+\frac{8\,640\,000}{(1+k)^5}$$

债券溢价 $=8\,000\times(1\,050-1\,000)=400\,000$（元）

摊销见表3-38。

表3-38　　溢价摊销表　　单位：元

日期	利息费用 (1)=(4)×6.7875%	支付的利息 (2)	债券溢价的摊销 (3)=(1)-(2)	摊余成本 (4)
第N年1月1日				8 400 000
第N年12月31日	570 150	640 000	-69 850	8 330 150

续表

日期	利息费用 (1) = (4) ×6.7875%	支付的利息 (2)	债券溢价的摊销 (3) = (1) - (2)	摊余成本 (4)
第 N+1 年 12 月 31 日	565 409	640 000	-74 591	8 255 559
第 N+2 年 12 月 31 日	560 346	640 000	-79 654	8 175 905
第 N+3 年 12 月 31 日	554 940	640 000	-85 060	8 090 845
第 N+4 年 12 月 31 日	549 155	640 000	-90 845	8 000 000
合计	2 800 000		-400 000	

财务报表见表 3-39。

表 3-39　　财务报表　　单位：元

资产负债表		第 N 年 1 月 1 日	第 N 年 12 月 31 日	第 N+1 年 12 月 31 日	第 N+5 年 1 月 1 日
资产	现金	8 400 000	7 760 000	7 120 000	-2 800 000
负债	应付债券	8 400 000	8 330 150	8 255 559	0
股东权益	留存收益	0	-570 150	-1 135 559	-2 800 000
综合收益表			第 N 年	第 N+1 年	第 N+4 年
费用	利息费用		570 150	565 409	549 155
本年净亏损			-570 150	-565 409	-549 155
其他综合收益			0	0	0
综合收益总额			-570 150	-565 409	-549 155

注：7 760 000 = 8 400 000 - 640 000，7 120 000 = 7 760 000 - 640 000。

发行债券或债务时可能会产生成本。这些成本被作为递延费用并予以摊销。因为这些成本不能为企业带来未来的经济利益，所以不能被确认为资产。如果该项成本很少，也可以直接计入当期损益。

3.2.2 复合金融工具

前文我们讨论了纯债务工具。金融创新产生了许多兼有纯债务和纯权益特性的金融工具，我们称其为混合证券。这些混合证券既不是纯债务工具也不是纯权益工具，其中两种主要形式为可转换债券和附可分离认股权证的债券。

3.2.2.1 可转换债券

可转换债券，指持有者有权在未来某一日期将其转换为普通股的债券。发行可转换债券的主要目的是降低财务费用或减少对股权的稀释。

《国际会计准则第 32 号——金融工具：揭示和呈报》规定：可转换为所有者权益的金融工具（如可转换债券）的发行人应当识别该混合证券的组成部分并分别进行会计处理，将发行该混合证券的现金流入在负债与所有者权益之间进行分配。

国际财务报告准则第 9 号要求：将从该混合金融工具的全部金额中扣除单独确定的负债的公允价值后的剩余部分，确定为所有者权益的金额。

【例 3－18】第 N 年 1 月 1 日，A 公司发行 10 000 份可转换债券（面值为 1 000 元，票面利率为 7%）。债券的发行价格为 1 000 元。第 N＋4 年 12 月 31 日，该债券将以面值赎回。在债券到期前，债券持有者有权选择以每份债券换取 2 股 A 公司的股份。该可转换债券按年付息。

无转换权的类似债券的有效利率为 8%。

该复合金融工具负债部分的公允价值等于以有效利率折现的无转换权的类似债券的现值。计算如下：

$$\frac{700}{1.08}+\frac{700}{(1.08)^2}+\frac{700}{(1.08)^3}+\frac{700}{(1.08)^4}+\frac{10\ 700}{(1.08)^5}=9\ 600(\text{千元})$$

所有者权益＝发行价格－负债的公允价值＝10 000－9 600＝400（千元）

资产负债表见表 3－40。

表 3－40 **资产负债表** 单位：千元

报表项目		第 N 年 1 月 1 日
资产	现金	10 000
负债	应付债券	9 600
所有者权益	可转换权益	400

3.2.2.2 附可分离认股权证的债券

附可分离认股权证的债券是可转换债券的一种形式。此种情况下，债券发行时附有认股权证，认股权证给予其持有者在未来某一期间以事先确定的价格购买普通股的权利。

【例 3－19】第 N 年 1 月 1 日，B 公司发行 10 000 份附可分离认股权证的债券（面值为 1 000 元，票面利率为 7%）。债券的发行价格为 1 000 元。第 N＋4 年 12 月 31 日可以面值赎回。每份债券附带一份认股权证，每份认股权证可以按每股 300 元的价格购买 1 股 B 公司的股票（股票面值为 200 元）。

无转换权的类似债券的有效利率为 8%。

该复合金融工具负债部分的公允价值，等于以有效利率折现的无转换权的类似债券的现值。计算如下：

$$\frac{700}{1.08}+\frac{700}{(1.08)^2}+\frac{700}{(1.08)^3}+\frac{700}{(1.08)^4}+\frac{10\ 700}{(1.08)^5}=9\ 600(\text{千元})$$

认股权证的价值 = 10 000 − 9 600 = 400（千元）

资产负债表见表3－41。

表3－41　**资产负债表**　单位：千元

报表项目		第N年1月1日
资产	现金	10 000
负债	应付债券	9 600
所有者权益	认股权证	400

下文是某公司将复合金融工具分离为负债和所有者权益的实例。

诺基亚（芬兰）

从发行人的角度来看，复合金融工具既有金融负债部分，也有所有者权益部分。各个组成部分根据金融工具的条款进行定义，并根据其实质分别进行列报和计量。金融负债部分初始按公允价值确认，剩余部分分配给所有者权益部分。在复合金融工具的生命周期内，该分配保持不变。本集团发行的可转换债券的金融负债部分计入应付贷款。

3.2.3　表外融资协议

前文我们讨论了明确的负债的构成。然而，公司会有一些因法律或合同义务产生的责任，这些责任不能完全符合负债的要求，但是，这些确实构成了公司的责任。当这些责任是由融资引起时，我们称其为表外融资协议。表外融资协议有时会对整个公司的财务健康产生影响，财务分析师在评估其影响时应提高警惕。

租赁协议就是一种表外融资协议，我们将在3.2.4节考查租赁会计。在本部分，我们来研究一些不十分常见的表外融资协议。

3.2.3.1　附追索权的应收账款销售

附追索权的应收账款销售被称为证券化或证券化的变形。在这种情况下，公司将应收账款出售给另一方或代理人。代理人，是指购买账面债权并收取款项的独立个体。通过这种方法，公司可以立即收回现金。然而，在附有追索权的情况下，如果有违约的情况发生，公司必须向应收账款买方偿还应收账款的交易价值及该期间的利息费用。这些内容在报表的附注中加以记载和说明。当违约事件发生时，交易就会被撤回，利息费用就会直接被计入综合收益表中。

因为这种交易的普及，所以国际会计准则第 39 号规定，只有当企业完全失去对某种金融资产的合约控制权时，才能将它从资产负债表中删除。因此，国际会计准则第 39 号建议，当公司将有追索权的应收账款售出时，应该同时增加流动负债和现金资产，因为出售有追索权的应收账款仅仅相当于以应收账款为抵押的借款。

3.2.3.2　产品融资协议

这也是一项表外融资协议，是某家公司为另外一个公司购买存货，后者同意在以后的某段时间购买此存货。后者不仅会支付此存货的成本费用，而且会支付融资费用和存货的保管费用。有时，公司间会签订一个销售和回购协议。这样对融资方来说，存货就会被当作抵押品以从融资方获得融资。

产品融资协议分为四个步骤：

（1）发起方将存货卖给融资方以获得销售货款，同时它同意在未来以事先确定的价格（包括保管费用和融资费用）回购存货；

（2）融资方会以此存货为抵押向银行进行融资；

（3）融资方向发起方实际汇出货款，发起方用这些货款偿付其他债务；

（4）当发起方获得常规的资金时，将会从融资方回购存货。

对融资方来说，尽管存货的所有权转让给了它们，但是它们应该提供一个附注来说明它们是以发起方的名义保管存货的，所以当计算融资方的存货时，这项应该被剔除，且认定为发起方的存货。

3.2.3.3　必须支付合约或无论使用服务与否均需付款协议

除前文提到的产品融资协议外，公司也会为长期获取原材料而签订必须支付合约（Take Contracts 或 Pay Contracts）。国际会计准则第 32 号将这类合约确认为公司的长期负债，并将其定义为即使商品尚未发出，商品的买方为了获取该商品仍然同意定期支付固定金额或最小金额的款项的合约。它通常源自于能够生产该产品的某个项目的项目融资协议。然后，生产商用这些合约作为保证或抵押获得融资。尽管这些协议可以获得长期的资金，但实际上它们并不会出现在资产负债表中，所以财务分析师在计算债务权益比率或做类似的分析时应该注意把这种协议列在债务之中。

必须支付协议的一个变形是无论使用服务与否均需付款协议，是为了获得项目融资协议的项目所提供的服务而签订的。

在上述两种情况下，买方公司必须将此类合约确认为长期合同并在附注中加以披露。

3.2.4　租赁

租赁被认为是最普遍的表外融资方式。国际财务报告准则第16号（IFRS 16）《租赁》涵盖了租赁会计的内容。租赁，是指在约定的期间内出租人向承租人让渡使用资产的权利以获取租金的协议，此资产的所有权归属出租人。

3.2.4.1　租赁的分类

大致有两种类型的租赁，即融资租赁和经营租赁。

（1）融资租赁

融资租赁是将与资产所有权有关的绝大部分风险和报酬转移给承租人的租赁，包括闲置风险和荒废风险。融资租赁又被称为资本租赁。例如：

- 承租人在租赁期结束时成为资产的所有者（分期付款购买）。
- 承租人可以选择以足够低的价格购买该资产，从而在合同开始时可以合理地确定该选择权将被行使（有购买选择权的租赁）。
- 租赁期限大约等于资产的经济使用寿命。
- 需要支付的租赁付款总额大于资产的价值。

融资租赁的标准例子如下：

- 出租人（生产商、银行或其他金融机构）长期（通常对应于资产的经济使用寿命）将资产置于承租人手中。
- 承租人承诺支付租赁付款，直至合同结束。
- 承租人可以在合同结束时或可能在任何时候以预定价格（根据剩余的待付租赁付款）向出租人回购资产。

融资租赁是借款的替代品，因为承租人本可以借入款项并自己购买资产。从经济角度来看，融资租赁相当于借款，这是一种融资取得资产的方式。

（2）经营租赁

不将与资产所有权相关的风险和报酬转让给承租人的租赁称为“经营租赁”。经营租赁一般为短期租赁（例如租赁汽车2日或3日）或租赁期限明显短于资产的使用年限的租赁（租赁公寓或办公室，即使是几年）。

3.2.4.2 承租人的租赁会计

根据《国际会计准则第 17 号——租赁》，租赁的会计处理基于租赁分类：

• 融资租赁是借款的替代方案，因此应将其视为融资模式。所以，承租人必须在其资产负债表中确认租赁资产，并将未来租赁付款的现值确认为负债。

• 在经营租赁的情况下，承租人的资产负债表上不显示任何资产或负债，仅在租金发生时将其确认为费用。

根据国际财务报告准则第 16 号（从 2019 年起取代国际会计准则第 17 号），承租人对租赁的会计处理不再基于租赁的类型。所有租赁，无论其性质如何，都必须以同样的方式进行核算。仅对短期租赁和低价值资产租赁加以豁免。

在租赁开始日，承租人必须确认使用权资产和租赁负债，两者均按租赁付款的现值计量，该金额是通过以租赁的隐含利率对未来租赁付款进行贴现而获得的。如果无法确定该利率，则承租人应使用其增量借款的利率。如果有购买选择权，则必须将其包含在所考虑的付款中，条件是承租人能“合理地确定”将行使该选择权。

在每个资产负债表日，使用权资产按成本计量（即必须折旧）。但是，如果承租人将公允价值模型应用于其投资性房地产，则必须将该公允价值模型应用于符合投资性房地产定义的使用权资产。同样，如果承租人对某类不动产、厂房和设备使用重估价值模型，则承租人也可以选择将此模型应用于属于该类的使用权资产。

在每个截止日期，调整租赁负债的金额以反映所产生的利息及所支付的款项。

【例 3-20】 在第 N 年初，某公司签订了为期 4 年的机器租赁合同，该机器的价格为 100 000 元，使用寿命为 5 年，其 5 年后的剩余价值为零。

承租人将在租赁合同开始日支付 15 000 元，然后每年年末支付 24 000 元。承租人可以选择在第 4 年末支付 5 000 元购买该机器，承租人也打算行使这一选择权。

首先要做的是计算合同的隐含利率。求解机器的购买价格等于租赁付款的现值的方程，得到的折现率即为合同的隐含利率。

$$100\,000 = 15\,000 + \frac{24\,000}{1+i} + \frac{24\,000}{(1+i)^2} + \frac{24\,000}{(1+i)^3} + \frac{24\,000+5\,000}{(1+i)^4}$$

租赁合同隐含利率 $i = 7.054\%$

根据该利率，可以分解租赁付款额，如表 3-42 所示。

表 3-42　租赁付款额的分解　　单位：元

日　期	租赁付款额	利息（7.054%）	偿还的本金	债务余额
第 N 年 1 月 1 日	15 000		15 000	85 000

续表

日　期	租赁付款额	利息（7.054%）	偿还的本金	债务余额
第N年12月31日	24 000	5 996	18 004	66 996
第N+1年12月31日	24 000	4 726	19 274	47 722
第N+2年12月31日	24 000	3 367	20 633	27 089
第N+3年12月31日	29 000	1 911	27 089	0

承租人的财务报表见表3-43、表3-44、表3-45和表3-46。

表3-43　　第N年度综合收益表　　单位：元

报表项目		金　额
费用	折旧（100 000/5）	20 000
	利息费用	5 996
本年净损失		-25 996
综合收益总额		-25 996

表3-44　　第N年12月31日资产负债表　　单位：元

报表项目		金　额
资产	现金［-(15 000+24 000)］	-39 000
	设备（100 000-20 000）	80 000
负债	租赁负债	66 996
所有者权益	留存收益	-25 996

表3-45　　第N+1年度综合收益表　　单位：元

报表项目		金额
费用	折旧（100 000/5）	20 000
	利息费用	4 726
本年净损失		-24 726
综合收益总额		-24 726

表3-46　　第N+1年12月31日资产负债表　　单位：元

报表项目		金额
资产	现金（-39 000-24 000）	-63 000
	设备（100 000-40 000）	80 000
负债	租赁负债	66 996
所有者权益	留存收益（-25 996-24 726）	-50 722

3.2.4.3 豁免

根据国际财务报告准则第 16 号，承租人在以下情况下可以选择不遵循前文所述的要求：

- 短期租约（即从租赁起始日算起的租赁期限为 12 个月或更短）。包含购买选择权的租赁不能被视为短期租赁。
- 低价值资产租赁。对资产是否低价值的评估是基于绝对金额，即不管其对承租人是否重要。国际财务报告准则第 16 号提到的作为低价值资产的例子包括个人电脑、平板电脑和电话。

与短期租赁的选择必须按资产类别进行相反，低价值资产的选择可以以每一项租赁为基础进行。

如果采用这种豁免，承租人就不在其资产负债表上确认使用权资产和负债。仅在租赁付款发生时将其确认为费用（该处理方法与以往根据前国际会计准则第 17 号处理经营租赁的方法相同）。

3.2.5 借款费用

建造资产往往通过借款进行融资，这就产生了以下问题：

相关借款费用是否应被计入资产成本或是于发生时计入费用。

有人认为借款费用应被资本化，理由是，它们与人工成本和原材料耗费相同，构成了资产成本的一部分。

相反，某些人注意到如果将借款费用资本化，那么两种相同资产的成本就可能因融资方式不同而不同，即资产的成本取决于资产的取得是通过债务融资还是权益融资。这也违背了资产价值与融资方式相独立的基本原则。

会计准则长期内在上述两个观点之间摇摆不定。根据目前的《国际会计准则第 23 号——借款费用》，在建造“合格”（qualifying）资产过程中产生的借款费用必须资本化，确认为资产成本的一部分；与“不合格”（non-qualifying）资产定义相关的借款费用应在发生时计入费用。

3.2.5.1 资本化的条件

符合借款费用资本化的资产，是指那些需要经过相当长的时间才能达到预定使用状态或可出售状态的资产，例如：

- 不动产；
- 生产周期相当长的设备项目；
- 需要相当长时期才能达到可出售状态的存货。

借款费用是所有与借款直接相关的费用，包括利息和借款溢价或折价的摊销。只有在建造期间发生的借款费用才可以被资本化。借款费用可资本化的期间从第一笔建造支出发生开始，于资产达到预定使用状态或可出售状态时终止。

3.2.5.2　符合资本化条件的成本的计算

如果资产建造是通过专项借款完成的，那么符合资本化条件的成本就是在建造期间发生的实际借款费用，减去尚未动用的借款资金进行暂时性投资取得投资收益。

【例 3－21】 为了建造一座大楼，某公司借款融资 10 000 000 元。

大楼从第 N－1 年 1 月 1 日开始建造，至第 N 年 3 月 31 日建造完成。第 N－1 年的建造费用（不包括利息）是 10 000 000 元，第 N 年的建造费用为 5 000 000 元。

第 N－1 年、第 N 年、第 N＋1 年与第 N＋2 年的借款费用分别是 600 000 元、400 000 元、300 000 元与 150 000 元。

不急需用于建造的部分资金被投资于高流动性的金融资产，在第 N－1 年产生了 100 000 元的收益。

据此，可得到表 3－47。

表 3－47　　**资本化的借款费用**　　单位：元

项目	第 N－1 年	第 N 年	第 N＋1 年	第 N＋2 年
借款费用	600 000	400 000	300 000	150 000
投资收益	－100 000			
符合资本化条件的借款费用	500 000	100 000 *		
计入费用的借款费用	—	300 000	300 000	150 000

注：* 第 N 年符合资本化条件的借款费用＝400 000×3/12＝100 000（元）。

最后，建筑物的成本＝15 000 000＋(500 000＋100 000)＝15 600 000（元）

在没有专项借款的情况下，必须予以资本化的借款费用可参考该企业建造期间未偿清借款的加权平均利率确定，再将加权平均利率应用于该期间平均资产成本计算可予以资本化的最大数额。

当然，资本化的借款费用不应该超过实际发生的成本。

【例 3－22】 现在我们假设不需要追加借款，企业已经通过融资开始工程建造。在建期间的未偿清借款金额如表 3－48 所示。

表 3-48　在建期间未偿清借款金额及其利率　单位：元

	金额	利率
借款 A	3 000 000	6%
借款 B	4 000 000	7%
借款 C	2 000 000	8%
	9 000 000	

在第 N-1、第 N 年、第 N+1 年和第 N+2 年，各年所发生的借款费用分别是 300 000 元、500 000 元、600 000 元和 600 000 元。

$$加权平均利率 = 6\% \times \frac{3}{9} + 7\% \times \frac{4}{9} + 8\% \times \frac{2}{9} = 6.89\%$$

资产的平均成本是：

- 第 N-1 年：(0+10 000 000)/2=5 000 000(元)
- 第 N 年：(10 000 000+15 000 000)/2=12 500 000(元)

可予以资本化的最大数额：

- 第 N-1 年：5 000 000×6.89% =344 500（元）
- 第 N 年：12 500 000×6.89% ×3/12=215 312（元）

最后，计算各年符合资本化条件的借款费用和计入当期费用的借款费用，见表 3-49。

表 3-49　各年符合资本化条件的借款费用和计入当期费用的借款费用　单位：元

项目	第 N-1 年	第 N 年	第 N+1 年	第 N+2 年
可予以资本化的最大金额	344 500	215 312	0	0
实际发生的借款费用	300 000	500 000	600 000	600 000
符合资本化条件的借款费用	300 000	215 312	0	0
计入费用的借款费用	0	284 688	600 000	600 000

因此，大楼的建造成本=15 000 000+（300 000+215 312）=15 515 312（元）

以下是公司将借款费用资本化的例子。

霍尔希姆建材公司（瑞士）

为建设项目而进行的融资所发生的借款利息费用（需要相当长的一段时间才能达到预定用途）在资产达到预定可使用状态所需的时期内予以资本化。所有其他借款费用在发生时计入当期费用。

雅高酒店（法国）

直接归属于建造或生产合格资产的借款费用计入该资产的成本。其他借款费用在发生时确认为当期费用。

3.2.6 退休福利

雇主除了要向雇员提供常规的工资以外，还要向其提供其他各种福利，其中主要的是退休福利。退休福利是在雇员退休时，雇主向其提供的一种福利。该福利可以直接由雇主进行管理，也可以通过养老基金进行管理。两种情况下，都会使雇主形成持续的负债，公司必须支付这笔费用。因为此项费用要持续相当长的时间，所以被归为公司的长期负债。

退休福利大致可以分为养老金和其他退休后福利。养老金和其他退休后福利在很多国家都是法定的。许多福利是以雇员在退休时为公司工作的年限、年龄和报酬为基础的，所以公司必须在财务报表的编制上做出系统的安排以对它们进行确认。

《国际会计准则第19号——退休金费用》广泛地解释了雇员福利的问题，它修订了所有以往的估值模型，提出了单一变量估值模型，称为预计单位福利法（the Projected Unit Credit Method）。另外，还提出了“走廊法”以对精算利得和损失予以确认。该方法要求每年进行估值，同时还解决了过去服务成本的确认问题，以及一些早期会计准则从未处理的事项。

精算师对雇主的实际付款和福利的计算方法等进行确定。这些工作的操作方法以及养老金计划投资和成本组成部分的性质超出了本书的介绍范围。

3.2.6.1 养老金

养老金计划有两种形式：

- 设定受益计划（Defined Benefit Plan），是指雇主的义务由雇员退休时的工作年限和工资水平等因素来确定，基金或雇主有义务全额给付所承诺的全部福利金额，无论基金里是否有足够的资产。
- 设定提存计划（Defined Contribution Plan），是指退休福利由向基金中交付的资金和所累积的投资收益共同确定，基金或雇主没有进一步的义务。

对于设定提存计划，只有当期交付的金额才是必须予以披露的。然而，也建议对每项计划进行说明。

对于设定受益计划，则需进行详细披露，内容包括：

- 每项计划的说明；
- 所涉及的雇员群体的说明；
- 用于确认精算利得和损失的政策；

- 资产负债表中确认的与计划相关的资产和负债的对账表，包括完全无担保的和部分无担保的负债的现值、计划资产的公允价值以及资产负债表中仍未确认的成本等；
- 报告期的活动和变动的对账表；
- 计划资产所赚取的实际收益额；
- 对所运用的主要精算假设的描述。

3.2.6.2 除养老金外的其他退休后福利

一些雇主会提供除养老金外的其他退休后福利，主要形式之一是医疗保健。相应负债的估算方法与养老金计划一致。然而，由于人的预期寿命的不断延长和医疗成本的增加，公司可能还需进行额外的支付。

国际会计准则第 19 号提到了除养老金外的 4 个特定福利计划：

- 短期员工福利，包括医疗保健和交通费用等；
- 其他长期福利计划，包括长期伤残津贴；
- 离职福利；
- 权益补偿计划，包括虚拟股票期权计划。

国际会计准则第 19 号对其他福利的大部分披露要求与对养老金计划的披露要求相似。因此，为了得出有意义的结论，财务分析师必须仔细研究假设条件并估计其对未来盈利能力的影响。

下面是关于披露的例子。

帝亚吉欧（英国）

该集团的主要养老金是设定受益计划。该集团还有设定提存计划、没有设立基金的离职后医疗福利负债和其他没有设立基金的设定受益离职后负债。对于员工离职福利计划，除设定提存计划外，从营业利润中扣除的金额等于向雇员承诺的该年度累计养老金福利成本，加上在该年度内本集团给予员工的福利所产生的任何变化。净财务费用等于财年初计划中的净赤字/资产，经该财年的现金流量调整后，再乘以计划负债的折现率。计划资产的公允价值与计划负债的现值之间的差额在合并资产负债表中作为资产或负债列报。由于假设或经验的变化而产生的任何差异均在其他综合收益中确认。在资产负债表上确认的任何养老金资产的金额仅限于该计划的未来退款或该计划的未来定期缴款减少的现值。

本集团就设定提存计划而应付的定期缴款额于发生时从营业利润中扣除。

道达尔菲纳埃尔夫（石油）公司（法国）

根据各国的法律和惯例，本集团参与员工福利计划，包括提供退休、死亡和伤残、医疗保健和特殊辞退福利计划。这些计划基于各种因素提供福利，例如服务年限、薪资水平和向负责支付福利的政府机构提供的定期缴款。

这些计划可以是设定提存计划养老金计划或设定受益养老金计划，也可以全部或部分由各种非本集团工具（如共同基金、保险合同和其他工具）投资来提供资金。

对于设定提存计划，费用为每期所支付的缴款。

设定受益计划的负债根据预计单位福利法确定。精算估值和预期承诺（取决于新的计算或假设）之间的差异以及计划资产的预计回报和实际回报之间的差异可能导致精算利得和损失。该利得和损失在综合收益表中予以确认，随后不能将其转移到利润表中。

员工过去的服务成本，无论是可行权的还是尚不可行权的，应立即计入利润表中。

定期养老金净成本在“其他营业费用”中确认。

3.2.7　所得税

公认会计原则并不规范所得税的计算或纳税规划，所以当我们谈到所得税的时候，指的是在资产负债表和综合收益表中对所得税费用进行会计处理。所得税会计中一些收入和费用项目的确认时间与税法所规定的税收实际发生时间不完全一致，由此产生的差异我们称之为暂时性差异，《国际会计准则第 12 号——所得税会计》对这些问题的处理进行了规范。

3.2.7.1　暂时性差异

暂时性差异，是指资产负债表中资产或负债的账面价值和计税基础之间的差异。

【例 3－23】 某设备的取得成本是 100 000 元，折旧年限是其使用寿命（3 年），但税法规定的最短折旧年限是 5 年。该设备各年的账面价值和计税基础见表3－50。

表 3－50　　设备各年的账面价值和计税基础　　单位：元

年度	第 0 年	第 1 年	第 2 年	第 3 年	第 4 年	第 5 年
计税基础	100 000	80 000	60 000	40 000	20 000	0

续表

年度	第0年	第1年	第2年	第3年	第4年	第5年
账面价值	100 000	66 667	33 334	0	0	0
暂时性差异	0	13 333	26 666	40 000	20 000	0

暂时性差异分为两类：

- 应纳税暂时性差异，是指在未来期间收回资产或清偿负债的账面金额时，会导致产生应纳税所得额；
- 可抵扣暂时性差异，会导致未来的可抵扣金额。

【例3－24】 接例3－23，在第1～3年中，基于会计的折旧费超过基于税法目的的可扣除折旧的差额，可以从后续年度的应纳税所得额中抵扣，这将导致第4年和第5年应纳税额的减少，因此形成可抵扣的暂时性差异。

【例3－25】 资产负债表中金额为120 000元的开发费用被确认为资产，基于纳税的目的，这些成本只能在发生时从应纳税所得额中扣减。

假设基于税法，这些成本已经被扣减，计税基础为零，因此暂时性差异为120 000元。因为这将导致未来税收的增加（基于税法的目的，开发费用的摊销不可抵扣应纳税所得额），所以称作应纳税暂时性差异。

应纳税暂时性差异可形成递延所得税负债，可抵扣暂时性差异形成递延所得税资产。递延所得税资产的另一个来源是能够结转以后年度的可抵扣亏损。

【例3－26】 见表3－51，假设可抵扣亏损在未来3年中可从应纳税所得额中扣减。

表3－51　可抵扣亏损与应纳税所得额　单位：元

年度	第1年	第2年	第3年	第4年	合计
本年利润/损失	－1 000	800	600	500	900
应纳税所得额	0	0	400	500	900

第1年的可抵扣亏损导致第2年和第3年的应纳税所得额减少。

第2年的应纳税所得额为0（而不是800元）。

第3年的应纳税所得额为400元（而不是600元）。

3.2.7.2 递延所得税的计算

递延所得税可以通过将公司的税率应用于所有的暂时性差异计算得到。

【例3－27】 接例3－23，假设所得税税率是30%。递延所得税的计算见表3－52。

表 3-52 **递延所得税的计算** 单位：元

年份	第 0 年	第 1 年	第 2 年	第 3 年	第 4 年	第 5 年
计税基础	100 000	80 000	60 000	40 000	20 000	0
账面价值	100 000	66 667	33 334	0	0	0
可抵扣暂时性差异	0	13 333	26 666	40 000	20 000	0
递延所得税资产		4 000	8 000	12 000	6 000	0
递延所得税的变动		4 000	4 000	4 000	-6 000	-6 000

为了更好地理解递延所得税的性质，我们假设每年的折旧和所得税前利润（EB-DT）为150 000元。这样，每年实际应纳所得税额的计算见表3-53。

表 3-53 **应纳所得税额的计算** 单位：元

折旧和所得税收前利润	150 000
-折旧（可抵扣减金额）	-20 000
=应纳税所得额	130 000
实际应纳所得税额=130 000×30%	39 000

如果折旧完全可以当作应纳税所得额的扣减额，那么应纳所得税额的计算见表3-54。

表 3-54 **应纳所得税额的计算** 单位：元

年份	第 1 年	第 2 年	第 3 年	第 4 年	第 5 年
折旧和所得税收前利润（EBDT）	150 000	150 000	150 000	150 000	150 000
折旧	-33 333	-33 333	-33 334	0	0
税前利润（EBT）	116 667	116 667	116 666	150 000	150 000
所得税费用（税率30%）	35 000	35 000	35 000	45 000	45 000

实际支付的所得税可以分为当期所得税费用和递延所得税两个部分，见表3-55。

表 3-55 **实际支付的所得税的分解** 单位：元

年份	第 1 年	第 2 年	第 3 年	第 4 年	第 5 年
实际支付的所得税	39 000	39 000	39 000	39 000	39 000
当期所得税费用	35 000	35 000	35 000	45 000	45 000
递延所得税	4 000	4 000	4 000	-6 000	-6 000

计算递延所得税资产和负债所使用的税率应为预期暂时性差异消失期间（即收

回资产或清偿负债的期间）的税率，该方法称为债务法（Liability Method）。

3.2.7.3　递延所得税资产和递延所得税负债的确认

递延所得税的会计处理方法取决于资产负债表中项目的性质（资产或负债）。国际会计准则第 12 号规定：

- 除了商誉摊销而形成的递延所得税负债之外，其他递延所得税负债都要在资产负债表中予以确认；
- 递延所得税资产的确认，应当以未来期间很可能取得的用来抵扣可抵扣暂时性差异的应纳税所得额为限。

一般而言，当期所得税和递延所得税应计入当期损益，但与本身直接计入所有者权益的交易或者事项相关的当期所得税和递延所得税，应当计入所有者权益。

【例 3－28】一项账面价值为 100 000 元的资产，重新估价为 400 000 元，公司所得税税率为 30%，根据会计准则的要求，重估价值的差额直接在所有者权益中确认，相应的递延所得税（90 000 元）必须从重估价值的差额中扣除。重估价值后的资产负债表见表 3－56。

表 3－56　　重估价值后的资产负债表　　单位：元

资产		负债和所有者权益		
不动产、厂房和设备	400 000	负债		
			递延所得税负债	90 000
		所有者权益		
			资本	100 000
			重估价值准备	210 000
合计	400 000	合计		400 000

以下是几个关于递延所得税披露的例子。

罗氏公司（瑞士）

递延所得税资产和负债根据资产和负债的计税基础与其账面价值之间的暂时性差异确认。递延所得税资产的确认应当以未来期间很可能取得的用来抵扣的未使用的可抵扣亏损的应纳税所得额为限。

当所得税由同一税务机关征收并且在法律上可以执行抵销权利时，当期和递延所得税资产和负债可以被抵销。根据本集团营运所在的各税务司法区适用的现行税率来确定递延所得税。

萨博汽车公司（瑞典）

所得税包括当期所得税和递延所得税，计入损益。当相关的交易在其他综合收益中确认时，例如净退休金负债重新估值时，相关的税务影响亦于其他综合收益中予以确认。

当期所得税为本年度已支付或已收到的所得税，将截止日期已确定的税率应用于应纳税所得额，并调整应归属于以前期间的当期所得税。

递延所得税运用资产负债表法根据构成资产和负债账面价值与其计税基础之间差额的暂时性差异计算。在除企业合并以外的交易中，资产和负债的初始报告中不考虑可抵扣的暂时性差异，并且在交易发生时不影响已确认或应纳税的结果。此外，如果暂时性差异归属于子公司、联营公司和合资企业的股权且预计在可预见的未来不会转回，则不考虑暂时性差异。递延所得税的估值是基于资产或负债的账面值预期如何变现或偿还。递延所得税通过应用截止日期之前设定的税率和税法计算。

可抵扣暂时性差异的递延所得税资产和可移前抵扣的亏损，仅在可能被使用的限度内予以确认。当认为不再可能使用它们时，递延所得税资产的价值就会减少。当应收所得税和所得税负债属于同一税务机关管辖时，可以将递延所得税资产抵销递延所得税负债。

3.3　所有者权益

如前文所述，资产负债表由三个主要部分组成：资产、负债和所有者权益。所有者权益代表公司资产扣除所有由非所有者拥有的权益后的部分。所有者权益由以下几部分构成：

（1）优先股：在分配剩余财产和支付股利方面享有优先权，但是在某些方面的权利却受限。

（2）普通股：以票面价值进行报告。

（3）资本公积或资本溢价：在股票发行过程中股东所支付给发行公司的超过票面价值的金额。

（4）留存收益：公司业务活动所创造的未分配盈余，包括公司日常经营活动和资本活动所产生的盈余。

（5）库藏股：公司回购的股权。

（6）其他调整：包括针对员工持股计划（员工股票期权计划）和汇率变动的调整等。

3.3.1　股本的发行

股本是没有向购买者（股东）进行分配的义务的合法资本。如果股东支付的价格超过股本的账面价值，那么超额部分应计入资本公积（资本溢价）账户。

【例 3－29】某公司发行了票面价值为 100 元的股票 1 000 股，发行价格为 250 元。

对资产负债表的影响如表 3－57 所示。

表 3－57　　重新估价后的资产负债表　　单位：元

报表项目		金额
资产	现金（1 000×250）	250 000
所有者权益	股本（1 000×100）	100 000
	资本公积	150 000

应该明确区分这些由新缴入资本引起的资本增量与由留存收益并入资本形成的资本增量。

【例 3－30】某公司拥有股本 100 000 元（1 000 股，票面价值为 100 元），留存收益为 500 000 元，公司打算将 300 000 元留存收益转增股本。

变动前的所有者权益见表 3－58。

表 3－58　　变动前的所有者权益　　单位：元

所有者权益	股本	100 000
	留存收益	500 000
		600 000

变动后的所有者权益见表 3－59。

表 3－59　　变动后的所有者权益　　单位：元

		金额	变动
所有者权益	股本	400 000	+300 000
	留存收益	200 000	－300 000
		600 000	0

值得注意的是，上述交易纯属虚拟。该公司并没有收到任何投入的资金，并且其净资产保持不变（600 000元）。

实践中，该交易可能会导致：

- 股票票面价值增加，从每股100元增加到每股400元；或
- 分配3 000股面值为100元的股票股利。

3.3.2　股票回购和库藏股的再发行

库藏股是公司已经发行，而后又被公司购回的股票。直到库藏股重新被发行或被注销才能从资产负债表中删除。库藏股不会减少已发行的股票数量但会减少流通在外的股票数量。

根据国际会计准则第32号规定，库藏股不能作为资产予以确认，应作为所有者权益的减项。

另外，不能因库藏股的出售或注销而在利润表中确认利得或损失，由库藏股回购或再出售而导致的库藏股账面价值与市价之间的全部差额应直接计入所有者权益。

【例3－31】 X公司的股本由每股票面价值为100元的100 000股股票构成。第N年，X公司以每股300元回购10 000股股份；第N＋1年，以每股330元将这10 000股库藏股再出售。

库藏股对财务报表的影响如表3－60和表3－61所示。

表3－60　　**资产负债表**　　单位：千元

报表项目		第N－1年12月31日	第N年变动	第N年12月31日	第N＋1年变动	第N＋1年12月31日
资产	现金		－3 000	－3 000	＋3 300	300
所有者权益	资本	10 000	0	10 000	0	10 000
	库藏股		－3 000	－3 000	＋3 000	0
	留存收益		0	0	＋300	300

表3－61　　**综合收益表**　　单位：千元

报表项目		第N年	第N＋1年
本年利润		0	0
其他综合收益	出售库藏股利得	0	300
综合收益合计		0	300

3.3.3 股利的会计处理

股利是公司周期性地分派给股东的盈余。对优先股来说，股利可能存在可累积的特性。只有当董事会宣布分派股利或股东大会做出分派股利的决议时（取决于不同国家的法律规定），股利才成为公司的负债，在此之前，公司没有义务支付股利。

除了现金，股利还会以其他形式发放，主要有财产股利、清算股利和股票股利。如果股利以现金的形式发放，其会计处理非常简单。一旦确定了支付现金股利的义务，就将其视为短期负债。

如果以某种资产而非现金的形式发放股利，我们称之为财产股利。由于预期股利将反映该资产的公允价值，那么公允价值和账面价值的差额将调整留存收益。

清算股利不是现有利润的分配，而是所有者权益的部分归还。通过清偿一部分资本公积或留存收益来支付清算股利。

【例 3－32】某公司想要减少超过融资需求的资本量，决定向 10 000 股发行在外票面价值为 100 元的股票，每股发放 40 元的清算股利。

清算股利对资产负债表影响如表 3－62 所示。

表 3－62　　资产负债表　　单位：千元

报表项目		第 N－1 年 12 月 31 日	第 N 年 12 月 31 日	第 N 年变动
资产	现金（10 000 ×40）	0	－400 000	－400 000
所有者权益	资本	1 000 000	600 000	－400 000

结果导致每股票面价值将下降 60 元。

这种交易需要与资本减少明确区分开来，后者是由弥补累计亏损造成的，不会导致资本的偿还。

【例 3－33】截止到第 N－1 年 12 月 31 日，某公司累计损失为 400 000 元，第 N 年，该公司决定减少相应的资本。在此之前，资本总额为 1 000 000 元。

对资产负债表的影响如表 3－63 所示。

表 3－63　　资产负债表　　单位：千元

报表项目		第 N－1 年 12 月 31 日	第 N 年 12 月 31 日	第 N 年变动
资产	现金	0	0	0
所有者权益	资本	1 000 000	600 000	－400 000
	累计亏损	－400 000	0	400 000

股票股利不被视为利润的分配，因此不会被确认为负债。

3.3.4　留存收益的其他变动

在本部分，我们将讨论可能导致留存收益变动的一些事项。留存收益是未分配且归属于股东的盈余。与股本和资本公积等股东缴入的资本项目不同，留存收益来自于盈余。

《国际会计准则第 8 号——本期净损益、基本错误和会计政策的变更》规定，下列事项应对留存收益做相应调整：

- 涉及以前期间的重大会计差错更正，应该通过调整留存收益期初余额的方式予以报告。除非这样做不切实际，否则应重新表述可比期间的相关信息。
- 任何源自于会计政策变更且需追溯至以前期间的调整项目，应该调整留存收益期初余额。除非这样做不切实际，否则应重新表述可比期间的相关信息。

留存收益同样也受到董事会决议的影响。从留存收益中提取的任何款项最后必须归还到留存收益账户。股票回购和重新出售会导致留存收益账户的变动。

我们发现，除了本年利润增加外，还有其他交易会影响留存收益账户。

3.4　准　备　金

准备金（Provisions）通常被定义为时间和金额不确定的负债。

3.4.1　准备金确认的条件

根据《国际会计准则第 37 号——准备、或有负债和或有资产》，当且仅当公司拥有来源于过去事件的现有义务时准备金才会被确认。

此项义务可以是法定的，也可以是推定的。法定义务来自于法律或是合同，而推定义务是公司某种行为的结果。推定义务存在于如下情况：公司通过以往的实践、公布的政策或特定的报表表明它将会承担某项义务，并且因此导致其他利益方产生某种预期。

为了理解什么是推定义务，我们考虑某油轮在海岸边沉海所造成的环境污染灾害。承租此油轮的公司对这一事故的结果没有法定的赔偿义务，但是如果公司的管理层声明公司将对受污染的海岸进行清洁负责的话，那么该公司就会承担推定义务。

形成准备金的事件必须是已经发生的，也就是说，公司不会对未来或假定的事件设立准备金。需特别指出的是，不允许公司为将来的经营损失提取准备金。针对重组成本的准备金有一些特定条件。根据国际会计准则第 37 号的规定，公司管理层或董事会的重组决定本身不足以创建一项准备金，还必须同时满足如下条件：

- 公司拥有详尽的计划；
- 公司已经开始实施该计划；
- 与计划的关联方已经进行了沟通。

这些原则适用于英美国家，但在其他没有运用国际财务报表准则的国家，并未严格规定准备金的确认条件。在这些国家，为未来或假设的情形计提准备金是很普遍的，这也被视为盈余管理的一种工具。通常来说，在盈利较好的年份计提准备金，在盈利较差的年份予以冲回。

在一些国家，法律本身授权公司无条件地确认准备金，从而产生了一些秘密准备金。对于财务分析师来说，很难对这种准备金进行识别，这些准备金不应该被视为负债，而是应该被视为所有者权益的一部分。

当财务分析师处理来自外国公司的财务报表时，应该注意这些区别。

3.4.2　或有负债

当确认准备金的必要条件未被满足时，公司可能形成了一项或有负债。或有负债不进行会计记录，这特别意味着它们不会对盈余产生影响。或有负债只在财务报表的附注中进行披露。

或有负债的一个例子就是，母公司给予子公司提供担保以确保使子公司获得银行贷款。只要子公司支付利息并且同意还款，那么确认准备金的条件就不满足，母公司也只在财务报表的附注中对此担保进行披露。当然，如果子公司的财务状况恶化，则有必要确认准备金。因此，对财务报表附注的审查，对确认准备金中未涵盖的潜在风险是很有用处的。

以下是关于准备金披露的一些例子。

雅高酒店（法国）

根据国际会计准则第 37 号，当本集团因过去事件而承担现有义务（法定的、推定的或隐含的义务）并且很可能需要体现经济利益的资源流出集团来清偿义务时，会确认准备金。在若干假设条件下，基于清偿义务所需开支的最佳估计来确定准备金的金额。当货币时间价值的影响很重要时，使用反映当前市场对货币时间价值评估的折现率来对准备金进行折现。最常用的利率是主要的长期公司债券利率或政府债券利率。当本集团有一个详细的、正式的重组计划，并且计划的主要特征在资产负债表日已经向受其影响的人士公布时，重组成本的准备金将被记录下来。

雀巢公司（瑞士）

（1）准备。准备包括重组计划、环境、诉讼及其他风险产生的时间或金额不确定的负债。当过往事件产生法定或推定义务并且未来现金流出能够可靠估计时，确认准备。当已经确定详细的正式的重组计划，并且存在对通过开始执行该计划或公告该计划的主要特征来实施此类重组计划的有效期望时，确认重组计划所产生的义务。法定义务反映了集团管理层根据资产负债表日已知的事实对结果的最佳估计。

（2）或有资产和负债。或有资产和负债是过去事件产生的可能的权利和义务，其对存在仅由一个或多个不完全在本集团控制范围内的不确定性未来事件的发生或未发生加以证实。

第4章　合并财务报表*

4.1　引言

本章内容涉及处于合并过程中的企业和已经完成合并的企业。有时，企业合并也被称为兼并、收购和接管等。企业合并行为给财务分析师的工作带来挑战。企业合并本身是企业重组（Corporate Restructuring）的一个分支，而企业重组可能会有很多目的，但是其最主要的目的是实现股东财富的最大化。从长远来看，预计企业重组应该比不重组给股东带来更多的财富。我们将在本章探讨与收购和兼并这两种企业重组方式有关的基本会计问题。此外，我们还会介绍合并财务报表，这些报表的编制在一家公司控制另一家公司时是必要的。

4.2　兼并与收购*

兼并与收购的概念显著不同。兼并是指一家公司通过向被兼并公司的股东支付现金或者发行证券的方式取得其全部净资产的行为。

收购是指一家公司（被称为收购方）取得对另一家公司（称作被收购方，或者目标公司）的控制权的行为。控制既包括控制公司资产也包括控制公司运营。收购一般是通过资产置换、承担债务和发行股票的方式进行。虽然对于兼并和收购的主要目的并没有一个明确的描述和界定，但协同效应通常被看作是这些商业行为的普遍原因。

在这些商业行为中，最重要的是购买成本和支付方式。前者涉及收购方需要为这笔交易承担多少成本。假设价值为V（A）的A公司打算收购价值为V（B）的B公司，预计合并后的价值为V（A+B），假设A公司准备为此次收购支付P（B），则：

$$\text{合并创造的价值} = V(A+B) - [V(A) + V(B)]$$

$$\text{A公司的净成本} = P(B) - V(B)$$

（即收购B公司所支付的价格与B公司的价值之间的差额）

$$\begin{aligned}\text{因收购产生的利得} &= \text{合并创造的价值} - \text{收购的净成本} \\ &= V(A+B) - [V(A) + V(B)] - [P(B) - V(B)]\end{aligned}$$

消除等式中的 V（B）则：

$$因收购产生的利得 = V(A+B) - V(A) - P(B)$$

因此，购买成本显然与目标公司的价值没有任何关系，而是与合并后的公司价值有关。

【例 4－1】 假设 A 公司正计划收购 B 公司，两家公司目前的价值分别为：A 公司的价值 V（A）＝100 亿元，B 公司的价值 V（B）＝50 亿元，预计：

此次合并后的公司价值 V（A＋B）＝180 亿元

A 公司能够支付的最高价格＝V（A＋B）－V（A）＝180－100＝80（亿元）

值得注意的是，购买成本与 B 公司的价值无关，而仅与合并后的公司能够给股东带来的财富有关。

第二个重要决策是确定收购的支付方式，包括支付现金、发行债券、发行股票，以及多种方式的组合使用。

兼并和收购通常也被认为能够给公司带来更高的市场价值，但这种观点并没有事实依据，也没有明显的证据能够证明这一论断，这一点从合并后企业的市场表现和财务报表中也能看出来。正因如此，财务分析师们面临着挑战。

4.2.1　收购*

收购是指一家公司购买另一家公司控制权的行为。通常，当超过半数的投票表决权被收购时，控制权就会发生转移。有时，即使没有取得超过半数的投票表决权，收购方也可能会在公司的财务和经营决策方面拥有相当大的发言权。例如，英国政府在英国铁路公司持有的黄金股（Golden Shares），虽然持股比例没有超过 50%，但是根据对黄金股的定义，英国政府依旧享有相当大的控制权。这意味着即使收购方获得了超过 50% 的股权，也永远无法得到全部控制权。因此，不会有公司向英国铁路公司发出收购要约。

《国际财务报告准则第 3 号——企业合并》对收购的会计处理做出了规定。该准则要求企业收购应该采用购买法进行会计处理（同一控制下的企业合并除外）。将购买成本在可辨认资产和负债间进行分配。如果购买成本等于净资产的公允价值，则不确认商誉；如果购买成本和取得的可辨认资产和负债的公允价值之间有差额，则这一差额确认为商誉。

正如前文所述，收购可以通过支付现金、发行债券、发行股票或多种方式的组合进行支付。但是无论采取哪种支付方式，首先要做的都是评估资产和负债的公允价值。除现金支付外，在其他支付方式中，股票、债券以及部分收购方的经营资产，存在公允价值与其账面价值不同的现象。例如，如果用10%票面利率的债券进行收购，且市场利率为12%，则这些债券的公允价值将低于其账面价值。当采取发行股票的方式时，问题将变得更加复杂。因此，财务分析师在得出结论之前，应该先仔细确认资产和负债的公允价值。

4.2.1.1　收购中的资产计价*

收购的会计处理，主要是指资产和负债以公允价值计量。如果是100%收购或者兼并，那么会计处理则十分简单明了。但是在部分收购的情况下，我们就需要引入少数股东权益的概念。如果购买成本超过了被收购净资产的公允价值，那么超出的部分则被称为商誉。如果被收购净资产的公允价值超出了购买成本，那么商誉就是负的。国际会计准则理事会（IASB）将存在负商誉的企业合并称作廉价购买（Bargain Purchase）。此时，负商誉应计入当期损益。

为了确定净资产的公允价值，首先需要确定净资产各个组成部分的公允价值。表4－1列出了确定公允价值的操作步骤。①

表4－1　　确定公允价值的操作步骤

有价证券	公允价值
非有价证券	比较类似的证券，估计公允价值
应收账款	减去坏账准备后按当期利率计算得出的现值
存货	• 产成品和商品以估计售价减去销售费用和相关税费后的金额估计 • 在产品以估计售价减去至完工时估计将要发生的成本、估计的销售费用后的金额估计 • 原材料按重置成本估计
厂房和设备	• 以资产评估后的市场价格估计 • 没有进行资产评估的情况下，以折旧后的重置成本估计 • 土地和建筑物以现行的市场价格估计
可辨认的无形资产	主要根据《国际会计准则第38号——无形资产》确定公允价值。 在缺少市场数据的情况下，如果可以获得明确归属于这些资产的现金流量，则根据现有的最佳信息并使用现金流折现方法进行估计

① Epstein and Mirza. "Interpretation and Application of International Accounting Standards 2000", John Wiley, 2000, pp. 415－417.

续表

有价证券	公允价值
设定受益计划下的净资产或净负债	设定受益计划义务现值减去设定受益计划资产公允价值
所得税资产和负债	因应税亏损或应交税额而产生的所得税金额需从合并后的公司或者因收购而产生的集团的性质进行计算，并在考虑用公允价值对其他资产或负债会计更正后进行计量
负债	根据当期利率计算得出的现值
负有义务的待履行合同	待支出金额的现值

所有可辨认无形资产必须按其公允价值计量。如果资产来源于合同性权利或其他法定权利，又或者是可分离的，则该资产是可辨认的。如果资产可以单独出售或与其他资产一起出售，则该资产是可分离的。

4.2.1.2 商誉的会计处理*

商誉是被收购企业的公允价值与其可辨认净资产的公允价值之间的差额。它表示有价值但因为不符合会计确认的条件而在被收购方资产负债表上未被确认的项目。商誉的会计处理将在“合并财务报表”中详细讨论。

4.2.2 兼并*

兼并，是指一家公司与另一家公司合并或并入另一家企业的行为。企业兼并的会计处理主要有两种方法：

- 权益结合法；
- 购买法。

4.2.2.1 权益结合法

在权益结合法下，两家公司的财务报表就像它们一直是一个整体，因此，资产负债表项目只是按历史成本进行相加，并不确认任何商誉。

国际财务报告准则已不允许采用权益结合法。然而，这种方法曾被广泛使用，导致企业当前的资产负债表仍受其影响。下面，我们通过一个例子来解释该方法。

【例4-2】在第N年ABC公司与XYZ公司兼并。ABC公司以合适的有投票权的普通股股票收购了XYZ公司，购买成本为300万元。表4-2是ABC公司与XYZ公司在合并日的资产负债表以及XYZ公司可辨认资产的公允价值。在合并日，ABC公司普通股的每股市场价格是600元，每股面值是100元。

表 4－2　ABC 公司和 XYZ 公司在合并日的资产负债表　单位：千元

项目	ABC 公司历史成本	XYZ 公司	
		历史成本	公允价值
现金	1 000	500	500
存货	1 000	1 000	1 750
应收账款	2 000	500	500
固定资产（净额）	4 000	1 500	2 000
资产总额	8 000	3 500	4 750
应付账款	1 250	500	500
预计负债	1 250	1 000	1 000
长期负债	1 500	500	750
负债总额	4 000	2 000	2 250
普通股	1 000	250	
留存收益	3 000	1 250	
股东权益总额	4 000	1 500	2 500

使用权益结合法编制的合并后企业的资产负债表见表 4－3。

表 4－3　合并日资产负债表的编制（权益结合法）　单位：千元

项目	ABC 公司历史成本	XYZ 公司	合并后的主体
		历史成本	
现金	1 000	500	1 500
存货	1 000	1 000	2 000
应收账款	2 000	500	2 500
固定资产（净额）	4 000	1 500	5 500
资产总额	8 000	3 500	11 500
应付账款	1 250	500	1 750
预计负债	1 250	1 000	2 250
长期负债	1 500	500	2 000
负债总额	4 000	2 000	6 000
普通股	1 000	250	1 250
留存收益	3 000	1 250	4 250
股东权益总额	4 000	1 500	5 500

应用权益结合法时，与企业合并相关的费用计入当期损益。在这个过程中，没有

新的资产形成，因此不存在成本被资本化。

综合收益表和现金流量表也可采用类似的处理方法。显然，这种方法扭曲了企业合并的真实效果。首先，如果一家高增长的公司兼并了一家低增长的公司，按此方法计算的合并之后的财务数据有误导，也可能导致公司的利润操纵行为。其次，一家低市盈率的公司可以通过收购一家高市盈率的公司，使公司价值提升到合理水平。这种公司价值的提升并非来自经营上的改善，而只是来自于会计方面的操作。另一种批评权益结合法的观点是，该方法只考虑了账面价值而没有考虑公允价值，因此，该方法导致合并所能带来的所有协同效应没有反映在财务报表中。

权益结合法采用的是历史成本，所以真实的购买成本永远都无法体现。该方法还假设兼并双方在存货计价、折旧和摊销等方面的会计政策是相同的。所以，当两家企业会计政策存在差异时，该方法将无法提供令人满意的分析结果。

综上所述，权益结合法曾被严格限制在无法辨认购买方的企业兼并中（即参与兼并的双方规模相当），而现在，即使是同等规模的企业，也必须采用购买法进行会计处理。

4.2.2.2　购买法

采用购买法时，被收购公司的可辨认资产和负债按公允价值计量，商誉在合并后企业的资产负债表中确认为单项资产。

这是一种财务分析师更愿意使用的方法，也是国际财务报告准则唯一允许使用的方法。因为在此方法下，资产和负债以公允价值重新估计，从而可以判定所支付的购买对价是否高于被收购净资产的公允价值。

在应用购买法时应该注意，兼并后形成的新企业，是一个独立的单位，与兼并之前的交易双方都是不可比的。让我们通过一个案例来了解购买法的一些基本知识。

【例 4-3】 接例 4-2，ABC 公司股票的每股票面价值是 100 元，应用购买法编制合并后企业的资产负债表。假设 XYZ 公司的所得税税率为 20%。

收购 XYZ 公司支付的价格：	3 000 000
XYZ 公司可辨认净资产的公允价值：	2 500 000
-XYZ 公司可辨认净资产重估后的递延所得税款：	-200 000
[20% ×（2 500 000 - 1 500 000）= 200 000]	
XYZ 公司可辨认净资产的税后公允价值：	2 300 000
商誉	700 000
ABC 公司发行的股份数：	3 000 000/600 = 5 000

按照购买法确认的资产负债表见表 4-4。

表 4-4 **资产负债表（购买法）** 单位：千元

	ABC 公司历史成本	XYZ 公司	合并后的主体
		公允价值	
现金	1 000	500	1 500
存货	1 000	1 750	2 750
应收账款	2 000	500	2 500
商誉			700
其他固定资产（净额）	4 000	2 000	6 000
资产总额	8 000	4 750	13 450
应付账款	1 250	500	1 750
预计负债	1 250	1 000	2 250
递延税款			200
长期负债	1 500	750	2 250
负债总额	4 000	2 250	6 450
股本	1 000		1 500
资本公积			2 500
留存收益	3 000		3 000
股东权益总额	4 000	2 500	7 000

注：股本 = 1 000 000 + 5 000 × 100 = 1 500 000（元）

资本公积 = 购买成本 − 发行股票的面值 = 3 000 000 − 5 000 × 100 = 2 500 000（元）

至此，我们只看到了企业合并对于资产负债表的影响。现在让我们再来看看企业合并对合并当期综合收益表的影响。

- 应用权益结合法时，合并综合收益表是交易双方综合收益表的简单加总。
- 应用购买法时，合并综合收益表中的数据只能从合并结束之日起开始计算。

【例 4-4】 接例 4-2，XYZ 公司编制了合并后的部分综合收益表。第 N 年双方的综合收益表见表 4-5，第 N 年合并后主体的综合收益表见表 4-6。

表 4-5 **第 N 年单体公司综合收益表** 单位：千元

项目	ABC 公司全年	XYZ 公司	
		全年	合并日后
销售收入	6 000	3 000	1 000
销售成本	−4 500	−2 400	−800
毛利润	1 500	600	200

续表

项目	ABC公司全年	XYZ公司	
		全年	合并日后
销售费用	-700	-300	-100
折旧	-400	-150	-50
利息	-150	-50	-15
税前利润	250	100	35
所得税费用	-75	-30	-10
本年利润	175	70	25
其他综合收益	25	-10	0
综合收益总额	200	60	25

表4-6 **第N年合并的综合收益表** 单位：千元

项目	权益结合法	购买法
销售收入	9 000	7 000
销售成本	-6 900	-5 300
毛利润	2 100	1 700
销售费用	-1 000	-800
折旧	-550	-450
利息	-200	-165
税前利润	350	285
所得税费用	-105	-85
本年利润	245	200
其他综合收益	15	25
综合收益总额	260	225

4.2.2.3 企业合并中购买方的确定*

国际财务报告准则把所有的企业合并都视作收购行为，因此在每一笔合并交易中，都需要确定购买方和被购买方。国际会计准则理事会之所以不允许使用权益结合法，主要是因为不存在能够明确区分各类合并方式的客观标准。美国的会计准则也对权益结合法的会计处理做出了限制性的规定（自2001年年中开始生效）。

当为收购两家或更多公司而创立一家新公司时，必须指定其中一家原本就已经存在的公司作为收购方。

以下摘录内容，清楚地展示了购买法和权益结合法在实践中的应用。

诺华集团（Novartis，瑞士）

该集团采用购买法来核算企业合并。购买成本包括交易日转让给出售方资产的公允价值、交易日发生或承担的负债以及因为收购而发生的直接成本。企业合并中取得的可辨认的资产、承担的负债和或有负债的初始计量，以合并日的公允价值计量，不考虑少数股东权益。购买成本与集团取得的可辨认净资产公允价值份额之间的差额确认为商誉。本年年中收购的企业从收购日开始纳入合并财务报表的范围，本年出售的企业在出售日从合并范围中剔除。

诺华集团成立于1996年12月20日，Sandoz和Ciba－Geigy两家公司将所有资产和负债转让给诺华公司。当时它们采用权益结合法核算此项交易，如果这项交易在今天发生，则此合并将采用不同的会计处理方式。

4.3 合并财务报表*

目前许多公司是由多家企业组成的集团。此外，几乎所有的企业会有某种形式的内部投资，其中有些投资的目的是获得控制权，还有少部分是为了管理公司的现金资产。此外，跨国公司在许多国家有经营机构，并通过附属公司、子公司和分公司等方式加以控制。这些经营机构中许多是依据公司法作为独立单位注册的。为了满足提供“真实且客观”的经营业绩要求，对于跨国公司来说，将附属公司的财务报表并入母公司的财务报表是非常有必要的。对母公司财务报表的相关调整是由《国际财务报告准则第10号——合并财务报表》和《国际会计准则第28号——对联营企业投资的会计》规范的。

基于上述目的，我们需要了解支配主体（Dominant Undertaking）的概念。基本上，只有在为母公司（支配主体）编制财务报表时，才会涉及合并财务报表。一个由多家企业组成的集团通常都会存在一家处于支配性地位的公司，我们称之为母公司。母公司通过持有多数股份或者通过其他方式控制子公司。这里所说的控制是指有权获取未来经济利益。

还有与集团相关的其他主体，集团母公司和其子公司可以对这些企业施加重大影响，但不能对其实施控制。

集团中的每家公司都是独立法人，都要编制自己的资产负债表和综合收益表。

母公司单独的资产负债表（这里所说的单独财务报表是指母公司合并前的财务

报表）之所以无法准确反映财务状况，其主要原因有两个：

- 第一个原因，是单独财务报表只包含该母公司实际拥有的资产[①]以及其自身所承担的负债，并不包括其子公司的资产和负债，因此也就无法反映母公司控制范围内的所有经济活动。
- 第二个原因，是除非被重新评估[②]，否则，母公司在其子公司中的权益将按照购买成本而非现值计入资产负债表。

此外，母公司的经营成果也没有反映该公司的真实业绩（除非母公司的单独财务报表对子公司的投资都采用权益法进行会计核算的），因为母公司单独的综合收益表没有考虑各关联公司的收入与费用支出，仅仅计入收到的股利，这将会错误地反映企业所创造的实际利润。

为了说明合并财务报表的用途，我们来看下面的例 4 - 5。

【例 4 - 5】 I 公司和 G 公司在第 1 年年初同时成立，并分别发行了 700 000 元的股本和借入 300 000 元债务。有了这些投资后，I 公司购买了 800 000 元的固定资产和 200 000 元的商品。G 公司的股东则选择成立 F 公司来开展经营活动，G 公司成为一家控股公司，并持有 F 公司全部股份。根据以上信息，三家公司的资产负债表见表 4 - 7、表 4 - 8 和表 4 - 9。

表 4 - 7　I 公司的资产负债表　单位：千元

固定资产	800	股本	700
存货	200	贷款	300
	1 000		1 000

表 4 - 8　G 公司的资产负债表　单位：千元

长期股权投资——F 公司	1 000	股本	700
		贷款	300
	1 000		1 000

表 4 - 9　F 公司的资产负债表　单位：千元

固定资产	800	股本	1 000
存货	200	贷款	—
	1 000		1 000

---

① 如果公司有融资租赁，资产负债表中包括这部分资产。

② 有些国家（特别是美国），公司每年会对投资重新评估，以重估价取代其在持有公司净资产份额的账面值，在其他国家，这种核算方法被称为权益法，只有在合并报表中才使用。

假设在第一个经营年度的年末，I公司和F公司都各自盈利200 000元，则它们的资产负债表如表4－10、表4－11所示。

表4－10　　I公司的资产负债表　　单位：千元

固定资产	800	股本	700
存货	100	利润	200
应收账款	300	贷款	300
	1 200		1 200

表4－11　　F公司的资产负债表　　单位：千元

固定资产	800	股本	1 000
存货	100	利润	200
应收账款	300		—
	1 200		1 200

虽然两家公司的经营行为完全相同，但F公司的财务状况看起来要好于I公司，F公司的净资产是1 200 000元，而I公司的净资产只有900 000元（＝1 200 000－300 000）。然而，这种差异只是表面现象，因为F公司虽然自己不负债，但母公司负债。F公司的资本中有300 000元是举债得来的，这笔负债没有体现在F公司的资产负债表中，却在G公司的资产负债表中。因此，F公司（子公司）的资产负债表没有如实地反映整个集团的资本结构。

现在让我们来看一下G公司的情况。只要F公司的利润没有以股利的形式分配给G公司，那么除非G公司采用权益法，否则不需进行会计处理，G公司的资产负债表仍保持不变（见表4－12）。

表4－12　　G公司的资产负债表　　单位：千元

长期股权投资——F公司	1 000	股本	700
		贷款	300
	1 000		1 000

单独考虑G公司的资产负债表不能反映集团财富的增长。因为G公司的资产负债表上只反映投资子公司的成本，所以这种方式也不能反映集团的资产结构。

为了了解母公司所控制的各项资产的明细及其真实的经营成果，有必要超越单独的法律主体，把整个集团当作会计主体，这便是合并财务报表的对象。合并财务报表的定义如下：

“合并财务报表是指将母公司及其子公司的资产、负债、所有者权益、收入、费用和现金流量表示为单个经济主体（一个集团）的财务报表。”（国际会计准则第 27 号）

合并财务报表的编制和列报是国际准则和各国法规的组成内容，且在具体的国家中，这些法规或多或少都要遵循各国制定的会计标准。

就全球范围而言，国际会计准则理事会就合并财务报表已经发布了两项准则，每一项准则都对应着一种具体的持股形式：

- 《国际财务报告准则第 10 号——合并财务报表》适用对子公司的投资；
- 国际会计准则第 28 号（IAS 28）适用于持有少数股权的投资以及合营企业。

国际财务报告准则第 10 号规定，所有控制[①]着其他公司的主体都必须编制合并财务报表。豁免的条件极为苛刻。按照国际财务报告准则第 10 号的要求，只有当母公司本身是另一家公司的子公司同时不编制合并财务报表已取得其他股东同意，其母公司也已按照国际财务报告准则的要求编制了合并财务报表，此时该母公司才可以不编制合并财务报表。此外，被豁免公司不能有股票在公开市场上交易。

4.3.1　合并财务报表的范围*

在确定必须编制合并财务报表之后，接下来的问题是哪些公司应该包含在合并财务报表之内，即合并财务报表的范围是什么？

所有会计准则一致认为，母公司所控制的公司都应纳入合并财务报表的范围。其间差别就在于对“控制”的理解。

国际财务报告准则第 10 号对控制下了一个宽泛的定义：投资方控制被投资方是指投资方对于因涉入被投资方而产生的可变回报承担风险或拥有权利，且有能力运用其对被投资方的权力来影响上述回报。

国际财务报告准则第 10 号规定：“投资方对被投资方拥有权力，是指投资方拥有现实权利从而具备现实能力去指导被投资方的相关活动（即对投资方的可变回报产生重大影响的活动）。”

当母公司拥有（直接或间接[②]）多数表决权时，它就拥有了控制权。当存在以下任何一种情况时，即使只拥有少数股权，也能实现控制：

---

① 控制的概念将在下文讨论。

② 如果控制是通过另一公司实施的，则属于间接控制。例如，M 公司持有 80% 的 F 公司股权，F 公司持有 60% 的 G 公司股权。M 公司虽然不是 G 公司的股东，但是 M 公司控制了 F 公司。因此，M 公司也控制了 G 公司。

- 与其他股东达成授权投票协议，从而拥有多数的表决权；
- 可以依据公司章程或协议支配公司财务与经营决策；
- 有能力决定大多数董事会成员的任免；
- 在董事会会议上握有大多数表决权。

在国际会计准则理事会（IASB）看来，控制并不代表必须拥有多数的表决权，而是应该具体情况具体分析，根据企业之间真正的权力关系来做出判断。这使得股权比较分散的公司也可以编制合并财务报表，他们不必为了控制管理决策而绝对控股。

一家公司有可能持有看涨期权、可转换公司债券或其他相似的工具，这些权利的行权或转换，会潜在地增加公司的表决权或减少其他股东的表决权。当评估一家公司是否能够对另一家公司实施控制时，应当考虑当前可行使或可转换权对表决权的影响。

国际财务报告准则规定，只有投资实体（即控制的目的是获得资本增值回报或投资收益的实体）不需要编制合并财务报表。

同时，某些国家的会计准则还将其他情形排除在合并范围之外。具体如下：

- 第一类，如果控制是暂时的，持有的权益资本被认定会再次转让，那么该被投资企业可以被排除在合并财务报表范围之外。比如，根据协议，一家公司获得另一家公司（该公司正在寻求融资）的股份，而这些股份只是被前者在短期和预先确定的期间内持有。

- 第二类，所持有的股权在行使时受到严格限制。比如，该被投资企业处于政局极度动荡的国家中，或是该被投资企业由于处在诉讼期而正由法院指定的管理人管理。

- 第三类，有些国家会计准则还允许将那些主营业务与整个集团有很大差异的子公司排除在合并财务报表的范围之外。因为将这些子公司纳入合并财务报表，将有悖于真实和客观原则。这类条款通常允许工商集团将其控制的金融类子公司（银行和信贷公司）排除在合并财务报表的范围之外。该例外条款最初经常被滥用，在美国尤其严重。一些高财务杠杆的集团公司，将其全部或部分债务集中到一家专门为此而设立的子公司中，并援引该条款而将该子公司排除在合并财务报表的范围之外，这对降低资产负债率或者改善合并财务报表的形象非常有效。美国财务会计准则委员会（FASB）已经增加了一项附加条款，以终止对该豁免条款的滥用。对于国际会计准则理事会而言，这种豁免条款也是不公平的。依据国际会计准则理事会的最新规定，合并财务报表中最好能够包括此类子公司，但同时也应披露此类子公司的活动信息。

可口可乐公司的年报提供了有关豁免纳入合并范围的实例。

可口可乐公司（美国）

我们的合并财务报表包括了可口可乐公司及其子公司，但是暂时控制或不属于我们公司的除外。

4.3.2　合并方法*

为了编制一家企业集团的资产负债表和综合收益表，只将各子公司单独的财务报表进行相加是不够的，我们通过以下例题来讲解。

【例 4-6】假设有一家 M 公司，自建立以来 F 公司便一直持有其 60% 的股权，在第 N 年年末两家公司的财务报表见表 4-13、表 4-14、表 4-15 和表 4-16。

表 4-13　　M 公司资产负债表　　单位：元

固定资产	600 000	股本	500 000
长期股权投资——F 公司	180 000	留存收益	250 000
应收账款	220 000	其他资本公积	50 000
		股东权益总额	800 000
		负债	200 000
合计	1 000 000	合计	1 000 000

表 4-14　　M 公司的综合收益表　　单位：元

收入	800 000
费用	750 000
本年利润	50 000
其他综合收益	8 000
综合收益总额	58 000

表 4-15　　F 公司资产负债表　　单位：元

固定资产	300 000	股本	300 000
存货	100 000	留存收益	80 000
应收账款	100 000	其他资本公积	20 000
		股东权益总额	400 000
		负债	100 000
合计	500 000	合计	500 000

表 4－16　**F 公司的综合收益表**　单位：元

收入	300 000
费用	280 000
本年利润	20 000
其他综合收益	5 000
综合收益总额	25 000

假设 M 公司的营业收入中有 25% 来自与子公司 F 之间的交易，F 公司的存货来自 M 公司以能获取 20 000 元利润的价格出售的商品；在会计年度末，M 公司拥有 F 公司的应收账款 30 000 元。

如果将两个公司的资产负债表进行简单相加，则合并资产负债表和合并综合收益表见表 4－17 和表 4－18。

表 4－17　**M 公司和 F 公司的合并资产负债表**　单位：元

固定资产	900 000	股本	800 000
长期股权投资——F 公司	180 000	留存收益	330 000
存货	100 000	其他资本公积	70 000
应收账款	320 000	股东权益总额	1 200 000
		负债	300 000
合计	1 500 000	合计	1 500 000

表 4－18　**M 公司和 F 公司的合并综合收益表**　单位：元

收入	1 100 000
费用	1 030 000
本年利润	70 000
其他综合收益	130 000
综合收益总额	83 000

基于以下三个原因，上述合并财务报表没有反映出集团真实的财务情况。

● 首先，上述财务报表没有考虑集团的内部交易，整个集团的收入并不是合并综合收益表中所列的 1 100 000 元，而是 900 000 元，因为其中有 200 000 元的收入来自 M 公司与 F 公司之间的交易。同样，整个集团准确的本年度利润额应该只有50 000元，因为存在母子公司之间的交易净利润 20 000 元。此外，因为合并资产负债表中包含了 M 公司拥有的来自 F 公司的应收账款，所以合并资产负债表中的资产总额也被高估了 30 000 元。为了使财务报表能够真实地反映集团的财务状况，应抵销集团的内部交易。

• 其次，在合并资产负债表中，母公司拥有的子公司股权按资产入账。但这是一项集团内部股权，所以显然不应被计入用以向集团外部的第三方反映整个集团财务状况的资产负债表中。该项股权对应的子公司资产负债表中的股东权益账户对应的份额，也必须在合并财务报表中予以抵销。

• 最后，母公司只拥有子公司 60% 的股权，合并财务报表却好像母公司完全拥有子公司股权一般进行了项目的加总。

为了更清晰地反映集团真实的财务状况，有必要选择以下两种方法中的一种对财务报表进行处理：

• 只将集团来自子公司的利润以及对应的股东权益份额计入合并财务报表；

• 在计算加总数额时，应该清晰地列出其他股东拥有的份额。

上述两种方法分别对应了两种被广为认可的合并报表方法，即比例合并法和完全合并法。

4.3.2.1　比例合并法

比例合并法，是指按母公司占子公司权益的比例，计算出子公司中各项资产和负债的价值，代替母公司对子公司投资的账面价值。这一方法会产生一定的差额，即合并差异，我们暂且将该差异记入股东权益项下。

现在回到【例 4－6】，抛开由于集团内部交易引发的问题，应用比例合并法编制的财务报表见表 4－19。

表 4－19　　M 公司的合并资产负债表（抵销内部交易前）　　单位：元

固定资产	780 000	股本	500 000
存货	60 000	留存收益	250 000
应收账款	280 000	其他资本公积	50 000
		合并价差	60 000
		合并股东权益总额	860 000
		负债	260 000
合计	1 120 000	合计	1 120 000

注：固定资产＝600 000＋60%×300 000＝780 000（元）

存货＝60%×100 000＝60 000（元）

应收账款＝220 000＋60%×100 000＝280 000（元）

留存收益中包括 M 公司的利润 50 000 元。

其他资本公积中包括 M 公司的其他综合收益 8 000 元。

负债＝200 000＋60%×100 000＝260 000（元）

表 4－20　M 公司的合并综合收益表（抵销内部交易前）　单位：元

收入（800 000＋60%×300 000）	980 000
费用（750 000＋60%×280 000）	918 000
合并本年利润	62 000
其他综合收益（8 000＋60%×5 000）	11 000
合并综合收益总额	73 000

资产负债表中包含的利润与综合收益表中的净利润项存在差异的原因是：前者所代表的仅是母公司的利润，后者则包括了集团按照股权比例在子公司中拥有的利润。我们在下文将会看到，将财务报表的项目进一步分解之后，这一差异就会消失。

图 4－1 是 M 公司和 F 公司按比例合并法编制合并资产负债表和合并综合收益表的示意图。

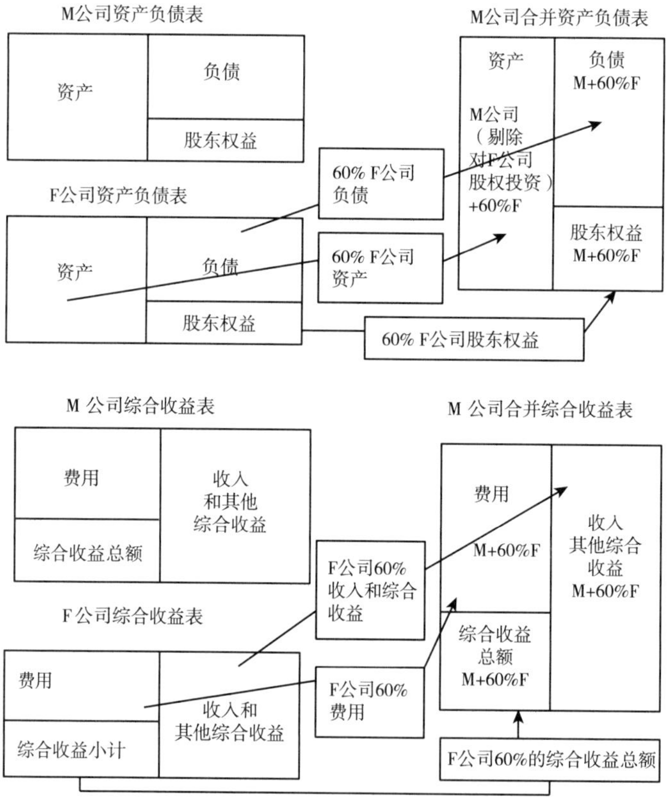

图 4－1　比例合并法

4.3.2.2　完全合并法*

完全合并法，是指用子公司全部资产和负债的价值调整母公司账上对子公司股权投资的账面价值，同时单独列出不属于集团的权益。

后者代表了子公司股东权益（或净资产）中不属于集团的部分（或称为少数股东权益）。

在本例中，少数股东权益＝400 000×40%＝160 000（元）

按此方法，未抵销集团内部交易前，M公司合并资产负债表和合并综合收益表见表4－21和表4－22。

【例4－7】

表4－21　　M公司合并资产负债表（抵销内部交易前）　　单位：元

固定资产	900 000	股本	500 000
存货	100 000	留存收益	250 000
应收账款	320 000	其他资本公积	50 000
		合并价差	60 000
		小计	860 000
		少数股东权益	160 000
		合并股东权益总额	1 020 000
		负债	300 000
合计	1 320 000	合计	1 320 000

注：固定资产＝600 000＋300 000＝900 000（元）

应收账款＝220 000＋100 000＝320 000（元）

留存收益250 000元中包括M公司的利润50 000元。

其他资本公积50 000元中包括M公司的其他综合收益8 000元。

负债＝200 000＋100 000＝300 000（元）

表4－22　　M公司合并综合收益表（抵销内部交易前）　　单位：元

收入（800 000＋300 000）		1 100 000
费用（750 000＋280 000）		1 030 000
合并本年利润		70 000
M公司部分：500 00＋60%×20 000	62 000	
少数股东部分：40%×20 000	8 000	
其他综合收益		
M公司部分：8 000＋60%×5 000	11 000	13 000
少数股东部分：40%×5 000	2 000	
合并综合收益总额		
M公司部分：62 000＋11 000	73 000	83 000
少数股东部分：8 000＋2 000	10 000	

图4－2是M公司和F公司按完全合并法编制合并资产负债表和合并综合收益表的示意图。

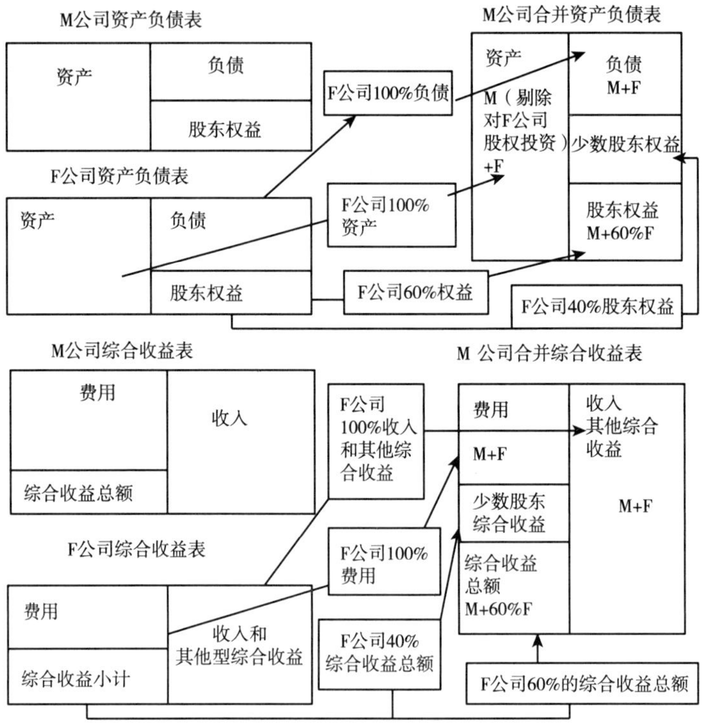

图 4－2 完全合并法

4.3.2.3 权益法*

权益法，是指用相应比例的子公司净资产调整母公司对子公司股权投资的账面价值，母公司资产负债表的其他项目保持不变。

【例 4－8】接例 4－6，如果 M 公司持有 F 公司 60% 的股权，那么：

M 公司在 F 公司净资产中所占的份额 = 400 000 ×60% = 240 000（元）

用该结果调整 M 公司对 F 公司的股权投资的账面价值（180 000 元）；

产生的合并价差 = 240 000 − 180 000 = 60 000（元）

按此方法编制的 M 公司合并资产负债表见表 4－23，M 公司合并综合收益表见表 4－24。

表 4－23　　M 公司的合并表资产负债表（抵销内部交易前）　　单位：元

固定资产	600 000	股本	500 000
长期股权投资——F 公司	240 000	留存收益（包括 M 公司利润 50 000 元）	250 000
应收账款	220 000	其他公积（包括 M 公司其他综合收益 8 000 元）	50 000
		合并价差	60 000
		合并股东权益总额	860 000
		负债	200 000
合计	1 060 000	合计	1 060 000

表 4－24　**M 公司的合并综合收益表（抵销内部交易前）**　单位：元

收入	800 000
来自 F 公司的利润（60% ×20 000）	12 000
费用	750 000
合并本年利润	62 000
其他综合收益（8 000 +60% ×5 000）	11 000
合并综合收益总额	73 000

严格来说，权益法并不是一种合并财务报表的方法，因为子公司的资产和负债并没有纳入母公司报表的相应项目中，集团对子公司的股权投资也仍然保留在资产负债表中。

确切地说，权益法是一种对集团持有的子公司股权投资进行重新评估的简单的方法。所以在许多国家，该方法的使用并不仅限于合并财务报表，公司在编制单独财务报表时也可以采用这种方法，见图 4－3。

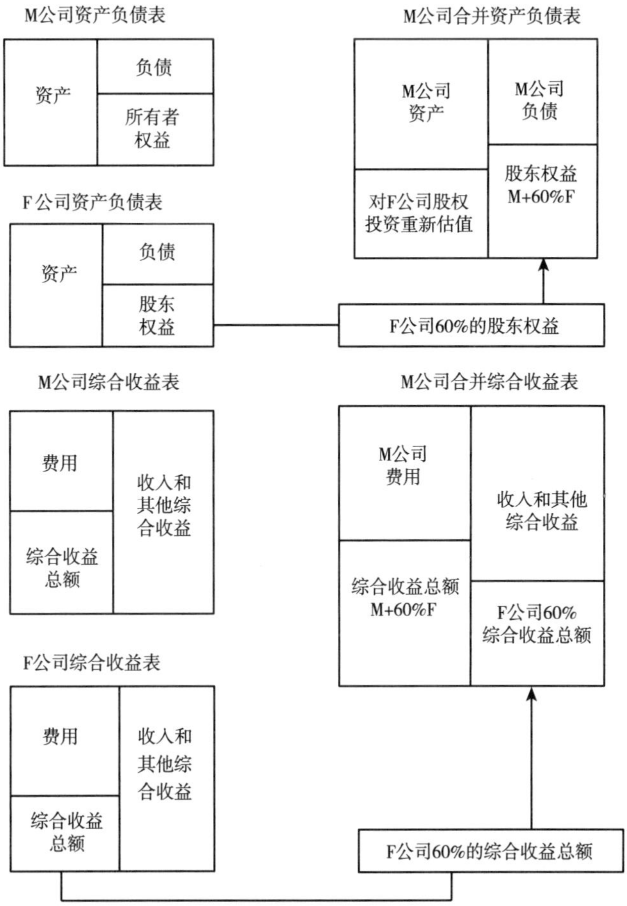

图 4－3　权益法

4.3.3　合并价差的性质*

若母公司对子公司股权投资的账面价值与其所占子公司净资产份额不相等，在编制合并报表时就会有差异。这一差异代表了集团自收购子公司之日起，在子公司增加的财富或价值中所占的份额。

【例 4－9】 接例 4－6，自 F 公司创立之日，M 公司就购买了其股权。从那时开始，F 公司留存收益增加了 80 000 元，其他资本公积增加了 20 000 元，合计增加了 100 000 元。M 公司在这两项增值中所占的份额为 100 000×60%＝60 000 元，这正是合并价差。通常，在合并资产负债表中，此类因合并产生的差额可以被分解为以下两个组成部分：

- 集团在子公司留存收益中所占的份额＝80 000×60%＝48 000（元）
- 集团在子公司其他资本公积中所占的份额＝20 000×60%＝12 000（元）

合并差额共计 60 000 元。

这导致了以下结果：

- 采用比例合并法见表 4－25。

表 4－25　　M 公司的合并资产负债表（抵销内部交易前）　　单位：元

固定资产 （600 000＋60%×300 000）	780 000	股本	500 000
存货 （60%×100 000）	60 000	合并留存收益 （包括合并利润 62 000）	298 000
应收账款 （220 000＋60%×100 000）	280 000	合并其他资本公积 （包括其他综合收益 11 000）	62 000
		合并股东权益总额	860 000
		负债 （200 000＋60%×100 000）	260 000
合计	1 120 000	合计	1 120 000

- 采用完全合并法见表 4－26。
- 采用权益法见表 4－27。

分解合并价差将使得资产负债表和综合收益表上的利润和其他综合收益的数额一致。

需要特别注意的是，无论采用哪种合并财务报表的方法，净资产或股东权益

(不包括少数股东权益）应该始终是相同的，其数额代表着集团总财富的账面价值，是编制合并财务报表的母公司的净资产加上集团在子公司股东权益自收购日起产生的增值中所占的份额。

表 4-26　**M 公司的合并资产负债表（抵销内部交易前）**　单位：元

固定资产 (600 000 + 300 000)	900 000	股本	500 000
存货	100 000	合并留存收益 (包括 M 公司在合并利润中的份额 62 000)	298 000
应收账款 (220 000 + 100 000)	320 000	合并其他资本公积 (包括 M 公司在其他综合收益份额 11 000)	62 000
		小计	860 000
		少数股东权益	160 000
		合并股东权益总额	1 020 000
		负债（200 000 + 100 000)	300 000
合计	1 320 000	合计	1 320 000

表 4-27　**M 公司的合并资产负债表（抵销内部交易前）**　单位：元

固定资产	600 000	股本	500 000
长期股权投资——F 公司	240 000	合并留存收益 (包括合并利润 62 000)	298 000
应收账款	220 000	合并其他资本公积 (包括其他综合收益份额 11 000)	62 000
		合并股东权益总额	860 000
		负债	200 000
合计	1 060 000	合计	1 060 000

【例 4-10】 接例 4-6。M 公司的净资产或股东权益为 800 000 元。M 公司自取得 F 公司股权后，占有 F 公司股东权益增值的份额：

留存收益：　80 000 元

其他资本公积：　20 000 元

(80 000 + 20 000）×60% = 60 000 元

合并后的净资产或股东权益 = 800 000 + 60 000 = 860 000（元）

4.3.4　每种方法的使用*

上述三种合并财务报表的方法并不能简单地随机使用，每一种方法都有明确的应用范围。

对于取得控股权的子公司，只能采用完全合并法。

从 2013 年起，国际财务报告准则不再允许运用比例合并法。所有合营企业必须使用权益法进行合并。

权益法适用于合营企业和母公司不能实际进行控制但能够施加重大影响的其他被投资企业。

上述方法的应用原则总结见表 4－28。

表 4－28　　　　应用原则总结

子公司	完全合并法
合营企业	权益法
能够施加重大影响的企业	权益法
其他被投资企业	公允价值计量（上市公司股份） 成本法（非上市公司股份）

以下是摘自各家公司年报中的有关内容，它们说明了公司使用的合并方法。

微软（美国）

合并财务报表范围包括微软公司及其子公司，公司间交易和账户余额已被抵销。我们对能够施加重大影响但不能实施控制并且不是被投资方活动的主要受益者的股权投资采用权益法进行核算。我们对无法施加重大影响并且无法确定公允价值的股权投资按成本法核算。

松下（日本）

合并财务报表范围包括本公司及拥有多数股权的控股子公司。本公司还根据美国财务会计准则委员会（FASB）会计准则汇编（ASC）810“合并”的规定，将本公司能够实施控制权的可变利益实体纳入合并财务报表。在编制合并财务报表时已将所有重大的公司间交易和账户余额予以抵销。本公司把有能力施加重大影响（一般为 20%～50% 的表决权）的被投资公司和合营企业的股权投资，在合并资产负债表中的“投资和预付款—关联公司”项下列报。

维旺迪（法国）

维旺迪能够实施控制的所有被投资公司，即维旺迪有能力控制其财务和运营政策并从其经营中获益的子公司，均已纳入合并财务报表。

……

维旺迪对能够实施重大影响的被投资企业以及合营企业采用权益法核算。

如果维旺迪公司直接或间接持有被投资方至少20%的表决权，除非能够明确证明维旺迪没有对这些被投资方实施重大影响，否则假定存在重大影响。重大影响可以通过其他准则证明，例如在被投资方董事会中或同等管理机构中的代表能够参与被投资方财务和经营的决策、与被投资方间存在重大交易、与被投资方交换管理人员。

4.3.5　合并程序*

合并程序通常分为五步（见图4－4）：

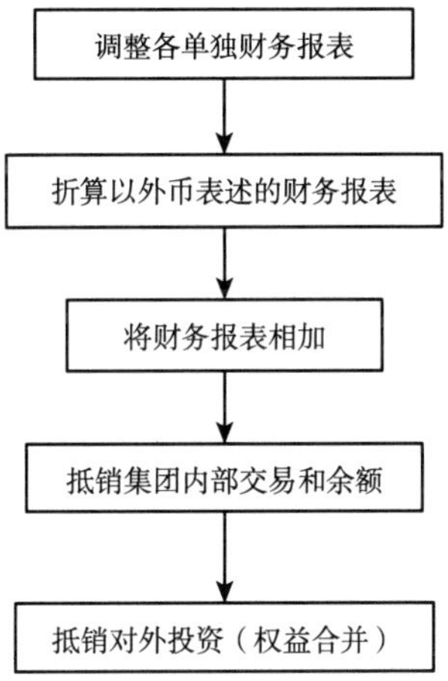

图4－4　合并程序

• 第一步，调整集团内所有公司的单独财务报表，以使其核算方法和列报方式在集团层面上得以统一。合并财务报表适用的会计政策由母公司选择。

• 第二步，对于国外被投资公司，应首先将其货币折算成合并财务报表所使用的货币（记账本位币），具体可有多种折算方式。

• 第三步，逐项合并集团各公司的单独财务报表。依据母公司拥有被投资方的权益比例去选择不同的合并方法（完全合并法或比例合并法），将各项目的全额或是该项中母公司拥有的份额加总在一起，采用权益法核算的除外。

• 第四步，抵销集团内部交易和账户余额，即抵销合并中包含的集团内公司之间的交易和账户余额。

• 第五步，抵销资产中对子公司的股权投资，这是合并财务报表的主要目的，也导致了合并差异。

4.3.5.1 调整各单独财务报表*

同一集团内部的各家公司在编制财务报表时，不一定都遵循相同的会计政策。例如，对于固定资产折旧，有些公司采用直线法，而另一些公司则可能采用余额递减法。再比如，对于存货计价方法，有些公司会采用先进先出法，而另一些公司则会采用加权平均法（国际财务报告准则已禁止使用后进先出法）。存在多种诸如此类的与国际财务报告准则和公认会计原则兼容的计价方法可供企业选择。

编制合并报表时，应使用统一的会计政策已成为各方共识。在国际层面，国际财务报告准则第10号规定："母公司在编制合并财务报表时，对类似情况下的类似交易和其他事件应使用统一的会计政策。"

因此，编制合并财务报表需要说明合并中允许的会计政策及其适用方法。这些内容应该在母公司编制的《合并报表手册》中进行阐述。与这一文件规定不符的集团内部子公司的财务报表，则需要加以调整以保证集团财务报表的统一性。

（1）统一化调整。统一化调整源于集团中各家公司采用的会计政策的多样性，通常在如下五个方面会存在会计政策差异。

- 折旧：将每一类固定资产的折旧方法（直线法或余额递减法）和折旧期间标准化。
- 存货：将存货发出的计价方法（先进先出法、后进先出法或加权平均法）和存货估值方法（包括间接成本等）标准化。
- 融资租赁（出租、长期租赁等）：是否将租赁资产作为承租人的一项资产。
- 研究与开发费用：费用化还是资本化。
- 借款费用：是否将融资过程中发生的利息支出资本化。

（2）其他调整。我们都知道，在实践中，企业单独财务报表选择采用的会计政策并不是总能反映现实的经济情况。因此，除了对集团内部所采用的不同的会计方法加以统一之外，还需要进行其他方面的调整，以反映实质而非形式，更准确地显示集团真实且客观的财务状况。

（3）消除秘密准备。特别是在会计年度末，某些企业会试图通过低估资产或高估负债来隐藏企业的利润和财富，从而产生通常所说的"秘密准备"。秘密准备与财务报表要真实地反映公司财务状况的目标不相符。

然而，在一些国家里，创造秘密准备却是完全合法的。除了心理方面的考虑之外，如下三点可被作为秘密准备产生的合理解释：

- 希望节约税款；

• 希望稳定地支付股利，尽管建立秘密准备并不是实现这一愿望的必要条件，因为股利也可能要从公开的储备中扣除；

• 不希望引起竞争对手的注意，异常高的业绩报告将会引来新的竞争对手。

在合并时，这些理由是不成立的。合并财务报表并不是纳税的基础。同样，红利也不是由集团利润决定的，而是取决于各公司单独的利润。最后，在合并财务报表中保留秘密准备将使公司因此在国际市场上的借贷成本升高从而使得公司利益受损。显然，编制合并财务报表时需要将包含在单独财务报表中的秘密准备消除。

（4）固定资产重新估价。通货膨胀时，历史成本原则通常会导致被投资企业的财富被低估。因此，有些企业会对有形固定资产这类受价格上涨影响较大的固定资产项目重新进行估价。

国际会计准则第16号（IAS 16）认可了这种处理方法。然而，美国除允许位于高通货膨胀国家且存在特殊情况的子公司资产进行重新估价外，不允许其他任何形式的重新估价。

价值重估将增加当期的综合收益总额，但是对利润没有影响，因为重估价值的差额直接计入了股东权益（重估储备）。但是，值得注意的是，折旧资产重新估价将会因为提高了折旧额而使得未来年度的利润降低。

4.3.5.2 抵销集团内部交易和账户余额*

归属于同一集团的企业之间经常会有业务往来（采购和销售、借款和贷款等），且都被记录在它们各自的账目中。这些内部往来应该全部从合并财务报表中抵销，以使合并财务报表中只包括各公司与集团之外企业之间的业务往来。

（1）不影响合并利润的抵销

我们需要抵销集团内部公司间的收入、费用以及应收和应付款项余额。当这些交易金额很大时，抵销是非常有必要的。

（2）集团内部利润的抵销

每当集团内部的两家公司以非成本价进行交易时，两家公司便会产生利润或亏损。会计准则规定，公司间内部业务往来产生的利润必须在合并财务报表中抵销。这一原则同样适用于内部业务往来所产生的亏损。除非有明确的要求，此亏损才不必抵销。

【例4-11】假设在第N年，A公司购买了100元的商品，然后以80元的价格转卖给了集团内的B公司。如果在第N年末，该商品的市场价格仍不低于100元，那么A公司所产生的20元的内部亏损就只能被全额抵销。如果市场价格是92元，那么我们抵销的亏损额将是12元（92-80）。

并不是所有集团公司之间的内部交易产生的利润都需要被抵销，我们只需抵销财务年度末仍然在集团财务报表余额中的交易。

【例 4－12】 假设 A 公司和 B 公司同属一家集团，A 公司卖给 B 公司 100 元的商品，该商品是 A 公司以 80 元的价格从集团外的供应商 F 公司处购买的。在财务年末，可能出现两种情况。

第一种情况：B 公司将该商品以 130 元转售给了集团外部的 C 公司，则各公司记录的利润为：

A 公司：100－80＝20 元

B 公司：130－100＝30 元

将 A 公司和 B 公司的账目合并，得到的利润是 50 元（20＋30），集团实现的利润见图 4－5。

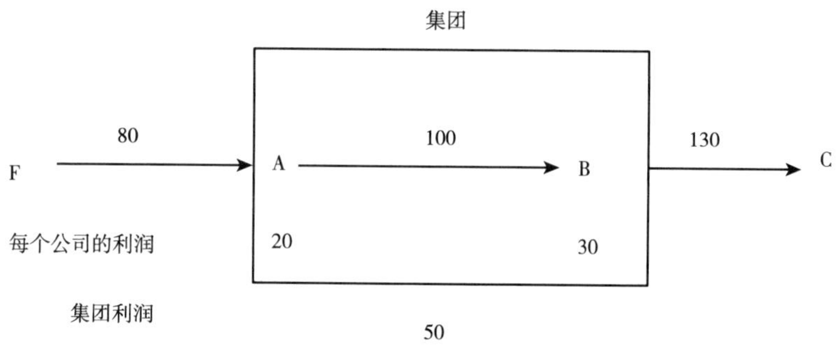

图 4－5　集团利润

因为所有的利润都已实现，所以不需要抵销

第二种情况：B 公司尚未转售该商品，集团还未实现其利润（见图 4－6）。

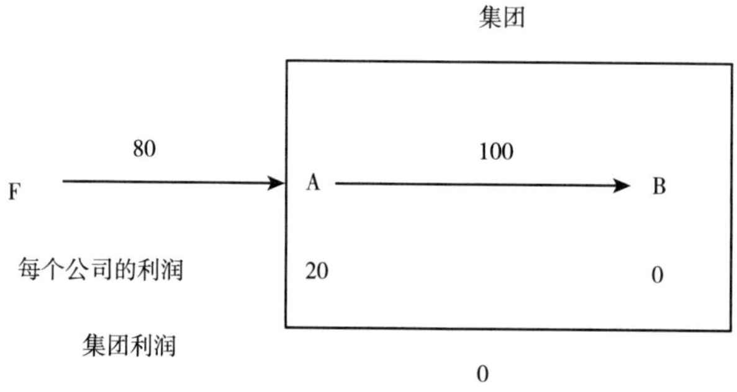

图 4－6　集团利润

图 4－6 中，A 公司所记录的未实现的利润 20 元需被抵销。在财务年末，该项利润包括在 B 公司所持有的存货当中，该项存货是 B 公司以 100 元的购买成本取得的，但对整个集团来说，其所支付的价格只是 80 元。

主要的抵销项目通常有以下两种：

- 因存货和固定资产（从集团内部其他公司购得的商品、原材料以及固定资产）而产生的利润。
- 集团内部的股利（从集团内部其他公司中取得的股利）。

4.3.5.3　股东权益的合并

该项合并是合并财务报表的主要目的。股东权益的合并，是以合并日按照相应比例计算的子公司的净资产或股东权益调整集团对子公司股权投资的账面价值（一般为购买成本）。

两者的差额有时被称为“合并价差”。

合并价差＝对子公司股权的购买成本－合并日按照相应比例计算的子公司净资产份额　（经过调整且抵销了集团内部交易和账户余额之后）

【例4－13】 M公司持有F公司60%的股权，F公司在第N年12月31日抵销了集团内部交易和往来余额之后的净资产为1 000 000元。如果该项股权投资是以900 000元购得，那么在第N年12月31日因合并产生的差额是300 000元（＝900 000－1 000 000×60%）。

因合并所带来的差额应被分解为以下两部分：

- 初始合并差额，即在子公司股权收购日存在的差额；
- 自取得子公司有效控制权之日起，因子公司净资产变化而产生的差额（利润减股利）。

假设M在第N－3年12月31日取得60%F公司的股权，该日F公司的净资产或股东权益为：

股本	500 000元
留存收益	300 000元
	800 000元

那么，初始合并价差（正数）是420 000元（即900 000－800 000×60%）。前文计算的第N年12月31日的合并价差300 000元，可分解如下：

初始合并价差＝420 000元

自收购日起，M公司占F公司净资产份额的变化（差额）＝－120 000元

初始合并价差＝300 000（元）

初始合并价差＝对子公司股权的购买成本－母公司收购单日享有的相应比例的子公司净资产份额

4.3.6　初始合并价差分析*

每当股权购买成本与购买日母公司享有的子公司净资产对应份额不等时，就会产生初始合并价差，这一差额可能有多个方面的原因。

产生差额的第一个原因是会计准则。净资产的总额取决于资产计价方法。尽管股权的购买成本已明显高出了净资产的现值，但子公司的财务报表中的资产仍是按照历史成本列报的。特别是子公司自创的无形资产（商誉、商标和品牌等）并没有出现在资产负债表中。因此，子公司资产负债表中存在隐性增值，这是在收购中出现溢价的原因之一。

子公司股权的价值也可能受到会计数据之外的其他因素影响。基于盈利能力或者股票交易价值的有多种估值方式都会得出与账面价值差异很大的结果。其他地区的法律也鼓励股权估值方法的多样性。此外，从学术的观点来看，除非子公司正处于清算阶段，否则一项股权投资的价值并不取决于该子公司的账面价值，而是取决于其未来的盈利能力。

被收购方的股权价值或许还会受到收购方出于自身考虑的其他因素的影响，特别是合并后的协同效应对母公司盈利能力提升的促进作用。此外，谈判的氛围和管理层的态度也可能会促使收购方支付比该项股权投资现行价值更高的价格，或者得到一个更优惠的价格。

从会计的观点来看，初始合并价差的来源只有两个组成部分。我们只能在如下两方面进行区分：

- 收购方享有的子公司可辨认资产（有形的或无形的）隐性增值的份额，源自可辨认资产的账面价值与其公允价值之间的差额。
- 收购方享有的子公司的商誉。商誉可以被定义为子公司的公允价值与收购日可辨认净资产的公允价值之间的差额。商誉代表有价值但未在子公司资产负债表上确认的资产，因为它们不符合会计确认的条件。

图 4-7 有助于理解因合并导致的差异。

在购买法下，子公司的可辨认资产在股权收购日需要进行价值评估，并用评估核定的隐性增值调整相应项目的账面价值，以便使该项资产能够在股权购买日按照其公允价值在合并资产负债表中列报。

资产包括所有能够被独立或单独辨认和计量的被收购公司的资产。其中主要是有形的固定资产，但能够被单独处置和计量的无形资产（商标、品牌和专利等）也包括在内。

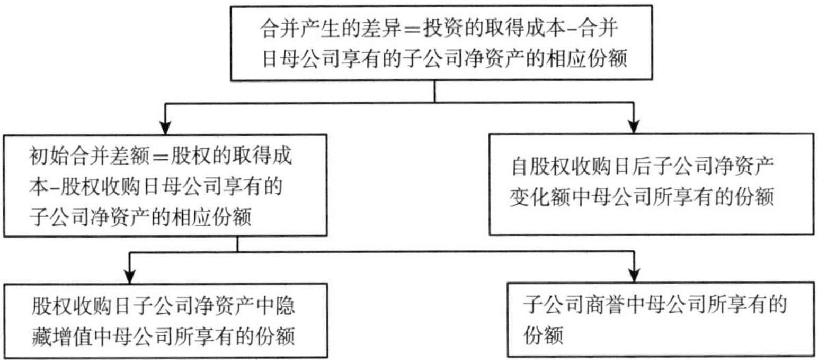

图 4-7　因合并导致的差异分析

【**例 4-14**】接例 4-13，假设在股权购买日（第 N-3 年 12 月 31 日），F 公司大楼的公允价值为 600 000 元，账面价值为：

总额	400 000 元
减：累计折旧	-150 000 元
净额	250 000 元

这些大楼存在 350 000 元的隐性增值，其中的 60% 归属于其母公司 M，另外 40% 归属于少数股东权益。

假设 F 公司的所得税税率是 20%，初始合并价差为 420 000 元，可以分解成：

M 公司享有的隐性增值的份额（税后）	=（1-20%）×350 000×60%
	=168 000（元）
M 公司享有的 F 公司商誉的份额（差额）	=252 000（元）
合计	420 000（元）

因此，我们可以得到图 4-8。

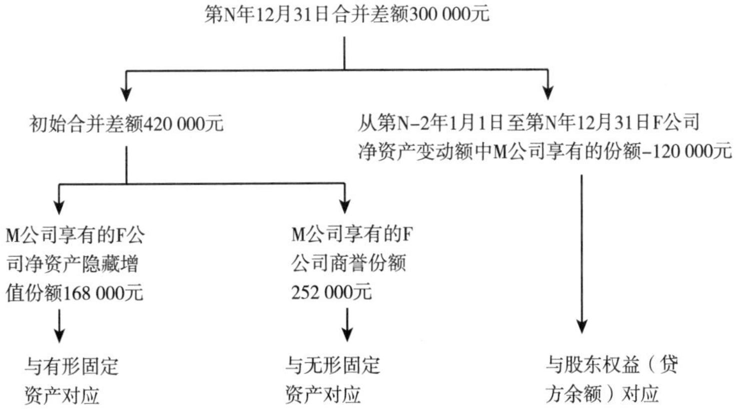

图 4-8　隐藏升值和商誉的确定

当有证据表明在购买日无法确定子公司资产的公允价值时，一些国家或地区的会计准则允许将初始合并价差全部作为商誉，但国际财务报告准则第 3 号不允许这么做。商誉可能是正值也可能是负值，其会计记录的方式由数值的正负决定。

4.3.7 少数股东权益的估值*

根据国际财务报告准则第 3 号（IFRS 3），非控制性股东权益（即少数股东权益）可以：

- 以公允价值计量；
- 以母公司享有的被投资人可辨认净资产的份额计量。

若选择后一种，少数股东权益中不确认商誉，该方法被称为“部分商誉确认法”。反之，少数股东权益以公允价值计量时，会包括部分被投资者的商誉，此方法被称为“全部商誉确认法”。

下例讲解以上方法。

【例 4－15】 接例 4－13，在购买日，F 公司可辨认净资产＝1 080 000 元，包括：

账面金额 ＝800 000(元)

＋大楼的隐性增值(税后)＝(1－20%)× 350 000＝280 000(元)

合计 1 080 000

相应地，可以计量出少数股东权益是 432 000 元（＝1 080 000×40%），商誉只有 252 000 元，即 M 公司享有的 F 公司不可辨认资产的份额是 252 000 元。

但少数股东权益也可以按公允价值计量。对 F 公司公允价值的最佳估计是其股份的市场价格，我们假设收购日 F 公司全部股份的市场价格是 1 300 000 元。

非控制性股东权益可以按 520 000 元（＝1 300 000×40%）计量，这可以被分解成：

非控制性股东权益占 F 公司可辨认资产部分	432 000
非控制性股东权益占 F 公司商誉部分（差额）	88 000
	520 000

如果 F 公司的股份没有上市，少数股东权益可以按 M 公司支付的购买成本为基础进行计量。

M 公司支付了 900 000 元以取得 F 公司 60% 的股份，那么，F 公司在购买日的公允价值可以被估计为 1 500 000 元（＝900 000×100/60）。因此，收购日非控制性股东权益的价值是 600 000 元（＝1 500 000×40%），此金额可以被分解为：

非控制性股东权益占 F 公司可辨认净资产的份额	432 000

非控制性股东权益占 F 公司商誉的份额（22 400 ×40/60）	168 000
	600 000

在前例中，商誉仅有 252 000 元，并且全部归属于 M 公司。其他情况下，商誉等于 340 000 元（ =252 000 +88 000）或 420 000 元（ =252 000 +168 000），并且商誉必须在 M 公司和少数股东权益之间分配。

购买日合并资产负债表见表 4 –29。

表 4 –29　　第 N –3 年 12 月 31 日合并资产负债表　　单位：元

	方法 1	方法 2	方法 3
	（部分商誉确认法）	全部商誉确认法	
资产			
商誉	252 000	340 000	420 000
合并股东权益			
少数股东权益	432 000	520 000	600 000

如上例所示，商誉和少数股东权益的金额在很大程度上取决于确认商誉的方法（部分商誉确认法或全部商誉确认法）以及用于估计少数股东权益的估值基础。

4.3.8　商誉的会计处理方法*

4.3.8.1　正商誉的会计处理方法

当购买方支付的股权投资的购买成本大于所享有被购买方的可辨认资产和负债的公允价值的份额时，就会产生正商誉。正商誉被作为资产进行确认，过去的做法是商誉在使用年限内摊销。2004 年国际财务报告准则第 3 号改变了这种做法，商誉不再需要摊销，必要时需确认商誉的减值损失。

国际会计准则第 36 号（IAS 36）提供了有关商誉减值测试的详细且复杂的规则，这里简要说明如下：

• 在购买日，必须将商誉分摊给购买方的现金产出单元，该现金产出单元预计可以因企业合并的协同效应为企业带来利益。

• 每年年末，每个现金产出单元应做资产减值测试，将该现金产出单元（包括商誉）的账面价值与其可收回金额进行比较。

• 如果现金产出单元的账面价值大于其可收回金额，则必须确认减值损失，并按以下顺序将该减值损失分配给该现金产出单元内的资产：

（1）商誉；

（2）按各资产账面价值的比例分配给其他资产。

【例4－16】 在第N年，A公司收购了T公司60%的股权，收购产生了300 000元商誉，并将其分配到A公司的以下现金产出单元：

单元1：	150 000
单元2：	100 000
单元3：	50 000
	300 000

在第N年12月31日，各个现金产出单元的账面价值与可收回金额见表4－30。

表4－30　各个现金产出单元的账面价值与可收回金额　单位：千元

	单元1	单元2	单元3	合计
账面价值：				
商誉	150	100	50	300
其他资产	800	600	400	1 800
小计	950	700	450	2 100
可收回金额	750	650	480	1 880
减值损失	200	50	0	250

A公司必须确认单元1的减值损失200 000元和单元2的减值损失50 000元，这些减值损失的分配如下：

（1）单元1：商誉	150
其他资产	50
	200
（2）单元2：商誉	50

计提减值损失后，第N年12月31日各现金产出单元的账面价值见表4－31。

表4－31　第N年12月31日各现金产出单元的账面价值　单位：千元

	单元1	单元2	单元3	合计
账面价值：				
商誉	0	50	50	100
其他资产	750	600	400	1 750
合计	750	650	450	1 850

对于不采用国际财务报告准则的企业，正商誉也可以进行如下处理：

- 在商誉的使用年限内摊销；或

- 在购买日直接减计所有者权益。

上述不同的处理方法将对净利润和资产负债表结构产生重大影响。

4.3.8.2　负商誉的会计处理方法

当购买方支付的购买成本小于其所享有的被购买方的可辨认资产和负债的公允价值的份额时，就会产生负商誉。国际财务报告准则第 3 号将因合并而产生的负商誉称作“廉价购买”。

产生负商誉的情形并不多见。国际财务报告准则第 3 号要求，如果出现负商誉，企业应做如下工作：

- 重新对被收购企业的可辨认资产、负债、或有负债的确认和计量以及合并成本进行评估；
- 经过重新评估后的负商誉应立即在当期损益中予以确认。

负商誉必须完全归属于控制性股东权益。少数股东权益不会产生负商誉，这意味着在这种情况下只能使用部分商誉确认法。

第 5 章　数据分析

5.1　利润与现金流量

“现金流量表”已讲述了利润与现金流量之间的关系，我们知道现金流量是指某一财务年度的现金流，而利润是指公司从经营活动中取得的盈利。因为使用权责发生制确认收入，所以需要调节利润与现金流量。

现金流量受年初与年末应收账款之间的差额及本年度销售收入的影响，同样，非现金性费用，如折旧、摊销和其他冲销对现金流也有影响。现金流量也受应付账款和应计负债变化的影响。因此，现金流量将因收入和应收账款的增加而减少。同时，费用或应付账款的增加会导致现金流入的增加或现金流出的减少。因此，我们可以发现，现金流量表可以将公司现金余额与按权责发生制编制的综合收益表联系起来。

5.1.1　利润与经营活动现金流之间的关系

销售收入只有在收到销售货款时才影响现金流量。因此，利润与现金流之间主要是通过收付机制联系起来的。现金流量表中受损益影响最大的部分是经营活动现金流。表 5 - 1 是某公司的合并现金流量表，可将会计利润调整为经营活动产生的现金流量。

表 5 - 1　　合并现金流量表（每年的 12 月 31 日）　　单位：百万元

项目	附注	第 N 年	第 N - 1 年
本年利润		6 659	6 010
将非现金项目冲回			
少数股东权益		27	26
所得税税款		1 833	1 882
折旧和摊销			
固定资产		1 261	1 161

续表

项目	附注	第 N 年	第 N－1 年
无形资产		248	227
联营或合营企业的投资收益		－383	－239
处置投资利得		－288	－89
净财务性收益		－793	－759
利息收入和其他财务性收入		1 816	2 114
利息费用和其他财务性支出		－815	－1 366
支付税款		－1 690	－1 843
营运资本变化前的现金流量		7 875	7 124
重组支出		－488	－698
净流动资产和其他经营性现金流量项目的变化额	23	－494	－573
经营活动产生的现金流量		6 893	5 853
固定资产投资		－1 371	－1 577
处置固定资产的收入		286	303
购置无形资产和金融资产		－733	－384
处置无形资产和金融资产的收入		385	91
收购或转让子公司	24	239	235
取得少数股东权益		－68	－1
有价证券投资		－1 755	－2 503
投资活动产生的现金流量		－3 017	－3 836
期权溢价			2
库存股的变化额		－1 919	722
长期金融负债的变化额		－336	－691
短期金融负债的变化额		－130	－1 583
分配股利		－1 935	－1 663
筹资活动产生的现金流量		－4 320	－3 213
现金及现金等价物货币折算的净变化额		74	－31
现金及现金等价物净变化额		－370	－1 227
期初现金及现金等价物余额		6 651	7 878
期末现金及现金等价物余额		6 281	6 651

附注是合并财务报表的一部分，第 N－1 年的财务报表为了与第 N 年的报表可比进行了重述。

报表项目的附注见表 5－2。

表 5－2 除重组项目外因营运资本的变化而产生的现金流量 单位：百万元

	第 N 年	第 N－1 年
存货的变化额	469	－384
应收账款和其他净流动资产的变化额	－1 257	52
应付账款的变化额	294	－241
合 计	－494	－573

经营活动产生的现金流量可以将综合收益表做以下调整得到：

- 加少数股东权益；
- 加利润表上的所得税费用；
- 减本年度实际支付的所得税；
- 加有形资产的折旧和无形资产的摊销；
- 减联营或合营公司的投资收益；
- 加利息（包括处置投资利得在内的财务性收入）；
- 减重组支出；
- 调整净流动资产和其他经营性现金流量项目的变化额；
- 减货币折算的净影响。

我们可以将调整分成以下三大类，即：

- 非现金性支出；
- 非经营性现金流；
- 经营性资产和负债的变化额。

经营性资产和负债的变化额有时也称为净营运资本的变化额。

5.1.2 不同生命周期阶段的利润与现金流量

很显然，每个公司需要走过生命周期的不同阶段，在不同的阶段，公司的需求也各不相同。在初创期，公司需要现金流入或者从外部取得现金以开展各项活动。在成长期，公司同样需要现金流。公司的现金流可以来自融资活动或者其他业务收入。在成熟期，公司开始盈利，对综合收益表和经营活动产生的现金流产生积极贡献。在衰落期，虽然其对综合收益表的贡献在下降，但经营活动产生的现金流可能继续保持在一定水平。有关企业生命周期不同阶段现金流的详细解释可以参见图 5－1。

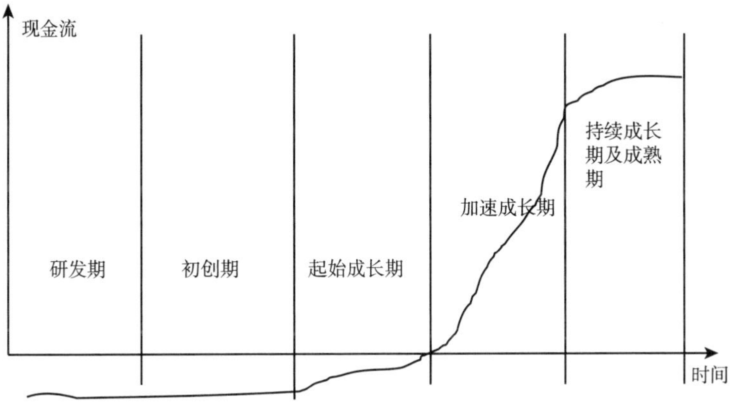

图5－1　业务活动的"S"形现金流曲线

图5－1显示了企业不同发展阶段的现金流。两个坐标轴都没有刻度，因为企业生命周期各阶段的时间跨度取决于企业所从事的业务活动的性质，同时也或多或少受管理层相关因素的影响，例如研究、生产和营销决策等的时间跨度。绝大多数新企业不能立即产生正现金流或充足的现金流。我们必须理解业务成长对筹资需求的影响：有时某项业务由于其高盈利能力而使得经营活动产生的现金流量非常高，但仍不足以支持其成长的需要。

从投资角度看，了解企业在不同发展阶段的潜在回报以及与投资相关的风险水平是很重要的。在初创期，风险通常很高，风险溢价并不总与风险水平成比例。这与投资的形式无关，无论是贷款、债券投资，还是股权投资，情况都是如此。此外，我们还必须重视代理问题，尤其是管理型股东（通常是企业的创始人）与一般股东（通常仅作投资者）之间的利益冲突。

第一阶段：研发期。在这一阶段，某个人或者几个人在创意的基础上设立企业。资金来源于创业者自己或是来自创业者的家庭和朋友。在这个阶段，企业失败的可能性非常高，导致几乎不太可能做出理性投资决策。对这类"种子融资"来说，最重要的标准是企业创业者的素质，即他们过去在其他领域的业绩能力及他们激励员工的能力等。

第二阶段：初创期。在这一阶段，产品处于可销售状态，但是未来会发生什么还在规划中，公司需要资金支持其生产。此时，人们对于该产品在现实中作用、潜在顾客是否接受该产品怀有疑问。如果有不错的商业计划，公司可能从风投公司获得资金。在美国，获得风险投资的可能性比其他许多国家要高。从风险投资获得第一轮融资非常困难，此时企业的主要任务是降低风险或者调整风险，一般会求助于专门投资于特定行业的投资基金，这类风险投资基金会积极参与其投资企业的管理。此外，有些投资基金创建了由大量专业风险投资基金组成的投资组合。如果这些“基金的基金”能获得良好的管理，其风险与投资回报就变得可接受了。创业者需要考虑的问题是持有大量股份的同时，为企业潜在发展提供足够高的价值，此时存在创业者因为被迫放弃太多股权给新股东而受挫。此阶段最重要的问题是在维护创业者股份占比的基础上，寻找能够最小化可能利益冲突的解决方案。例如，股票期权。

第三阶段：起始成长期。这一阶段，产品的生产问题已解决，产品也被广泛接受。企业正享有正的经营性现金流，但可能还需要大量投资以购入固定资产和投资于营运资本（如存货、应收账款等）。因此，对于一般银行贷款来说，此时风险可能仍然太高，企业还需要取得股权投资。这一问题仍可通过从风险投资机构获取资金来解决。如果业务的增长很迅速，创业者可能被迫接受他们对公司股份的大幅度稀释。单从财务的角度看，创业者所持公司股份的投资回报总额可能很高，这是因为：公司的规模正在扩大，财务状况正在改善，而且这些好的结果对银行或公众来说是显而易见的。

第四阶段：加速成长期。公司已获得初步的成功，其年度财务报表非常出色，但是它的经营性现金流量仍不足以支持其正在增长的和新发展的业务的融资需求。企业过去的业绩可能有助于其进行首次公开募股（IPO），而成为上市公司可帮助其拓宽未来的融资渠道。此外，风险投资家即将谢幕，他们准备兑现其投资收益以便再次投资给处于第二或第三阶段的企业。如果不成为上市公司，可以选择将企业的大部分股权或全部股权出售给一家大公司。

第五阶段：持续成长期及成熟期。该阶段，企业保持一个正常的增长率，并且内部融资可以满足其绝大部分融资需求。由于公司已有知名度并且高盈利，并且可以通过一些常用的融资手段，例如银行贷款、发行债券和增加权益资本等手段从金融市场获得外部资金。企业在某些时候，特别是当企业盈利水平很高时，经营性现金流量可能比更新固定资产和保持企业稳定增长所需的资金更多。在该阶段，管理层经常通过兼并与收购来分散投资和保证盈利。此时，对管理人而言，杠杆收购也很有吸引力。此时，人们只是希望企业不会到达第六阶段，即衰退期和消逝期。

5.2　盈余质量与盈余管理

对所有的分析来说，数据的完整性都很关键。所以，对财务分析来说，财务报表数据的完整性至关重要，整个财务分析都依赖于财务报表数据的完整性。所有分析师都对过去财务报表中报告的盈利能力很关心。历史盈利能力的有用性完全取决于报告的盈余质量和企业管理盈余的模式。

盈余管理，是指对企业盈余的主观调整。正如我们所知道的，企业在处理某些项目时有弹性，并且企业可能因其内在的动机，利用会计准则中的弹性操纵财务报告的盈余。

反映盈余质量的指标有：

• 严谨的收入确认方法。

• 适当的存货计价方法，比如历史成本与可变现净值孰低方法，并选择适当的可变现净值计价方法。

• 使用适当的折旧方法，例如对寿命较短的项目运用加速折旧法；当资产过时或者无用时，适当冲销资产。

• 充分披露或有负债，并依据对资产负债表可能产生的影响计提减值准备。

综上，盈余质量是分析师在审视公司披露的财务报表后产生的主观判断。下面我们讨论盈余管理。正如前文所言，企业可能利用会计准则的弹性来操纵某一事件发生的时间以满足企业的需要；另一个手段是通过区分经常性项目与非经常性项目来满足当时的需要。除此之外，企业也可能采用以下操纵方式：

• 对好消息和坏消息的区分；

• 平滑利润；

• 巨额冲销行为；

• 会计变更。

后文将讲述会计变更。对好消息、坏消息分类，是指公司将好消息作为经营的一部分予以报告，而将坏消息当作例外事件处理。不过，这种做法不能太频繁。在绝大多数情况下，仔细分析年报是可以揭示真相的。

平滑利润，是指有意在经营较好的年度确认高额的非必要性支出，而在经营较差的年份限制此类支出的确认。平滑利润的目的是向市场传达其利润稳定性较高的印象。

巨额冲销行为，是指企业倾向于在某一经营较差的年份吸纳所有损失和费用，此举的目的是彻底“清洗”资产负债表。一旦资产负债表完全“清洗干净”后，市场将一次性消化所有坏消息，此后，它将把该公司视为扭亏为盈的案例，并给予积极反应。

以上是在评价企业财务报表所报告的盈余的可靠性和有用性时需要考虑的主要因素。

5.2.1 财务报表分析中的数据问题

财务报表分析中的数据问题关注的是财务报表的可靠性，而不是数据本身的完整性。这里的主要问题是非经常性项目的区分和根据会计准则变更所作出的调整。区分非经常性项目是为了确定企业的可持续性盈余。该工作完成后，更易于对企业进行估值。

5.2.1.1 非经常性损益项目

非经常性损益项目，是指非持续性的利润。这些利润通常并不是来自于企业的日常经营活动。因此，它们应该被作为罕见的或者一次性的事件对待。这些收入的性质决定了其通常产生于偶然发生的交易，典型的例子包括资产出售、投资或重组的收益或者损失。非经常性损益项目通常作为经营活动收入的子项目进行单独列报，并以税前金额列报。

5.2.1.2 持续经营项目的利润

了解了非经常性损益项目的会计处理后，可转向持续经营项目的利润。为了弄清持续经营项目的利润，财务分析师必须查看报表的附注。其中，分部信息是分析的出发点。获得了分部数据的信息，也就意味着得到了75%以上的持续经营项目的信息。

在此之后，需要把经营活动中的非经常性项目和异常项目分离出来，我们将得到对持续经营项目利润的准确估计。

5.2.1.3 终止经营的利润、利得和损失

终止经营的利润、利得和损失是非经常性项目的特例。这里假设企业有一部分业务终止了经营。《国际财务报告准则第5号——持有待售的非流动资产和终止经营》规定，应当在一项业务符合持有待售的标准或企业对该业务进行处置时，将该项业务分类为终止经营。

如果一项非流动资产的账面价值主要是通过出售而不是通过持续使用收回，该项资产应被分类为持有待售的资产。在这种情况下，该类资产必须能够立即出售，且出售的可能性必须很高。该类资产在资产负债表中单独列报，并按其账面价值和公允价值减销售成本中的较低者计价，该类资产不再计提折旧。

国际财务报告准则第5号还强调，终止经营的结果应在综合收益表中单独

列报。

尽管如此，分析师仍应认真地对待该项目，给予该项目适当关注，且能清晰辨认终止经营所带来的影响。

5.2.2 会计政策选择的重要性及其对财务报表的影响

国际会计准则第 8 号对财务报表中会计政策选择的含义进行了阐述，该准则关注会计政策、会计估计变更和差错更正。如前文所述，分析师必须针对会计政策变更做出调整。这些变更可能与下面的某一个或多个项目有关。

- 存货计价方法；
- 长期合同的会计处理；
- 员工福利计划；
- 附属公司的会计处理；
- 会计准则变动带来的变化；
- 其他事项。

前四项都是企业的自愿选择，最后一项是来自外部的法定要求。然而，对这些变化所带来的影响的分析是一样的。

5.2.2.1 定义

国际会计准则第 8 号给出了以下两项区别：

- 会计政策变更；
- 会计估计变更。

因为会计政策和会计估计变更的会计处理不同，所以应对这两个概念进行充分的理解。

会计政策变更，是指企业在编制和列报财务报表时所遵循的原则、基础、约定、规则和惯例的变更。

下列事项属于会计政策变更：

- 存货计价方法由后进先出法（LIFO）转变为先进先出法（FIFO）；
- 将原来借款利息费用化的处理方式转变为资本化，并计入符合条件的资产成本中；
- 对合营企业投资的会计处理，由比例合并法转变为权益法；
- 其他事项。

会计估计变更，是指由于资产或负债预期经济利益发生了变化，从而对资产或负债账面价值进行调整。

企业可在下述情形下进行会计估计变更：根据得到的相关风险新信息调整当前准备金的金额，或根据资产的使用年限调整资产的折旧年限。

只有在下列情况下，可以进行会计估计变更：

- 会计准则的要求；
- 变更后能够提供有关事项与交易更准确的信息。

值得注意的是，当原有的估计已不再有效时，应尽快变更会计估计。

5.2.2.2　会计估计变更的会计处理

会计估计变更的确认应采用未来适用法，即将变更后的会计政策应用于变更日及以后发生的交易或者事项。会计估计变更对前期财务报表没有影响。

【例5-1】假定在第N-3年年初，以100 000元购入一项资产。在购买日，预计该资产的使用年限为10年，无残值。在第N年年末，由于该资产更新较快，重估该项资产的剩余使用年限为3年。

相关的折旧费用计算如下：

第N-3年：(100 000/10)	10 000元
第N-2年：	10 000元
第N-1年：	10 000元
第N年：(100 000-30 000) / (3+1)	17 500元
第N+1年：	17 500元
第N+2年：	17 500元
第N+3年：	17 500元
	100 000元

5.2.2.3　会计政策变更的会计处理

会计政策变更必须采用追溯调整法，即对前期可比的信息按新会计政策进行重述，就如同新的政策从前期开始便一直在使用。这些变化累计的影响体现为对年初留存收益的调整。其他前期的信息也需要重述。下面通过举例来理解这种处理方法。

【例5-2】在第N年，ABC公司决定改用完工百分比法对长期合同进行会计核算。在此之前，该公司使用完成合同法确认收入。该公司利润和留存收益的详细情况见表5-3。

表 5－3　**ABC 公司利润和留存收益**　单位：元

项目	第 N－1 年	第 N 年
经营活动的利润	150 000	100 000
所得税（税率 30%）	－45 000	－30 000
税后利润	105 000	70 000
股利	－40 000	－30 000
期初留存收益	135 000	200 000
期末留存收益	200 000	240 000

会计政策变更的影响：

- 第 N－1 年前，增加 30 000 元；
- 第 N－1 年，减少 10 000 元。

对第 N－1 年前的调整：

增加留存收益，税后＝3 000×0.70＝21 000（元）

对第 N－1 年综合收益表的调整：

减少税后利润＝10 000×0.70＝7 000（元）

对第 N－1 年综合收益表的重述：

经营活动的利润	140 000 元
所得税（税率 30%）	－42 000 元
税后利润	98 000 元
股利	40 000 元

期初留存收益：（考虑到前期调整，期初留存收益增加了 21 000 元）

156 000 元

期末留存收益：　214 000 元

对第 N 年综合收益表的调整：

本年度报表已按新会计政策编制，无变化。

对第 N 年留存收益的调整：

期初留存收益	214 000 元
期末留存收益	254 000 元

财务报表附注将解释会计政策变更的影响。

分析师必须仔细查看财务报表的附注，必须估计会计政策变更对财务报表的影响。这是使不同时期的财务报表能够进行比较的必要前提。同样，为了对不同公司进行比较，也需要对财务报表进行调整。一旦了解了会计政策变更的影响，相应的财务报表（包括以往年份的财务报表）都需要重述，只有对重述后的财务报表进行分析才有意义。

不幸的是，某些公司虽然进行了变更，但没有提供完整的必要信息可以使外部人员能够对会计数据进行相应的调整。因而分析师要格外小心，特别注意这些变更可能对财务比率或其他指标产生的影响。

一般情况下，大多数会计变更对现金流量没有影响。这一特性使得现金流量表成为业绩分析的重要工具，以至于现金流量表成为财务报表不可或缺的一部分。

5.3 每股收益

对股权投资者来说，投资收益很重要。投资者只要能够获取与其风险偏好相称的投资收益，就不关心所投资的行业或产品的类型。因此，这些投资者总是在寻找具有广泛适用性的投资评价标准。于是，每股收益（EPS）这一评价指标随之脱颖而出。这一比率衡量了流通在外的股份，每股能够获取的收益，这与企业规模、行业类型、产品性质和市场特点等因素都无关。因此，每股收益具有普遍适用性，成为最受投资者欢迎的评价指标。

《国际会计准则第33号——每股收益》讨论了每股收益（EPS）的计算。按照该准则的要求，公开上市的企业需要披露两个每股收益指标：

- 基本每股收益；
- 稀释每股收益。

5.3.1 基本每股收益

基本每股收益等于归属于普通股股东的当期净利润（或亏损）除以当期流通在外的普通股股份的加权平均数。

$$\text{基本每股收益}=\frac{\text{归属于普通股股东的当期净利润或亏损}}{\text{当期流通在外的普通股股份加权平均数}}$$

其中，分子是扣除优先股股利后的净利润。

计算普通股股份的加权平均数，必须做两个调整：

- 不包括库存股；
- 对待没有对应资源变化的普通股增量（如股票股利和股票分割等），视同列报最早期间期初就已发行在外（即如同这些股票一直存在）。

【例5-3】 某公司在第N年年初有10 000份流通中的普通股（其中500股为库

存股)。第 N 年的净利润为 100 000 元，没有优先股。

第 N 年发生了以下变化：

- 第 N 年 4 月 1 日：发行了 5 000 股普通股；
- 第 N 年 10 月 1 日：企业回购了 500 股普通股；
- 第 N 年 11 月 1 日：留存收益转增股本，派发了 7 000 股普通股（股票股利）。

当期流通中加权平均普通股股数：

$$
\begin{array}{ll}
(10\,000-500)\times 12/12 = & 9\,500\\
+5\,000\times 9/12 = & 3\,750\\
-500\times 3/12 = & -125\\
+7\,000\times 12/12 = & \underline{7\,000}\\
 & 20\,125
\end{array}
$$

$$\text{基本每股收益}=\frac{100\,000}{20\,125}=4.97\ (\text{元})$$

在有终止经营业务的情况下，企业应单独披露以持续经营业务计算的基本每股收益。

5.3.2　稀释每股收益

通过考虑稀释性潜在普通股的影响，可以得出稀释每股收益。

潜在普通股，是指有权获得普通股的金融工具，例如可转换债券、认股权证和股票期权。潜在普通股如果转化为普通股，则会降低每股收益，具有稀释作用。

为计算稀释每股收益，分子为归属于普通股的净利润或亏损，加上本年确认的与稀释性潜在普通股相关的税后股利和利息。

同样，假设所有稀释性潜在普通股都将转换成普通股，加权平均的发行在外的普通股股份数也会增加。新增的普通股股份按公允价值计算。因此，稀释每股收益的计算公式如下：

$$\text{稀释的每股收益}=\frac{\text{归属于普通股的利润或亏损}+\text{与稀释性潜在普通股相关的税后利息}}{\text{加权平均发行在外普通股股数}+\text{稀释性潜在普通股转换产生的普通股股数}}$$

【例 5－4】接例 5－3，其他发行在外的证券如下：

- 5 000 份债券，每份债券可以转换成两股普通股。
- 3 000 份认股权证，每份认股权证的所有人有权以每股 150 元的价格认购一股普通股。公司普通股在第 N 年的平均市场价格是 200 元。可转换债券每年的利息是

20 000 元。所得税税率是 30%。

调整后的归属于普通股的净利润 = 100 000 + (20 000 × 70%) = 114 000 (元)*

调整后的发行在外的普通股股数：

加权平均普通股股数：	20 125
+ 因债券转换增加的普通股 5 000 × 2	10 000
+ 因认股权证行权增加的普通股	3 000
− 如果这些股份以公允价值发行则对应股份数	
(3 000 × 150) /200	−2 250
= 调整后的普通股股数	30 875

因此，稀释的每股收益 $= \frac{114\ 000}{30\ 875} = 3.69$ (元)

注：(1) 可转换债券的税后利息费用应计入当期损益，以获得债券转换成普通股后的损益。(2) 仅考虑那些具有稀释性的潜在普通股。如果股票以公允价值发行，则不具有稀释性。当确定具有稀释性的潜在普通股股数时，应扣除以公允价值行权的那些股票数量。

5.3.3 利用每股收益对企业估值

将每股收益与市盈率相结合，就可以对企业进行估值。这对于非上市公司或者股票交易稀少的公司都是有用的。而对于上市公司，市场价值可能是更好的估值模型。

公司的价值可以通过将每股收益乘以行业平均市盈率得到，该方法可以用在公司兼并、收购、重组、股票价格预测和投资策略中对企业进行估值。使用这种方法，可以发现股价是否被高估或者被低估。但在实际使用时，需要谨慎小心。

当利润固定不变且利润全部用于支付股利时，我们可以将每股收益看作是价格与资本成本的乘积。然而，这个模型与现实不符，更合适的模型是固定股利增长模型，即戈登 - 夏皮罗 (Gorden - Shapiro) 模型，根据这个模型：

$$\text{每股收益} = \frac{P_0 \cdot (K_e - g)}{\pi \cdot (1 + g)}$$

其中：P_0 是当前的市场价格；g 是增长率；K_e 是权益资本成本；π 是股利支付率。

5.3.4 每股收益的局限性

每股收益的局限性主要在于它不能处理复杂的资本结构。完全稀释法没有考虑一些可转债不转换成普通股的可能性。股票期权的调整也不符合现实，因为股票期权的持有者如果预期很多人将会行使股票期权，导致股票市场价格下降，那他们可能不会行权。

每股收益法与米勒－莫迪利安尼（Miller－Modigliani）模型存在矛盾，后者认为股利、留存收益与负债率都不影响公司价值。

每股收益法未考虑普通股的多重结构，比如，可能存在享有某些优先权利的股东，一股享有多个投票权。每股收益法不适用于这类情况。

尽管存在这些缺点，该方法仍旧广泛地被全世界的分析师用于衡量公司的业绩。

5.4　分部报告*

我们知道，财务报告的主要目的是提供关于企业经营的真实和客观的信息。在这一点上，分部报告就显得很重要。

2009年前，国际会计准则理事会（IASB）规范分部报告的准则是《国际会计准则第14号——分部报告》，它要求企业按照业务分布、地区分布区分经营信息进行报告。然而，该方法受到了质疑，因为它未能向报表使用者提供足够的反映企业内部组织架构的信息，从而无法使报表使用者更好地理解管理层的经营意图。

因此，采用管理法的《国际财务报告准则第8号——经营分部》取代了国际会计准则第14号，始于2009年1月1日的财务报表适用于此项新准则。

5.4.1　分部的确定*

国际财务报告准则第8号将公司内符合下列条件的组成部分定义为经营分部：

- 该分部在经营活动中产生收入、发生费用；
- 该分部的经营成果定期被公司的经营决策主管（首席执行官、首席运营官等）审查，公司的经营决策主管是指负责公司资源分配和业绩评价的人；
- 该分部的财务信息可以获得。

公司必须提供符合以下条件之一的经营分部的信息：

- 该分部的收入（包括分部间的销售）大于或等于所有报告分部收入总额的10%；
- 该分部的利润或损失大于或等于所有报告分部利润总额或损失总额的10%；

- 该分部的资产大于或等于所有报告分部资产总额的10%。

如果两个或多个经营分部有如下相似特征，可合并成一个经营分部：

- 产品和服务的性质；
- 生产过程的性质；
- 客户类型；
- 分销方法；
- 监管环境。

然而，《国际财务报告准则第5号——持有待售的非流动资产和终止经营》强调，经营分部报告的对外销售收入总额不能低于公司收入总额的75%。如果达不到75%，还需进一步确认经营分部，直到达到该标准。

5.4.2 披露要求*

对每一个报告分布，企业应列报下列信息：

- 利润或损失的金额；
- 资产总额；
- 负债金额（当该信息需要定期向经营决策主管提供时）；
- 来自于外部客户的销售收入；
- 来自于其他经营分部的收入；
- 利息收入；
- 利息费用；
- 折旧和摊销；
- 所得税费用；
- 具有重大影响的非现金项目。

企业还应披露下述一般信息：

- 确定报告分部时所考虑的因素（例如管理层是否依据业务、地区的不同而设立报告分部或是否考虑上述因素的组合而设立报告分部）；
- 每个报告分部获得收入的业务类型。

表5-4至表5-8节选了来自路威酩轩集团（LVMH）和索尼公司（SONY）年报中有关分部报告的信息（2007年及以前年度的财务数据，即国际财务报告准则第8号生效前的数据）。

路威酩轩集团（LVMH）合并财务报表附注

22. 分部信息

22.1　经营分部的信息

表 5－4　**经营分部信息**　单位：百万欧元

	酒类产品	时装和皮具	香水和化妆品	手表和珠宝	高端零售	其他和控股公司	经营分部间抵销	2007 年合计
截至 2007 年 12 月 31 日的财务年度								
对集团外销售收入	3 220	5 591	2 563	818	4 167	122		16 481
经营分部间销售收入	6	37	168	15	12	6	－244	—
收入总额	3 226	5 628	2 731	833	4 179	128	－244	16 481
经常性业务利润	1 058	1 829	256	141	439	－154	－14	3 555
其他经营收入和费用	－4	－18	－17	－3	－24	－60	—	－126
经营性投资	199	241	116	28	243	173	—	1 000
折旧和摊销	71	210	103	21	125	24	—	554
资产减值				1		10		11
品牌、商标、许可证和商誉	3 187	4 887	927	979	2 525	45	—	12 550
存货	3 036	622	263	268	626	45	－48	4 812
其他经营性资产	2 429	1 739	709	266	1 745	1 622	4 869	13 379
资产总额	8 652	7 248	1 899	1 513	4 896	1 712	4 821	30 741
所有者权益							12 528	12 528
经营性负债	1 064	977	833	155	1 053	458	13 673	18 213
负债与所有者权益总额	1 064	977	833	155	1 053	458	26 201	30 741

续表 1

截至 2006 年 12 月 31 日的财务年度

	酒类产品	时装和皮具	香水和化妆品	手表和珠宝	高端零售	其他和控股公司	经营分部间抵销	2006 年合计
对集团外销售收入	2 989	5 190	2 379	724	3 879	145	0	15 306
经营分部间销售收入	5	32	140	13	12	6	-208	0
收入总额	2 994	5 222	2 519	737	3 891	151	-208	15 306
经常性业务利润	962	1 633	222	80	400	-137	12	3 172
其他经营收入和费用	-12	-44	-30	-9	-27	2	0	-120
经营性投资	107	308	99	25	186	50	0	775
折旧和摊销	61	208	98	21	117	16	0	521
资产减值		5			7	10		22
品牌、商标、许可证和商誉	2 936	4 978	920	1 009	2 643	56	0	12 542
存货	2 730	603	244	235	558	50	-37	4 383
其他经营性资产	2 220	1 752	648	229	1 575	1 548	3 888	11 860
资产总额	7 886	7 333	1 812	1 473	4 776	1 654	3 851	28 785
所有者权益							11 594	
经营性负债	1 025	935	736	156	1 010	428	12 901	17 191
负债与所有者权益总额	1 025	935	736	156	1 010	428	24 495	28 785

截至 2005 年 12 月 31 日的财务年度

	酒类产品	时装和皮具	香水和化妆品	手表和珠宝	高端零售	其他和控股公司	经营分部间抵销	2005 年合计
对集团外销售收入	2 639	4 781	2 161	575	3 637	117		13 910
经营分部间销售收入	5	31	124	10	11	6	-187	—
收入总额	2 644	4 812	2 285	585	3 648	123	-187	13 910

续表 2

截至 2005 年 12 月 31 日的财务年度

	酒类产品	时装和皮具	香水和化妆品	手表和珠宝	高端零售	其他和控股公司	经营分部间抵销	2005 年合计
经常性业务利润	869	1 467	173	21	347	-129	-5	2 743
其他经营收入和费用	-3	-25	-10	—	-183	—	—	-221
经营性投资	100	302	115	26	135	36	—	714
折旧和摊销	59	187	91	19	112	27	—	495
资产减值	—	—	—	—	72	11	—	83
品牌、商标、许可证和商誉	2 830	5 033	938	1 041	2 861	86	—	12 789
存货	2 479	661	227	219	534	64	-50	4 134
其他经营性资产	1 899	1 672	669	220	1 542	1 647	3 481	11 130
资产总额	7 208	7 366	1 834	1 480	4 937	1 797	3 431	28 053
所有者权益	—	—	—	—	—	—	10 484	10 484
经营性负债	932	960	666	145	1 043	592	13 231	17 569
负债与所有者权益总额	932	960	666	145	1 043	592	23 715	28 053

注：①经营分部间抵销是抵销各经营分部之间的销售收入，它包括除高端零售分部以外的其他经营分部向高端零售分部销售的金额，其销售价格与对集团外批发和分销的价格相同。

②经营性投资是本财务年度内资本化的金额，而不是实际支付的金额。

③品牌、商标、许可证和商誉对应的是附注 3 和附注 4 中的账面金额。

④没有分配的资产包括对联营企业的投资、可供出售金额资产、其他金融资产和应收的企业所得税。

⑤没有分配的负债包括借款、当期和递延所得税负债。

⑥百货店高端零售分部截至 2005 年、2006 年和 2007 年 12 月 31 日财务年度的销售收入分别是 5 100 万欧元、1 400 万欧元和 1 500 万欧元。

因为在 2006 年将 De Beers. LV 重分类到了其他控股公司分部中，所以公司对 2005 年的数据进行了重述。

22.2 地区分布的信息

地区分布的信息包括两个部分：一是基于发货地的地区分部收入信息（见表5－5），二是基于地理位置的地区分布经营性投资信息（见表5－6）。

表5－5　　基于发货的地理位置的分部收入信息　　单位：百万欧元

地区	2007年	2006年	2005年
法国	2 348	2 197	2 073
欧洲（除法国之外）	3 790	3 332	2 850
美国	4 124	4 009	3 686
日本	1 856	1 985	2 013
亚洲（除日本之外）	3 044	2 651	2 301
其他	1 319	1 132	987
收入总额	16 481	15 306	13 910

表5－6　　基于地理位置的地区分布经营性投资信息　　单位：百万欧元

地区	2007年	2006年	2005年
法国	399	295	317
欧洲（除法国之外）	231	119	126
美国	199	138	126
日本	32	91	18
亚洲（除日本之外）	94	78	95
其他	45	54	32
收入小计	1 000	775	714

经营性投资，是指本年度资本化的金额，而非本年度实际支付的金额。

索尼（日本）——分部信息

索尼公司合并报表——截止到3月31日，见表5－7、表5－8。

表5－7　　经营分部的销售和经营收入

（对客户的销售和经营收入）　　单位：百万日元

截止到3月31日	2005年	2006年	2007年
电子产品	4 827 663	4 782 173	5 421 384
	67.10%	63.70%	65.40%

续表

截止到 3 月 31 日	2005 年	2006 年	2007 年
游戏	702 524	918 252	974 218
	9.8%	12.2%	11.7%
图画	733 677	745 859	966 260
	10.2%	9.9%	11.7%
金融服务	537 715	720 566	624 282
	7.5%	9.6%	7.5%
其他	389 746	343 747	309 551
	5.4%	4.6%	3.7%
合计	7 191 325	7 510 597	8 295 695

表 5-8　　按产品类别划分的电子产品的销售和经营收入　　单位：百万日元

截止到 3 月 31 日	2005 年	2006 年	2007 年
视频	571 864	536 187	522 879
	11.80%	11.20%	9.70%
音频	1 036 328	1 021 325	1 143 120
	21.5%	21.4%	21.1%
电视	921 195	927 769	1 226 971
	19.1%	19.4%	22.6%
信息与通信	816 150	842 537	950 461
	16.9%	17.6%	17.5%
半导体	184 235	172 249	205 757
	3.8%	3.6%	3.8%
配件	751 097	800 716	852 981
	15.6%	16.7%	15.7%
其他	546 794	481 390	519 215
	11.3%	10.1%	9.6%
合计	4 827 663	4 782 173	5 421 384

注：以上是向外部顾客销售的电子产品销售和经营收入。

索尼公司的管理层将电子产品作为一个单独的经营分部来管理，自 2007 年 3 月 31 日起，索尼公司已部分调整其产品配置，主要的变化是公司将低温多晶硅薄膜转换器 LCD 产品从半导体调整为配件，相应地，重述了 2005 年、2006 年和 2007 年截止到 3 月 31 日的年报（见表 5-9）。

表 5-9 按地区划分的销售和经营收入 单位：百万日元

截止到3月31日	2005年	2006年	2007年
日本	2 132 462	2 203 812	2 127 841
	29.70%	29.30%	25.60%
美国	1 977 310	1 957 644	2 232 453
	27.5%	26.1%	26.9%
欧洲	1 612 576	1 715 775	2 037 656
	22.4%	22.8%	24.6%
其他	1 468 977	1 633 366	1 897 743
	20.4%	21.8%	22.9%
合计	7 191 325	7 510 697	8 295 695

注：地区分部信息是按顾客所在地划分的。

5.4.3 运用分部信息进行分析*

从以上讨论可以明显看出，分部信息有很多用处：

- 比较不同分部的业绩；
- 比较不同产品的业绩；
- 比较不同地区管理者的业绩；
- 决定主要业务分支和终止不可行的项目；
- 比较生产同一产品的不同公司的业绩。

在比较业绩时，需要牢记只有同类的项目才可以进行比较。例如，一个公司的制药部门应该与其他公司的制药部门比较。同样，比较美国农产品销售业绩，需要与美国其他农产品公司的产品销售业绩进行对比。

分部数据可以用在趋势分析中，其中一个最大的作用是预估未来的业绩。我们知道，对于一家经营多种产品的公司而言，其总体业绩是在调整内部交易之后各个分部业绩的加总。因此，一旦我们有了分部数据，就可以将其用作对未来进行预测。从单个部门或分部的预测可以看出整个公司的前景，这需要进行部门内部交易的调整。调整后的合并数据便于我们更好地对公司未来的业绩进行估算。

5.5 中期财务报告*

大多数企业的业绩报告采取财务报表的形式，一年报告一次。因为这些财务报表在年底编制，所以它们反映的是企业过去的数据。财务分析师和其他报表使用者无法接受这么延迟的信息。因此，很多国家要求上市公司提供中期财务报告，因而，多数企业都会提供中期报告。由于该要求的重要性，国际会计准则理事会（IASB）制定了相应的准则，即《国际会计准则第 34 号——中期财务报告》。

国际会计准则第 34 号规定："中期财务报告既可以是完整的财务报表（按照国际会计准则第 1 号编制），也可以是简略的财务报表（按照国际会计准则第 34 号编制）。"国际会计准则第 34 号将"中期"定义为"短于一个完整财务年度的财务报告期间"。在大多数国家，中期财务报告涵盖 3 个月或 6 个月的报告期间。

中期财务报告的目的是：

- 为报表使用者（例如财务分析师和债权人）提供及时且持续的信息；
- 为预测年度业绩提供基础；
- 为持续修正业绩预测提供依据。

必须指出的是，报告期间越短，报告中的错误越可能被夸大。年度事件，例如税收抵免、税收、费用预测、未来发行债券和股票的影响，公司业务持续或者停业等不能在中期报告中准确预测。以中期报告为基础的预测可能无法考虑因市场条件导致的利润的季节性或暂时的市场变动。如果财务分析师考虑了以上因素，中期报告就可以成为财务预测和分析的有用工具。

关于中期财务报告存在着两种截然不同的观点。在美国，中期财务报告被看作是年度报告的有机组成部分。而在欧洲，编制年度财务报表和中期报告被视为不同的行为。完整的步骤要求对全年的业绩进行估计，因此预测有可能发生错误。由于观点分歧，国际会计准则第 34 号采取了折中的观点。

国际会计准则第 34 号规定，按照最近年度报表中采用的会计政策编制中期报表。该会计准则详细地说明了在中期财务报表中需要披露的项目，重要的是报告在上一年的年报披露后发生的事件和环境的变化，而不是对过去年报中已有的信息进行重复。

中期财务报告有三个重要特点：

- 公司可以提供简略形式的报告，但也不排斥提供详细的财务报表；
- 即使是简略形式的报告，公司也可以自由地增加其认为重要的项目；
- 披露准则和会计准则既适用于完整的中期财务报表，同样也适用于简略的报告。

无论是简略形式还是详细形式，中期报告应至少包含以下部分：

- 简略的或者详细的资产负债表；
- 简略的或者详细的综合收益表；

- 简略的或者详细的所有者权益变动表；
- 简略的或者详细的现金流量表；
- 经过选择对附注的披露；
- 披露每股收益（包括基本每股收益和稀释每股收益）；
- 母公司的中期报告。如果最近的年报是合并财务报表，还包括集团合并财务报表。

我们可从中期报告中发现企业会计政策变更的详细信息，以及前文提到的年度的、季节性的和暂时性的事件。

以下是附注应披露的主要事项：

- 与最近年度的财务报表相比，会计政策或方法的变更；
- 企业经营季节性的说明；
- 对基于这些报告进行预测产生影响的非经常性项目；
- 对各类所有者分配的股利和的其他形式的分配；
- 债券和股票的发行、回购和偿还；
- 当前财务年度上一中期报告中会计估计变更的性质和金额，或者上一财务年度会计估计变更的性质和金额；
- 在中期报告期间发生的公司结构的所有变动，例如合并、处置投资、长期投资、重组或者终止经营；
- 或有负债及或有资产的变动；
- 对经营分部进行有选择性的披露。

国际会计准则第 34 号强制要求披露可比业绩信息，即公司需要列示以前年度的可比信息及截至报告日的信息。因此，中期利润表应至少包括四栏：

- 当期数据；
- 年初至中期期末数据；
- 对应的上一年度的可比中期数据；
- 对应的上一年度的年初至可比中期期末数据。

现金流量表和所有者权益变动表同样需要提供上述四栏信息。然而，资产负债表只反映本期中期期末的数据和上一年度同期期末的数据。

为了消除季节性的影响，一些公司也提供连续 12 个月的数据。

除了上面说明的内容外，会计准则还有其他信息披露要求。这些信息是财务分析师在对中期报告数据分析前进行调整的依据。这些项目包括：

- 财务年度中不均匀发生的费用；
- 以年度数据为基础的义务，例如按照公司年度业绩支付给管理人员的奖金；

- 以销售收入等为基础的或有租赁协议或特许权费用；
- 带薪休假；
- 养老金和退休金成本；
- 企业所得税，特别是存在多个纳税管辖地或者多种类型应税所得时；
- 税收减免；
- 基于销售业绩支付给经销商的回扣和奖金；
- 中期的折旧和摊销，需要注意和年报采用同样的折旧方法；
- 可变现净值与财务报表账面价值不同时的存货计价；
- 中期外币折算调整。

同时，部分问题还来自会计准则本身。会计准则要求，只要有会计政策的重大变动，就应当在报表的附注中反映出来。因此，我们发现，中期财务报表对于财务分析师预测公司未来业绩和评估当期业绩是非常有用的。

5.6　非公认会计原则财务指标*

5.6.1　定义及概览*

理解一家公司财务报表的过程就像走迷宫一样，财务或会计要素让投资者面临许多岔路选择，令投资者难以看清企业的真实业绩和真实的盈利能力。重组费用、资产或者投资证券的出售、有时不合逻辑的会计处理，都将使投资者感到困惑。因此，公司希望找到方法对财务报表中的数字进行适度调整。这些指标通常被称为“非公认会计原则财务指标”或者“补充性财务指标”。本节结束时我们将以西门子公司为例来介绍非公认会计原则指标的调节过程。

简而言之，非公认会计原则指标，是对业绩和流动性的补充性财务指标，这让公司和投资者能够更好地理解某公司的业绩和财务状况。常用的指标包括息税折旧和摊销前利润（EBITDA）、自由现金流、备考利润或调整后利润。

这些指标在美国和越来越多的欧洲地区受到了广泛欢迎。但是，鉴于公司管理层的薪酬可以建立在非公认会计原则财务指标基础之上，并且利润越高股价就越高，目前存在许多滥用这些指标的情况，公司经常为了自己的利益而利用这些指标以尽可能地展示自己最好的方面。

因此，2003 年美国证券交易委员会通过了新的条例，即 G 监管条例（Regulation

G），旨在解决公司披露和发布的那些不是按公认会计原则计算和列报的财务信息的方法。其他国家学习了美国证券交易委员会的做法。

G 监管条例要求上市公司披露和发布非公认会计原则财务指标时应包括：

- 披露最接近可比的符合公认会计原则财务指标；
- 将披露的非公认会计原则财务指标调整为最接近可比的符合公认会计原则财务指标；
- 披露管理层声明书，以说明为什么管理者认为非公认会计原则财务指标的披露能为投资者提供有关财务状况和经营成果的有用信息。

下面举例说明。在这个案例中，高露洁公司解释了其在截止到 2011 年 3 月 31 日的季报中使用了非公认会计原则的财务指标，并认为这些补充信息对于理解公司的内在业绩很有用。

高露洁（Colgate，美国）

高露洁公司为了补充按美国公认会计原则编制的简式利润表的信息，披露了按非公认会计原则计算的有关经营成果的财务指标，这些指标剔除了某些项目。公司对营业利润、营业利润率、实际所得税税率、净利润和每股收益都按照公认会计原则进行计算和报告。同时，在计算和报告时，公司剔除了在 2011 年 1 月 1 日与委内瑞拉过渡到恶性通货膨胀会计有关的一次性费用的影响。公司管理层相信这些非公认会计原则指标可以给投资者提供有用的补充信息，既有助于投资者理解公司持续经营的业务的发展趋势和经营业绩，又有助于投资者比较公司各个期间的经营业绩。

截止到 2011 年 3 月 31 日和 2010 年 3 月 31 日的高露洁公司非公认会计原则财务指标与公认会计原则财务指标的调节表季报见表 5 - 10。除每股收益外，其他数字以百万美元为单位，这些财务指标未经审计。

表 5 - 10 高露洁公司非公认会计原则财务指标与公认会计原则财务指标的调节表

项目	2011 年	2010 年		
	按公认会计原则报告	按公认会计原则报告[1]	委内瑞拉恶性膨胀[2]	调整后（不属于公认会计原则）
其他（利润）费用（净额）（百万美元）	12	235	271	-36
营业利润（百万美元）	915	678	-271	949
营业利润率（%）	22.9	17.7	—	24.8
税前利润（百万美元）	899	662	-271	933

续表

项目	2011 年	2010 年		
	按公认会计原则报告	按公认会计原则报告(1)	委内瑞拉恶性膨胀(2)	调整后（不属于公认会计原则）
实际所得税税率（%）	32.5	41.5	—	29.5
包含非控制性股东收益的净利润（百万美元）	607	387	-271	658
归属于高露洁公司的净利润（百万美元）	576	357	-271	628
每股收益(3)（美元）				
基本每股收益	1.17	0.71	-0.55	1.26
稀释每股收益	1.16	0.69	-0.52	1.21

注：(1) 包括与委内瑞拉资产负债表重估相关的 4 600 万美元的税前利得（税后是 59 000 万美元，稀释每股收益为 0.11 美元）以及下降的税率对因 2010 年 1 月货币贬值产生的应计但尚未支付的汇款的影响。

(2) 代表了 2010 年 1 月 1 日转换成恶性膨胀会计的一次性费用。该金额主要是为取得以美元计价的现金或债券而支付的费用。在 2010 年 1 月 1 日前，这些资产以平行市场汇率计量，后根据财务报告的目的调整为按照官方汇率 2.15 进行折算。

(3) 对于非公认会计原则的调整对基本每股收益和稀释每股收益的影响，因四舍五入的原因并不一定等于按公认会计原则报告的每股收益和调整后每股收益之间的差额。

美国证券交易委员会禁止披露含有对重大事实不实陈述的指标，也禁止省略会导致列报产生偏误的重大事实。但是，美国证券交易委员会在对非公认会计原则指标进行规范时没有包括以下内容：

- 经营性和其他统计指标（例如单位产品销售收入、员工数量、订户数量、广告商数量）。
- 只用以下一个或两个计算出的比率或统计指标：

第一，根据美国公认会计原则计算出的财务指标（例如，营业利润率，通过将营业利润除以营业收入计算得出。其中，营业收入和营业利润都按公认会计原则确认）；

第二，非公认会计原则的经营性指标或其他指标（例如，在销售额是以公认会计原则计算的情况下，采用每平方英尺的销售额或同店销售额）。

美国证券交易委员会的监管指令为使用非公认会计原则指标的动机和计算提供了更多的信息，但它没有禁止公司使用这些指标。在以下几节中，我们将进一步讨论某些广泛使用的指标以及这些指标的应用及局限性。

5.6.2　调整的净利润/营业利润*

根据公认会计原则报告的利润常常包括非经常性项目或者非常项目，这些项目将模糊公司内在的盈利能力。这些项目包括重组费用、诉讼和解费用、商誉减值和其他费用项目。财务分析师希望了解企业在本年度的真实盈利，因此，有些公司提供调整后的净利润［或者称其为营业利润或备考利润（ProForma Earnings）］。

这是最具争议的非公认会计原则指标之一，对该指标没有统一的定义，不同的公司可能包括或剔除不同的项目。不足为奇的是，备考利润比按公认会计原则确认的利润更高，也有证据表明，在按公认会计原则确认的利润低于预期时，公司更愿意报告备考利润。

那么，备考利润是为了给投资者更多的信息以帮助他们更好地估计公司的业绩呢，还是公司管理层使用它来管理预期，进而误导投资者呢？

我们将从这两个方面分别加以讨论，这也表明在使用备考利润时应持审慎态度。不能否认的是，备考利润提供了与公司业绩相关的有价值的信息，可用作预计公司未来利润的参考，财务分析师必须保持警惕并尽力理解公司希望达成的目标。这需要财务分析师使用其掌握的专业常识来确定使用或者剔除什么信息，以得出自己估计的备考利润，同时，在分析不同公司时应使用一致的方法。

例如，有些公司（经常是科技公司）会选择在其备考利润中剔除股份支付的薪酬费用。例如摩托罗拉曾提到以股份支付的薪酬费用。

摩托罗拉公司在非公认会计原则的营业费用和净利润指标中剔除了以股份支付的薪酬费用。尽管以股份支付的薪酬是公司激励员工的重要举措，并且公司相信这种薪酬方式有助于本期收入的提升。同时，公司也相信它同样有助于未来收入的增长，公司持续以剔除股份支付的薪酬费用来评估业绩是因为此项费用是重要的非现金项目。以股份支付的薪酬费用未来也将持续发生。

摩托罗拉公司将备考利润调节到按公认会计原则确认的利润。过程见表 5-11。

表 5-11　　摩托罗拉公司利润调节　　单位：美元

对稀释每股收益的影响	2010 年第 4 季度#
持续经营业务按公认会计原则确认的利润	0.61
重要项目：	
与分离交易相关的成本	0.17
企业重组费用	0.09
IP 结算	-0.17
重要项目合计	0.09
股份支付的薪酬费用	0.14

续表

对稀释每股收益的影响	2010 年第 4 季度#
无形资产摊销费用	0.12
股份支付薪酬费用和无形资产摊销费用合计	0.26
按非公认会计原则调整后的项目小计	0.34
持续经营业务按非公认原则调整后的利润	0.95

#注：由于四舍五入，每股收益金额不等于直接加和金额。

资料来源：摩托罗拉公司。

以股份支付的薪酬费用确实是非现金性费用，但是它对于股东来说是真实的成本，因此，尽管有争议，还是应该将其包括在成本中。

非经常性项目也是一个存在争议的项目。如果其性质是暂时性的，应该剔除。下面以柯惠公司为例加以说明。

柯惠公司将备考利润调节到按公认会计原则确认的利润。过程见表 5－12。

表 5－12　柯惠公司利润调节

	截止到 2011 年 3 月 25 日的季度							
项目	销售收入（美元）	毛利润（美元）	毛利率（%）	营业利润（美元）	营业利润率（%）	税前持续业务的利润（美元）	持续业务利润（美元）	持续业务稀释每股收益（美元）
按公认会计原则	2 801	1 596	57	615	22.00	570	459	0.92
调整项目：								
存货	0	8		8		8	5	0.01
债务重组（净额）	0	0		－2		－2	－2	0
调整后	2 801	1 604	57.3	621	22.2	576	462	0.93

	截止到 2010 年 3 月 26 日的季度							
项目	销售收入（美元）	毛利润（美元）	毛利率（%）	营业利润（美元）	营业利润率（%）	税前持续业务的利润（美元）	持续业务利润（美元）	持续业务稀释每股收益（美元）
按公认会计原则	2 551	1 453	57	545	21.40	529	422	0.83
调整项目：								
重组费用	0			26		26	18	0.04
税收分摊协议的影响						－13	－13	－0.03
税务事宜	0	0		0			8	0.02
调整后	2 551	1 453	57.0	571	22.4	542	435	0.86

资料来源：柯惠公司。

柯惠公司各年之间有一些不同的非持续性项目，若这些非持续性项目一年接一年地发生又将如何？

美国银行（Bank of America）就存在这种情况，它采取了一系列的收购行为。2006年收购了美国信用卡公司（MBNA），2007年收购了美国信托（Us Trust），2008年收购了美国国家金融服务公司（Countrywide），2009年1月收购了美林（Merrill Lynch）。美国银行在2007年第1季度至2008年第4季度间的每一季度将合并与重组费用加到备考利润中。这些费用是应被当作非经常性费用，还是公司经营必不可少的一部分呢？

美国银行将按公认会计原则确认的利润调节到备考利润。过程见表5－13。

表5－13　　美国银行利润调节　　单位：美元

	2007年第1季度	2007年第2季度	2007年第3季度	2007年第4季度	2008年第1季度	2008年第2季度	2008年第3季度	2008年第4季度
净利润	5 255	5 761	3 698	268	1 210	3 410	1 177	－1 789
合并重组费用	11	75	84	140	170	212	247	306
相关所得税优惠	－41	－28	－31	－52	－63	－78	－64	－100
营业利润（亏损）	5 225	5 808	3 751	356	1 317	3 544	1 360	－1 583

到了2010年，美国银行在第3季度确认了104亿美元的商誉减值费用，第4季度再次确认了20亿美元商誉减值费用，这两次减值分别与全球信用卡服务部（包括MBNA）和消费者房地产服务部（即Countrywide）有关。尽管将这些费用剔除能更好地帮助报表使用者预测美国银行未来的利润，但商誉减值损失也反映了管理层在并购决策上的失败。

当然，这还不是全部。尽管美国银行确实停止了将重组费用从非公认会计原则的备考利润中剔除，但是美国银行也确实像其他公司一样，列示了对盈余有重大影响的项目（见表5－14）。华尔街的证券分析师经常在估计备考利润时，剔除其中的某些项目或全部项目，并以此为基础预测未来利润。同样，这些项目中的一部分是有用的，其他部分则与银行的潜在业务有关，可能代表了过去糟糕管理决策的结果。

美国银行2011年第1季度经营成果中的重大项目列报。见表5－14。

表 5-14　　美国银行 2011 年第 1 季度利润中的重大项目

项目	税前（10 亿美元）	对每股收益的影响
收入		
代理和担保准备金	-1.0	-0.06
结构性负债的负公允价值调整	-0.6	-0.04
权益性投资的利得	1.1	0.07
债券的利得	0.5	0.03
债务价值调整损失	-0.4	-0.02
费用		
诉讼费用	-0.9	-0.06
与抵押相关的评估和弃权	-0.9	-0.06
到期合格的股份支付薪酬费用	-1.0	-0.06
合并和重组费用	-0.2	-0.01
准备金		
贷款损失准备金的减少	2.2	0.14

资料来源：美国银行。

总之，如果财务报表的使用者能够理解管理层正在做什么、为什么要做这些事情，并且对不同的公司能够用同样的方法进行处理，那么备考利润可能非常有用。

5.6.3　息税折旧和摊销前利润*

净利润指标被广泛应用于公司估值的基础。将净利润乘以一个倍数（如市盈率），则可以迅速得到公司的估值。然而，在对资本结构或税收体制差异较大的各家公司进行比较时，该指标就不是十分有用。此外，公司在确定不动产、厂房和设备的折旧年限和无形资产的摊销年限时，确实拥有很大的灵活性。因此，如果两家公司在其他方面都相同，只有折旧政策不同，那么两家公司的净利润也将不同。

为了绕开此问题并能确定公司实际的经营业绩，排除公司融资政策、折旧政策和税收的影响，财务分析师和各公司选择使用息税折旧和摊销前利润指标（Earnings Before Interest Taxes Depreciation and Amortisation，EBITDA）。因此，EBITDA 与销售收入的比率可用于对不同资本结构公司的比较，这是一个广泛使用的指标，常用于衡量管理层的业绩。从下例中可见一斑。

花苑食品（美国）

在公司管理层年度奖金计划中，EBITDA 是主要的业绩衡量指标，公司将 EBITDA 定义为剔除利息、所得税、折旧、摊销和归属于非控制性股东的利润这些项目后从持续业务中取得的利润。公司认为，EBITDA 是管理公司业务运营的有用工具，并且是反映公司获取和偿还债务能力与产生自由现金流能力的指标。在信贷安排中，EBITDA 也被用于衡量公司是否符合某些条款。此外，公司还认为，EBITDA 指标会常在财务报告中披露，并被投资者和其他利益相关者当成公司经营业绩和偿债能力的指标。EBITDA 指标有助于在一致的基础上比较公司之间的业绩，因为该指标不需考虑折旧或摊销。因为折旧和摊销可能因使用的会计方法或者非经营性因素（如历史成本）而存在很大差异。EBITDA 还是一个广泛用于反映公司获取和偿还债务能力的财务指标。

事实上，在私募股权或者杠杆收购领域，EBITDA 也十分受欢迎。潜在的收购者计划在收购后改变资本结构，并希望能直接感受到企业的盈利能力。

EBITDA 还被广泛用于债务契约中。例如，公司的债务总额可能被限制在EBITDA 的若干倍以内。

简而言之，EBITDA 被定义为：

EBITDA = 终止经营前的净利润 + 利息费用 + 所得税 + 折旧 + 摊销

另外，我们甚至可以更简单地根据息税前利润（EBIT）计算 EBITDA，即：

EBITDA = 总销售收入 − 销售成本 = 息税前利润（EBIT）+ 折旧和摊销

表 5 − 15 中的例子说明了这个概念。A 公司和 B 公司实质上相同，两者之间的差异在于资本结构和折旧政策不同。这导致两家公司尽管内在的盈利能力一样，但两者净利润数字差异很大。

表 5 − 15　　对 EBITDA 的定义说明　　单位：美元

	A 公司	B 公司
销售收入	1 000.00	1 000.00
减：销售成本	800.00	800.00
减：折旧和摊销	50.00	20.00
减：销售和管理费用	30.00	30.00
息税前利润（EBIT）	120.00	150.00
减：利息费用	7.50	0.00
税前利润	112.50	150.00

续表

	A 公司	B 公司
减：所得税费用	33.75	45.00
净利润	78.75	105.00
负债总额	150.00	0.00
所有者权益总额	350.00	500.00
EBITDA		
EBIT	120.00	150.00
加：折旧和摊销	50.00	20.00
= EBITDA	170.00	170.00

不幸的是，不同公司对 EBITDA 的定义存在较大差异，因为他们在计算 EBITDA 时会试图包括或者剔除某些项目（例如非持续性项目），这要求财务分析师重视某些疑点并应用专业常识，建立自己的 EBITDA 模板，以使得各公司之间的数据可比。

EBITDA 有时也作为经营性现金流的代理变量，但它其实没有考虑营运资本需求这一重要因素，而营运资本需求对成长型公司有显著影响。因此，使用 EBITDA 可能会误导使用者，明智的方法是结合其他指标一起使用。

5.6.4 自由现金流*

自由现金流是另一个被广泛使用的非公认会计原则指标之一。自由现金流将在“股票”模块中详细讲述，因此，这里用表 5-16 予以简述。

表 5-16　对自由现金流的定义

息税前利润（EBIT）	
减	所得税（=息税前利润×边际所得税税率）
加	相关非现金费用（折旧、坏账准备等）
减	相关非现金收入（汇率变动的调整等）
毛现金流	
减	净营运资本的变动
减	投资支出（建筑物和设备等）
经营自由现金流	

自由现金流是衡量公司财务能力的指标。自由现金流是公司可以自由支配的现金（如支付股利、回购股票和偿还债务），同时它也可以增加公司成为并购对象的可能性。

充足的自由现金流可以使企业在进行决策时享有更大的灵活性和自由度。如果公司的自由现金流在一定期间内持续表现为负，则该公司很可能需要再融资。例如，即使公司现在处于高盈利状态，但波动很大的投资支出和净营运资本，也可能会导致其自由现金流表现为负。

5.6.5 债务净额*

债务净额的概念非常直观，它被定义为：

债务净额 = 长期债务 + 短期债务 - 现金及现金等价物

债务净额能快速反映一个企业的财务能力和流动性。从理论上讲，现金及现金等价物可用于偿还债务，因此，债务净额也是反映企业杠杆率的指标之一。如果一家企业的现金及现金等价物大于其债务，则其净现金为正，表示企业的财务状况很好。

菲利浦（Phiips，荷兰）

表 5 - 17 是菲利浦公司的债务示例。

表 5 - 17　　菲利浦公司的债务　　单位：千欧元

项目	2008 年	2009 年	2010 年
长期负债	3 446	3 640	2 818
短期负债	722	627	1 840
债务总额	4 188	4 267	4 658
现金及现金等价物	- 3 620	- 4 386	- 5 833
债务净额（现金）（债务总额减去现金及现金等价物）	568	- 119	- 1 175

资料来源：菲利浦公司。

5.6.6 有机销售*

有机销售是个非常有用的指标，特别是对那些包含国际业务公司或者收购了其他公司的公司进行分析时。该指标衡量的是剔除并购、资产剥离和外汇影响后的销售增长，有助于帮助投资者更好地理解潜在的销售增长趋势，为预测提供坚实的基础。

事实上，因为很难预测货币的变动和企业潜在的收购活动，多数财务分析师主要预测有机销售增长，并根据当年的新信息来调整预测。

宝洁公司（Procter and Gamble，**美国**）

表 5－18 是宝洁公司将按美国公认会计原则确认的销售增长调整到有机销售增长的示例。

表 5－18　宝洁公司将按美国公认会计原则确认的销售增长调整到有机销售增长

单位：%

时期	净销售增长	外汇影响	购并、资产剥离的影响	有机销售增长
2009 年第 1 季度	9	－5	1	5
2009 年第 2 季度	－3	5	0	2
2009 年第 3 季度	－8	9	0	1
2009 年第 4 季度	－11	9	1	－1
2010 年第 1 季度	－6	7	1	2
2010 年第 2 季度	6	－2	1	5
2010 年第 3 季度	7	－3	0	4
2010 年第 4 季度	5	－1	0	4
2010 财年	3	1	－1	3
2011 财年（预计）	2～4	3	－1	4～6

资料来源：宝洁公司。

5.6.7　新订单、未交付的订单、订单交货比*

5.6.7.1　新订单（已收到的订单）*

当合同具有法律效力和约束力时，企业会记录和报告新订单，然后确认新订单的总价值。某一期间企业收到的订单价值就是新订单的价值总和。

5.6.7.2　积压订单*

积压订单是指公司手头上已经下单但还没有交货完成或者处于完成过程中的订单。计算方法是本期收到的新订单金额加上期期末的积压订单金额，减去本期已确认收入的订单金额。

一般披露该指标的主要是处于制造业和半导体行业的公司。订单积压程度通常因企业的不同而各有不同。例如，某些高度定制化的产品需要提前较长时间订制，同时某些项目（如电厂）可能需要几个月或几年才能完成。

订单积压程度能够用于估计未来收入。值得注意的是，有些订单可能被取消或延期。

ABB 公司的新订单、积压订单和订单出货比见表 5－19。

表 5－19　　ABB 公司的新订单、积压订单和订单出货比

项目	2008 年	2009 年	2010 年
新订单（美元）	38 282	30 969	32 681
积压订单（在 12 月 31 日）（美元）	23 837	24 771	26 193
确认的收入（美元）	34 912	31 771	31 589
订单出货比（%）	1. 10	0. 97	1. 03

资料来源：ABB 公司。

5. 6. 7. 3　订单出货比*

订单出货比是衡量已收到的订单（已记录）和已装运并开具发票的产品金额之间的比率 。

$$订货出货比=\frac{已收到的订单金额}{已装运并开具发票的产品金额}$$

若该比率大于 1，则公司收到的订单比开具发票的订单多，表明公司的产品需求较大；若该比率小于 1，则表明需求较小。半导体行业的投资者会经常使用该比率。

第 6 章　主要的现金流和会计调整

6.1　财务分析导论

财务分析是投资过程中的重要步骤，见图 6 – 1。

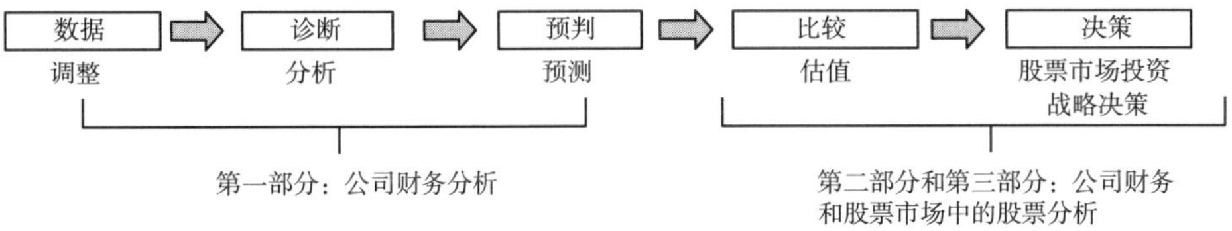

图 6 – 1　财务分析与投资过程

（1）财务分析旨在通过分析公司的增长能力和盈利能力来了解公司的战略，其目的在于分析和评价公司整体层面和不同业务部门层面的经营风险和财务风险。因此，必须注意以下几点：

①分析主要的流量（利润、现金流量等）；

②当公布的数字与经济现实存在差异时，应进行的会计调整；

③主要比率的分析；

④未来流量的预测。

（2）此外，战略性财务分析也被辅助用于确定公司是否有能力为股东长期创造价值。此阶段的重点是：

①公司以高于资本成本的回报率找到新投资的能力；

②这些投资产生的可用现金增长及其配置方式，配置方式包括再投资、分配给股东和其他资本提供者。

战略性财务分析的重点见图 6 – 2。

董事会和股东对公司的这种战略分析特别感兴趣：

- 董事会：必须制定投资资金的使用战略，并为总体管理制定管理指南。
- 股东：必须对公司战略的合理性形成客观意见。

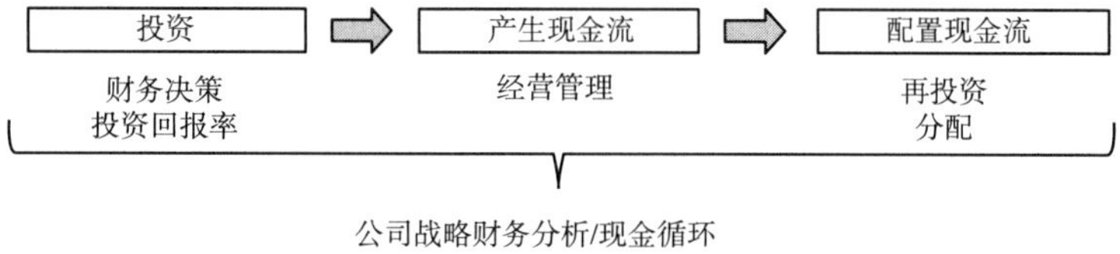

图 6－2　战略性财务分析的重点

财务分析有两个截然不同的时间范围：

（1）公司季报的发布提供了对公司前景的全面评估。这是一个短期的视野，投资者特别关注共识观点的任何变化。大多数财务分析师在公司季报发布后要召开电话会议，电话会议后要对他们的估计进行审查。

（2）战略分析着重把握长远的前景。旨在创造更大股东价值的重组需要足够的时间以完成对公司的整合。一家拥有数万员工的公司不可能在几个月内就完全完成改造。公司重组时间周期通常比短期投资者预期的时间要长得多。

过去 20 年来，财务沟通和会计透明度取得了显著进展。然而，财务报表的使用者仍然有必要通过公司发布的数据和其他资料，对公司战略的适当性形成自己的看法，以揭示公司的真实状况。

财务分析的整体框架见图 6－3。

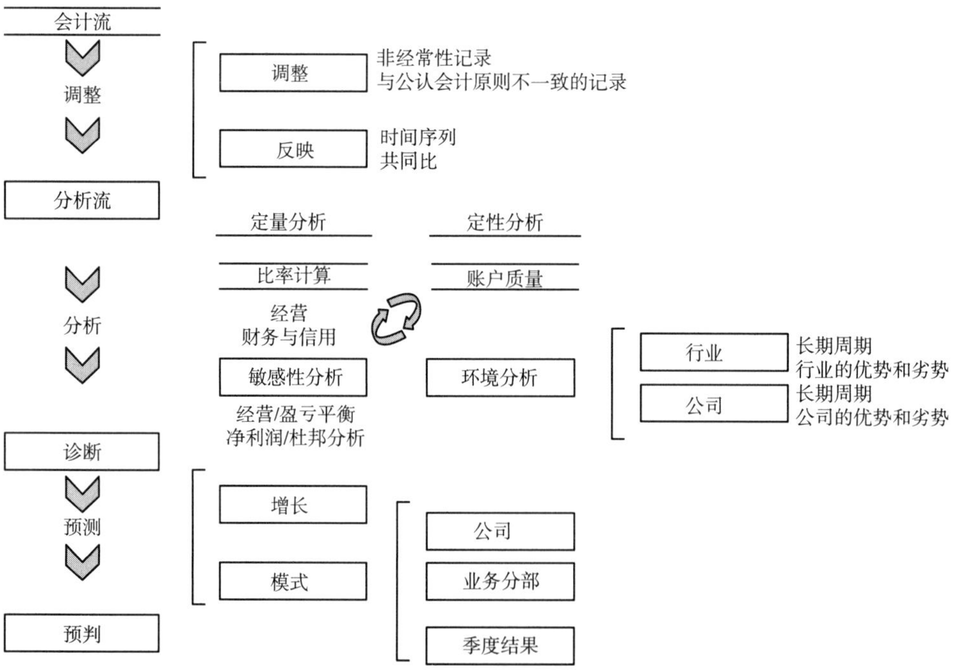

图 6－3　财务分析的整体框架

6.2　主要现金流和会计调整

本节介绍两种主要的计算现金流的观点：

- 股东的观点。股东认为股票是一种使股东有权分享公司利润的金融工具，要考虑的主要现金流是利润、股权自由现金流（FCFE）和股利。
- 莫迪利亚尼－米勒所代表的观点。它是将公司视为全球资本投资的对象，必须以公司自由现金流（FCFF）的形式提供回报。

这两种现金流论准确度是不分上下的，我们将看到主要的估值方法（自由现金流贴现法和市盈率法）要使用这两类现金流。

6.2.1　股东的观点：净收入和每股收益（EPS）

对于股权投资者而言，投资回报率非常重要。只要股东的投资回报与其风险偏好相称，其可能不会很关心涉足的行业或产品类型。由于缺乏这些关注，投资者总是会考虑适用于不同企业的共同的衡量指标，其中每股收益最受投资者关注。这是一个能够反映每份流通在外的普通股收益的比率，与公司规模、行业类型、产品性质和市场特征等无关。由于其普遍的适用性，它已成为投资者最常用的衡量公司业绩的指标。

《国际会计准则第 33 号——每股收益》规范了每股收益的计算。该准则规定，股票上市的公司必须披露两种类型的每股收益指标：

- 基本每股收益；
- 稀释每股收益。

6.2.1.1　基本每股收益

基本每股收益按归属于普通股股东的损益除以当期流通在外的普通股股份的加权平均数计算。

$$\text{基本每股收益}=\frac{\text{归属于普通股股东的损益}}{\text{该期间流通在外的普通股股份的加权平均数}}$$

分子相当于净利润减优先股利。

在计算普通股股份的加权平均数时，必须作出以下两项调整：

- 剔除库存股；
- 对待没有对应资源变化的普通股增量（如股票股利和股票分割等），视同为在报告的最早期间的期初发行（即如同这些股票一直存在）。

【例 6－1】 某公司在第 N 年年初有 10 000 份流通中的普通股（其中 500 股为库存股）。第 N 年的净利润为 100 000 元，没有优先股。

第 N 年发生了以下变化：

- 第 N 年 4 月 1 日：发行了 5 000 股普通股。
- 第 N 年 10 月 1 日：企业回购了 500 股普通股。
- 第 N 年 11 月 1 日：留存收益转增股本，派发 7 000 股普通股（股票股利）。

当期流通在外的普通股股份的平均数：

（10 000－500）×12/12＝	9 500
＋5 000×9/12＝	3 750
－500×3/12＝	－125
＋7 000×12/12＝	7 000
	20 125

$$基本每股收益=\frac{100\ 000}{20\ 125}=4.97\ （元）$$

在终止经营的情况下，企业应单独披露基于持续经营情况下计算的基本每股收益。

6.2.1.2 稀释每股收益

通过考虑稀释性潜在普通股的影响，可以得出稀释每股收益。

潜在普通股，是指有权获得普通股的金融工具。例如可转换债券、认股权证和股票期权。潜在普通股如果转化为普通股，则会降低每股收益，具有稀释作用。

为计算稀释每股收益，分子归属于普通股的利润或亏损需加上本年确认的税后股利和利息（这些税后股利或利息与稀释性潜在普通股相关）。

同样，假设所有稀释性潜在普通股都将转换成普通股，则加权平均的发行在外的普通股股数也会增加。新增的普通股股份以公允价值计算。因此，稀释每股收益的计算公式如下：

$$稀释的每股收益=\frac{归属于普通股的利润或亏损+与稀释性潜在普通股相关的税后利息}{加权平均发行在外普通股股数+稀释性潜在普通股转换产生的普通股股数}$$

【例 6－2】 接例 6－1，其他发行在外的证券如下：

- 5 000 份可转换债券，每份债券可以转换成 2 股普通股；
- 3 000 份认股权证，每份认股权证的所有人有权以每股 150 元认购一股普通股。

公司普通股在第 N 年的平均市场价值是 200 元。可转换债券每年的利息是 20 000

元。所得税税率是 30%。

调整后的归属于普通股的净利润	
[100 000 + (20 000 × 70%)]	114 000 (元)*
调整后的发行在外的普通股股数:	
加权平均普通股股数:	20 125
+ 因债券转换增加的普通股 (5 000 × 2)	10 000
+ 因行权认股权证增加的普通股	3 000
- 如果这些股份以公允价值发行对应的股份数	
[(3 000 × 150) /200]	- 2 250**
= 调整后的普通股股数	30 875

因此,稀释每股收益 $= \frac{114\ 000}{30\ 875} = 3.69$ (元)

注:

* 可转换债券的税后利息计入当期损益,以取得债券转换成普通股后的损益。

** 仅考虑那些具有稀释性的潜在普通股。如果股票以公允价值发行,则不具有稀释性。当确定具有稀释性的潜在普通股股数时,应扣除以公允价值行权的那些股票数量。

6.2.2 管理层观点:投资和自由现金流(FCF)

6.2.2.1 莫迪利亚尼-米勒(MM)观点

莫迪利亚尼和米勒因专注于资本成本的研究而闻名。该问题在公司财务章节中有更详细的论述,它揭示了公司的财务会计由两个基本模块组成的事实:

• 资产负债表左边的资产所代表的资本投资,需要根据一系列经营进行调整。公司管理层的业绩根据运用这些资本投资产生税后净营业利润(NOPAT)或自由现金流量(FCF)的水平加以判断。

• 资产负债表右边的负债所代表的资本投资,也需要进行调整。在这种情况下,自由现金流用于支付资本提供者的报酬。

会计要求公司在资产方面创造的现金流与向资本提供者分配的相同现金流量之间保持绝对平衡。

在这种观点下,所使用的两个主要会计总量是营业利润及其修正量(税后净营业利润、息税前利润、息税折旧摊销前利润)和公司自由现金流(税后净营业利润扣除摊销或折旧后的投资净额)[1]。资产负债表因此被分为独立的四个模块[2]，见图6-4。净资产分布于经营管理（净营运资本的周转期限在1年以内）和投资（固定资产的周转期限超过1年）之间；负债分布于固定利率资本提供者（基本上是债务持有人）与其他根据公司业绩获得可变报酬的资本提供者（基本上是股东，而且还包括少数股东利益）之间。

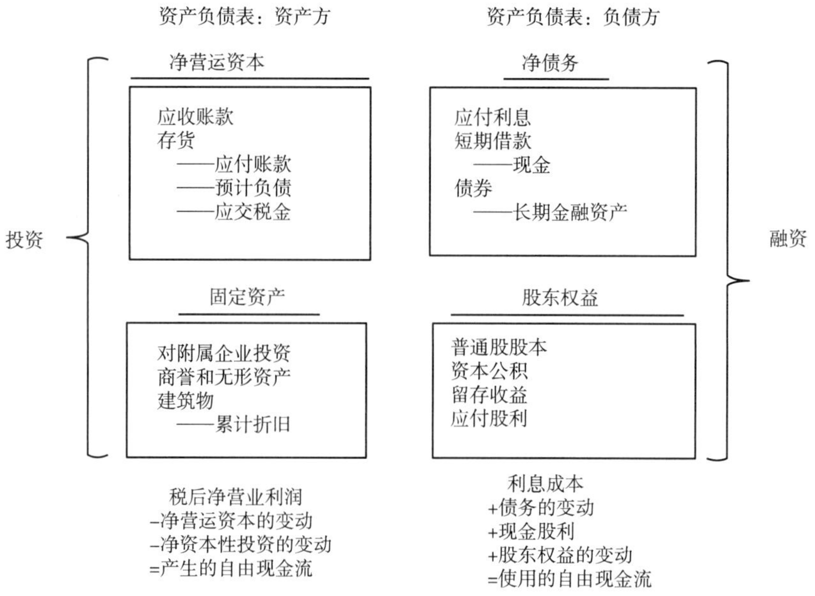

图6-4 莫迪利亚尼-米勒观点

6.2.2.2 基本示例

我们从“会计视角”举一个例子。采用分析方法重组账户。

首先，必须使用资产和负债之间的净额对账户进行分析，其背后的逻辑是“揭开”年度报告中所呈现的资产负债表。例如，对分析目的而言，重要的是衡量净营运资本的规模，并与固定资产相比较。如果资产负债表由可相互抵销的项目组成，那么资产负债表的规模就不重要了。如果10亿美元的长期债务可以被5亿美元的现金和相同规模的金融资产组合相互抵销，那它就不会对公司产生威胁。

账户分析完成后，重点是确定公司产生的现金流量。公司自由现金流（FCFF）的金额是损益类账户的金额和资产负债表项目年度变动额的结果。属于所述类别之一的所有项目都需经过相同的处理：将损益账中的金额加上资产负债表项目的年度变化

① 所有这些会计流量指标均由美国证券交易委员会（SEC）的G管理条例规范，但不同公司的计算方法不同。
② 间歇性或暂时性非经营性资产可以归为第五类（非经营性），但与资产负债表的规模相比，一般较小。

额，得到经营活动产生的现金流。在此基础上，还必须考虑与现金流出无关的费用。我们将更详细地研究这一点。

“会计视角”与“分析视角”见图 6－5。

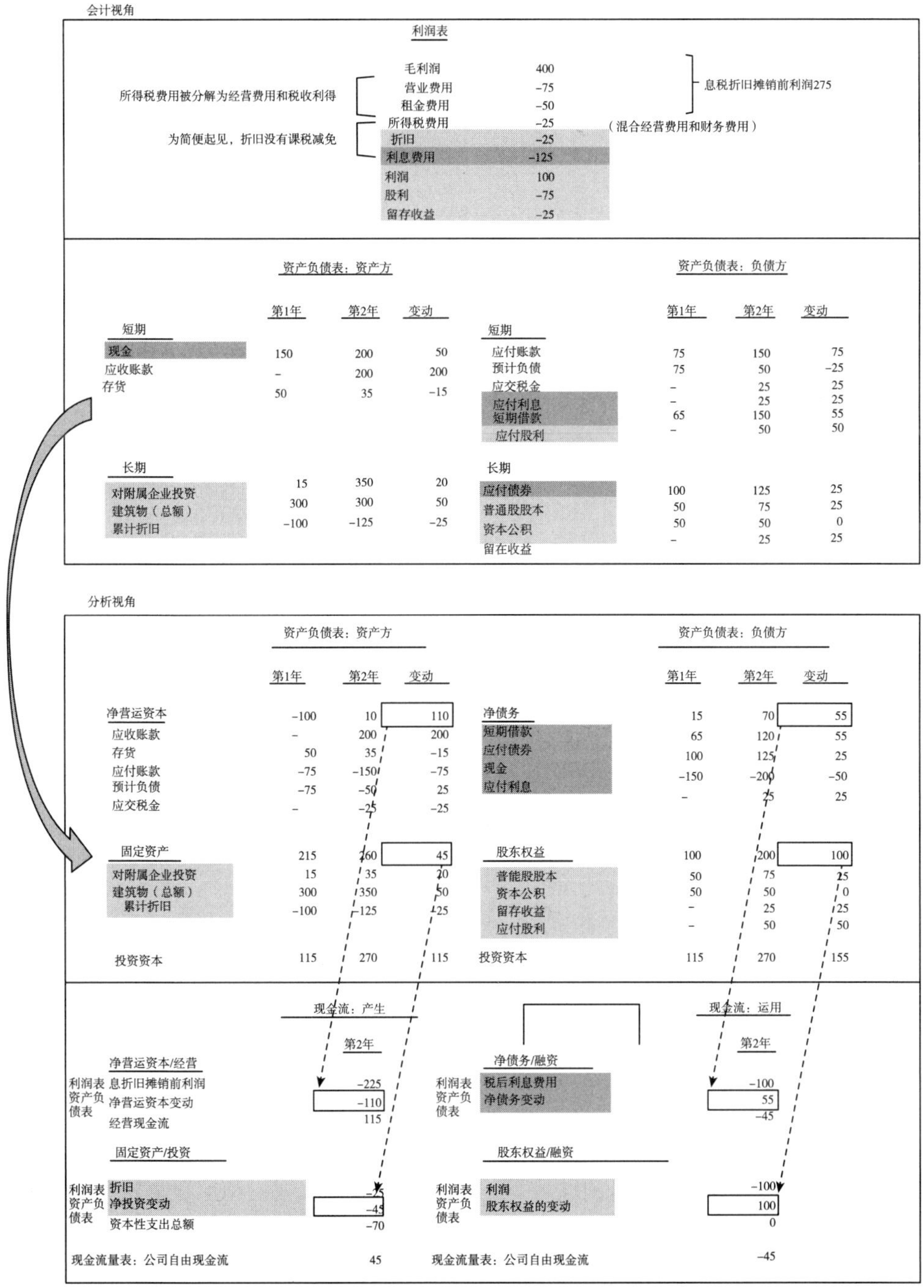

图 6－5　“会计视角”与“分析视角”

进一步研究：资产负债表和损益账户的详细分类。

资产负债表和损益账户的详细分类包括根据上述模块分类的主要项目（见图6－6）。

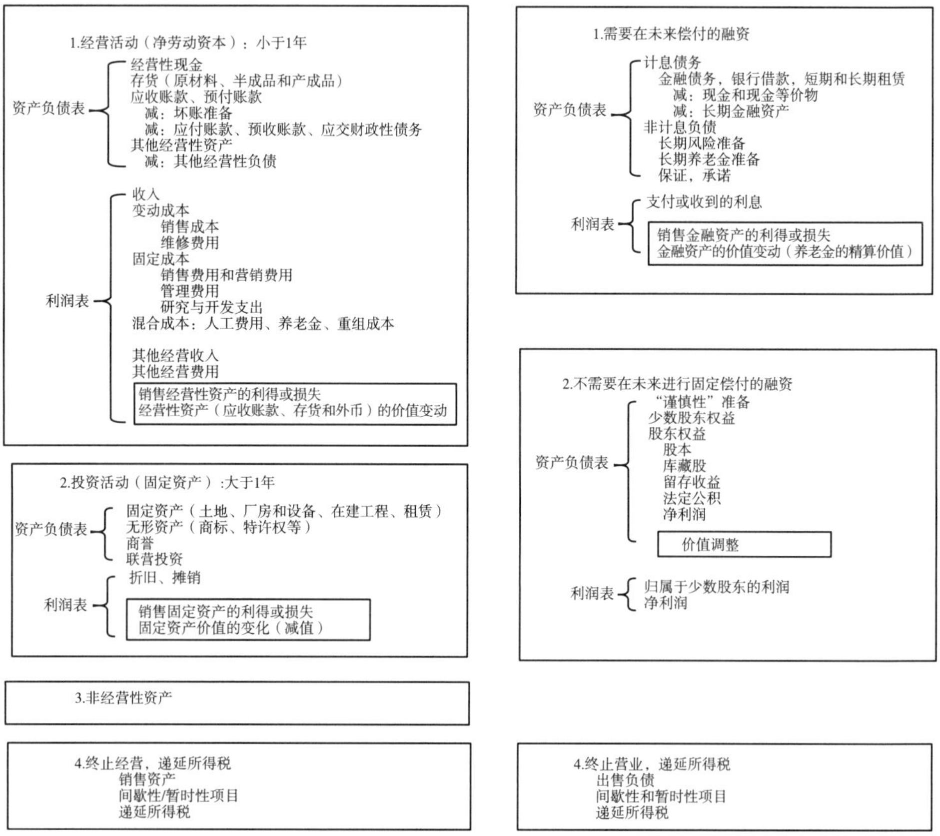

图6－6　根据会计分类分配的利润表和资产负债表账户

（1）经营活动（净营运资本）：以短期经营性资产减去短期经营性负债。

（2）投资活动。

（3）需要在未来偿还的融资（贷款）：以现金和长期金融资产减去负债。

（4）不需要在未来进行偿还的融资（准备金和股东权益）。

偿付责任在债权与股权之间分配。如果对其分类有疑问，应遵循以下步骤：

①偿付责任具有确定性吗？如果答案是否定的，则偿付责任属于股权。准备金和少数股东权益属于这一类。如果答案是肯定的，则必须提出第二个问题：

②偿付责任是否需要定期支付利息？如果回答是否定的，则偿付责任属于无息流动负债（NLBCLs）类。如果回答是肯定的，那偿付责任属于债权。

（5）非经营性资产：将其分离出来以进行单独评估。

（6）非经常性项目：涉及资产减值（价值下降）、资产重估、转让所得或损失，汇率变动所得或损失。我们在每个类别中分别列示了这些要素以突出其特殊性，在预测中应该剔除这些非经常性项目。为了简化计算，在下面的例子中只使用前四个类别。

6.2.2.3　关于全球分析表的研究

图 6－7 试图通过在一个区块内显示利润表项目、资产负债表项目和公司自由现金流（FCFF）来改进基本示例的表述。1 年以下的营业周期产生息折旧和摊销前利润（EBIDA）。[①] 如果增加净营运资本（NWC）的变动，则可以获得经营性现金流。因当年摊销和折旧使得固定营业资产（有形的和无形的）减少，形成公司的资本支出净额。自由现金流（FCF）等于利润表账户的变动（第 1 栏）加上资产负债表账户的变动（第 2 栏）。

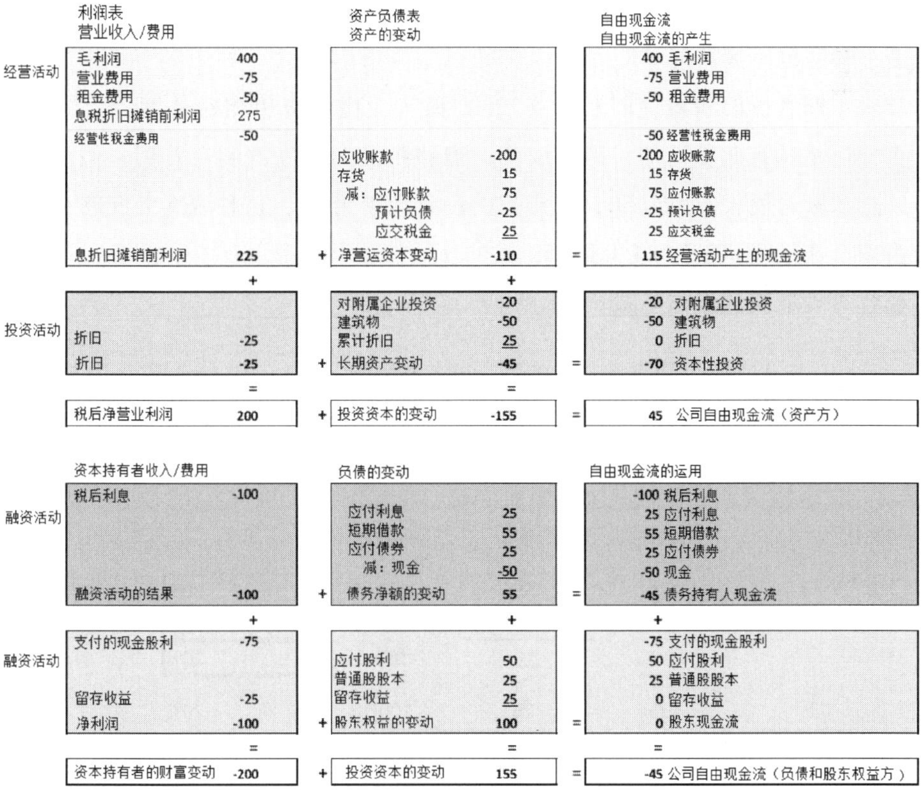

图 6－7　年报中三类账户的调整（单位：百万美元）

评论与备注：

在上一个例子中，如果没有应收账款的显著增加（200），那么公司的自由现金

---

① 在本章中，为了简单起见，所有税收都分配给经营活动和融资活动。将部分税收分配给投资活动会导致大量的会计问题。这样操作对企业比率的计算或分析没有显著影响。

流量（FCFF）（45）就会更大，我们需要理解其中的原因。值得注意的是，资本性支出总额大幅增加［从第1年的115（净营运资本投资－100＋固定资产投资215）增加到第2年的270（净营运资本投资10＋固定资产投资260）］（见图6－5）。原因可能是它是一家年轻的公司，销售额迅速增长，需要额外的营运资本和固定资产。有一个项目为这个假设提供了证据支持：资本投资回报率很高（FCFF/投入资本的比率超过16%），这使得公司管理层有动力通过新的资本支出继续发展。

使用公司自由现金流（FCFF）：FCFF（45）专门用于偿还债权人，特别是支付利息费用（100）。与公司的总债务［从第1年的165（短期借款65＋应付债券100）上升到第2年的270（短期借款120＋应付债券125＋应付利息25）］（见图6－5）相比，该利息费用的金额相当可观。这笔利息费用可能是因为包含了意外的资本损失，也可能是因为最近举借的债务的合同利率极高。鉴于资产负债表上显示的债务总额较低，后一种原因不太可能。

相对于利息折旧和摊销前利润（225）而言，税收费用相对适度（25）。但是，这个百分比是具有欺骗性的，因为该公司能够扣除非常高的利息费用。假设税率为20%，这意味着税收费用为50，而债务的税收利得为25，这种税费分配将公司资产的自由现金流量（FCFF）减少到25。

税收对现金流的影响见图6－8。

	所得税前	所得税	所得税后	
经营活动（息税前利润）	250	-25	225	10%
融资活动	-125		-125	0%
合 计	125	-25	100	20%

完整分析	所得税前	所得税	所得税后	税率	
经营活动	275	-55	220	20%	由于税率设定得低，税后FCF较低
投资活动	-25	5	-20	20%	
融资活动	-125	25	-100	20%	
合 计	125	-25	100	20%	

注：我们在这里说明折旧如何影响税收。为了简化起见，我们将全部利息费用从融资活动中剔除，分配给经营活动。

图6－8　税收对现金流的影响（单位：百万美元）

6.2.2.4　关于非现金费用的研究

在图6－7中，公司自由现金流量（FCFF）是“机械地”计算的，这些计算假设资产负债表账户的变化（例如固定资产）完全与现金或债务的变化相等。我们知道情况并非如此，还有许多其他财务数据的项目没有现金对应物。因此，这些条目（称为应计项目）必须从公司自由现金流量（FCFF）的计算中剔除。

这些应计项目主要包括：(1) 转让产生的资本利得；(2) 资产的加速摊销和折旧；(3) 与雇员期权的行使有关的费用。

我们将再次使用前面的例子，并假设营业费用中包括基于“谨慎性”原则计提的 1 000 万美元的准备。没有相互抵销的现金流出，因此必须做出调整，自由现金流量（FCF）增加至 5 500 万美元，见图 6－9。

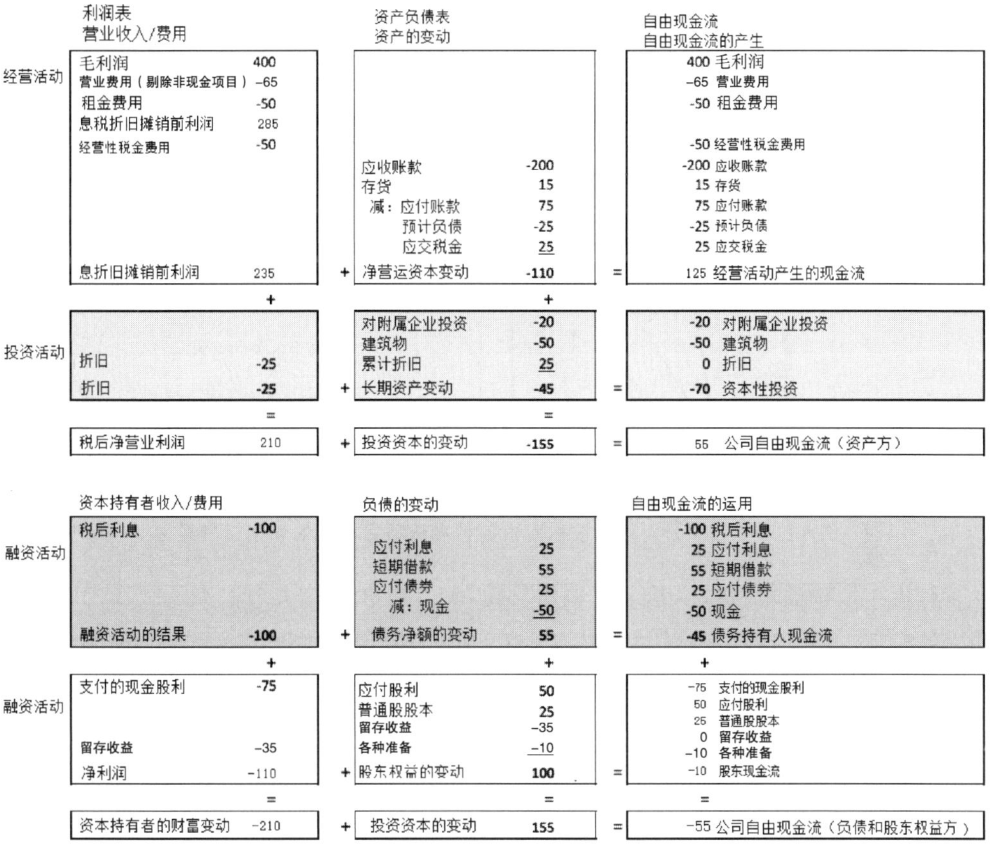

注：由于考虑到 1 000 万美元的非现金费用，**相关内容**已经发生变化。

图 6－9　年报中三类账户的调整（单位：百万美元）

公司外部的财务报表使用者很难知道任何特定的费用是否有对应的现金流出。最有价值的信息来源仍然是“传统”现金流量表中“非现金项目的调整”和“重组费用”等标题下列报的内容。我们将在本章的最后使用诺华公司作为实际案例进行研究。

6.2.2.5 结论

上述分析性方法使得运用自由现金流量对股票进行估值的计算符合“逻辑”，这与公司的生活不可分割。董事会定期收到总经理或主要业务部门的经理提出新的投资建议，并选择出具有最佳盈利能力的投资项目。公司的资产可被视为能够产生不同规模、期限和风险特征的自由现金流量的投资组合（见图6-10）。

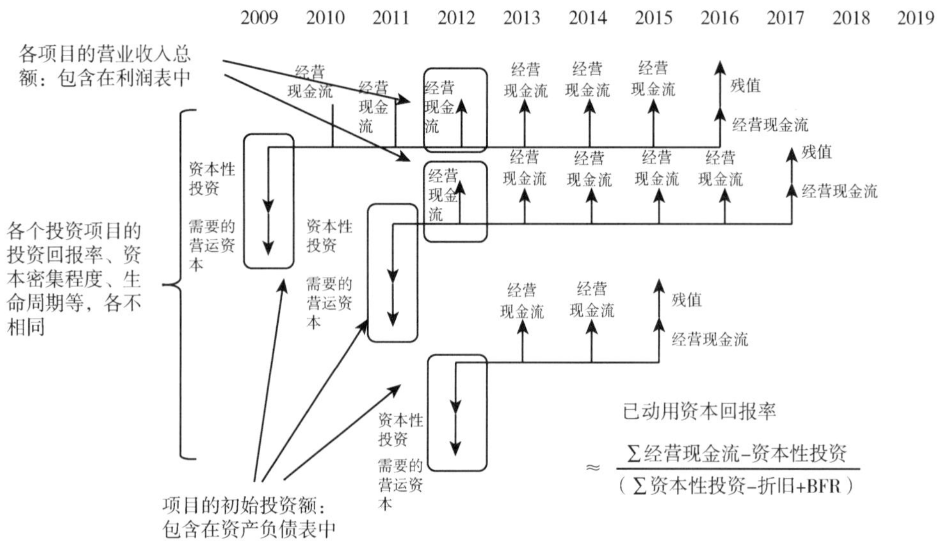

图6-10 一家公司可以被称为由各种投资项目构成的长期投资组合

对资本回报的解释可以基于“馅饼理论”：“馅饼”的大小取决于制作的时间而非吃的时间，换句话说，“馅饼”的大小不取决于切片的数量。这个比喻很明显：利润总额可以看作是由公司可以支配的物质资源、财务资源和人力资源的函数，以及管理层充分利用这些资源的能力所构成的函数，而如何在受益人之间分配利润是纯粹的分配问题（见图6-11）。

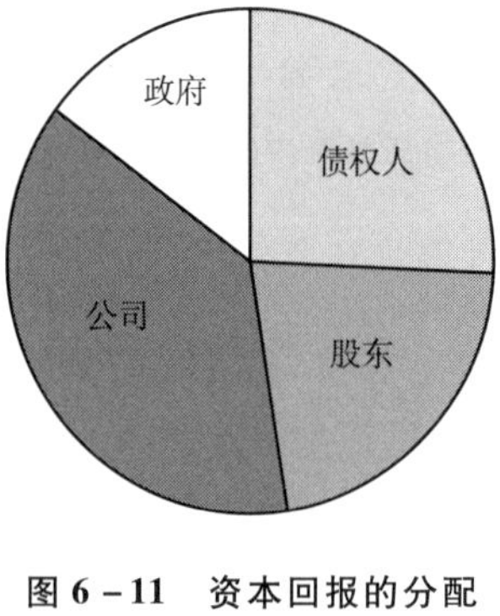

图6-11 资本回报的分配

- 债权人将获得利息，利息是债务数额和利率的函数；
- 政府将通过税收获得相应的份额；
- 根据股东大会决议，股东将获得股利；
- 公司本身将保留剩余金额，即未分配利润（盈余公积）。

6.2.3　两种观点的协调

6.2.3.1　一般原则

会计首先要考虑的是保护债权人并确保资产负债表上资产的价值至少等于其市场价值。

随着股东权力的增加，会计运行的法则会相应发生变化，此时会计把重点放在代表股东财富状况的股东权益账户和衡量该会计年度股东财富增长的损益账户上，利润或亏损增加或股东财富减少。然而，损益类账户留下了大量会计操纵的空间，尤其是通过应计项目、特殊（Exceptional）项目和非常（Extraordinary）项目。

许多投资者希望自 2009 年以来发布的综合收益表可以成为识别这些非标准项目的手段，但是综合收益表仅记录了少数资产账户的变化（资产价值重估和汇率变动损益），这远远没有达到金融界梦寐以求的“真实与客观”的结果。

现金流量表避免了应计项目，有其自己的逻辑。例如，它不记录资产产生的利润或亏损，而只记录相应的现金收入。

最有前途的模式仍然是股东价值法。它使用与现金流量表相同的逻辑记录资产负债表项目和利润表项目的变化。但它在调整资本投资账户，以及将公司自由现金流（FCFF）分配给资本提供者时与现金流量表的逻辑有很大的差别。现金流量表有助于检索这些非现金项目以改善结果。

目前的会计方法还没有适应这种思维方式，会计准则仍然给企业留下了太多的操纵空间：

- 税收在经营活动、融资活动和非经营活动之间缺少分配；
- 在现金流量表中，经营项目和融资项目混杂，特别是经营性现金流量；
- 对特殊项目、非常项目、经常性项目或非经常性项目、持续性项目或非持续性项目的处理不清晰。

这么多方法使投资者不能理解所面对的不断变化的现金流和缩略词。在本节中，我们将根据最初示例中的数字调整主要现金流的计算，见图 6－12。

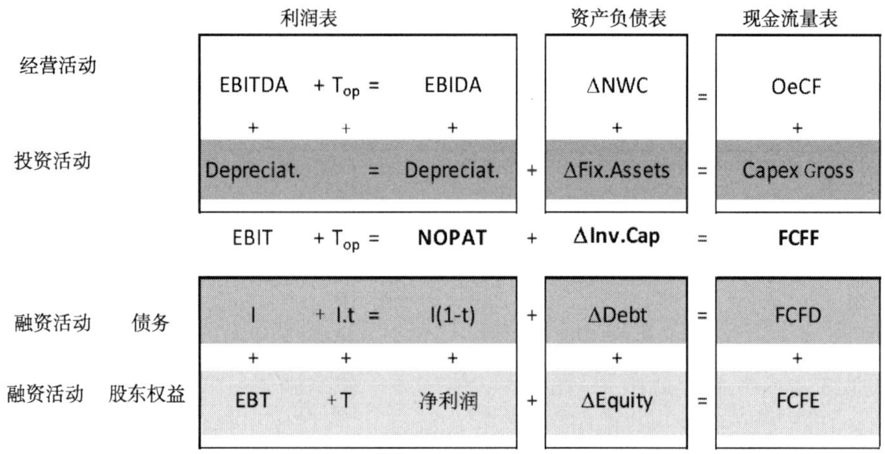

注：EBITDA：息税折旧和摊销前利润
EBIT：息税前利润
T_{OP}：经营性所得税
T：所得税费用
OeCF：经营经济性现金流
△Fix. Assets：固定资产的变动
NOPAT：税后净营业利润
FCFF：公司自由现金流
FCFE：权益自由现金流
△Debt：债务的变动

EBIDA：利息折旧和摊销前利润
EBT：税前利润
t：所得税税率
△NWC：净营运资本变动
Depreciat.：折旧
Capex Gross：资本性支出总额
△Inv. Cap：资本性投资的变动
FCFD：债权人自由现金流
I：利息
△Equity：股东权益变动

图 6－12　主要现金流的调整

股东的观点：

- 净利润和股利；
- 经营现金流（OCF）；
- 股权自由现金流（FCFE）；

管理层的观点（根据莫迪利亚尼－米勒的观点）：

- 息税折旧和摊销前利润（EBITDA）；
- 经营经济性现金流（OeCF）；
- 公司自由现金流（FCFF）。

图 6－12 上半部分显示的是自由现金流的产生（正数）；下半部分显示这些现金流的运用（负数）。

这些现金流可以用于公司估值、项目评估和比率分析。

稍后我们会看到，没必要用整个利润表和资产负债表进行预测，只需要使用一些重要的变量，即“价值动因”。在图 6－12 中，运用相对较少的价值动因（息税折旧和摊销前利润、税收总额、净营运资本的变化、折旧、资本性支出总额、税后利息和债务变化等）就可以预测大部分重要现金流。

6.2.3.2 经营经济性现金流和净利润

现金流是指一个会计年度的现金流，而利润是指公司从其经营中获得的收益。需要对利润进行调节的原因，是利润的确定是基于权责发生制概念。

现金流受到年初应收账款与年末应收账款之间的差额以及当年销售收入的影响。同样，非现金费用（如折旧、摊销和其他冲销）也会影响现金流。现金流也受到应付账款和预计负债变动的影响。因此，只要收入增加且应收账款增加，现金流就会减少。每当支出增加而且应付账款增加时，就会出现现金流增加或现金流出减少。因此，我们发现现金流量表构建了公司现金余额与基于权责发生制概念的综合收益表之间的桥梁。

只有在收到销售货款时，销售才会对现金流产生影响，所以利润和现金流量之间的主要关系是通过收款机制建立的。现金流量表中受损益影响的最重要的部分是经营活动产生的现金流量。下面给出了一家公司的合并现金流量表，让我们调节这家公司在会计利润和经营现金流之间的关系。

净利润

+非现金费用

-净营运资金的变动

-非经营性现金流

=经营经济性现金流（OeCF）

经营活动产生的现金流量是通过对综合收益表中的三组数据进行调整来实现的，即：

①非现金费用

+有形资产的折旧和无形资产的摊销

-重组费用

+归属于少数股权的净利润

-货币折算调整的净影响

②净营运资本的变化

对流动资产净额和其他经营性现金流项目的变动进行调整；

+利润表中的所得税费用

-当年实际缴纳的税款

③非经营性现金流量（未包括在本例中）

-来自联营公司的利润

+利息和理财收入，包括处置投资的利得

6.2.3.3　经营经济性现金流（股东的观点）和 FCFF（莫迪利亚尼－米勒的观点）

自由现金流的定义见表 6－1。

表 6－1　　自由现金流的定义

息税前营业利润（EBIT）
－所得税（＝EBIT×边际所得税税率）
＋相关非现金费用（折旧和坏账准备等）
－相关非现金收入（货币变动折算调整等）
＝毛现金流（＝EBIDA）
－净营运资金的变化
－资本性支出总额
＝公司自由现金流（FCFF）

莫迪利亚尼－米勒的观点（公司的自由现金流）与传统列报的经营经济性现金流有几点不同：

经营经济性现金流（OeCF）

＋税后利息（剔除融资）

－资本性支出总额

＝公司自由现金流（FCF）

《公司财务》一书将详细介绍计算现金流的各种方法。

经营经济性现金流（股东的观点）与 FCFF（莫迪利亚尼－米勒的观点）的示例见图 6－13。

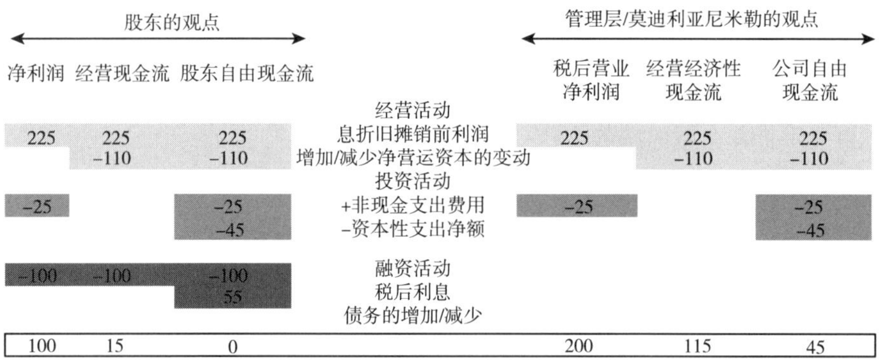

图 6－13　经营经济性现金流（股东的观点）和 FCF（莫迪利亚尼－米勒的观点）的关系（单位：百万美元）

6.2.3.4 息税折旧和摊销前利润（EBITDA）和公司自由现金流（FCFF）（莫迪利亚尼－米勒的观点）

有时投资者需要比较不同资本结构甚至不同税制的公司。此外，公司在确定不动产、厂房和设备的折旧年限以及无形资产的摊销年限时，确实拥有很大的灵活性，因此，如果两家公司在其他方面相同，只有折旧政策不同，那么两家公司的利润也将不同。

为了绕开此问题并能确定公司实际的经营业绩，排除公司融资政策、折旧政策和税收的影响，财务分析师和各公司选择使用息税折旧和摊销前利润（EBITDA）。因此，EBITDA与销售收入的比率可用于对不同资本结构公司的比较，这是一个广泛使用的指标，常用于衡量管理层的业绩。从下例中可见一斑。

花苑食品（美国）

在公司管理层年度奖金计划中，EBITDA是主要的业绩衡量指标，公司将EBITDA定义为剔除利息、所得税、折旧、摊销和归属于非控制性股东的利润这些项目后从持续业务中取得的利润。公司认为，EBITDA是管理公司业务运营的有用工具，并且是反映公司获取和偿还债务能力与产生自由现金流能力的指标。在信贷安排中，EBITDA也被用于衡量公司是否符合某些条款。此外，公司还认为，EBITDA指标会常在财务报告中披露，并被投资者和其他利益相关者当成公司经营业绩和偿债能力的指标。EBITDA指标有助于在一致的基础上比较公司之间的业绩，因为该指标不需考虑折旧或摊销。因为折旧和摊销可能因使用的会计方法或者非经营性因素（如历史成本）而存在很大差异。EBITDA还是一个广泛用于反映公司获取和偿还债务能力的财务指标。

事实上，在私募股权或者杠杆收购领域，EBITDA也十分受欢迎。潜在的收购者计划在收购后改变资本结构，并希望能直接感受到企业的盈利能力。

EBITDA还被广泛用于债务契约中。例如，公司的债务总额可能被限制在EBITDA的若干倍以内。简言之，EBITDA被定义为：

终止经营前的净利润＋利息费用＋所得税＋折旧＋摊销

＝息税折旧和摊销前利润（EBITDA）

另外，我们甚至可以更简单地根据息税前利润（EBIT）计算息税折旧摊销前利润（EBITDA），即：

销售收入总额

－营业成本

=息税前利润（EBIT）

+折旧和摊销

=息税折旧和摊销前利润（EBITDA）

表6－2中的例子说明了这一点。A公司和B公司实质上相同，两者之间的差异在于资本结构和折旧政策不同。这导致两个公司尽管内在的盈利能力一样，但净利润的数字差异很大。

表6－2　　A公司、B公司的资料　　单位：美元

项目	A公司	B公司
销售收入	1 000.00	1 000.00
减：销售成本	800.00	800.00
减：折旧和摊销	50.00	20.00
减：销售和管理费用	30.00	30.00
息税前利润（EBIT）	120.00	150.00
减：利息费用	7.50	0.00
税前利润	112.50	150.00
减：所得税费用	33.75	45.00
净利润	78.75	105.00
负债总额	150.00	0.00
所有者权益总额	350.00	500.00
EBITDA		
EBIT	120.00	150.00
加：折旧和摊销	50.00	20.00
=EBITDA	170.00	170.00

不幸的是，公司对EBITDA的定义千差万别，因为它们在计算EBITDA时会试图包括或者剔除某些项目（例如：非持续性项目），这要求财务分析师重视某些疑点并应用专业常识，建立自己的EBITDA模板，以使得各公司之间的数据可比。

EB1TDA有时也作为经营性现金流的代理变量，但它其实没有考虑营运资本的需求这一重要因素，而营运资本的需求对成长型公司有显著影响。因此，使用EBITDA可能会误导使用者。此时，明智的操作是结合其他指标一起使用EBITDA。

息税折旧和摊销前利润（EBITDA）－所得税－净营运资本的变动－资本性支出总额+非现金费用=公司自由现金流（FCFF）

自由现金流是由投资的净业务活动产生的。然后，它们作为对资本提供者的报酬被“消费”（例如，这是造成股东报酬的净结果为负数的原因），见图6－14。

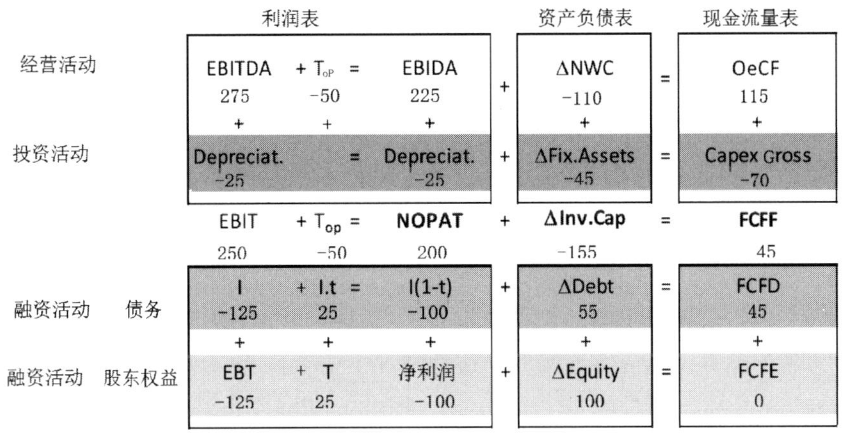

图 6－14　现金流量

本章中使用的各种合计以及它们之间的关系见表 6－3。

表 6－3　各种合计以及它们之间的关系　　单位：百万美元

股东的观点			莫迪利亚尼－米勒的观点		
	净利润	100		净利润	100
－	净营运资本变动	110	－	净营运资本变动	110
+	折旧	25	+	折旧	25
=	经营现金流	15	+	税后利息	100
+	税后利息	100	=	经营经济性现金流	115
－	资本性支出总额	70	－	资本性支出总额	70
=	公司自由现金流	45	=	公司自由现金流	145
+	所得税	50	+	所得税	50
+	净营运资本变动	110	+	净营运资本变动	110
+	资本性支出总额	70	+	资本性支出总额	70
=	息税折旧摊销前利润	275	=	息税折旧摊销前利润	275

6.2.4　公布的数据和会计调整*

到目前为止，我们从价值创造分析的角度讨论了会计分录的分类。我们现在必须考虑第二部分：财务分析师在面对过于激进的会计决策时，或面对明显、纯粹地为了最大化公司的短期利润而作出会计决策时，该怎么做？

然而，即使采用相同的会计准则，但由于存在不同的会计选择，财务分析师们仍然不能直接使用财务报表。存货计价、固定资产折旧和租赁通常是公司出现差异的共同区域。一个合格的财务分析师通常会浏览在财务报表附注中所披露的会计政策并识别出企业所做的会计选择。然后，财务分析师必须将财务报表置于共同的会计政策基础之上，并且需要对公司报告的会计数据进行调整，从而为之后的分析准备更有价值的基础信息。

6.2.4.1 给出公司虚假数据的会计分录*

有两种误导性会计数据：

（1）欺诈行为，包括伪造文件。这种情况下需要根据《刑法》对他们起诉［参见帕玛拉特（Parmalat）］。

（2）尽管行为合法，但对公司保持了过于乐观的看法。

• 利润平滑。利润平滑是指故意在业绩良好年份记录很高的酌量性费用，而在业绩不好的年份会限制这些费用。这样做的主要目的是给市场一个印象，即该公司的利润波动性很低。

• 巨额冲销行为。巨额冲销行为是指企业在业绩糟糕的年份吸收所有损失和费用的倾向，这是为了完全清理资产负债表。一旦资产负债表已经完全清理干净，股票市场将对所有利空一次性出清，之后股票市场会认为该公司是一个扭亏为盈的案例，并作出积极的反应。

一项涉及数年并在一个会计年度支付的重组计划应该在该计划的整个生命周期内分配重组费用。在表 6－4 中，一项重组计划进行了 3 年，并且每年所做的工作是相等的，但是该公司将全部重组费用 150 万美元计入了第一年。会计结果显示，公司的经营成果有明显的改善趋势（a 行）；如果将重组费用平均分配到三个会计年度，所得到的经营成果（b 行）没有显示出明显的趋势且表现得缺乏盈利能力。

表 6－4　　重组费用的计入方式对经营成果的影响　　单位：千美元

	第 1 年	第 2 年	第 3 年
计入重组费用前	+500	+300	+500
将重组费用计入第 1 年（a）	-1 000	300	+500
将重组费用在 3 年中平均分配（b）	0	-200	0

第一种会计数据（a 行）反映了需要立即确认的所有可能发生的损失，以免高估代表股东财富的股东权益，这些数据对债权人有用。第二种会计数据是为了真实反映公司管理层的业绩，这对公司的股东有用。

（3）调整会计分录的税务后果。如果投资者调整会计分录，通常很难考虑其税收因素，该基本信息会丢失。我们不知道某项重组适用的是什么税率，不知道公司遭受的某项经济损失适用的是什么税率，我们也不知道每个有关国家的资本利得适用的是什么税率。投资者最好在完全了解这些事实的情况下再去重新调整与税收相关的会计分录。

如果投资者在某跨级年度调整了某项会计分录，那么财务分析师需要更加谨慎，在随后的几年中，投资者可能会通过递延税款部分或全部地考虑这一调整。投资者也可能完全不会意识到这一点，因为该会计分录与递延税款之间的关联不清晰。投资者有可能无法按时结束最初对会计分录的修正。

6.2.4.2　没有被国际会计准则认可的会计定义*

理解溢价企业财务报表的过程就像出迷宫一样，财务或会计要素会让投资者面临许多岔路选择，令投资者难以看清企业的真实业绩和真实的盈利能力。因此，公司希望找到方法对财务报表中的数字进行适度调整。这些指标通常被称为“非公认会计原则财务指标”或者“补充性财务指标”。

简而言之，非公认会计原则财务指标是补充性财务指标，公司和投资者利用这些业绩或流动性指标来更好地理解某公司的业绩和财务状况。最常用的这类财务指标是备考利润和调整后利润。

这些指标在美国和越来越多的欧洲国家受到了广泛欢迎。但是，鉴于公司管理层的薪酬可以建立在非公认会计原则财务指标基础之上，并且利润越高股价就越高，因此，目前存在许多滥用这些指标的情况。为了自己的利益，公司经常利用这些指标以尽可能展示其最好的方面。

因此，2003年美国证券交易委员会通过了新的条例，即G监管条例（Regulation G）。该条例旨在解决公司披露和发布的那些不是按公认会计原则计算和列报的财务信息的方法。很多国家学习了美国证券交易委员会的做法。

G监管条例要求上市公司披露和发布非公认会计原则财务指标时应包括：

- 披露最接近可比的符合公认会计原则的财务指标；
- 将披露的非公认会计原则财务指标调整为最接近可比的符合公认会计原则的财务指标；
- 披露管理层声明书，以说明为什么管理者认为非公认会计原则财务指标的披露能为投资者提供有关财务状况和经营成果的有用信息。

（1）调整后利润*。我们下面举例说明。在这个案例中，高露洁公司解释了其在截止到2011年3月31日的季报中使用了非公认会计原则指标的原因，并认为这些补充信息对于理解公司的内在业绩很有用。

高露洁公司（Colgate，美国）

为了补充按美国公认会计原则编制的简式利润表的信息，公司披露了按非公认会计原则计算的有关经营成果的指标，这些指标剔除了某些项目。公司对营业利润、营业利润率、实际所得税税率、净利润和每股收益都同时按照美国公认会计原则计算的数额进行报告。同时，公司剔除了在2011年1月1日与委内瑞拉过渡到恶性通货膨胀会计有关的一次性费用的影响。公司管理层相信这些非公认会计原则指标可以给投资者提供有用的补充信息，既有助于投资者理解公司持续经营的业务的发展趋势和经营业绩，又有助于投资者比较公司各个期间的经营业绩。

高露洁公司非公认会计原则财务指标与公认会计原则财务指标的调节表——截止到2011年3月31日和2010年3月31日的季报见表6-5。

表6-5　　　　高露洁公司季报

	2011年	2010年		
	按公认会计原则报告	按公认会计原则报告[1]	委内瑞拉恶性通货膨胀[2]	调整后（不属于公认会计原则）
其他（利润）费用（净额，百万美元）	12	235	271	-36
营业利润（百万美元）	915	678	-271	949
营业利润率（%）	22.9	17.7		24.8
所得税前利润（百万美元）	899	662	-271	933
实际所得税税率（%）	32.5	41.5		29.5
包含非控制性股东收益的净利润（百万美元）	607	387	-271	658
归属于高露洁公司的净利润（百万美元）	576	357	-271	628
每股收益[3]				
基本每股收益	1.17	0.71	-0.55	1.26
稀释每股收益	1.16	0.69	-0.52	1.21

注：（1）包括与委内瑞拉资产负债表重估相关的4 600万美元的税前利得（税后是59 000万美元，稀释每股收益为0.11美元）以及下降的税率对因2010年1月货币贬值产生的已经应计但尚未支付的汇款的影响。

（2）代表了2010年1月1日转换成恶性膨胀会计的一次性费用。该金额主要是为取得以美元计价的现金或债券而支付的费用。在2010年1月1日前，这些资产以平行市场汇率计量的，后根据财务报告的目的调整为按照官方汇率2.15进行折算。

（3）对于非公认会计原则的调整对基本每股收益和稀释每股收益的影响，因四舍五入的原因并不一定等于。按公认会计原则，报告的每股收益和调整后，每股收益之间的差额。

美国证券交易委员会禁止披露含有对重大事实不实陈述的指标，也禁止省略会导致列报产生偏误的重大事实。

但是美国证券交易委员会在对非公认会计原则指标进行规范时没有包括以下内容：

- 经营性和其他统计指标（例如单位产品销售收入、员工数量、订户数量、广告商数量）。
- 只用以下一个或两个计算出的比率或统计指标：

· 根据美国公认会计原则计算出的财务指标（例如，营业利润率，通过将营业利润除以营业收入计算得出。其中营业收入和营业利润都按公认会计原则确认）；

· 非公认会计原则的经营性指标或其他指标（例如，在销售额是以公认会计原则计算的情况下，每平方英尺的销售额或同店销售额）。

美国证券交易委员会的监管指令为使用非公认会计原则指标的动机和计算提供了更多的信息，但它没有禁止公司使用这些指标。在以下几节中，我们将进一步讨论某些广泛使用的指标，以及这些指标的应用及局限性。

根据公认会计原则报告的利润常常包括非经常性项目或者非常项目，这些项目将模糊公司内在的盈利能力。这些项目包括重组费用、诉讼和解费用、商誉减值和其他费用项目。财务分析师希望了解企业在本年度的真实盈利，因此，有些公司提供调整后的净利润［或者称之为营业利润或备考净利润（ProForma Earnings）］。

这是最具争议的非公认会计原则指标之一，对该指标没有统一的定义，不同的公司可能包括或剔除不同的项目。不足为奇的是，备考利润比按公认会计原则确认的利润更高，也有证据表明，在按公认会计原则确认的利润低于预期时，公司更愿意报告备考利润。那么，备考利润是为了给投资者更多的信息以帮助他们更好地估计公司的业绩呢，还是公司管理层使用它来管理预期进而误导投资者呢？

我们将从这两个方面分别加以讨论，这也表明在使用备考利润时应持审慎态度。不能否认的是，备考利润提供了与公司业绩相关的有价值的信息，可用作预计公司未来利润的参考，财务分析师必须保持警惕并尽力理解公司希望达成的目标。这需要财务分析师使用其掌握的专业常识来确定使用或者剔除什么信息，以得出自己估计的备考利润，并且在分析不同公司时应使用一致的方法。

如果该公司发布重新计算的结果，那么该公司年度报告中的很大一部分将不再重要。年报中的数据与国际财务报告准则或美国公认会计原则相关，但公司会使用两到三个自由选择的综合性财务指标来向投资者解释其业绩表现。这使得确定公司管理层业绩的任务变得更加困难。解决办法可以是与“正式”年度报告一起发布一份有关这些综合财务指标的附录，用于说明调整后的结果。这会费很大的工夫，但所有投资者都会立即获得相关信息。

（2）股份支付*。有些公司（经常是科技公司）会选择在其备考利润中剔除股份支付的薪酬费用，例如摩托罗拉公司。

摩托罗拉公司（美国）以股份支付的薪酬费用：公司在非公认会计原则的营业费用和净利润指标中剔除了以股份支付的薪酬费用。尽管以股份支付的薪酬是公司激励员工的重要举措，并且公司相信这种薪酬方式有助于本期间收入的提升。同时，公司也相信它将同样有助于未来收入的增长，公司持续以剔除股份支付的薪酬费用来评估业绩是因为此项费用是重要的非现金项目。以股份支付的薪酬费用未来也将持续发生。

摩托罗拉公司将备考利润调整到按公认会计原则确认的利润。过程见表6－6。

表6－6　摩托罗拉公司利润调节　单位：美元

对稀释每股收益的影响	2010年第4季度#
持续经营业务按公认会计原则确认的利润	0.61
重要项目：	
与分离交易相关的成本	0.17
企业重组费用	0.09
IP结算	－0.17
重要项目合计	0.09
股份支付的薪酬费用	0.14
无形资产摊销费用	0.12
股份支付薪酬费用和无形资产摊销费用合计	0.26
按非公认会计原则调整后的项目小计	0.34
持续经营业务按非公认会计原则调整后的利润	0.95

#注：由于四舍五入，每股收益金额不等于直接加和。

资料来源：摩托罗拉公司。

以股份支付的薪酬费用确实是非现金性费用，但是它对于股东来说是真实的成本。因此，尽管有争议，还是应该将其包括在成本中。

（3）非经常性项目*。非经常性项目也是一个存在争议的项目。如果其性质是暂时性的，应该剔除。下面以柯惠公司为例加以说明。

柯惠公司将备考利润调节到按公认会计原则确认的利润的过程见表6－7。

表6－7　　柯惠公司利润调节过程

	截止到2011年3月25日的季度							
	销售收入（美元）	毛利润（美元）	毛利率（%）	营业利润（美元）	营业利润率（%）	所得税税前持续业务的利润(美元)	持续业务利润（美元）	持续业务稀释每股收益（美元）
按公认会计原则	2 101	1 396	37%	613	22.00%	370	439	0.92
调整项目：								
存货	0	8		8		8	5	0.01
重组重组（净额）	0	0		－2		－2	－2	0
调整后	2 101	1 604	37.8	621	22.2	376	462	0.98
	截止到2010年3月26日的季度							
	销售收入（美元）	毛利润（美元）	毛利率（%）	营业利润（美元）	营业利润率（%）	所得税税前持续业务的利润(美元)	持续业务利润（美元）	持续业务稀释每股收益（美元）
按公认会计原则	2 331	1 438	37%	343	21.40%	329	422	0.18
调整项目：								
重组费用	0			26		26	11	0.04
税收分摊协议的影响						－18	－18	－0.08
税务事宜	0	0		0			1	0.02
调整后	2 331	1 438	37.0	371	22.4	342	483	0.16

资料来源：柯惠公司。

柯惠公司各年之间有一些不同的非持续性项目，若这些非持续性项目一年接一年发生，又将如何？

美国银行（Bank of America）就存在这种情况，它采取了一系列的收购行为。2006年收购了美国信用卡公司（MBNA），2007年收购了美国信托（US Trust），2001年收购了美国国家金融服务公司（Countrywide），2009年1月收购了美林（Merrill Lynch）。美国银行在2007年第1季度至2008年第4季度间的每一季度将合并与重组费用加到备考净利润中。这些费用是应被当作非经常性费用呢，还是公司经营必不可少的一部分呢？

美国银行将按公认会计原则确认的利润调节到备考利润的过程见表6－8。

表6－8　　美国银行利润调节过程　　单位：美元

	2007年第1季度	2007年第2季度	2007年第3季度	2007年第4季度	2008年第1季度	2008年第2季度	2008年第3季度	2008年第4季度
净利润	5 255	5 761	3 698	268	1 210	3 410	1 177	－1 789
合并重组费用	11	75	84	140	170	212	247	306
相关所得税优惠	－41	－28	－31	－52	－63	－78	－64	－100
营业利润（亏损）	5 225	5 808	3 751	356	1 317	3 544	1 360	－1 583

很快到了2010年美国银行在第3季度确认了104亿美元的商誉减值费用，第4季度再次确认了20亿美元商誉减值费用这两次减值分别与全球信用卡服务部（包括MBNA）和消费者房地产服务部（即Countrywide）有关。尽管将这些费用剔除能帮助报表使用者更好地预测美国银行未来的利润，但商誉减值损失也反映了管理层在并购决策上的失败。

当然，这还不是全部。尽管美国银行确实停止了将重组费用从非公认会计原则的备考利润中剔除，但是美国银行也确实像其他公司一样，列示了对盈余有重大影响的项目（见表7－14）。华尔街的证券分析师经常在自己估计备考利润时剔除这些项目中的某些项目或全部项目，并以此为基础预测未来利润。同样这些项目中的一部分是有用的，其他部分则与银行的潜在业务有关，可能代表了过去糟糕管理决策的结果。

美国银行2011年第1季度经营成果中的重大项目的列报。见表6－9。

表6－9　　美国银行2011年第1季度盈余中的重大项目

	税前（10亿美元）	对每股收益的影响（美元）
收入		
代理和担保准备金	－1.0	－0.06
结构性负债的负公允价值调整	－0.6	－0.04
权益性投资的利得	1.1	0.07
债券的利得	0.5	0.03
债务调整价值损失	－0.4	－0.02
费用		
诉讼费用	－0.9	－0.06
与抵押相关的评估和弃权声明书	－0.9	－0.06
到期合格的股份支付薪酬费用	－1.0	－0.06
合并和重组费用	－0.2	－0.01
准备金		
贷款损失准备金的减少	2.2	0.14

资料来源：美国银行。

总之，如果财务报表的使用者能够理解管理层正在做什么、为什么要做这些，并且对不同的公司能够用同样的方法进行处理，那么备考利润可能非常有用。

6.2.4.3　在不同会计准则的情况下调整会计数据*

分析师研究财务报表是为了制定投资和未来增长等方面的决策。为此，他们使用了许多分析工具，我们将在下一节中看到这些工具。但在研究这些分析工具前，我们必须确保财务报表是在通用的平台上。正如我们在前面几节中看到的，这可以通过遵循会计准则部分实现。

在对比两家公司时，首要的事情是确保两者遵循相同的会计准则。为了确保在会计政策使用上的一致性，需要对资产负债表、综合收益表和现金流量表的不同项目进行重算调整。

财务分析师的工作在过去十多年变得相对容易。在欧洲，随着所有上市公司自 2005 年起使用国际财务报告准则（IFRS），不同国家会计准则间的差异越来越小。另外，国际财务报告准则越来越接近美国公认会计原则（US GAAP），很多重大差异已经消除。现在，我们在比较两家欧洲公司时，可以不用太担心会计差异。此外，在 2007 年 11 月，美国证券交易委员会（SEC）取消了针对使用国际财务报告准则的外国私人发行者必须将财务报表按美国公认会计原则进行调整的长期要求。目前，美国证券交易委员员持续关注国际财务报告准则，预计不久后会有进一步的公告。因此，财务分析师不用过分担心各国会计准则的差异。

前文的章节已经对会计选择和方法做出了说明，在这一章需要综合考虑并对资产负债表、综合收益表和现金流量表进行适当调整。需要注意的是，尽管经常缺失必要的数据，但是财务分析师们至少需要尝试进行调整。要记住，即使是最差的调整（例如近似的调整）也要比没有调整的好。以下是常见的调整的例子。

【例 6-3】 你的部门专门从事企业投资组合的财务分析，且这些投资组合受到密切关注。以下是你可以从大多数企业中找到的主要使用的会计政策。

- 对所有固定资产采用直线法折旧；
- 存货发出采用先进先出法；
- 利息费用资本化；
- 开发成本不能资本化。

你作为新入职的财务分析师，负责跟踪你们公司正在考虑的针对 COMPAR 公司的一项新的投资机会。你被要求使用不同的分析工具与投资组合中的其他公司进行比较。但在计算不同比率时，你需确保 COMPAR 公司采用与其他公司相同会计方法。

因此，在一开始，你浏览COMPAR公司2007年的财务报表及其附注，会发现如下信息：

● COMPAR公司使用双倍余额递减法计提折旧。相对于直线折旧法，双倍余额递减法在2007年增加了折旧费用8 000元（以往年度共计24 000元）。

● COMPAR公司使用加权平均法对存货发出进行计价，导致存货初始余额为16 000元而期末余额为19 000元。如果采用先进先出法，期初余额为17 500元而期末余额为20 000元。

● COMPAR公司自2006年开始建造大楼，工程起始于1月1日，完工于12月31日，大楼总成本100 000元。2006年企业借款的加权平均利息率为5%。从现金流量表中，你可以看到企业2006年支付的利息为1 500元。COMPAR公司自2007年初起开始使用该大楼，基于50年使用寿命运用直线折旧法来计提折旧费用。COMPAR公司不准备将利息费用资本化（在当时，会计准则允许这样做）。

● 报表附注披露公司涉及一项与税务机构的法律诉讼，涉诉赔偿金额为8 000元。然而，公司管理层估计认为没有必要担心败诉，因此没有计提准备。你刚刚想起来，你在今天的报纸上看到COMPAR公司最终败诉，并需要支付该赔偿金额。

● 报表附注披露，大楼的投保价值为1 250 000元。从资产负债表上，你看到2007年末大楼账面净值为830 000元。

● 附注披露COMPAR公司对开发成本进行了资本化处理。2005年发生的费用（5 000元）使用直线折旧法在5年的使用寿命内进行摊销。

忽略调整中的税收影响。

答案：注意，上述所有调整都没有影响2007年的现金流量。因此，我们重点关注利润表和资产负债表的必要调整。

（1）折旧调整。2007年的折旧费用需要降低8 000元。另外，设备的净值需要增加8 000元。以前各年也需要进行相似的调整。以前年度的净利润可以从留存收益中找到，因此我们可以直接增加留存收益24 000元，并在该设备的净值中增加相同的金额。总结：

● 折旧费用降低8 000元；

● 设备净值增加32 000元（=8 000+24 000）；

● 留存收益增加32 000元（=8 000+24 000）。

（2）存货调整。首先，我们增加存货的期末余额1 000元（=20 000－19 000），对应的销售成本减少1 000元。存货的期初金额会影响销售成本和留存收益。因此，我们需要将1 500元（=17 500 - 16 000）从留存收益转移至销售成本。总结：

- 期末存货增加1 000元；
- 销售成本增加500元（=1 500 - 1 000）；
- 留存收益增加1 000元（转移没有影响留存收益总额）。

（3）利息资本化的调整。假设建设过程是均衡的，能够资本化的利息金额为2 500元[=（0 + 100 000）/2 × 5%]。然而，因为COMPAR公司只支付了1 500元，则资本化的利息费用可能为1 500元。因此，我们需要增加大楼价值1 500元，同时以相同金额增加留存收益（上一年度利息费用）。

此外，我们需要按2007年新的基础调整折旧费用。折旧费用增加30元（=1 500/50），同时大楼的净值减少相同金额。总结：

- 大楼的价值增加1 470元（=1 500 - 30）；
- 折旧费用增加30元；
- 留存收益增加1 470元（=1 500 - 30）。

（4）法律诉讼预计负债的调整。我们现在知道公司管理层的估计是错误的，因此我们可以修正财务报表，需要确认8 000元的预计负债和相同金额的费用。总结：

- 预计负债增加8 000元；
- 与预计负债相关的费用增加8 000元；
- 留存收益减少8 000元。

（5）大楼重新估值的调整。大楼价值需要增加430 000元（=1 250 000 - 830 000）。该重新估值的金额应作为资本公积直接计入股东权益（综合收益）。总结：

- 大楼的价值增加430 000元；
- 重新估值资本公积增加430 000元。

（6）开发成本调整。资本化的开发成本需要从资产负债表中剔除，其净值应该为2 000元（=5 000 - 3 × 1 000）。因此，资产应减少2 000元，留存收益也应减少2 000元。同时我们需要减少2007年1 000元的摊销（对留存收益总额没有影响）。2005年和2006年的摊销已经计入留存收益，所以不需要进行更正。总结：

- 开发成本的价值减少2 000元；
- 摊销增加1 000元；
- 留存收益减少2 000元。

第1～6项调整的汇总见表6 - 10。

表 6-10 对 COMPAR 公司资产负债表的调整 单位：元

资产负债表	调整 1	调整 2	调整 3	调整 4	调整 5	调整 6
资产						
大楼			+1 470		+430 000	
设备	+32 000					
开发成本						-2 000
存货		+1 000				
（-）负债						
预计负债				+8 000		
（=）股东权益						
留存收益	+32 000	+1 000	+1 470	-8 000		-2 000
重新估值资本公积					+430 000	
综合收益表	调整 1	调整 2	调整 3	调整 4	调整 5	调整 6
收入						
（-）费用						
销售成本		+500				
折旧和摊销费用	-8 000		+30			-1 000
准备金				+8 000		
（=）利润/损失	+8 000	-500	-30	-8 000		+1 000

6.2.4.4 特殊案例：研发费用的资本化*

大多数公司将研究与开发支出视为每年的经营费用，并计入当期损益。然而，这些研究与开发支出显然会影响公司未来的利润，而不仅仅是当年的利润，所以从逻辑上讲，应该将研究与开发支出视为投资。

但是，大多数会计准则不允许将这些费用资本化。美国制药公司有义务将这些费用直接计入损益表（根据国际财务报告准则第 2 号），而欧洲公司可在其使用期限内（通常为 10～15 年）分摊开发费用（国际会计准则第 9 号允许的解决方案）。

这种会计选择会对公司资产、盈利能力和经营现金流水平产生影响。一家公司将其研发支出计入当期费用通常会降低其利润。

为了确定这些会计选择的确切影响是什么，我们需要对相关项目进行重述。实践中有多种方法，下面我们给出的是使用直线法摊销这些研发费用的版本。①

我们将诺华公司的历史研究与开发支出②重新纳入资产负债表，平均所得税税率

① 该方法可以应用于其他类型的具有长期影响的支出，如广告费或软件开发成本。

② 我们采用的是公司 2013 年年报第 62 页所述的核心研发与开发费用及其以前年度的数据。

为 20%。这样做的目的是重新组建研发资产，就好像它们已经被资本化了一样。给出使用期限为 10 年，并按直线法进行摊销。这一时期接近集团年度报告中附注 11 所示的期间：与诺华公司目前销售的产品相关的无形资产在 12～13 年内摊销。年摊销额是这些金额的总和（2013 年为 56.53 亿美元）。

表 6－11　研发费用的调整　单位：百万美元

年份	2003	2004	2005	2006	2007	2008	2009	2010	2011	2012	2013
研究与开发费用	3 700	4 000	4 800	5 300	6 400	6 800	7 300	8 100	91 200	9 116	9 642
税后研究与开发费用	2 960	3 200	3 840	4 240	5 120	5 440	5 840	6 480	7 360	7 293	7 714
摊销 1	(296)	(320)	(384)	(424)	(512)	(544)	(584)	(648)	(736)	(729)	(771)
摊销 2	(286)	(296)	(320)	(384)	(424)	(512)	(544)	(584)	(648)	(736)	(729)
摊销 3	(276)	(286)	(296)	(320)	(384)	(424)	(512)	(544)	(584)	(648)	(736)
摊销 4	(265)	(276)	(286)	(296)	(320)	(384)	(424)	(512)	(544)	(584)	(648)
摊销 5	(228)	(265)	(276)	(286)	(296)	(320)	(384)	(424)	(512)	(544)	(584)
摊销 6	(209)	(228)	(265)	(276)	(286)	(296)	(320)	(384)	(424)	(512)	(544)
摊销 7	(210)	(209)	(228)	(265)	(276)	(286)	(296)	(320)	(384)	(424)	(512)
摊销 8	(192)	(210)	(209)	(228)	(265)	(276)	(286)	(296)	(320)	(384)	(424)
摊销 9	(176)	(192)	(210)	(209)	(228)	(265)	(276)	(286)	(296)	(320)	(384)
摊销 10	(160)	(176)	(192)	(210)	(209)	(228)	(265)	(276)	(286)	(296)	(320)
摊销合计	(2 298)	(2 458)	(12 666)	(2 898)	(3 200)	(3 535)	(3 891)	(4 274)	(4 734)	(5 177)	(5 653)
对利润的调整	1 402	1 542	2 134	2 402	3 200	3 265	3 409	3 826	4 466	3 939	3 989
重新构建的研发资产	13 938	14 840	16 222	17 796	20 018	22 258	24 564	27 153	30 238	32 797	35 333
研发回报率	10.1%	10.4%	13.2%	13.5%	16.0%	14.7%	13.9%	14.1%	14.8%	12.0%	11.3%

调整导致净利润增加（减去研发费用，但研发摊销被资本化）。2013 年，调整为 39.89 亿美元。根据 Damodaran 的说法[①]，研发的盈利能力可以通过将最后一笔数额除以重新构建的研发资产来衡量，即 2013 年研发回报率为 11.3%。

我们没有在现金流量计算中使用这一调整。但是，我们会将其纳入股东权益回报率的计算中，因为它很好地说明了公司盈利能力对其资产会计价值的敏感性。

---

① 研发费用对盈利的影响，Damodaran，斯特恩学院。

6.2.5 反映历史数据

在将财务报表置于相同的会计政策基础后，就可以进行比较了。接下来财务分析师们应该浏览财务报表，并尝试发现背后的故事。在这一阶段可以使用两套工具，且可以交替使用：

- 时间序列分析；
- 共同比分析。

6.2.5.1 时间序列分析

分析师们通过回顾连续逐期的财务报表进行时间序列分析。这些分析模型对公司和分析师们来说都很有用。企业使用该工具进行规划，将实际业绩和规划业绩相比较、与历史趋势相比较等。分析师们使用它进行趋势分析以制定投资决策。

资产负债表的时间序列分析，是指对同一企业数年的资产负债表进行分析，可以得出不同资产的增长率，并告诉财务分析师固定资产的增长情况。这些增长率可以与销售收入增长率以及净利润增长率相比较，进行有价值的深层次分析。时间序列分析对利润表来说也很重要，因为可以得到收入和利润的增长率等信息。

然而，时间序列分析所揭示的最重要的信息是趋势。例如，若存货的增长率为10%，那就不容忽视，需要结合其他项目的数据进行深入分析。如果存货的增长伴随着销售收入5%的下降，就需要调查和解释。分析师们需要寻找相关比率差异背后的原因并思考其隐含的信息。

6.2.5.2 共同比分析

运用共同比分析法，可以将不同企业的财务报表进行比较。正如我们所知，由于规模问题，对不同规模企业的财务报表进行直接比较是没有意义的。此时，共同比分析法就显得尤为重要了。对于资产负债表来说，通常将资产总额设定为100%，然后将资产负债表的各个组或子组换算为总资产的百分比并进行分析。对于利润表来说，通常将每个利润表项目换算为销售收入总额的百分比。因为他们都是以100为基数，所以可以将不同公司的财务报表进行比较。

运用共同比分析法，可以比较特定年份处于相同行业或跨行业的不同公司的业绩。因为这一工具不受绝对金额大小的影响，在投资分析中非常有用，但要考虑不同企业的相对实力。因此，我们能够发现，即使有来自不同行业、规模不同的公司，即使其资产负债表和利润表存在不同项目，财务分析师也可以运用共同比分析法，比较分析这些公司的资产负债表和利润表。

运用共同比分析法和时间序列分析法，可以比较不同公司、不同期间的流动资产总额、固定资产总额、短期负债和长期负债以及不同费用的构成比例。但这一分析并不像分析师们所期望的那么细致。

【例6-4】 我们将诺华公司的数据进行调整。这些调整将在下一节（诺华公司分析）中详细介绍。

答案：很明显，由于规模问题，诺华公司无法与其他公司直接进行比较。这就是为什么我们在第一步需要对资产负债表和利润表采用共同比分析法。此时，需要构建不同的组，组的详细程度取决于分析的目的。下面是用于时间序列分析法和共同比分析法的数据。资产和负债都换算为资产负债表中资产总额的百分比，而利润表中的费用换算为销售收入的百分比（见表6-12）。

表6-12　　诺华公司可用于时间序列分析法和共同比分析法的数据

调整后的数据	2011年（百万美元）	2011年（%）	2012年（百万美元）	2012年（%）	2013年（百万美元）	2013年（%）
净营运资本	2 235	2.3	1 779	1.7	1 019	1.0
应收账款	10 323	10.5	10 051	9.8	9 902	9.5
存货	5 930	6.0	6 744	6.6	7 267	6.9
其他流动资产	2 756	2.8	3 090	3.0	3 392	3.2
应付账款	4 989	-5.1	5 593	-5.4	6 148	-5.9
其他流动负债	11 785	-12.0	12 513	-12.2	13 394	-12.8
不动产、厂房和设备	15 627	15.9	16 939	16.5	18 197	17.4
无形资产	65 325	66.6	67 513	65.6	67 633	64.6
对联营企业投资	8 622	8.8	8 840	8.6	9 225	8.8
其他资产+递延所得税	6 275	6.4	7 870	7.6	8 659	8.3
净金融债务	14 178	14.5	10 490	10.2	7 273	6.9
流动负债	6 374	6.5	5 945	5.8	6 776	6.5
现金和现金等价物，有价证券	5 075	-5.2	8 119	-7.9	9 222	-8.8
长期债务	13 855	14.1	13 781	13.4	11 242	10.7
其他长期金融资产	976	-1.0	1 117	-1.1	1 523	-1.5
其他负债+递延所得税	14 553	14.8	17 096	16.6	14 172	13.5
少数股东权益	96	0.1	126	0.1	129	0.1

续表

调整后的数据	2011 年（百万美元）	2011 年（%）	2012 年（百万美元）	2012 年（%）	2013 年（百万美元）	2013 年（%）
股东权益	69 257	70.6	75 229	73.1	83 109	79.4
其中：股本	1 016	1.0	1 001	1.0	1 001	1.0
留存收益	68 241	69.6	74 228	72.1	82 108	78.4
投入资本	98 084	100.0	102 941	100.0	104 683	100.0
销售收入和其他收入	59 492	100.0	57 505	100.0	58 831	100.0
销售成本	15 653	-26.3	15 658	-27.2	16 673	-28.3
固定成本和折旧	27 930	-46.9	27 005	-47.0	27 673	-47.0
息税前利润	15 909	26.7	14 842	25.8	14 485	24.6
经营性所得税费用	2 566	4.3	2 330	4.1	2 210	3.8
税后净营业利润	13 343	22.4	12 512	21.8	12 275	20.9
税后非营业利润	779	1.3	755	1.3	877	1.5
税后净利息费用	632	-1.1	691	-1.2	619	-1.1
少数股东权益	132	0.2	113	0.2	117	0.2
归属于诺华公司股东的净利润	13 358	22.5	12 463	21.7	12 416	21.1

在这种形式下的财务报表可以很容易与其他公司进行比较。在表 6-12 中，可以将诺华公司 2012 年应收账款占资产总额的百分比 9.8% 和 2013 年的 9.5%，与其他公司应收账款占资产总额的百分比进行比较。我们发现 2013 年总资产中有 79.4% 是通过股权来融资的，剩余 20.6% 是通过负债融资的。

通过对不同公司的百分比进行比较，我们可以对主要差异有一个清晰的认知。大多数情况下，因为缺乏其他信息，财务分析师只能根据已知做出猜测。此外，我们可以看到，百分比在各年之间没有发生剧烈变动，因此可以认为公司的发展较为稳定。若想基于时间序列得出结论，两年多的数据容量是不足以得出发展趋势的，需要更长的时间跨度（例如 6 年），这样时间序列分析才有意义。

6.2.6 诺华公司案例分析

以下内容总结了本章我们研究的不同会计分类和数据调整：

（1）使用股东价值创造方法对资产负债表和利润表项目进行分类。

（2）如果报表项目不符合国际标准或竞争对手普遍遵循的会计原则，则重新对该会计数据进行调整。

根据公司不同的情况，最好是从调整该公司的会计数据开始。诺华公司就是这种情况，诺华公司公布了与国际财务报告准则中的利润不同的备考利润，同时提供了调整该数据所需的所有项目。

6.2.6.1　调整会计数据

诺华公布了被称为“核心成果”的备考经营成果。

核心经营成果和自由现金流均非国际财务报告准则所要求的指标。

核心经营成果剔除了无形资产的摊销费用、减值费用、与收购整合相关的费用以及其他收入和支出项目。其他收入和支出项目是指已经在年度内或预计在年度内累计超过公司管理层视为阈值的 2 500 万美元的部分。

诺华认为，因公司披露了核心业绩指标，投资者对集团的业绩有了更加深入的了解。因为这些核心业绩指标剔除了每年可能出现重大变动的项目，所以核心业绩指标在多年内依旧有效。

因为核心业绩指标非标准化，与国际财务报告准则指标不同，所以它们可能与其他公司的类似指标缺乏可比性。作为诺华公司的内部绩效衡量标准，这些核心指标有其局限性，并且公司绩效管理流程并不完全限于这些指标。

根据诺华公司 2013 年年报第 178 页提供的信息，表 6－13 显示了为得到诺华公司“核心营业利润”和“核心净利润”所需的调整。

表 6－13　诺华公司“核心营业利润”和“核心净利润”所需的调整　单位：百万美元

2013 年	公布的数据	1 摊销和减值	2 Roche	3 重组	4 所得税	根据报告第 178 页调整后重述
销售收入	57 920					57 920
其他收入	911					911
销售成本	19 608	－2 894		－41		16 673
毛利润	39 223	2 894	0	41	0	42 158
市场营销费用	14 549			－27		14 522
研发费用	9 852	－171		－39		9 642
管理费用	3 060			－25		3 035
其他收入	1 367	－53		－506		808
其他费用	2 219	－202		－735		1 282

续表

2013 年	公布的数据	1 摊销和减值	2 Roche	3 重组	4 所得税	根据报告第 178 页调整后重述
营业利润	10 910	3 214	0	361	0	14 485（核心营业利润）
对联营企业投资收益（税后）	600		277			877
利息费用	683					683
其他理财费用	92			-44		48
税前利润	10 735	3 214	277	405	0	14 631
所得税	1 443	540	47	68		2 098
净利润	9 292	2 674	230	337	0	12 533（核心净利润）
归属于非控制股东的利润	117					117
归属于诺华公司股东的利润	9 175	2 674	230	337	0	12 416
税率	14.24%					15.25%

从表 6－13 可以看出，表格对会计数据进行了四种类型的调整：

（1）无形资产摊销（第 1 栏）。诺华公司在 2013 年公布了 29.55 亿美元的无形资产摊销，尤其是在已购的研究权方面。根据诺华公司年度报告第 178 页提到的信息，销售成本（COGS）项目包含了 28.94 亿美元的无形资产摊销费用，该余额在不同账户之间分配。

（2）调整对参股的罗氏制药公司的投资收益（第 2 栏）。

（3）公布的各种重组计划的准备金/费用（第 3 栏）。将分配给重组计划的费用总额视为"非常项目"是值得商榷的，由于这些金额仅占集团调整后利润的 5.8%，我们倾向于将它们视为营业成本。

（4）这些调整的税收影响（表 6－13 中从净利润到核心净利润那一行）。我们不知道每个调整项目所产生的实际税收影响，但我们知道所有调整项目导致了 6.55 亿美元规模的所得税费用上涨（调整后的所得税费用 20.98 亿美元减去公布的所得税费用 14.43 亿美元）。将税费的增加与调整减少的费用总额 38.96 亿美元（调整后的税前利润 146.31 亿美元减去公布的税前利润 107.35 亿美元）相比较，这些调整的平均税率估计为 16.8%。我们已将税费分配给了前三栏的调整项目。

简单起见，我们并未在利润表中添加其他调整条目，尽管年报中的附注提供了大量信息。

对于资产负债表，我们仅将税后无形资产摊销重新纳入了股东权益和固定资产（见表6－14）。

表6－14　诺华公司资产负债表数据的调整　单位：百万美元

	2011年	2012年	2013年
诺华公司公布的数据			
1. 股东权益＋少数股东权益	65 940	69 263	74 472
2. 无形资产＋商誉	61 912	61 421	58 867
调整			
3. 年度调整	3 413	2 679	2 674
4. 累计金额	3 413	6 092	8 776
用于分析的数据			
5. 股东权益＋少数股东权益（1＋4）	69 353	75 355	83 238
6. 无形资产＋商誉（2＋4）	65 325	67 513	67 633

诺华公司2013年根据国际财务报告准则报告的合并净利润为92.92亿美元。我们考虑以下内容：①与无形资产摊销相关的税后金额26.74亿美元；②与罗氏制药公司参股有关的金额2.3亿美元；③与重组有关的金额3.37亿美元。我们应该运用这三个金额去调整公司的净利润。可以看出，在核心项目的重述中，跨国公司在公布其业绩时有一定的回旋余地。

最终，核心每股收益显著高于国际财务报告准则的每股收益，但这是绝大多数卖方财务分析师接受的事实，他们接受了诺华公司调整后的数据，而没有对其进行任何显著的修正。但这并不意味着金融界对会计不感兴趣。有些投资研究机构，如CFRA会对上市公司的会计质量进行评级，并进行调整。金融信息提供商（如路透社或彭博社）也会对公司的财务数据进行调整。但是，大多数时候这些调整是混乱的，且这些调整与国际财务报告准则无关。例如，彭博社2013年公布的诺华公司“正常化”利润为97.12亿美元。

6.2.6.2　使用股东价值创造法分类损益项目

第二步是将利润表项目归入以下的某一类活动中：经营活动、投资活动、债权融资活动和股权融资活动以及非经营活动。

会计视角与财务分析师视角下的利润表见表6－15。

表 6 – 15　　会计视角与财务分析师视角下的利润表　　单位：百万美元

利润表（会计视角 – 调整后的数据）

调整后的数据	2011 年	2012 年	2013 年
销售收入	59 492	57 505	58 831
销售收入和其他收入	59 492	57 505	58 831
销售成本	15 653	15 658	16 673
销售毛利	43 839	41 847	42 158
不含折旧的固定成本	25 789	25 262	25 838
息税折旧和摊销前利润	18 050	16 585	16 320
不动产、厂房和设备的折旧	2 141	1 743	1 835
息税前利润	15 909	14 842	14 485
净利息费用	753	820	731
计息债务的利息	699	655	664
生息资产的收益	–59	92	62
其他金融工具	5	–257	–129
税前利润	15 156	14 022	13 754
所得税	2 445	2 201	2 098
对联营企业投资收益	779	755	877
净利润	13 490	12 576	12 533
归属于少数股东的净利润	132	113	117
归属于诺华公司股东的净利润	13 358	12 463	12 416

➡

利润表（财务分析师视角 – 调整后的数据）

调整后的数据	2011 年	2012 年	2013 年
销售收入	59 492	57 505	58 831
销售收入和其他收入	59 492	57 505	58 831
销售成本	15 653	15 658	16 673
销售毛利	43 839	41 847	42 158
不含折旧的固定成本	25 789	25 262	25 838
息税折旧和摊销前利润	18 050	16 585	16 320
不动产、厂房和设备的折旧	2 141	1 743	1 835
息税前利润	15 909	14 842	14 485
净利息费用	753	820	731
经营性所得税费用	2 566	2 330	2 210
税后营业净利润	13 343	12 512	12 275
税后非经营性利润	799	755	877
投入资本的回报总额	14 122	13 267	13 152
诺华公司（调整后数据）	2011 年	2012 年	2013 年
税后净利息费用	632	691	619
计息债务的利息	699	655	664
生息资产的收益	–59	92	62
其他金融工具	5	–257	–129
集团净利润	13 490	12 576	12 533
归属于少数股东的净利润	132	113	117
归属于诺华公司股东的净利润	13 358	12 463	12 416
投入资本的分配	14 122	13 267	13 152

评论/备注：

（1）调整项目包括上一节中的所有重述项目。明确陈述了固定费用和可变费用的减少以及税收的增加。

（2）我们已使用年度报告中的信息将净利息费用细分为各个组成部分。我们将此项目分为三项：计息债务的利息费用、以现金收取的利息收入、转让金融资产的利得或损失以及金融工具价值的变动。我们稍后会看到，了解公司债务的利率很重要，因为这会影响杠杆率。

按照正常的做法，我们以相同的税率在经营活动和财务活动之间分配所得税费用。

（3）对罗氏制药公司的投资收益以税后净额记录。由于诺华公司负债率低，股东几乎获得了所有的营业利润。对于诺华来说，对经营方面的分析至关重要，对资产负债表分析的作用反而并不重要。诺华对杠杆率或利率的变化不太敏感。

（4）非经营活动的收益仅占投入资本投资回报的5%～6%。

（5）折旧与营业利润的比例相对较低（约12%）。诺华创造的股东价值的大部分来自“智力”活动。该集团不应该被视为“资本密集型”公司。

6.2.6.3　使用股东价值创造法分类资产负债表项目

资产负债表项目可以执行相同的分类。可以将资产负债表资产方面项目分类为经营活动和非经营活动，以及区分债权类负债和与股权类负债，见表6－16。

表6－16　会计视角与财务分析师视角下的资产负债表　单位：百万美元

资产负债表（会计视角－调整后的数据）

	2011年	2012年	2013年
现金和现金等价物、有价证券	5 075	8 119	9 222
应收账款	10 323	10 051	9 902
存货	5 930	6744	7 267
其他流动资产	2 756	3 090	3 392
不动产、厂房和设备	15 627	16 939	18 197
商誉和无形资产	65 325	67 513	67 633
对联营企业投资	8 622	8 840	9 225
其他长期金融资产	976	1 117	1 523
其他资产	418	505	525
递延所得税	5 857	7 365	7 375
待处置资产	0	0	759
资产总额	120 909	130 283	135 020
应付账款	4 989	5 593	6 148
准备金和其他流动负债	10 079	10 443	10 935
短期所得税负债	1 706	2 070	2 459
流动负债	6 374	5 945	6 776
长期债务	13 855	13 781	11 242
长期递延所得税	6 761	7 286	6 904
其他无息流动负债（准备金）	7 792	9 810	7 268
少数股东权益	96	126	129
股东权益	69 257	75 229	83 109
其中：股本	1 016	1 001	1 001
留存收益	68 241	74 228	82 108
可供出售的债务工具			50
负债和股东权益总额	120 909	130 283	135 020

➡

资产负债表（财务分析师视角－调整后的数据）

	2011年	2012年	2013年
净营运资本	2 235	1 779	1 019
应收账款	10 323	10 051	9 902
存货	5 930	6 744	7 267
其他流动资产	2 756	3 090	3 392
应付账款	4 989	5 593	6 148
其他流动负债＋应交所得税	11 785	12 513	13 394
不动产、厂房和设备	15 627	16 939	18 197
无形资产	65 325	67 513	67 633
其他资产	418	505	525
对联营企业投资	8 622	8 840	9 225
出售资产的递延所得税	5 857	7 365	8 134
投入资本	98 084	102 941	104 733
净金融债务	14 178	10 490	7 285
流动负债	6 374	5 945	6 776
现金和现金等价物，有价证券	5 075	8 119	9 222
长期债务	13 855	13 781	11 242
其他长期金融资产	976	1 117	1 523
其他负债/无息流动负债	7 792	9 810	7 268
少数股东权益	96	126	129
股东权益	69 257	75 229	83 097
其中：股本	1 016	1 001	1 001
留存收益	68 241	74 228	82 096
可供出售的递延所得税负债	6 761	7 286	6 954
投入资本	98 084	102 941	104 733

评论/备注:

(1) 我们计算了净营运资本要求和债务净额。净营运资本要求几乎为零，这表明诺华并未在经营活动上消耗大量资本。

(2) 固定资产中的大部分是无形资产（商誉和购买权）。这是公司外延扩张的结果，特别是收购了爱尔康公司。但也有一小部分来自定期购买的专利和药物开发权。

(3) 运用权益法核算的长期股权投资原则上应被视为经营性资产。对罗氏制药公司的投资属于这种情况吗？诺华公司在罗氏公司董事会中没有代表，两家公司的协同作用有限。这种参股是否应该被视为一项财务型投资并用以减少负债？参股的规模和诺华过去表达的拟增加参与程度表明了其战略意图。为方便起见，我们将其视为非营业资产，并与投入资本的其余部分分离出来单独进行评估。

(4) 鉴于其使用的不确定性，我们已将投入资本双方的递延税分离。

6.2.6.4 使用股东价值创造法对现金流量表项目进行分类

诺华公司分析的第三步与现金流量相关。我们使用上一节中所示的图 6 – 15。

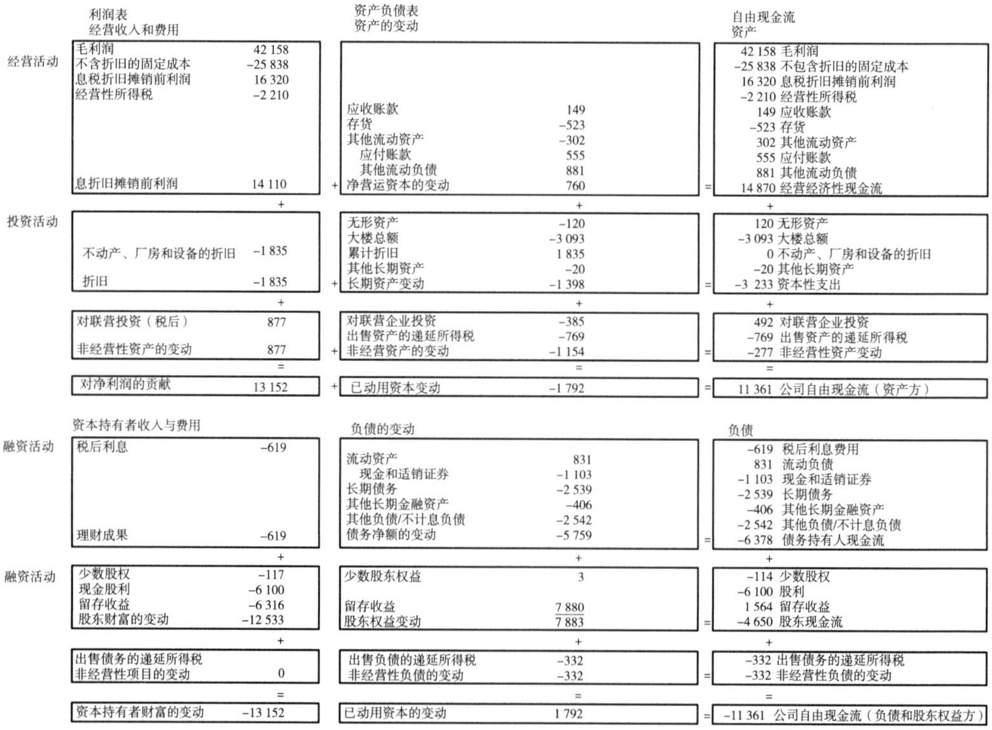

图 6 – 15 现金流量

评论/备注：

（1）经营经济性现金流约为 150 亿美元，而营运资本对自由现金流量（FCF）的正作用很小（7.6 亿美元）。

（2）诺华公司的资本性支出净额相当小（32.23 亿美元），凸显了该集团附加值源自“智力”的特点（知识科学）。

（3）考虑到非经营活动，诺华公司资产所产生的全部的公司自由现金流（FCFF）约为 113.61 亿美元。其中，63.78 亿美元的现金流用于减少债务，特别是长期债务，并减少更难以解释的准备金和无息流动负债（NIBCLs）。

（4）考虑到少数股东和非经营性负债对公司自由现金流的消耗有限，公司自由现金流的大部分归属于诺华公司股东，主要是以股利形式（61 亿美元）和以证券回购形式（没有在表中提到）。

图 6－15 显示了公司自由现金流由利润表账户和资产负债表账户的变化组成，但这些数字并不代表净现金的创造。许多与现金无关的项目，例如非常项目或非经营项目可能会歪曲公司自由现金流的计算。

因此，我们将采取几种公司自由现金流（FCFF）的替代指标：

（1）公司自由现金流（FCFF）仅包括公司外部信息使用者视其为经常性的项目（经常性公司自由现金流）；

（2）诺华公司在年报第 155 页上公布的自由现金流；

（3）诺华公司在年报第 188 页公布的传统现金流。

图 6－16 得出的结果是相似的。

第 1 栏：机械计算出的公司自由现金流，只在未考虑非现金项目的情况下所计算的账户的余额。这是所有查验的起点，然后需要在此基础上加以改进。

第 2 栏：经常性公司自由现金流需要加上可能影响净利润的非现金费用，并剔除非经营性项目（即对联营企业的投资，需对该项目将单独估价）以及非经常性项目。我们以年度报告的第 23 条附注为依据，该附注的部分内容见表 6－17。

代表行使期权成本的 7.3 亿美元补偿费用已重新计入。其他非现金项目已被诺华公司重新发布的核心业绩指标考虑在内。以这种方式计算的公司自由现金流达到 115.98 亿美元。

第 3 栏：诺华公司公布的自由现金流包括许多来自融资（税后净利息、出售金融资产的净利得和对准备金账户的修改）的项目。这些最后的项目不应该成为公司自由现金流数字的一部分。使用价值创造标准对财务报表项目进行重新分类，我们得到的公司自由现金流为 100.93 亿美元。

图 6 – 16　现金流量

表 6 – 17　　（附注 23.1）非现金项目的调整　　单位：百万美元

	2013 年	2012 年调整后
所得税	1 443	1 542
不动产、厂房和设备的折旧、摊销和减值	1 835	1 743
无形资产	3 090	3 177
金融资产	65	34
对联营企业投资收益	– 600	– 552
处置动产、厂房和设备的、无形资产、金融和其他非流动资产的利得（税后净额）	395	– 294
股份支付费用	730	746

续表

	2013年	2012年调整后
准备金和其他非流动负债的变动	807	857
理财净收益	775	820
合　计	7 750	8 073

第4栏：从传统的现金流账户开始，我们选取了非现金项目反转下出现的项目，但诺华公司并未将其重新纳入其核心数据。与集团融资挂钩的项目被剔除。公司自由现金流估计为112.52亿美元。

因此，诺华公司2013年的公司自由现金流在100.93亿美元至115.98亿美元之间，即平均约为111亿美元。对于诺华来说，公司自由现金流与“机械”计算出的结果并无太大区别，但对于其他公司来说并非如此。

为了避免财务报表调整的泛滥，我们计算比率时将采用“机械”计算出的公司自由现金流金额113.60亿美元。

6.2.6.5　结论

就诺华而言，内部计算（由公司管理层公布）和外部计算（投资者表面上可做到的计算）所得出的金额并没有太大的差异。诺华公司的会计透明度较高。但是，这一结论不能被类比到其他公司，即使是在同一个行业。当不同方法之间存在较大差异时，我们应该给予更多的关注，因为这可能是重要的存在非现金项目的标志。

我们不能过分强调这些计算所需花费的时间，并且我们需要在更好地理解会计现实和处理专业人士所公布的数字之间进行必要的权衡。经验表明，为了节省时间，绝大多数财务分析师会直接采用公司发布和调整的数据（例如诺华公司发布的核心财务指标）。

第7章　管理层绩效分析

7.1　使用财务比率的原因

比率分析是财务分析师最喜爱使用的分析工具之一。尽管其计算十分简单，但其解释经常是一个更为复杂的过程，因此，比率的作用经常被误解。为了有意义，比率必须参考其内含的基本经济关联，该关联是分析的起点之一，而不是终点。

理解这个基本经济关联是至关重要的，因为财务分析师使用公司的财务报表计算大量的比率，但这些比率并不总是以相同的方式定义的。即使是计算最传统的财务比率，在计算方式上也存在众多的不同（例如，将在下一部分介绍的资产报酬率就存在三种定义）。重要的是，财务分析师需要确保在比较不同公司的时候，必须使用相同的定义，而且该定义一定要抓住基本的经济事件。

在分析比率的时候，需要注意选择正确的比率。统计工具可以将相似的比率和不相似的比率区分开。需要再次重申，这些针对财务报表的工具要在相同的会计政策的基础上使用。

对比率进行解释时要倍加注意，因为多项因素会同时影响分子和分母。例如，销售费用对销售收入比率是一个重要的财务比率，因为销售费用与销售收入之间存在直接的关联。但是如果公司计划通过降低广告费用提升该指标，可能会同时降低销售收入，影响公司的未来发展前景。

另外，比率本身不那么重要，必须通过与图7－1的标准进行比较并合理解释才有意义：

- 以前的比率；
- 预先制定的标准（例如行业平均值）；
- 竞争对手的比率。

图7－1是比率分析的框架。

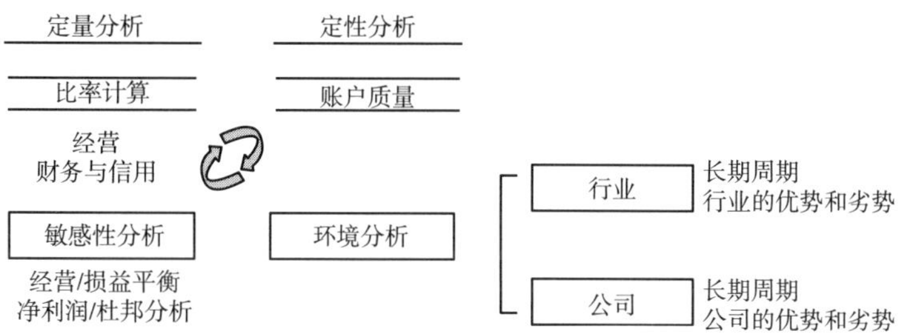

图 7－1　比率分析的框架

大量的比率促使投资者将它们综合成单一数字。美国斯坦福大学 Piotroski 教授提出的 Piotroski 比率最为人所知，它包含衡量公司能力的 9 个简单指标：

（1）衡量经营周期内管理效率的比率：

①本年度销售毛利率的提高（销售毛利/销售收入或销售毛利率的变动，△MARGIN）；

②本年度资产周转率提高（销售收入/资产总额或资产周转率的变动，△TURN）；

③本年度流动比率的提高（流动资产/流动负债，或流动比率的变动，△LIQUID）；

④扣除非经常性损益的经营现金流高于净利润的金额（ACCRUAL）。

（2）衡量资本的盈利能力：

⑤正的资产报酬率——ROA（扣除非经常性损益的利润/资产总额，ROA）；

⑥本年度资产报酬率的提高——全年 ROA 的提高（ROA 的变动，△ROA）；

⑦正的经营现金流/资产总额（CFO）。

（3）衡量财务风险：

⑧长期债务/资产总额比率的提高（长期债务比率的变动）（△LEVER）；

⑨本年度股票数量稳定或下降（EQ_OFFER）。

最近的研究①表明，具有高 Piotroski 得分的公司往往在股市上表现良好，尤其是，比率水平与公司未来的盈利能力之间有着密切的关系。这一结论应该与基本面分析相比较，根据基本面分析，与那些基本面恶化的公司相比，在投资组合中应该增加基本面改善的公司的权重。

诸华公司和苹果公司的 Piotroski 得分②见表 7－1。

---

① Josef D. Piotroski，“价值投资：使用历史财务报表信息将成功者与失败者分开”，芝加哥大学，论文精选，2002 年。

② 共 9 个指标，某个指标如果达到标准得 1 分；如果某个指标达不到标准，则得 0 分。总得分是所有 9 个指标的得分总和。

表 7-1 诺华公司和苹果公司的 Piotroski 得分 单位：分

	2008 年	2009 年	2010 年	2011 年	2012 年	2013 年
诺华公司	5	5	2	4	6	4
苹果公司	7	5	5	6	5	5

资料来源：彭博社。

彭博社使用的数字与我们的略有不同。但是，这些差异足以修改总得分。我们对诺华公司的 Piotroski 评分在 2012 年和 2013 年估计为 5 分。这并没有改变整体结论。

苹果公司一贯表现出高于 5 分的成绩，而诺华公司自 2010 年以来经历了两年的艰难岁月，这与公司管理层变动和采用新战略相一致。

7.2 经营风险评价

对于每个比率，我们将考察年度报告中的 IFRS 数据和诺华公司公布的核心数据。这使投资者能够：

- 了解仅仅由于账户的列报而产生的差异的程度；
- 能够在可比的基础上比较同一行业的不同公司；
- 检查这两个比率的趋势是否相同。大多数时候，诺华这两个比率的趋势大多数时候是相同的。

7.2.1 在营业周期内的管理层效率评价

一般而言，效率是通过比较产出与投入来衡量系统的运行情况。效率比率可以表示为周转率（产出/投入）或周转期（投入/产出 ×365）。周转率反映了不同类别资产的相对生产率，在其他情况相同时，周转率越高越好。但是，必须谨慎对待这类比率的一般适用性，因为试图通过减少投入来最大化产出的希望，其结果可能会适得其反。资产投资必须最优化，而不是最小化。

“效率”既可以表现为毛利对销售收入的比率，也可以表示为营运资本的有效利用（尤其关注存货、应收账款和应付账款的管理）。

7.2.1.1 毛利率

毛利率是财务分析师用来评估一家企业盈利性的常用比率。相对于营业利润率来说，毛利润率在评估盈利性时扣除了固定成本并且表明了销售收入和销售成本的关系。

$$毛利率 = \frac{销售收入 - 销售成本}{销售收入}$$

高的毛利率意味着，只要公司严格控制了间接费用，就可以创造合理的销售利润。由于不同行业的毛利率存在很大差异，该比率可以在同一行业内的公司间进行比较。例如，零售分销公司如果和主营业务是销售奢侈品的公司相比，毛利率很低。某些财务分析师将毛利率看成是外部经济环境施加给企业的约束条件。毛利率未必能完全处于企业的控制之下，因为有很多因素是企业控制范围以外的，例如客户、竞争对手和供应商等。

【例 7 -1】 毛利率的计算基于诺华公司 2013 年的数据（见表 7 -2），该数据来自公司年报。调整后的数据来自上一章。

表 7 -2　　诺华公司 2012 年、2013 年数据

公布的数据	2012 年	2013 年
销售收入和其他收入（百万美元）	57 561	58 831
销售成本（百万美元）	18 756	19 608
毛利率（GM）	67.4%	66.7%
调整后的数据		
销售收入和其他收入（百万美元）	57 505	58 831
销售成本（百万美元）	15 658	16 673
毛利率（GM）	72.8%	71.7%

评论： 诺华公司的毛利率水平非常高。这说明与其他经济部门相比，制药/医疗健康行业具有高附加值。但是，这一水平在 2013 年下降了超过 1%。公司必须加强其生产能力的利用，控制利润表后面的成本费用项目，特别是加强生产成本或固定成本控制，以重建公司的利润率。

已公布的数据和调整后的数据之间的差异： 根据前面部分的解释，该差异与更低的变动费用有关。

7.2.1.2　营业利润率

为了对同一行业内的企业进行比较，财务分析师需要关注营业利润率。该比率也称为经济利润率，用来告诉我们每一元销售收入所能带来的利润。

$$营业利润率 = \frac{息税前利润}{销售收入}$$

营业利润率作为一个百分比指标用来衡量销售收入在经营活动中能产生多少剩余。因此，财务分析师常使用这一有效的分析工具，对同一行业内具有相似经营周期的企业进行比较。注意公司的融资政策对这一比率没有影响。好的营业利润率代表了公司支付利息和税金以及控制生产成本的能力。

【例 7-2】 营业利润率的计算基于诺华公司 2013 年的数据（见表 7-3），该数据来自公司年报。调整后的数据来自上一章。

表 7-3　　诺华公司 2012 年、2013 年数据

公布的数据	2012 年	2013 年
销售收入和其他收入（百万美元）	57 561	58 831
息税前利润（百万美元）	11 193	10 910
营业利润率（OM,%）	19.4	18.5
调整后的数据		
销售收入和其他收入（百万美元）	57 505	58 831
税后净营业利润（NOPAT）（百万美元）	14 842	14 485
营业利润率（OM,%）	21.8	20.9

评论： 诺华公司的营业利润率也非常高。营业利润率受到与毛利率相同的下行压力，这主要是因为专利到期和来自仿制药的竞争，2012 年底公司采用新战略旨在扭转这种盈利能力受到的侵蚀。

已公布的数据和调整后的数据之间的差异： 根据前面部分的解释，差异与较低的变动费用和固定费用有关。我们将税收视为营业费用，并计算税后利润和税后净营业利润（NOPAT）。由于调整后的营业利润高于公布的数字，预计税后净营业利润将高于公布的息税前利润（EBIT）。

7.2.1.3　净利润率

净利润率又称销售净利润率，是衡量盈利性的常见指标。其计算是用净利润除以销售收入。

$$净利润率=\frac{净利润}{销售收入}$$

然而，这是最常用的内部比较方法。在不同企业之间精确地比较净利润率是很困难的。独立的企业经营活动和融资活动存在很大的不同，因此不同企业的费用水平也不同，导致两者比较可能存在偏差。低的净利润率意味着低的安全边际：收入下降的高风险会吞噬利润并导致净损失。因此，这一比率最适合于时间序列分析。

【例 7-3】 净利润率的计算基于诺华公司 2013 年的数据（见表 7-4），该数据来自公司年报。调整后的数据来自上一章。

表 7－4　　诺华公司 2012 年、2013 年数据

公布的数据	2012 年	2013 年
销售收入和其他收入（百万美元）	57 561	58 831
净利润（百万美元）	9 383	9 292
净利润率（NM）	16.1%	15.6%
调整后的数据		
销售收入和其他收入（百万美元）	57 505	58 831
净利润（百万美元）	12 576	12 533
净利润率（NM）	21.7%	21.1%

评论：我们可以看到，2013 年诺华公司的净利润率与 2012 年相比略有下降。当我们分析该公司的三个主要事业部（Pharma、Alcon 和 Sandoz）时，我们将会看到公司的盈利能力受到侵蚀。

已公布的数据和调整后的数据之间的差异：从法律角度来看，只有“核心”净利润，即诺华集团的份额 124.16 亿美元归属于诺华集团的股东。因此，2013 年根据诺华集团份额计算的净利润率为 21.1%。实际上，我们使用合并利润，因为诺华公司的少数股东权益非常小。

7.2.1.4　资产周转率

资产周转率是指企业使用其资产的总体效率，是通过每元资产所产生的年收入来衡量的。

$$资产周转率 = \frac{销售收入}{资产总额}$$

资产周转率从财务角度来衡量企业使用资产的强度，例如，航班的入座率提高将会增加资产周转率。此外，该比率是活动类型的函数，资本密集型行业（例如水泥厂、造纸厂和航空公司）会比非资本密集型行业（例如分销公司和大多数从事服务活动的公司）表现出较低的资产周转率。因为固定资产的所有权不同，所以即使相同行业内的公司，它们的资产周转率也存在巨大差异。考虑两家典型的酒店，一家是酒店大楼的所有者，另一家没有所有权，它们的资产周转率就会存在很大差异。因此，只有计算亚类资产的周转率（例如固定资产周转率、营业资产周转率）才有意义。下面的指标侧重于通过拆解资产周转率来进行各种分析。

【例 7－4】资产周转率的计算基于诺华公司 2013 年的数据（见表 7－5），该数据来自公司年报。调整后的数据来自上一章。

表 7-5 诺华公司 2012 年、2013 年数据

公布的数据	2012 年	2013 年
销售收入和其他收入（百万美元）	57 561	58 831
负债和股东权益总额（百万美元）	124 191	126 254
资产周转率（AT）	46.3%	46.6%
调整后的数据		
销售收入和其他收入（百万美元）	57 505	58 831
投入资本（百万美元）	102 941	104 733
资产周转率（AT）	55.9%	56.2%

评论：制药行业的资产周转率低于其他行业。这是由于产品的性质，也是由于资产负债表上无形资产的价值很高造成的。当这些无形资产被剔除后，资产周转率大约提高 10%。

已公布的数据和调整后的数据之间的差异：差额涉及在一个案件中考虑整个资产负债表对另一家企业的投资、净营运资本要求以及扣除相应资产/负债后的债务净额。

7.2.1.5 库存周转期

存货周转期代表存货可供销售的平均时间，等于存货除以平均每天的销售成本（销售成本除以 365 天）。

$$\text{存货周转期} = \frac{\text{存货}}{\text{销售成本}} \times 365\text{ 天}$$

注意，使用销售成本而不使用销售收入，是因为存货是以成本（而不是以销售价格）来报告的。存货周转期长意味着企业的商品很难出售，因此没有竞争力，或者因为企业存货管理较差。企业会因为资金、保险、仓储和物流成本而尽可能地缩短存货周转期。不同的管理工具（适时交货制度、按需生产）可以帮助公司降低存货周转期而且避免存货短缺。

【例 7-5】存货周转期的计算基于诺华公司 2013 年的数据（见表 7-6），该数据来自公司年报。调整后的数据来自上一章。

表 7-6 诺华公司 2012 年、2013 年数据

公布的数据	2012 年	2013 年
存货（百万美元）	6 744	7 267
销售成本（百万美元）	18 756	19 608
存货周转期（IOP，天）	131	135
调整后的数据		

续表

公布的数据	2012 年	2013 年
存货（百万美元）	6 744	7 267
销售成本（百万美元）	15 658	16 673
存货周转期（IOP，天）	157	159

评论：半成品和产成品的平均存储时间为 157 天，这一数字高于其他行业，如分销行业。

已公布的数据和调整后的数据之间的差异：在诺华公司年度报告中，披露了与库存相关的销售成本份额（2013 年为 137 亿美元，2012 年为 129 亿美元）。在此基础上，可以重新计算更精确的库存周转期，见表 7－7。

表 7－7　　诺华公司 2012 年、2013 年数据

公布的数据	2012 年	2013 年
存货（百万美元）	6 744	7 267
销售成本（百万美元）	12 900	13 700
存货周转期（IOP，天）	191	194
调整后的数据		
存货（百万美元）	6 744	7 267
销售成本（百万美元）	9 802	10 765
存货周转期（IOP，天）	251	246

重要的不是财务比率的绝对水平，而是其变化的程度。这些结果背后的目的是捕捉管理层管理投入资本的战略意图。

7.2.1.6　应收账款周转期

应收账款周转期代表客户偿还债务的平均时间，等于来自客户方面的应收账款除以日平均销售收入（销售收入除以 365 天）。

$$\text{应收账款周转期} = \frac{\text{客户应收账款}}{\text{销售收入}} \times 365\text{ 天}$$

来自客户方面的应收账款代表着按一定资本成本融资的一项资产。因此，企业会通过降低周转期或给予现金折扣的方式尽力降低这些成本。然而，过于激进的信用政策可能会损害销售收入。对于所有的周转率指标，应该找到一个最优的水平。较长的应收账款周转期会对流动性、盈利能力以及公司面对的风险（客户违约不付款）产生负面影响，而短的应收账款周转期可能会迫使顾客流失，投向竞争对手。应收账款周转期反映了公司的信用政策，而且严重依赖于所处的行业。

【例7－6】 应收账款周转期的计算基于诺华公司2013年的数据（见表7－8），该数据来自公司年报。调整后的数据来自上一章。

表7－8　　诺华公司2012年、2013年数据

公布的数据	2012年	2013年
销售收入和其他收入（百万美元）	57 561	58 831
应收账款（百万美元）	10 051	9 902
应收账款周转期（CP，天）	64	61
调整后的数据		
销售收入和其他收入（百万美元）	57 505	58 831
应收账款（百万美元）	10 051	9 902
应收账款周转期（CP，天）	64	61

评论： 债务人的这个信贷期相对较短，这一数字比前一年平均增加了一天。客户支付的速度稍微加快。

7.2.1.7　应付账款周转期

应付账款周转期代表企业支付给供应商货款平均所需要的时间，等于应付账款除以日平均采购额（全年采购额除以365）。

$$\text{应付账款周转期} = \frac{\text{应付账款}}{\text{采购额}} \times 365\text{天}$$

财务分析师有时会使用销售成本作为分母，因为企业往往不对外披露采购额。然而，大多数情况下，可以通过给定的期初和期末存货余额以及销售成本推导出采购额。

$$\text{存货期初余额} + \text{本期采购额} = \text{期末余额} + \text{本期销售成本}$$

来自客户的应收账款和存货大部分都是由应付账款来提供融资的，因为后者是一种免费的融资方式。备选的方法是为了给采购和生产融资，企业以较高的成本取得贷款，这就是为什么企业能尽可能地利用商业信用并努力延迟支付供应商货款的原因。过度利用商业信用所形成的较长应付账款周转期可能会损害与供应商的关系。通常该比率为3个月，因行业不同而异。

【例7－7】 应付账款周转期的计算基于诺华公司2013年的数据（见表7－9），该数据来自公司年报。调整后的数据来自上一章。

表7－9　诺华公司2012年、2013年数据

公布的数据	2011年	2012年	2013年
应付账款（百万美元）		5 593	6 148
存货（百万美元）	5 930	6 744	7 267
销售成本		18 756	19 608
采购		19 570	20 131
应付账款周转期（POP，天）		104	111
调整后的数据			
应付账款（百万美元）		5 593	6 148
存货（百万美元）	5 930	6 744	7 267
销售成本		15 658	16 673
采购		16 472	17 196
应付账款周转期（POP，天）		124	130

首先，我们必须计算购买额：

2013年调整后的购买额＝存货期末余额＋销货成本－存货期初余额

＝7 267＋16 673－6 744＝17 196（百万美元）

评论：诺华在2013年明显延长了付款期限，平均增加6天，使其通过计息债务为其营运资本融资的需求减少。

根据以下公式可以很容易地将应收账款周转期、存货周转期和应付账款周转期放在一起来解释公司的营运资本管理的效率：

需要融资的营业周期（现金周转期）＝库存周转期＋应收账款周转期－应付账款周转期

【例7－8】对于诺华来说，需要融资的营业周期为67天（＝159＋38－130）。积极的信号意味着诺华需要为其近67天的营业周期提供资金。从2013年的数据（调整后的数据）可以很容易地理解这一点，见表7－10。

表7－10　诺华公司2012年、2013年数据　单位：百万美元

	资产	负债	
存货周转期	159	130	应付账款周转期
	+	+	
应收账款周转期	38	67	需要融资的营业周期
	=	=	
营业周期	**197**	**197**	**营业周期**

部分营运资本需求由短期拨备收入和重组提供融资。

7.2.2 资本盈利能力比率

盈利性分析是将利润和一些其他指标（基准）相比较来评价公司的相对绩效。投资者不仅对利润总额感兴趣，而且关心盈利能力指标。投资者可以将这些指标进行时间序列分析以评价其演化过程，并且可以将这些指标与其他相似企业进行比较分析。他们需要使用这些指标去评价他们投资的企业。这在机构投资者中（例如共同基金和银行等）尤其相关。

盈利能力在分析中很重要，但会计选择可能会导致盈利能力分析显著失真。原因是：

（1）盈利能力比率是衡量管理质量和过去为公司创造价值的能力的简单工具。就资本的盈利能力而言，公司之间存在巨大差异。因此，重要的是要意识到这些差异。

（2）假设你在年初把财富交给银行家，到当年年底，你的问题将是："我的账户的绩效如何?"他或她将会给你答复，一方面告诉你以初始投入资本的百分比形式表示的业绩，另一方面提醒你准备接受的风险水平。虽然规模不同，但公司的股东和董事会对公司管理层的立场是一致的。他们需要一个简单的比率，以使他们能够了解刚刚结束的财年的已投入资本的管理绩效。

但已投入资本的收益率只是分析的组成部分之一，原因包括：

- 会计不考虑公司的许多重要组成部分，特别是其人员价值所代表的智力资本。
- 已投入资本随着公司的内部或外部增长策略的不同而有所不同。例如，某公司公布的本年度利润为 100 000 瑞士法郎，该公司从下一年开始花费 1 000 000 瑞士法郎开发或收购一个新的制造流程，预计未来四年的投资收益率为 20%。

如果该公司选择内部开发，公司在第 1 年将开发成本全部计入当期损益，公司的资本收益率第 1 年要下降 50%，之后四年上升至 15%。[①]

如果公司购买许可证，它的资本收益率也会增加，但资本收益率上升会更加渐进，幅度不是那么大。

盈利能力的差异纯粹是由于内部开发或外部购买的决策造成的，但是投资者不能很好地了解情况，但两种方案的自由现金流量是相同的，见表 7－11。

---

① 我们采取了两种假设：利润以股利的形式分配，以已投入资本的数额保持不变；如果购买许可证，该资产将在四年内进行直线摊销。

表 7-11　　自由现金流量

内部研发——每年的费用							
项目	第 0 年	第 1 年	第 2 年	第 3 年	第 4 年	第 5 年	第 6 年
自由现金流（百万美元）	100 000	-900 000	300 000	300 000	300 000	300 000	100 000
投入资本（百万美元）	2 000 000	2 000 000	2 000 000	2 000 000	2 000 000	2 000 000	2 000 000
投入资本收益率（%）	5	-45	15	15	15	15	5
从外部购买许可证							
项目	第 0 年	第 1 年	第 2 年	第 3 年	第 4 年	第 5 年	第 6 年
自由现金流（百万美元）	100 000	-900 000	300 000	300 000	300 000	300 000	100 000
投入资本（百万美元）	2 000 000	3 000 000	2 750 000	2 500 000	2 250 000	2 000 000	2 000 000
投入资本收益率（%）	5	-30	11	12	13	15	5

有些公司将其整个制造流程外包出去以减少其资本需求。他们将产品制造委托给第三方，专注于更有利的营销和计划活动。这种外包大大增加了资本的盈利能力，因为它显著减少了对资本的需求。这种现象是过去十年来美国和欧洲公司盈利能力增加的原因之一。但由于公司依赖第三方进行生产，以这种或那种方式会对其资本成本产生影响，公司的经营风险更大。我们将在估值部分对这一点进行研究。

最后，资产负债表包括不同时期的数字。在过去几年出现通货膨胀的情况下，资产负债表上的资产价值并不代表其重置价值。因此，资本收益率往往会被高估。

总而言之，盈利能力分析会产生重要信息，但对于公司外部的投资者，最好能够获得更能反映企业投资内部收益率的比率。现金流投资收益率（投资现金流收益率）是比已使用资本收益率（ROCE）更好的工具。现金流投资收益率计算起来比较复杂，但它可以使历史比率具有可比性。最后的选择是在成本和信息可用性之间取舍。如果我们分析的是具有类似活动（在同一行业）和类似战略的公司，比较比率（即使像已使用资本收益率比率一样不完善）已经得出了有用的结论。

7.2.2.1　资产收益率（ROA）

资产收益率（或资产报酬率）用来衡量每一元的可控资产能够产生多少元的利润，计算公式如下：

$$\text{资产收益率}=\frac{\text{净利润}}{\text{资产}}$$

资产收益率还被称为息税后资产收益率。

尽管有些财务分析师采用年末资产负债表上的资产数据计算资产收益率，但这并不能精确代表当前投入资本所获得的业绩。如果当年投入资本出现重大变化，结果会出现歪曲。例如，如果公司在年末进行重大投资，这会反映在年末的资产数据上。然而，投资是在接近年末时进行的，收益的贡献比较微弱，还没有足够时间对利润做出贡献，因此贡献极小。这样导致计算出来的资产收益率可能比实际的小。财务分析师通常会使用平均资产来计算比率（在计算净资产收益率时也需要运用平均股东权益），帮助减弱这种效应，这一方法应作为首选方法。

$$资产收益率=\frac{净利润}{平均资产}$$

总体上说，财务分析中，收益率是年度利润（或盈余）与产生该利润所使用的资本额之间的关系。该收益率同时衡量：

- 投入资本所获得的业绩；
- 所能进行分配的最大报酬。

这两个特性的结果是，用于计算收益率的数字必须遵循一致的原则：利润只应该包括所投入的资本产生的当年利润，并且从分配的角度看，这一利润应该被用于回报所有的投入资本。应避免使用净利润除以总资产来计算收益率，因为其违背一致性原则，净利润只代表全部股东权益的回报，不代表资产总额的回报。一个更一致的资产收益率应该将用于回报债权人和股东以及用于缴纳所得税的利润与资产价值进行比较。

$$资产收益率^{*}=\frac{息税前利润}{平均资产}$$

该定义之所以受欢迎，是因为息税前利润独立于财务杠杆和税收影响之外。因此，我们将资产收益率*定义为“息税前资产收益率”。如果公司完全是股东权益融资的，这一收益率被认为是所得税前的收益。因此，对于工业企业和商业企业来说，资产收益率*是独立于债务水平之外的，代表了公司创造利润的能力。在这个意义上，资产收益率*在财务分析中扮演了核心角色。

然而，大多数的金融数据库将政府排除在上述等式之外（因为政府不提供资源）。因此，分子按照公司没有任何借款的情况重新计算净利润，从净利润中扣除税后净利息费用，计算公式如下：

$$资产收益率^{**}=\frac{净利润+利息费用\times(1-所得税税率)}{平均资产}$$

资产收益率**是衡量公司有效利用资本（资产）的能力一个很好的指标，该指标也称为“利息前税后资产收益率”。其基本上可以作为衡量经营业绩的指标。它通过剔除融资来源的影响并考虑所得税来实现业绩的评价。

资产收益率能够说明企业的资本密集程度，并帮助财务分析师在比较的基础上评价各个企业的业绩，在比较同一行业下的相互竞争的企业时尤其有用。因为不同行业的数据差异很大，所以将不同行业的企业进行比较意义不大；需要大额初始投资的公司，通常资产收益率较低。公司资产总额的数值取决于资产的账面价值，但要注意的是公司的账面价值并不对应实际市场价值。在比较金融机构（例如银行）的业绩时，资产收益率是常用指标，因为其大多数资产的账面价值非常接近实际市场价值。

【例 7－9】 资产收益率的计算基于诺华公司 2013 年的数据（见表 7－12），该数据来自公司年报。调整后的数据来自上一章。

表 7－12　诺华公司 2012 年、2013 年数据

项目	2012 年	2013 年
公布的数据		
负债和股东权益总额（百万美元）	124 191	126 254
净利润（百万美元）	9 383	9 292
息税前利润（百万美元）	11 193	10 910
净利息费用（百万美元）	820	775
实际税率（%）	14.9	14.2
调整后的数据		
负债和股东权益总额（百万美元）	102 941	104 733
净利润（百万美元）	12 576	12 533
息税前利润（百万美元）	14 842	14 485
净利息费用（百万美元）	691	619
实际税率（%）	15.7	15.3

资产收益率的计算见表 7－13。

表 7－13　诺华公司 2012 年、2013 年数据

项目	2012 年（%）	2013 年（%）
公布的数据		
资产收益率（以年末资产、税后净利润计算）	7.5	7.3
资产收益率**（以年末资产、利息前税后利润计算）	8.0	7.8
资产收益率*（以年末资产、息税前利润计算）	9.0	8.6
调整后的数据		
资产收益率（以年末资产、税后净利润计算）	12.1	11.9
资产收益率**（以年末资产、利息前税后利润计算）	12.8	12.4
资产收益率*（以年末资产、息税前利润计算）	14.4	13.8

评论：根据公布的数据，诺华公司资产的盈利能力充足。如果一方面的净营运资本和另一方面的债务和现金数据相互抵消，则会进一步改善资产收益率。

也可以计算诺华公司剔除商誉和其他无形资产之后的资产收益率（见表7－14），并将其与一家从未诉诸过收购的公司进行比较，以评价诺华公司的“纯”经营性盈利能力。

表7－14　诺华公司2012年、2013年数据

调整后的数据	2012年	2013年
资产收益率**（以年末剔除商誉和其他无形资产之后的资产、利息前税后利润计算）	12.8	12.4

7.2.2.2　已使用资本收益率

资产收益率（ROA）衡量的是全部资产的收益率，全部资产可能还包括非生产用资产。然而，投资者对其所使用的资本产生的收益更感兴趣。

已使用资本收益率（ROCE）可以精确地实现这一目的。它是衡量资本效率的指标，也即公司使用资本的绩效。虽然有很多种定义已使用资本收益率方法，最常见的如下：

$$\text{已使用资本收益率} = \frac{\text{税后净营业利润}}{\text{净经营资产}}$$

$$\text{税后净营业利润（NOPAT）} = \text{息税前利润} \times (1 - \text{税率})$$

$$\text{净营业资产} = \text{流动资产} - \text{短期负债} + \text{固定资产} = \text{净营运资本} + \text{固定资产}$$

资产收益率（ROA）和已使用资本收益率（ROCE）的异同如下：

- 这两个比率的意图是相同的，即将资产负债表恢复到考虑资产和负债项目之间相互抵消后的大小；
- ROA与ROCE的最大差异在于后者关注的是经营资产，并且剔除了非经营资产；
- 另一个区别是，ROA**使用的是最近两年资产负债表数据的平均值计算该比率，而ROCE使用的是相应财年初资产负债表（实际上是上一个财年末的资产负债表）数据计算该比率。平均ROCE将接近ROA**。

【例7－10】见表7－15。

表7－15　诺华公司数据

项目	2011年	2012年	2013年
公布的数据			
负债和股东权益总额（百万美元）	108 874	115 351	117 029
息税前利润（百万美元）		11 193	10 910
实际税率（%）		14.9	14.2

续表

项目	2011年	2012年	2013年
已使用资本收益率（%）		8.8	8.1
调整后的数据			
已投入资本（经营性）（百万美元）	83 605	86 736	87 374
税后净营业利润（NOPAT）（百万美元）		12 512	12 272
已使用资本收益率（%）		15.0	14.2

评论：对于诺华公司来说，已使用资本收益率接近资产收益率。

已公布的数据和调整后的数据之间的差异：我们将对罗氏公司参股投资的资本排除在外，因为我们认为这是一项非经营性资产。

7.2.2.3　边际已使用资本收益率的重要性

传统的估算长期公司自由现金流（FCFF）增长的公式为：

$$G_{FCF} = ROCE \times \text{再投资率}$$

某公司已使用资本收益率（ROCE）为5%，并有机会在未来通过将税后净营业利润（NOPAT）的80%进行再投资，公司自由现金流（FCFF）的增长率将为4%。已使用资本收益率与税后净营业利润的再投资率这两个变量中的任何一个越高，公司自由现金流的增长率就越大。

该公式提到了边际已使用资本收益率（即新增投资的ROCE），这意味着它是新投资要求的收益率，而不是历史收益率。通常，为了简单起见，投资者认为去年的已使用资本收益率很好地反映了新投资的回报率。但并非总是如此。已使用资本的ROCE是公司各种历史投资的ROCE数据的加权平均值。如果公司的竞争地位近年来急剧恶化，已投入资本的平均ROCE仍将承受“黄金时代”的痕迹，而新投资的盈利能力可能非常接近资本成本。

下面的例子显示两年内自由现金流增长4%，边际ROCE为5%，再投资率为80%。如果新增投资的预期回报率被视为该公司历史ROCE（12.5%），则预计增长率10%（12.5%×80%）被严重高估（见表7－16）。

表7－16　　公司数据

项目	第0年	第1年	第2年	第3年
已使用资本（年末，元）	800 000	880 000	963 200	1 049 728
资本性支出总额（元）		130 000	135 200	140 608
－折旧（元）		50 000	52 000	54 080

续表

项目	第 0 年	第 1 年	第 2 年	第 3 年
税后净营业利润（元）		100 000	104 000	108 160
－资本性支出净额（元）		80 000	83 200	86 528
自由现金流（元）		20 000	20 800	21 632
已使用资本收益率（%）		12.5	11.8	11.2
边际已使用资本收益率（%）		5.0	5.0	5.0
再投资率（%）		80	80	80
自由现金流增长率（%）		4.0	4.0	4.0

近两年来"糟糕的"投资仅是对公司边际已使用资本收益率产生了不利影响，而已使用资本收益率在第 2 年仍然达到 11.8%，在第 3 年也仍然达到 11.2%。现实情况可能更具戏剧性，正如我们在估值部分将会看到的那样：如果 5% 被视为投资的"正常"回报率，公司的股票市值就会崩溃。因此，财务分析师必须立即检测边际收益的变化。

7.2.2.4 已使用资本现金收益率

为了克服已使用资本收益率和资产收益率的会计缺陷，建议从业人员采用与现金流相关的方法，而不是与损益数据相关的方法。已使用资本现金收益率（Cash ROCE）是提议的解决方案之一，计算公式为：

$$\text{已使用资本现金收益率} = \frac{\text{税后净营业利润} + \text{摊销和非现金费用}}{\text{固定资产总额} + \text{营运资本净额}}$$

【例 7－11】 见表 7－17。

表 7－17　　公司数据　　金额单位：百万美元

项目	2011 年	2012 年	2013 年
A. 不动产、厂房和设备（注释 10）			
成本	29 935	32 772	35 601
用于投入资本计算的净值	15 627	16 939	18 197
B. 无形资产和商誉（注释 11）			
以成本计价	73 425	76 196	77 219
用于投入资本计算的净值	65 325	67 513	67 633
C. 研究与开发净额	30 238	32 797	35 333
对投入资本的调整			
A. 不动产、厂房和设备	14 308	15 833	17 404
B. 无形资产和商誉	8 100	8 683	9 586

续表

项目	2011年	2012年	2013年
C. 研究与开发净额	302 388	32 797	35 333
合计	52 646	57 313	62 323
调整后的投入资本总额	136 251	144 049	
税后净营业利润总额		14 255	14 110
已使用资本现金收益率（%）		10.1	9.5
已使用资本收益率（%）		15.0	14.2

对不动产、厂房和设备（PPE）（A行）的调整额（2012年为158.33亿美元）是通过从不动产、厂房和设备的总额（成本）（2012年为327.72亿美元）中扣除其净值（2012年为169.39亿美元），这一差额表示累计折旧。

采用同样的程序计算B行的调整额（无形资产和商誉：2012年总额为761.96亿美元，用于计算已使用资本收益率的净额为675.13亿美元）。与制造用固定资产不同，无形资产的摊销已包含在经调整后的核心业绩指标中。

对研究与开发的调整（327.97亿美元）已被添加到C行。这个数字是净值，因为无法获得总额的数值。

2012年的总调整（A+B+C）为573.13亿美元。该调整加入了已使用经营资本额。收益率是根据上年末已使用资本计算的。

$$2012\text{年已使用资本现金收益率} = (12\ 512 + 1\ 743)/(83\ 605 + 57\ 313) \times 100\% = 10.1\%$$

$$2013\text{年已使用资本现金收益率} = (12\ 275 + 1\ 835)/(86\ 736 + 62\ 323) \times 100\% = 9.5\%$$

已使用资本现金收益率比已使用资本收益率低约4%。这是由于重新引入历史成本和研究与开发的资本化。

7.2.2.5 投资现金流收益率

投资现金流收益率（CFROI）模型由全球咨询公司HOLT Value Associates开发。HOLT的基本前提是：股票市场根据现金流确定价格，而不是像以财务报表中的利润那样根据传统会计指标衡量公司业绩。投资现金流收益率模型根植于贴现现金流原则（现金净流入的金额越大越好，现金净流入的时间越早越好，现金净流入的不确定性越小越好）。投资现金流收益率模型应该是准确的，因为：①它使用对通货膨胀调整后的数据；②它最大限度地减少会计扭曲。这意味着投资现金流收益率在同一家公司的不同期间、不同行业和不同国家的公司之间更具可比性。

从理论角度来看，投资现金流收益率是一个正在进行的项目组合的横截面收益率指标。①每个项目有一个生命周期；②每个项目初始投资需要计提折旧的资产（如厂房和设备、商誉）和非折旧资产（如净营运资本、土地）；③每个项目在项目的整个生命周期内产生现金流量；④每个项目在项目结束时回收非折旧资产。

外部投资者无法识别单个项目。但是财务报表确实揭示了需要计提折旧的资产总额、不需要计提折旧的资产总额和现金流量总额。因此，可以在不知道所有项目的具体收益率的情况下计算投资现金流收益率。

（1）需要计提折旧的资产

需要计提折旧的资产可以定义如下：

调整通货膨胀后的厂房和设备总额 + 经营租赁的资本化价值 + 商誉 = 需要计提折旧的资产

厂房和设备资产总额必须根据通货膨胀进行调整。换句话说，我们应该估算这些资产的当前价值，而不是简单地使用财务报告中的数字，这通常是不同购买力的美元的组合。

资产负债表中没有提及一些经营资产，因为它们不是由公司拥有，而是公司租赁来的，其资本化价值为：

$$\text{资本化价值} = \frac{\text{年租金费用}}{\text{实际债务利率}}$$

在 HOLT 的数据库中，无形资产（商誉）的金额包含在用于计算投资现金流收益率的资产中。这基本上是一个很好的决定，因为公司的资本提供者为商誉付出了代价。不幸的是，会计准则对通过收购购买无形资产的公司和通过提高自身无形资产价值产生商誉的公司（例如通过培训员工）处理方法不同。在第一种情况下，商誉被视为资产；第二种情况下，不确认自创商誉，导致投资现金流收益率可能比实际情况要高得多。

诺华公司：

- 工业性资产的总价值（356.01 亿美元）减去非折旧资产，特别是土地（9.54 亿美元）和在建固定资产（36.39 亿美元）。这些资产的寿命约为 18 年（折旧 17.51 亿美元）。这些数额根据历史通货膨胀率进行了调整。使用的是美国和瑞士的平均历史消费者价格指数（CPI），分别为 1.9%、0.5%，并且权重各占 50%。
- 无形资产的价值由商誉总额（318.21 亿美元）、需进行摊销的资产（403.08 亿美元）和未摊销资产（59.00 亿美元）组成。使用摊销数字（29.76 亿美元）估计的需进行摊销的资产的寿命为 13.5 年。
- 研究和开发资产的价值：2013 年资本化研发费用 353.33 亿美元，计入研究和开发资产的价值。

• 这三项调整后需要折旧或摊销的资产总额为 1 516.63 亿美元。

(2) 资产寿命

资产寿命的定义如下：

$$资产寿命 = \frac{调整后的厂房和设备总额}{厂房和设备的折旧}$$

厂房和设备总额是所有有形固定资产的成本。但是，由于没有相关的折旧费用，土地被排除在外。

诺华公司：这些资产的摊销总额包括资本化的研发支出的摊销，其中不动产、厂房和设备（PPE）为 17.51 亿美元，无形资产为 29.76 亿美元，资本化的研发费用摊销为 56.53 亿美元。根据这些数据计算出的资产平均寿命为 11 年。

(3) 非折旧资产

非折旧资产可以定义如下：

货币性资产净额 + 当前美元存货 + 当前美元土地 = 非折旧资产

货币性资产净额（不包括存货）包括现金、短期投资、应收款项及其他流动资产，减流动负债（应付账款、应付所得税及其他流动负债）。

存货必须以当前美元计价，即通过使用先进先出法（FIFO）。

与厂房和设备一样，土地通常以历史美元计价，还应该调整此值以考虑通货膨胀。

诺华公司：净营运资本（10.19 亿美元）、土地和在建工程（45.93 亿美元）、存货（72.67 亿美元）以及其他未说明的固定资产（5.25 亿美元），合计 134.04 亿美元。

(4) 毛现金流量

毛现金流量（公司业务经营产生的现金流量，不管它们如何融资）可以定义如下（我们忽略了养老金和税务会计的影响）：

净利润 + 折旧和摊销 + 调整后的利息费用 + 租赁费用 + 通货膨胀调整 + 少数股东权益

= 当前美元毛现金流量

因为折旧和摊销是非现金经营费用，所以它们被添加到净利润。

利息费用也被添加到净利润，因为它被视为融资成本，而不是营业成本。

因为在折旧资产计算中，租赁费用被资本化，所以租赁费用也必须增加到净利润。

通货膨胀调整来自：

• 将运用后进先出法计算的期末存货价值调整为按照先进先出法计算的期末存货价值。

• 将名义利息收入和支出调整为实际价值。

少数股东在投资现金流收益率模型中被视为资本的提供者。因此，少数股权收益被重新计入净利润。

诺华公司：净利润（91.75 亿美元）加上少数股东收益（1.17 亿美元）、税后利息费用（6.19 亿美元）、固定资产折旧（17.51 亿美元）和无形资产摊销（29.76 亿美元），再加本年度研究和开发费用 102.61 亿美元，得到毛现金流量。

盈利能力计算：已经将 2014 年 4 月初应用于诺华公司的 HOLT 计算进行比较（不了解 HOLT 的调整细节）。HOLT 计算的平均资产寿命为 12.2 年，比我们计算的 11 年稍长（见表 7－18）。

表 7－18　　公司数据　　单位：百万美元

	年度	AZEK	HOLT	
2013 年投资现金流收益率		9.7%	10.3%	
	0	－165 067	－161 589	资本总额
	1	24 280	22 963	毛现金流
	2	24 280	22 963	
	3	24 280	22 963	
	4	24 280	22 963	
	5	24 280	22 963	
	6	24 280	22 963	
	7	24 280	22 963	
	8	24 280	22 963	
	9	24 280	22 963	
	10	24 280	22 963	
	11	37 684	22 963	
	12		46 019	最后一年现金流＋非折旧资产

最终的收益率结果接近于我们计算的内部收益率（IRR）9.7% 和 HOLT 计算的 10.3%。

计算得到诺华公司 2013 年的盈利能力指标系列：资产收益率**（ROA**）为 8.6%，已使用资本收益率（ROCE）为 14.2%，已使用资本现金收益率（Cash ROCE）为 9.8%，投资现金流收益率（CFROI）为 9.7%。

可以清楚地看到，由于资产负债表上反映的只是历史成本，已使用资本收益率受到过度通货膨胀影响而比较高。就诺华公司而言，已使用资本现金收益率和投资现金流收益率非常接近，因为它们都基于相同的理念，即不允许使用历史成本数据进而低估所需要的投入资本的金额。这就是为什么在计算中使用不包括摊销和折旧的总额的原因。

7.2.2.6　净资产收益率（ROE）

净资产收益率（又称为股东权益报酬率）被认为是最重要的财务比率之一。它通过比较税后净利润和公司的股东权益总额来衡量所有者利益的回报率。

$$净资产收益率 = \frac{净利润}{平均权益}$$

如果公司发行了优先股或其他类型的权益证券，则计算的是普通股权益报酬率（只能考虑普通股而不是全部权益）。

$$净资产收益率 = \frac{净利润 - 优先股股利}{平均普通股股东权益}$$

美国的情况很特殊，优先股十分普遍。在大多数美国公司的利润表中，分子（净利润减去优先股股利）都是作为可分配给普通股股东的净利润出现的。

净资产收益率是从所有者的角度来看待公司使用净资产（股东权益）创造利润的效率，并且体现公司利用投资来促进利润增长的能力。然而，如果利润没有进行再投资，那么净资产收益率作为一个利润增长指标可能是不相关的。但公司支付股利时，利润的增长就降低了。例如，如果股利支付率为 20%，则预期的利润增长率只是净资产收益率的 80%。

注意，并不是所有高净资产收益率的公司都是进行了成功投资。一些行业净资产收益率高可能是因为他们几乎不需要资产投资，而其他行业在创造利润之前需要大量的基础设施（例如将服务行业和制造行业进行比较）。我们不能仅凭净资产收益率就得出这是一项好的投资的结论。通常，企业需要大量的初始投资作为阻止竞争的进入壁垒。但是，只需要小额初始投资（较低的资产基数）而产生高净资产收益率的公司，其进入门槛较低，因此，这类企业面临较高的商业风险，因为竞争对手可以不用获得很多外部资金就能轻易复制他们的成功。和很多其他财务比率一样，净资产收益率用来比较相同行业公司的业绩。

因为资产收益率*是在税前计算的，净资产收益率也可以基于税前（但在扣除利息费用之后）计算。

$$净资产收益率^{*} = \frac{息税前利润}{平均股东权益}$$

从机构投资者的角度来说，资产收益率和净资产收益率是两个最重要的工具，是最普遍使用的比率——投资回报率（ROI）的两种重要变形。这些比率可以帮助财务分析师在比较的基础上评价单个企业的业绩。机构投资者所感兴趣的是从他的投资中得到最优的回报，其并不关心规模和产品线等，而是使用这些比率来衡量回报率和风险。因此，这些指标有他们自己的用途。

【例 7－12】净资产收益率的计算基于诺华公司 2013 年的数据（见表 7－19），该数据来自公司年报。调整后的数据来自上一章。

表 7－19　　　　诺华公司 2012 年、2013 年数据

项目	2012 年	2013 年
公布的数据		
股东权益（百万美元）	69 137	74 343
净利润（百万美元）	9 270	9 175
税前利润（百万美元）	10 373	10 135
净资产收益率（以年末资产、税后净利润计算）（%）	13.4	12.3
净资产收益率（以年末资产、税前利润计算）（%）	15.0	13.6
调整后的数据		
股东权益（百万美元）	75 229	83 109
净利润（百万美元）	12 463	12 416
税前利润（百万美元）	10 602	10 621
净资产收益率（以年末资产、税后净利润计算）（%）	16.6	14.9
净资产收益率（以年末资产、税前利润计算）（%）	14.1	12.8

净资产收益率高于资产收益率（请参阅杠杆率部分）。

7.2.2.7 现金充裕公司收益率的计算

许多公司在其资产负债表上有大量现金，这种现金水平明显降低了资产的盈利能力和股东权益的盈利能力。可以使用以下公式评估此现金的影响：

扣除现金的净资产收益率＝［净利润－利息收入×（1－t）］/（股东权益－现金）

诺华公司：2013 年股东权益为 831.09 亿美元，现金为 92.22 亿美元，现金产生净利息收入 0.62 亿美元，即利息率为 0.7%。利润为 124.16 亿美元，预计税率为 15.3%。公布的净资产收益率为 14.9%（使用 t 年末股东权益的金额）。

扣除现金的净资产收益率＝［124.16－0.62×（1－0.153）］/（831.09－92.22）×100%＝16.7%

资产负债表上有大量现金对净资产收益率的负面影响为 1.8%。考虑到 2013 年的短期利率特别低，这种对净资产收益率的负面影响甚至更大。现金收益率为 2.5%时，扣除现金的净资产收益率为 16.5%。只要现金收益率低于净资产收益率，就会对盈利能力产生负面影响。

7.2.2.8 结论

达莫达兰发布了一份汇总表（见表 7－20），清楚地说明了用于计算盈利能力的比率之间的差异。

表 7-20　汇总表

	已使用资本收益率	净资产收益率	净资产非现金收益率	已使用资本现金收益率	投资现金流收益率
计算公式	[息税前利润 × (1 - 所得税税率)]/(债务的账面价值 + 股东权益的账面价值 - 现金)	净利润/股东权益的账面价值	[净利润 - 利息收入 × (1 - 所得税税率)]/(股东权益的账面价值 - 现金)	[息税前利润 × (1 - 所得税税率) + 折旧]/(固定资产总额 + 非现金营运资本)	基于经营现金流和调整通货膨胀后的资本计算的内部收益率(IRR)
指标的目的	投入营业资产的资本所获得的名义收益率	投入所有资产的股东权益名义收益率	投入营业资产的股东权益名义收益率	投入营业资产的资本的名义收益率	投入营业资产的资本的实际收益率
比较的标准	名义资本成本	公司名义权益资本成本	公司营业资产的名义权益资本成本	名义资本成本	实际资本成本
假设	• 稳定的利润 • 将折旧再投资于资产以保持无限期生命 • 已投入资本衡量的是已投入资产的资本	• 稳定的利润 • 将折旧再投资于资产以保持无限期生命 • 已投入权益衡量的是已投入资产的权益	• 稳定的利润 • 将折旧再投资于资产以保持无限期生命 • 已投入权益衡量的是已投入资产的权益	• 稳定的现金流 • 永久的资产生命 • 资本总额衡量的是投入资产的资本	• 稳定的现金流 • 有限的资产生命 • 资本总额衡量的是投入资产的实际资本

7.3　财务风险的评价

到目前为止，我们的分析主要集中在资产负债表资产方的已投入资本。我们现在将考虑债务，尤其是债务成本、为短期活动融资带来的风险（流动性比率）和资产负债表的长期均衡（长期偿债能力比率）。与普遍接受的观点相反，大多数破产案件是由于公司无法满足其短期现金需求而导致的，而不仅仅是因为它已经耗尽了股东权益。本节总结了衡量信用风险的不同方法，特别是主要评级机构使用的方法。

7.3.1　流动性比率

一般情况下，公司要达到一定的可接受的年收益率，财务经理被迫面临典型的收益—流动性的两难选择：一方面，如果保留大量现金或容易变现的资产，即使那些年收益率高的公司也会面临公司整体收益率下降的财务问题，此外，也浪费了资本成本。另一方面，现金和可变现资产的最小化提高了企业现金短缺的风险，严重的话会造成财务危机甚至破产。这里推理中的隐含假设是：现金以及短期贷款的收益率低于其他资产的收益率。这一假设条件也不总是满足的，主要是当短期利率高的时候。在财务分析中，关注“流动性”这一维度是至关重要的。

“流动性”这一术语是指企业履行短期偿债义务的能力，即企业支付利息、偿还到期本金以及其他到期负债（例如应付款项和预计负债等）的能力。为了评估这一能力，财务分析师通常使用流动性比率。

7.3.1.1 流动比率

流动比率的计算公式是将流动资产除以流动负债：

$$流动比率=\frac{流动资产}{流动负债}$$

流动比率是所有流动性比率指标中最常用的。它通过比较流动资产与流动负债来衡量一家企业是否有足够资源在未来 12 个月内偿还债务。通常这一比率大致为 2，但是其水平因行业不同而异。低的流动比率指标说明企业在偿还短期债务时存在问题。较高的流动比率指标意味着企业没有有效使用流动资产。流动比率是衡量公司市场流动性和满足短期债权人偿债要求的指标。

【例 7-13】流动比率的计算基于诺华公司 2013 年的数据（见表 7-21），该数据来自公司年报。调整后的数据来自上一章。

表 7-21　　诺华公司 2013 年数据

项目	2012 年	2013 年
公布的数据		
流动资产（包括短期现金）（百万美元）	28 004	29 783
流动负债（包括短期债务）（百万美元）	21 981	23 859
流动比率（CR）	1.27%	1.25%
调整后的数据		
流动资产（经营性）（百万美元）	19 885	20 561
流动负债（百万美元）	18 106	19 542
流动比率（CR）	1.10%	1.05%

已公布数据与调整后数据之间的差异：2013 年流动比率为 1.05 意味着诺华公司所持有的每一美元的流动负债都有 1.05 美元流动资产给其提供保障。如果与理想比率 2 相比，这个比率较低。

- 在计算流动比率时，是否应该考虑现金和短期债务？是的，如果我们想强调公司能够偿还其短期债务需求的能力，那么答案是肯定的。如果我们想要强调公司营运资本结构的改善（例如，高应收账款周转率抵销了低存货周转率），特别是在长期分析中，那么答案是否定的。

• 一部分现金有时被视为经营性现金，通常占销售收入的 1% ~2%，视当前现金需求而定，具体比例取决于行业特征。

7.3.1.2　速动比率

速动比率衡量现金和近期可能转化为现金的项目所能偿还短期负债的倍数：

$$速动比率 = \frac{流动资产 - 存货}{流动负债}$$

流动比率的分子包括的项目中有存货和其他流动资产。虽然这些项目在正常的业务过程中可能会在一年内转换为现金，但在成为现金之前必须经历过程的转换。速动比率是短期流动性较为保守的衡量指标，只包括可能按照接近账面价值能够快速变现的流动资产。这个比率表明了公司在困难时期用现金和接近现金的储备来维持其经营的能力。这样的话，这一比率暗示的是清算法，没有考虑流动资产和流动负债交替轮回转化的性质。保守来说，这一比率应该维持在 1 左右，但因行业不同而异。

【例 7 –14】 速动比率的计算基于诺华公司 2013 年的数据（见表 7 – 22），该数据来自公司年报。调整后的数据来自上一章。

表 7 –22　　诺华公司 2012 年、2013 年数据

项目	2012 年	2013 年
公布的数据		
流动资产（包括短期现金）（百万美元）	28 004	29 783
存货（百万美元）	6 744	7 267
流动负债（包括短期债务）（百万美元）	21 981	23 859
速动比率（CR）	0.97%	0.94%
调整后的数据		
流动资产（经营性）（百万美元）	19 885	20 561
存货（百万美元）	6 744	7 267
流动负债（百万美元）	18 106	19 542
速动比率（CR）	0.73%	0.68%

已公布数据与调整后数据之间的差异：速动比率告诉我们，对于诺华公司 2013 年所欠的每美元的流动负债而言，它有 0.68 美元的流动资产可迅速转换为现金，用于偿还流动负债。这个比例有时被称为“酸性测试比率”。

计算速动比率时是否应该包括现金的说法，其情况与流动比率相同。

7.3.1.3　现金比率

现金比率（CAR）在衡量企业流动性时只考虑了现金和现金等价物：

$$现金比率=\frac{现金和现金等价物}{流动负债}$$

现金比率是衡量企业流动性的真正保守的比率，而且可以预知一旦流动负债用所持现金和现金等价物偿还，情况会如何。较高的现金比率并不是好的信号，因为其说明企业没有正确地利用其流动性。然而，现金比率也是一个纯粹的资产负债表比率，因此企业可以通过年末效应歪曲现金比率，即公司在年末临时调整所持有的现金来操纵现金比率。

【例 7-15】速动比率的计算基于诺华公司 2013 年的数据（见表 7-23），该数据来自公司年报。调整后的数据来自上一章。

表 7-23　　诺华公司 2012 年、2013 年数据

公布的数据	2012 年	2013 年
现金和现金等价物以及适销证券（百万美元）	8 119	9 222
流动负债（百万美元）	21 981	23 859
现金比率（CAR）	0.37	0.39

评论：这些数字意味着，如果诺华公司 2013 年末不得不偿还其流动负债，那么其应该能够偿还其中的 39%。现金比率告诉我们，诺华公司拥有强大的流动性头寸。

7.3.2 长期偿债能力比率

长期偿债能力（又称偿付能力）是指企业在长期情况下偿还其债务的能力。短期债权人看重的是企业立即履行偿债义务的能力；而长期债权人既看重盈利能力，又看重现金流。此外，债务水平影响投资者对企业的印象，因为投资者对企业的印象直接取决于风险。因此，长期偿债能力比率指标将资本结构的各个组成部分及其总和相关联。

7.3.2.1 平均利率

平均利率的计算公式如下：

$$平均利率=\frac{利息费用}{负债}$$

出于两个原因，平均利率有别于金融市场上所观察到的实际利率。第一，利息费用可以是年末前几天所签署的贷款合同的函数，也可以是几年前长期债券的函数。第二，负债有时是几年前发出的，市场条件已经改变。因此，市场的边际利率可能会高于或低于从前的利率。第三，总负债中包含不同项目，有些项目并不支付明确的利息费用，例如应付账款和准备。为了解决这一问题，某些财务分析师将那些不支付明确利息费用的项目从负债总额中剔除。因此，计息债务的平均利率的计算公式为：

$$平均利率^{*}=\frac{利息费用}{计息债务}$$

平均利率水平及其在一段时间的变化要与资产收益率水平及其变化相比较。正是因为两者的差异产生了正的或负的杠杆效应。这一情况背后的逻辑是：只要资产收益率高于平均利率，就值得借款。

【例 7－16】 平均利率的计算基于诺华公司 2013 年的数据（见表 7－24），该数据来自公司年报。调整后的数据来自上一章。

表 7－24　　诺华公司 2012 年、2013 年数据

项目	2012 年	2013 年
公布的数据		
计息债务的利息（百万美元）	655	664
债务总额（百万美元）	54 928	51 732
债务总额的平均利率（%）	1.19	1.28
调整后的数据		
计息债务的利息（百万美元）	655	664
债务总额（百万美元）	29 536	25 286
债务总额的平均利率（%）	2.22	2.63

为了计算债务总额，将来必须作为应付账款支付的所有长期和短期负债应该一起计算。尽管市场上普遍存在低利率，但诺华公司 2013 年的平均利率仅为 1.28%，并不太符合现实。

如果长期负债不包括定期支付（拨备和养老基金），我们会得出更现实的计算结果，平均利率* 为 3.69%（见表 7－25）。该平均利率低于资产收益率，因此我们有一个积极的杠杆效应。

表 7－25　　诺华公司 2012 年、2013 年数据

公布和调整后的数据	2012 年	2013 年
计息债务的利息（百万美元）	655	664
计息债务总额（百万美元）	19 726	18 018
计息债务总额的平均利率*（%）	3.32	3.69

该评估也可以“反其道而行”，即从资产负债表的注释中得出。

长期债务的平均利率可以通过两种方式调整：

诺华公司提供的平均债务总体利率为3.3%，据此估计的长期利息为3.71亿美元。

诺华公司还披露了所发行的债务工具的细节。注释中提及的各个债务工具总额接近于资产负债表上的债务总额。采用三强鼎立规则，同时使这些债务工具的平均利率保持在3.93%，利息费用总额为4.13亿美元（见表7－26）。

表7－26　调整　金额单位：百万美元

2013年	资产负债表	利润表	利息率（%）	注释
方法1：长期债务总额	11 242	371	3.3	诺华公司年报第218页注释19
方法2：对银行的负债和其他负债	942	8	0.90	平均利率
根据到期期限分类的长期债务				诺华公司年报第218页注释19
2008～2015年6月，3.625%瑞士法郎	896	32	3.63	平均利率（公司给出）
2010～2015年4月，2.9%美元	1 996	58	2.90	平均利率（公司给出）
2009～2016年6月，4.25%欧元	2 064	88	4.25	平均利率（公司给出）
2009～2019年2月，5.125%数字货币	2 989	153	5.13	平均利率（公司给出）
2010～2020年4月，4.4%美元	992	44	4.40	平均利率（公司给出）
2012～2022年9月，2.4%美元	1 484	36	2.40	平均利率（公司给出）
2012～2042年9月，3.7%美元	488	18	3.70	平均利率（公司给出）
累计总额	10 909	429	3.93	平均利率（计算得出）
估计的最终金额	10 300	405	3.93	推测
长期债务总额	11 242	413		

对于短期债务，由于资产负债表列报的原因，年末债务可能并不代表全年的有效平均债务。诺华公司在其年报的第159页给出了其平均年度债务以及该债务的平均利率。对于长期债务中将在一年内偿还的部分，在没有其他信息的情况下，我们使用先前的利率3.93%。我们估计短期债务的利息总额为2.28亿美元（见表7－27）。

表7－27　估计利息总额　金额单位：百万美元

项目	2012年	2013年	利率（%）	注释
利息费用	655	664		
支付的利息（现金流量表）	594	609		
2013年	资产负债表	利润表		
方法1：短期债务总额（年末）	5 945	137	2.3	第224页注释21
方法2：计息债务	1 658	17	1.00	平均利率（公司给出）
其他银行	1 485	56	3.77	平均利率（公司给出）

续表

项目	2012年	2013年	利率（%）	注释
商业票据	1 935	25	1.30	平均利率（公司给出）
长期债务将于1年内到期的部分	3 319	130	3.93	平均利率（计算得出）
衍生金融工具的公允价值	118			
平均短期债务	8 515	228	2.68	第159页

表7-28汇总了不同的计算过程和结果。第二种方法计算得出的金额为6.41亿美元，非常接近利润表中的金额（6.64亿美元）。这意味着债务的平均利率为3.73%，这与平均利率*的估计非常相似。

表7-28　　计算过程和结果　　金额单位：百万美元

2013年	方法1（简化）	方法2（详细）
短期债务的利息	137	228
长期债务的利息	371	413
估计的利息费用总额	508	641
计息债务总额	17 187	17 187
平均利率	2.95%	3.73%

7.3.2.2 债务净额

债务净额相当简单，可以被定义为：

长期债务+短期债务-现金及现金等价物=债务净额

债务净额可以直观反映公司的财务实力和流动性。因为理论上可以用现金和现金等价物来偿还债务，债务净额也可以作为公司杠杆作用的补充指标。如果公司的现金和现金等价物大于其债务，则公司的净现金头寸大于零，表示公司拥有强大的财务状况（见表7-29）。

【例7-17】

表7-29　　财务状况　　单位：百万美元

项目	2012年	2013年
公布的数据		
债务总额	54 928	51 732
现金和现金等价物以及适销证券	8 119	9 222
其他长期金融资产	1 117	1 523

续表

项目	2012 年	2013 年
债务净额	45 692	40 987
调整后的数据		
债务总额	29 536	25 286
现金和现金等价物以及适销证券	8 119	9 222
其他长期金融资产	1 117	1 523
债务净额	20 300	14 541

评论：该计算没有考虑诺华公司对罗氏公司的长期股权投资（参股），2012 年达到 85.88 亿美元，2013 年达到 89.82 亿美元。我们认为这种参股是战略性的，它是一种非常不同于长期债务工具或权益投资组合的资产类型。

已公布的数据和调整后的数据之间的差异：债务净额的计算更清楚地表明了已使用资本的中期融资中债务所占的份额和股东权益所占的份额。

7.3.2.3　资本结构比率

资本结构比率（也称总体负债率或资产负债率）衡量债务总额占资本总额（资产总额）的比重，计算公式如下：

$$资本结构比率 = \frac{债务}{资产}$$

资本结构比率是衡量公司风险的主要指标，它表明了公司通过权益和负债来为资产融资的组合方式。负债的百分比越高，公司所要支付的利息和偿还的债务就越多，发生破产的可能性越大。莫迪利亚尼（Modigliani）和默顿·米勒（Miller）提出的资本结构理论认为：在完美市场条件下，公司的价值与公司的融资方式无关。然而，市场是不完美的，出于一些原因，资本结构至关重要，破产成本、代理成本、税收、信息不对称都是原因之一。因此，财务分析师所用的资本结构比率是一个监控装置：只要该比率处于一定范围之内，就应该把分析重点放在不同的方面。

在计算资本结构比率时，到底使用负债的市场价值还是账面价值。金融文献的大多数作者倾向于使用市场价值，但关于市场价值的明确信息通常是缺失的。因为使用市场价值可能会导致估测中的困难，我们倾向于使用负债的账面价值（除非有公司债务交易的明确迹象）。

【例 7－18】资本结构比率的计算基于诺华公司 2013 年的数据（见表 7－30），该数据来自公司年报。调整后的数据来自上一章。

表 7-30 诺华公司 2012 年、2013 年数据

项目	2012 年	2013 年
公布的数据		
债务净额（百万美元）	45 692	40 987
负债和股东权益总额（百万美元）	124 191	126 254
资本结构比率（CS）	37%	32%
调整后的数据		
债务净额（百万美元）	20 300	14 541
负债和股东权益总额（百万美元）	102 941	104 733
资本结构比率（CS）	20%	14%

评论：诺华公司各年间的资本结构比率变化不是很大，表明14%的资产是由外债融资的。这大大低于行业平均水平，这表明诺华负债少，其财务风险较低。

7.3.2.4 债务总额对股东权益比率

另一个衡量负债与资本来源关系的指标是债务总额对股东权益比率（又称权益负债率或产权比率），计算公式如下：

$$\text{债务总额对股东权益比率} = \frac{\text{负债}}{\text{权益}}$$

债务总额对股东权益比率是资本结构比率的另一个版本，它直接比较了融资的两个来源：外部和内部。较低的债务总额对股东权益比率不足以让财务分析师担心，并且企业还有其他备用的融资来源。该比率是财务分析师用来分析公司杠杆的一个重要工具。

【例 7-19】债务总额对股东权益比率的计算基于诺华公司 2013 年的数据（见表 7-31 和表 7-32），该数据来自公司年报。调整后的数据来自上一章。

表 7-31 诺华公司 2012 年、2013 年数据

项目	2012 年	2013 年
公布的数据		
债务总额（百万美元）	54 928	51 732
股东权益总额（百万美元）	69 137	74 343
债务总额对股东权益比率（Tot. DE）	79%	70%
调整后的数据		
债务总额（百万美元）	29 536	25 286
股东权益总额（百万美元）	75 229	83 109
债务总额对股东权益比率（Tot. DE）	39%	30%

表 7－32 诺华公司 2012 年、2013 年数据

项目	2012 年	2013 年
公布的数据		
计息债务总额（百万美元）	19 726	18 018
股东权益总额（百万美元）	69 137	74 343
计息债务对股东权益比率（TDE）	29%	24%
调整后的数据		
计息债务总额（百万美元）	19 726	18 018
股东权益总额（百万美元）	75 229	83 109
计息债务对股东权益比率（TDE）	26%	22%

评论：就像以前的资本结构比率一样，计息债务对股东权益比率衡量强烈的外部冲击对潜在长期偿债能力或信用价值的含义（这与银行压力测试或对冲基金的风险价值类似）。从表 7－31 可以看出，如果立即偿还计息债务将削减股东权益的 1/4 左右（假设不考虑可供使用的现金）。

7.3.2.5 长期债务对股东权益比率

长期债务对股东权益比率衡量的是非流动负债和股东权益的关系：

$$长期债务对股东权益比率=\frac{长期债务}{股东权益}$$

在比较债务和股东权益时，我们要记住部分债务是循环发生的，并处于正常的经营周期内。长期债务对股东权益比率将分析范围缩小为永久性债务这一外部融资来源。长期负债通常包括非流动负债和非流动负债将在一年内到期的部分。某些财务分析师只考虑贷款和发行的债券。较低的比率意味着权益远高于长期负债。

【例 7－20】长期债务对股东权益比率的计算基于诺华公司 2013 年的数据（见表 7－33），该数据来自公司年报。调整后的数据来自上一章。

表 7－33 诺华公司 2012 年、2013 年数据 金额单位：百万美元

项目	2012 年	2013 年
公布的数据		
计息债务总额	19 726	18 018
其他长期金融资产	1 117	1 523
股东权益总额	69 137	74 343
长期债务对股东权益比率（LTDE）	27%	22%

续表

项目	2012 年	2013 年
调整后的数据		
计息债务总额	19 726	18 018
其他长期金融资产	1 117	1 523
股东权益总额	75 229	83 109
长期债务对股东权益比率（LTDE）	25%	20%

评论：诺华公司长期债务对股东权益比率非常低。诺华公司上一年进一步减少了长期债务，从强劲的现金流中获利。

已公布的数据和调整后的数据之间的差异：与以前的比率一样，股东权益的差异源于重新纳入无形资产摊销。没有考虑可供使用的现金。

7.3.2.6　利息保障倍数

利息保障倍数可以衡量企业偿还利息义务的能力，计算公式如下：

$$利息保障倍数 = \frac{息税前利润}{利息费用}$$

出于计算比率的目的，利息应该使用实际支付的利息而不是利息费用。然而，因为无法获得实际支付的利息的信息，只能使用根据权责发生制原则计入利润表的利息费用。有时企业并不披露息税前利润，因此，我们只能使用营业利润替代息税前利润。

利息保障倍数表达息税前利润所能支付利息的倍数。有时财务分析师将本金偿还也包含在内，那么该比率变为固定费用保障倍数，然而，固定费用需要进行税收效应的调整。

【例 7－21】利息保障倍数的计算基于诺华公司 2013 年的数据（见表 7－34），该数据来自公司年报。调整后的数据来自上一章。

表 7－34　　诺华公司 2012 年、2013 年数据　　金额单位：百万美元

项目	2012 年	2013 年
公布的数据		
现金支付的利息	594	609
息税前利润	11 193	10 910
利息保障倍数（ICR）	18.8%	17.9%
调整后的数据		
现金支付的利息	594	609
息税前利润	14 842	14 485
利息保障倍数（ICR）	25.0%	23.8%

评论：诺华公司的优秀财务状况反映在利息保障倍数这个比率上。根据经营业绩的波动性，满意的利息保障倍数应该在 5 ~7 倍之间。没有考虑 2013 年额外约6 000 万美元的理财收入，理财收入抵销了利息费用。

已公布数据与调整后数据之间的差异：现金支付的利息数字取自现金流量表。

7.3.2.7　经营现金流对现金支付的利息费用比率

债权人使用的另一个有效指标是经营现金流对现金支付的利息费用比率。

$$经营现金流对现金支付的利息费用比率 = \frac{经营现金流}{现金支付的利息费用}$$

尽管在债权人眼中利息保障倍数用来衡量支付能力，但是他们开始担心是否能按时获得利息。因此，短期债权人感兴趣的是公司能否赚取足够的利润和产生足够的现金流来至少满足偿还利息的义务。最后，他们使用了来自现金流量表的数据。

【例 7 －22】经营现金流对现金支付的利息费用比率的计算基于诺华公司 2013 年的数据（见表 7 －35），该数据来自公司年报。调整后的数据来自上一章。

表 7 －35　　诺华公司 2012 年、2013 年数据　　金额单位：百万美元

项目	2012 年	2013 年
公布的数据		
经营现金流	14 194	13 174
现金支付的利息	594	609
经营现金流对现金支付的利息费用比率（OCFCIC）	23.9 倍	21.6 倍
调整后的数据		
经营经济性现金流	14 711	14 870
现金支付的利息	594	609
经营现金流对现金支付的利息费用比率（OCFCIC）	24.8 倍	24.4 倍

评论：正如我们所看到的，贷款人不必担心诺华公司支付其利息的能力，因为经营经济性现金流覆盖的利息超过 24.4 倍，略高于利息保障倍数 23.8 倍。

7.3.2.8　经营现金流对负债比率

如果企业能够产生足够的现金去偿还其债务，债权人则不必担心。经营现金流对负债比率计算公式如下：

$$经营现金流对负债比率 = \frac{经营现金流}{负债}$$

经营现金流对负债比率用于衡量企业用所创造的经营现金偿还负债的长期偿债能

力。因此，有必要判断经营活动创造的现金流量是否足以偿还负债。

【例 7－23】 经营现金流对负债比率的计算基于诺华公司 2013 年的数据（见表 7－36），该数据来自公司年报。调整后的数据来自上一章。

表 7－36 **诺华公司 2012 年、2013 年数据** 金额单位：百万美元

项目	2012 年	2013 年
公布的数据		
经营现金流	14 194	13 174
长期债务	13 781	11 242
其他长期金融资产	1 117	1 523
经营现金流对负债比率（OCFL）	112%	136%
调整后的数据		
经营经济性现金流	14 711	14 870
长期债务	13 781	11 242
其他长期金融资产	1 117	1 523
经营现金流对负债比率（OCFL）	116%	153%

评论：如果诺华公司决定将其所有经营现金流偿还债务，公司有能力在不到一年的时间内偿还其债务（不会使其现有现金下降）。这显示了该公司优秀的财务稳健性。在计算该长期偿债能力指标时剔除了短期融资项目。

7.3.3 信用风险*

本部分的目的在于基于某公司财务报表上的信息，识别该公司的破产风险。公司倒闭是一件不幸的事情，大多数公司都在创建后的头一两年内就破产了，另一些公司则成长、发展，在很长时间后才会发生财务危机。下面是两种类型的企业失败。

- 第一种类型是公司的收益很低甚至负收益。如果公司的收益低于资本成本，则被看作发生了企业失败，并且如果公司报告了营业亏损，将很可能使其市场价值下跌。
- 第二种类型的企业失败是技术性破产，源于公司无力偿还到期负债。

如果公司不能在合理的时间内将其资产转换为现金用来偿还负债，将发生破产。破产是公司的负债超过其资产的市场价值，这意味着公司的所有者权益为负。

企业的破产可以有很多种原因。外部的原因可能是公司经济环境的变化，比如全球性的经济衰退或利率上升会给无数公司带来财务问题，一些公司会因此发生破产。

但超过一半的破产企业的主要原因是管理不善。众多的管理错误导致了公司失败。过度扩张、不佳的财务表现、无效的销售团队和过高的生产成本会单独或共同造成公司最终的失败。

评价破产风险（也称为信用风险）对债权人，尤其是金融机构来说是一项极其重要的任务。因为债务偿还是受合同条款约束的，金融机构的分析重点应放在企业的债务和利息偿还的能力上。因此，应着重分析长期偿债能力比率和流动性比率，而盈利能力比率和管理效率比率相对不那么重要。然而，这两组比率也不是完全独立的。较高的盈利能力和管理效率比率尽管没有增加用于偿还债权人的现金，但是可以降低债务的风险。相反，如果一个企业经历盈利能力和管理效率问题，可能无法偿还利息和债务，因而存在较高的信用风险。

从债权人的角度来说，信用风险是指企业不能够履行偿债义务所产生损失的风险。基于财务报表，财务分析师通常可以分析一家特定公司的破产风险。这一标准曾经并仍然被银行在实施授信和拒绝给企业提供信贷的双重战略中所使用。这一模型的目的是将企业分为两组：破产风险低的和破产风险高的。

E. I. 奥特曼（1968）研究了美国1946 年至1965 年失败的33 家公司和其他33 家在同一时期并未失败的公司。奥特曼使用22 个不同的比率来区分这两个组，但最终找到了5 个相关比率来解释破产。他将这些比率描述为：

• X_1 = 营运资本/有形资产总额。该比率表示公司有形资产总额中营运资本的占比。一般而言，持续亏损的公司流动资产占总资产的比率将会下降。该比率在三个流动性指标中是最有价值的，另外两个是流动比率和速动比率。

• X_2 = 留存收益/有形资产总额。留存收益是指公司在存续期间可用于再投资的累计利润或累计未弥补亏损的总额。该比率隐含地考虑了公司的存续时间。例如，一个年轻的公司可能因没有时间累积足够的留存收益，而使得留存收益/有形资产总额过低。但正因为如此，有人认为这一指标对初建的公司不够公平。但事实表明，成立时间短的公司破产的概率要大得多。

• X_3 = 息税前利润/有形资产总额。该指标为盈利能力指标，特别适宜于研究公司失败的情况。此外，当公司的总负债超过由其盈利能力所决定的公司资产的公允价值时，将会进行破产清算。

• X_4 = 股东权益的市场价值/总负债的账面价值。股东权益为所有股票的市场价值，包括普通股和优先股，总负债包括流动负债和长期负债。该比率显示在公司负债超过资产和公司破产以前，公司资产价值（用权益的市场价值加负债来衡量）能够下降的幅度。该比率加入了市场因素，是负债总额对股东权益比率的倒数，常常被投资者用来度量财务杠杆率。

- X_5 = 销售收入/有形资产总额，是一个描述公司资产创造销售收入能力的常用财务比率。实际上，该比率在统计上并不显著，可以不加入这个比率。但由于其在模型中与其他变量的独特关系，资产周转率在整个模型的贡献度中排名第二。此外，不同行业中该比率变化较大，如果排除这个变量，必须重新估计模型。

虽然这项研究可能显得过时，但我们目前所使用的最流行的判别分析模型只是奥特曼模型的翻版。奥特曼获得的线性判别方程为：

$$Z = 1.2X_1 + 1.4X_2 + 3.3X_3 + 0.6X_4 + 1.0X_5$$

在奥特曼研究的样本中，Z 的临界值为 2.675，在公司破产前 1 年、前 2 年、前 5 年的预测精确度分别为 95%、72%和 30%。实践中常用的得分如下：

- 低于 1.81：存在未来破产的风险；
- 在 1.81 ~2.99 之间：没有明确的结论；
- 超过 2.99：未来破产的风险非常低。

得分的趋势应该在几个季度内进行监测。

奥特曼模型的更新研究也得出了相似的结果。

奥特曼最初开发的其他几个版本包括：

（1）私人公司 Z 得分模型

$$Z' = 0.717X_1 + 0.847X_2 + 3.107X_3 + 0.42X_4 + 0.998X_5$$

灰色地带位于 1.23 ~2.9 之间。

与基本判别方程的差异：第四个变量不考虑市场价值，而使用资产负债表账面价值。

（2）双引号 Z 得分模型（适用于服务业公司和新兴市场）：

$$Z'' = 6.56X_1 + 3.26X_2 + 6.72X_3 + 1.05X_4$$

灰色区域介于 1.22 ~2.9 之间。

该版本仅使用基本判别模型的前四个方程。

（3）Hillgeist 模型：

Hillgeist 修订了奥特曼模型，判别方程变为：

$$\text{Hillgeist Z 得分} = 3.85 + 1.13X_1 + 0.005X_2 + 0.269X_3 + 0.399X_4 - 0.033X_5$$

$$\text{一年内的违约概率} = 1/[\exp(\text{Hillgeist Z 得分}) + 1]$$

2012 年和 2013 年，诺华公司的 Hillgeist 得分分别为 5.04 分和 5.42 分，这给出了一年内的违约概率分别为 0.65%和 0.44%。

现在信用评级机构使用的大多数信用评分模型都只是奥特曼模型的翻版。这些流行的分析方法囊括了一套衡量公司业绩的财务比率指标。用于预测破产的模型由于其能很直观地评估公司破产的风险，因而非常具有吸引力。这也是众多信贷银行发展自己模型的主要原因。

然而，金融机构只把它视作制定决策的标准之一，不能取代财务分析师的意见。理由如下：由于判别函数是建立在以往真实数据的基础上的，数据和函数都是历史性的，因此信用评分模型是经验化的。当我们预测企业破产时，要推断的是将来的情况，这就具有一定的不确定性。将来不是过去事实的简单重复。因此，10 年前有用的比率在今天可能没有很大意义，模型必须更新。必须明确，不同行业之间的判别函数是不同的。

另外，还有统计上的问题，我们首先需要考虑使用多少比率及什么比率来决定最终的最佳判别方程。是否总能获得包括配对的同行业的破产和非破产公司的样本呢？由此，判别分析必须是一个动态的过程，必须考虑最近宏观和微观事件对公司的影响。

7.3.3.1 评级机构*

为了准确区分高破产风险和低破产风险的企业，使用不同会计比率的信用评级方法被广泛使用。通常，盈利能力、资产管理效率、长期偿债能力和流动性的比率是用来预测破产的重要指标。这一方法被大众熟知的信用评级机构广泛使用，例如美国惠誉、日本信用评级机构、美国穆迪、美国标准普尔和塞浦路斯的资本情报公司等。

2008 年金融危机之后，信用评级机构决定提高评级授予方式的透明度。大多数评级机构现在对公司的财务状况提出了总体意见，同时坚持资产负债表上资产所释放的现金流与负债方所使用的现金流之间的平衡。其中应用最广泛的比率是债务对息税折旧摊销前利润比率。该比率虽然忽略了税收因素，但它代表了公司快速偿还债务所需年数的估计值。

下面是诺华公司的一些重要标准普尔比率。作为一个例子，并没有详细介绍每个机构的方法。

标准普尔报告——2013 年 5 月。

公司评级：AA_/稳定/A－1＋。

商业风险：优秀；财务风险：适度；流动性：强。

乐观情景：鉴于诺华公司在其财务政策支持下向股东返还超额现金的记录，我们认为，目前还不能给予其积极的评级。然而，如果诺华公司能够获得并维持超过 75% 的运营资金（FFO），则可能会触发我们积极的评级行动。

不利情景：如果诺华公司始终将运营资金对负债净额的比率维持在 50% 以下，

那么我们可以采取负面评级行动。这可能是由于用大规模债务融资进行的收购超过100 亿美元，或股票回购高达 60 亿美元，或者收入增长为 -5%。然而，我们认为现阶段并不会出现高额并购的活动，因为我们认为公司管理层正在关注最近收购的爱尔康的整合情况。

基本情况：关键指标（见表 7-37）。

表 7-37　关键指标

项目	2012 年实际	2013 年预测	2014 年预测
息税折旧摊销前利润/销售收入	28.9%	29% ~30%	29% ~30%
债务/息税折旧摊销前利润	1.2 倍	1.2 倍	1.1 倍
经营现金流/债务	72.2%	75% ~80%	80% ~85%

7.3.3.2　信用违约互换：机制及其对投资者有用的方式*

信用违约互换（CDS）或称信用违约掉期是财务风险的另一种衡量指标，因为 CDS 是针对公司违约风险的一种保险形式。投资者每年支付一笔保费，以便投资者可以在 CDS 持有期间在公司破产时获得资金损失赔偿。

从理论上讲，诺华公司两年期债券的持有人如果购买了相同期限的 CDS，那么其的整体投资组合的回报率必须等于无风险市场利率（由银行间掉期利率表示），因为该投资组合现在已投保。

2014 年 2 月的市场数据显示了类似的结果：

2016 年 6 月 15 日诺华公司债券的到期收益率为 0.52%。

诺华公司优先级债务的两年期 CDS 年度保费为 9 个基点。CDS 的 9 个基点代表投资者愿意每年支付的保险费用，以保护自己免受诺华公司在 2016 年 6 月 15 日前破产的影响。因此，掉期期间的总成本约为 20 个基点（从 2014 年 2 月算起期间为两年零四个月）或 9 +9 +3 =21 个基点。

两年期欧元掉期收益率为 0.44%。

这与理论平衡非常接近，即 0.52% -0.09% =0.44%。

与理论价格相比，一到两个基点的价差是最小的。情况并非总是如此，这种参照“基数”的价差在压力时期可能会显著扩大，例如 2008 年金融危机期间，当时市场上无法实现有效套利。

与大多数掉期合约一样，CDS 合约在柜台（OTC）进行交易，因此如果与投资者签订 CDS 合约的银行或金融机构在合同的有效期内自行破产，则存在交易对手风险。

7.4　关键行业比率和指标*

7.4.1　简介*

到目前为止，在这个模型中，我们已经覆盖很多领域，并且看到了很多不同又复杂的会计或比率分析问题，所有这些都为我们理解和分析财务报表打下了坚实的基础。这一部分试图针对一些主要的行业讲述财务报表分析。首先对每个行业及其特征进行简要综述，然后指出该行业经常发现的主要会计问题。因为不同行业的会计惯例和假设可能不同，这些都需要深入分析并且非常有必要与同行业进行比较。

然后我们关注一些关键的比率和其他一些用于确定公司健康程度的非公认会计准则指标。对于每个行业，我们都提到了一些公司，它们是该行业的主要代表。

各评价指标见表 7 - 38 ~ 表 7 - 43。

表 7 - 38　　一些行业的主要评价指标

			工业	石油天然气	消费者	医疗健康	科技	银行	公用事业
利润表	金额	新许可证收入					■		
		递延收入					■		
		同店销售收入			■				
		每平方英尺销售收入			■				
		营业额			■				
		订单出货比值	■				■		
	比率	毛利率			■				
		自税折旧摊销租金前利润/销售收入			■				
		息税折旧摊销前利润/销售收入	■	■	■	■	■		■
		营业利润率			■	■	■		
		研究与开发支出/销售收入				■	■		
		效率比率（成本收入）						■	
		净利息收入/平均盈利资产						■	
		利息保障倍数							■
资产负债表	金额	在分销商处的存货量				■			
		存货周转期					■		
		每平方英尺存货			■				
		应收账款周转天数					■		
		不良贷款						■	
		覆盖贷款						■	
	比率	债务净额/息税折旧摊销前利润	■	■					■
		债务总额/资本总额							■
		一级普通资本比率						■	
现金流量表	金额	自由现金流	■	■		■	■		■
盈利能力	比率	资产收益率				■		■	
		已使用资本收益率		■	■		■		■
		净资产收益率	■	■		■		■	■
实物比率	金额	石油产量		■					
		天然气产量		■					
		桶油当量		■					
	比率	第三桶油的开发成本		■					
		储备替代率		■					

表 7－39 与利润表相关的指标

指 标	说 明
新许可证收入	主要用于软件公司，是衡量公司成长性的指标。一家公司需要有现存的许可证基础，但要想成长，需要卖出更多的许可证
递延收入	对于已收到服务费但尚未（全部）提供服务，需要确认负债。在提供服务时，确认收入，并减少递延收入负债。这对于那些不出售许可证，但提供软件服务并以月、年、多年年费形式收取预付款的公司来说越来越重要。负债随着收入的确认逐渐减记，在更新前一直减到零。如果年费更新了，递延收入会相应再次增加。因此，如果递延收入呈现逐季度下降趋势，可能意味着公司正在失去客户，也就是客户不愿再续交年费
同店销售收入	自开店以来（至少 1 年及以上）的销售收入，代表原始增长率
销售收入/平方英尺	每平方英尺销售收入代表生产效率。注意不同子行业使用类似指标。例如，酒店使用每间客房收入来衡量生产效率及入住率
营业额	该指标应该放在利润率的情景中。食品零售商的利润率较低，但营业额高于奢侈品等
订单出货比（Book to Bill）	订单出货比衡量收到订单和交货开发票金额的关系。它可以看成是需求的指数，如果指标大于 1 意味着需求旺盛；反之小于 1，需求较弱。然而，因为它不包含相同期间接受并完成的订单，所以对于订单跨越多个期间的公司来讲更有意义
毛利率	衡量盈利能力，衡量公司在控制投入成本，特别是原材料成本，并/或将其转嫁给顾客的能力。它象征着公司的定价能力。毛利率下降是个预警信号
息税折旧摊销年度租赁费用前的利润/销售收入	财务分析师们还经常使用 EBITDAR，即利息、税收、折旧、摊销和年租赁租金前的盈利
息税折旧摊销前利润/销售收入	在将公司该比率与行业标杆相比较时，剔除了融资和会计决策的影响。许多管理者以此为目标
营业利润率	使公司能在同一行业内进行比较
研发支出/销售收入	研发对于医疗保健公司来说是一个重要的项目，但对于制药公司而言，这更像是仿制药公司。然而，研发占收入的百分比确实对研究的效率没有多大影响
效率比率	也称为成本/收入比率，表示成本所消耗掉的收入比重。这一比率会在投资银行和资产管理业务领域较高，因为较高的补偿激励成本
净利息收入/平均盈利资产	即净息差，是利率水平、利率斜率、竞争压力、业务组合和资金组合的函数
保障率	保障率，即贷款损失准备金与不良贷款的比率，也是准备金充足率和衡量标准的一个指标。它表明一家银行的资本和收益如何得到保护，免受未来的信贷损失

表 7-40　　与资产负债表相关的指标

指　标	说　明
在分销商处的存货量	如果能够提供，这是一个关注公司（例如制药公司）通过分销渠道销售的有趣指标。分销商库存量的大量增长可能是填塞销售渠道或其他问题的信号
存货周转期	意味着存货可供出售的平均时间。任何非季节性囤货都会对未来毛利造成压力
存货/平方英尺（平方米）	用来跟踪存货的充分性的另一个指标
存货周转期	意味着存货可供出售的平均时间。任何非季节性囤货都会对未来毛利造成压力
应收账款回收期或应收账款周转天数	表明客户支付货款，偿还债务所需要的平均时间。其增长也是一个预警信号
不良贷款/贷款比率	不良贷款/贷款比率是确定银行贷款组合质量和潜在未来信贷损失的重要比率。它追踪的是相对于银行资产而言的不良贷款比率
债务净额/息税折旧摊销前利润	衡量财务杠杆的指标之一
一级普通股资本率	一级资本（核心资本）是衡量资本充足率的指标。一级普通股资本率被看成是亏损吸收消耗资本的最高形式，因为它包括了权益扣减商誉和无形资产
一级普通股资本比率	一级普通股资本（核心资本）比率是衡量资本充足率的指标。一级普通股资本比率被看成是亏损吸收消耗资本的最高形式，因为它将股东权益扣减了商誉和无形资产

表 7-41　　与现金流量表相关的指标

指　标	说　明
自由现金流	自由现金流量是资本提供者可以获得（以股利、股票回购和偿还债务的形式）或公司可以用于增长性投资的金额 自由现金流的产生取决于公司的生命周期。增长速度非常快的公司可能拥有巨大的资本性支出和营运资本的需求，因此产生较少的自由现金流，而成熟的公司可以创造更多自由现金流，但有时这可能反映能够推动公司未来增长的投资机会较少

表 7－42　盈利能力指标

指　　标	说　　明
资产收益率	表示公司如何有效地使用其资产。请注意，随着金融危机和随之而来的大规模提取拨备的需求，财务分析师转向根据税前提取拨备前利润计算资产收益率，以便更好地感受银行的潜在盈利能力
已使用资本收益率（ROCE）	已使用资本收益率，用来衡量资本使用的效率，也就是公司如何使用其资本
净资产收益率（ROE）	表示公司如何有效地使用股东权益，对于金融机构而言，有时使用有形资产收益率作为替代指标

表 7－43　实物量比率

指　　标	说　　明
生产的价值单位 石油 天然气	 油桶（bbl） 千立方英尺天然气（MCF），百万立方英尺天然气（MMCF）
桶油当量（BOE）	按英国天然气原油热量单位计算的热值当量。一桶油的热值相当于 6 000 立方英尺的天然气
每桶油当量的发现和开发成本	在生产现状增加和开发一桶新储备的成本
储备替代率	储量变动（修订＋重新分类＋改进的回收率＋扩展＋发现量）与当年的总产量之比，表明公司可以用新储备替代生产情况

7.4.2　工业*

工业行业是异构的，并包含了许多不同子行业，例如航空航天和国防工业、电子设备制造业、建筑和工程业和机器制造业等；包括生产周期长和生产周期短的公司。这一行业通常更加国际化而且注定资本密集程度高。

（1）主要子行业及其代表性公司

- 航空航天（欧洲宇航防务集团）和防务（诺思罗普）；
- 电气设备（ABB 集团）；
- 工程（德西尼布集团）；
- 机械（博斯特集团）；
- 施工（豪赫蒂夫公司）。

（2）会计问题

• 长期建造合同。有两个处理办法：完工百分比法和完成合同法。国际财务报告准则只允许针对建造合同采用完工百分比法，前提是结果能够可靠估计。注意，如果公司所确认的销售收入超过实际收到的付款额，这些应反映在资产负债表的应收账款项目下。这需要密切关注，因为一旦应收账款出现大幅增长，就意味着销售收入会在后期下降或者收入确认得过于激进。

• 联合合同：销售合同包括额外的服务是非常常见的，例如维护保养。这种情况下，每个部分需要单独核算并按照现值确认。这个问题需要一定程度的判断，但对在公司之间进行实务比较非常有用。

（3）关键比率和指标

• 息税折旧摊销前利润/销售收入；
• 订单出货比值（Book to Bill）；
• 净资产收益率（ROE）；
• 自由现金流（Free Cash Flow）；
• 负债净额/息税折旧摊销前利润。

7.4.3 石油和天然气行业*

石油和天然气行业包括各种各样不同特征的子行业。勘探和生产公司负责寻找碳氢化合物储备、钻探和销售。事实上，与大多数公司的资产产生未来收益相反，石油和天然气公司是耗尽其资产，也就是耗尽其储备。公司必须投资大量资金用于发现新的储备。石油服务公司为勘探和生产公司提供方法和工具来寻找、勘探和提取油气田。这些活动包括地震学测试、工程施工、钻井平台建设、钻井和竣工服务。炼油厂将原油加工成可用的产品。

（1）主要子行业及其代表性公司

• 勘探和生产（荷兰皇家壳牌集团）；
• 石油服务（斯伦贝谢公司）；
• 炼油厂（芬兰耐思特石油公司）。

（2）会计问题

• 储备的估值和披露：储备非常重要，因为他们是未来收入的来源。国际财务报告准则对于报告储备尚没有特殊的要求，但美国证券交易委员会对在美国上市的公司有专门的指导。美国证券交易委员会区分探明储量（回收率为90%），可能储量

（50% ~90%）和可能储量（10% ~50%）。该委员会授权这些公司提供前两类（已探明储量和可能储量）的证据。请注意，这些是非公认会计原则数据。

- 联营和合营企业：石油和天然气公司通常对其他公司进行对外投资或成立合资公司，有不同的编制合并报表分类方法。

（3）关键比率和指标

- 息税折旧摊销前利润/销售收入；
- 已使用资本收益率（ROCE）；
- 净资产收益率（ROE）；
- 自由现金流；
- 负债净额/息税折旧摊销前利润；
- 生产的价值单位 石油 天然气；
- 桶油当量（BOE）；
- 每桶油当量的发现和开发成本；
- 储备替代率。

7.4.4　消费品行业*

消费品行业包括消费者非必需品和消费者常用品，我们在该部分同时关注这两个行业。消费者非必需品通常是更具周期性的子行业，例如零售、奢侈品、百货商店、专营商店、酒店和餐馆等。消费者常用品周期性不强，包括烟草、食品、饮料、日用品和个人用品等。某些情况下，可能会有相当数量的季节性用品（例如圣诞节期间的奢侈品），会歪曲季度的数据（存货囤积、销售等）。

消费品公司，特别是酒店和零售业，可能拥有相当数量的房地产。然而，某些公司倾向于租赁房地产。会计处理上的区别可能会歪曲不同公司之间的可比性。

（1）主要子行业及其代表性公司

- 非必需品：食品零售（诺华公司）、奢侈品（历峰）、百货公司（JC Penney）、专卖店（家得宝）、酒店（希尔顿）、餐厅（达顿）；
- 常用品：烟草（奥驰亚）、食品（雀巢）、饮料（帝亚吉欧）、家用和个人用品（Adecco）。

（2）会计问题

- 房地产。如果房地产是自有的，应该按照成本减去折旧或按照重估价值计价。
- 租赁。租赁是资产负债表表外融资的常见方法之一。融资租赁转移了与资产所有权相关的所有风险和收益，本质上是贷款购买的替代方案。大多数公司将融资租赁资本化，而且这是国际财务报告准则的强制要求。如果没有满足风险和收益转移的条件，则该租赁叫作经营租赁。经营租赁不需要资本化，被看成是定期的支付并被确认为费用。

（3）关键比率和指标

- 毛利率；
- 营业利润率；
- 息税折旧摊销前利润/销售收入；
- 息税折旧摊销年度租赁费用前的利润（EBITDAR）/销售收入；
- 已使用资本收益率；
- 存货周转期；
- 营业额；
- 同店销售收入；
- 销售收入/平方英尺（平方米）；
- 存货/平方英尺（平方米）。

7.4.5 医疗保健行业*

医疗保健行业包括许多子行业，例如制药公司、医疗器械和生物技术等。制药和生物技术公司花费巨资用于研究与开发新药，一旦研制成功，会受到专利保护。当专利保护期过后，无商标厂家的竞争会越来越激烈。发现更新换代的新药很重要，但也很困难。研发的生产力也在下降，促使公司间结成联盟或收购其他公司。

（1）主要子行业及其代表性公司

- 制药公司（诺华集团）；
- 生物技术公司（安进公司）；
- 医疗技术（费森尤斯医疗）。

（2）会计问题

- 研发的会计处理。研究成本在发生时计入当期费用；而开发成本需要资本化，在其使用寿命期内摊销。研发成本的资本化部分相对于整个研发成本比例较小，因为只有产品达到了较高级的程度才能被列入开发项目。收购获得的研发成本作为无形资产进行资本化，并在其使用寿命期内摊销。在公司间进行比较时，我们需要关注费用部分和资本化部分的比例，因为这会影响净资产收益率并歪曲公司间的比较。

• 联营和合营。制药公司通常会对外部公司进行股权投资或成立合资公司。在会计处理上存在一些不同的编制合并报表的方法。

• 企业合并。这个行业的企业中，合并非常常见，可以通过收购或兼并的方式。对收购来说，只允许使用购买法。对于兼并，有购买法和权益结合法两种方法，而国际财务报告准则只允许使用购买法。

（3）关键比率和指标

• 营业利润率；
• 研发支出/销售收入；
• 在分销商处的存货水平；
• 息税折旧摊销前利润/销售收入；
• 资产收益率；
• 净资产收益率；
• 自由现金流量。

7.4.6　科技公司*

科技公司包含宽广范围的、不同子行业、分别处于不同生命周期阶段的公司，从新创立，快速成长，一直到更加成熟的公司。有些子行业，像半导体行业，是周期性非常强的；而其他公司（通常有软件公司和服务公司）的大部分收入来自许可证收入和服务收费，因此更加稳定。事实上，研究这一行业的最好方法是将其划分为硬件制造公司、软件和服务公司。硬件制造公司有较高的资本密集度和经营杠杆，通常周期性强，研发成本支出较多，因为来自创新方面的压力非常强烈。硬件公司，由于其风险特性，倾向于拥有保守的财务风险和杠杆。

（1）主要子行业及其代表性公司

• 硬件：个人电脑制造商（联想）、半导体（意法半导体）、消费相关（苹果）；
• 软件（SAP）；
• 服务公司（埃森哲）。

（2）会计问题

• 联合合同：科技公司通常产品和服务是捆绑销售的，例如硬件和软件或软件许可证，或者维护合同或者保修合同。这种情况下，每一部分需要分别核算并按照现值确认。这个问题需要一定程度的判断，在公司之间进行实务比较非常有用。

• 研发成本：根据国际财务报告准则，研究成本在发生时计入当期费用；而开发成本如果符合无形资产确认标准，则需要资本化，并在使用寿命期内进行摊销。根据美国公认会计准则，所有的开发成本在发生时都需要计入当期费用。

- 联营和合营：科技公司通常会对外部公司进行股权投资或成立合资公司。在会计处理上，存在一些不同的编制合并报表的方法。
- 企业合并：在该行业，企业合并比较频繁，因为公司需要购买互补品或竞争技术以及进行地域扩张等，都可以通过收购或兼并的方式。对收购来说，只允许使用购买法；对于兼并，有购买法和权益结合法两种方法，而国际财务报告准则只允许使用购买法。

（3）关键比率和指标

- 新许可证收入；
- 递延收入；
- 息税折旧摊销前利润（EBITDA）/销售收入；
- 息税折旧摊销年度租赁费用前的利润（EBITDAR）/销售收入；
- 毛利率；
- 已使用资本收益率；
- 研发成本/销售收入；
- 自由现金流；
- 订单出货比；
- 存货周转期；
- 应收账款回收期或应收账款周转天数。

7.4.7 银行*

银行的业务活动包括零售银行、资产管理、投资银行和财富管理。这些业务活动都有不同的驱动因素：零售银行和商业银行是由国内生产总值（GDP）增长率和渗透率所驱动的，而资产管理对金融市场水平和情绪更为敏感。

这些业务活动的风险程度也是不同的：商业银行的信用风险较高，而市场风险对投资银行的影响更多。资本需求量取决于商业活动的类型，与信用相关的活动和贸易活动所需要的资本量要多于资产管理。这些都会影响净资产收益率。

（1）主要子行业及其代表性公司

- 零售与商业银行［南方银行（Sydbank）］；
- 资产管理（黑石）；

- 投资银行（高盛）；
- 财富管理［贝尔（Baer）］。

（2）会计处理

- 金融资产：金融资产的计价方法包括以摊余成本计价、以公允价值计价且公允价值变动直接计入当期损益和以公允价值计价且公允价值变动计入其他综合收益（如可供出售的金融资产）。银行选择的金融资产分类方法对价值调整和资产的减值有很重要的影响。
- 贷款损失准备：国际财务报告使用发生损失法，银行只有存在客观减值迹象时，才能确认减值准备。出现减值迹象可能是因为初始确认后发生的一个或多个损失事件，而且这些事件会对金融资产或金融资产组合的预估未来现金流量产生影响。然而，当地监管机构在这件事上有一定的发言权，所以在计提减值准备上存在区域性差异。财务分析师如果想要进行深入分析，必须关注财务报表附注。
- 权益资本的水平：自 2008 年金融危机以来，监管机构一直在寻求增加资本金要求，以便银行在发生另一次银行危机时不再需要求助于财政援助。《巴塞尔协议 III》中总结的这些要求为“核心”资本（最低普通股资本比率）做出了规定，并列出了可以确认为权益资本的金融工具。这些要求大大降低了银行在经济周期高峰时期的净资产收益率。

（3）关键比率和指标

- 效率比率；
- 净息差（净利息收入/平均盈利资产）；
- 资产收益率；
- 净资产收益率；
- 不良贷款/贷款比率；
- 保障比率；
- 一级普通股资本率。

7.4.8　公用事业*

市政公用设施行业包括电、燃气和水务公司，提供生产、传输和配送服务。能源交易行为包括在批发市场进行买卖以匹配能源供应和客户需求。市政公用设施可以被政府监管，也可以不被监管。监管的市政公用设施要服从价格管制，意味着基于其成本和资本结构制定产品或服务价格，从而获得特定的净资产收益率，利润率趋近于稳定。

因为基础设施建设成本很高，所以是资本密集型行业。但其收入较为稳定，因此公用事业企业的负债率通常较高。

（1）主要子行业及其代表性公司

- 电力（Electricte de Strasbourg）；
- 燃气（Gas Natural）；
- 水（Pennon Water）；
- 可再生能源（ENEL Green Power）。

其他分类：

- 生产（EDF）；
- 传输（National Grid）；
- 分销服务（GDF Suez）。

或者其他分类：

- 贸易（前安然）；
- 废物管理（前安然）；
- 特许权（Vinci）。

（2）会计问题

- 收入确认：市政公用设施公司在一定程度上需要估计销售收入，因为（水、电和气）的表读数通常无法对应报告期。

- 退役准备：市政公用设施通常会被要求报废工厂并且恢复原貌。这意味着重大的成本（特别是核电工厂），但是由于工厂的较长寿命和变化的监管环境，预测准备是比较困难的。准备应当尤其考虑到这些地点的恢复：预计的年数，特别是所应用的利率。如果这些利率太高，则不能排除低估了储备。

（3）关键比率和指标

- 息税折旧摊销前利润（EBITDA）/销售收入；
- 净资产收益率；
- 负债净额/息税折旧摊销前利润；
- 已使用资本收益率；
- 自由现金流；
- 负债总/资本总额；
- 利息保障倍数。

7.5　敏感性分析*

利润对销售收入变化的敏感性是财务分析的一个关键方面。如果公司管理层决定以牺牲更传统的商业活动为代价进军科技性强的商业活动，虽然将会增加其短期增长，但必须预期到可能存在更大的利润波动。敏感性分析试图确定这种风险。

有几个指标衡量风险：

- 衡量商业风险（不同经济阶段的销售额变化）；
- 衡量经营风险（或衡量商业活动的 Beta）；
- 衡量财务风险（或财务杠杆）。

通过降低固定成本的比例，选择更具周期性的活动或增加债务，公司的业绩可以得到显著改善。所有这些决定都会增加盈利的波动性，但并不意味着公司的市场价值会上涨。换句话说，它增加了资产的盈利能力，但权益资本的提供者所承担的风险也随之上升，在经济放缓的情况下，盈利的波动性更大，利润更低。从战略分析的角度来看，这是一场零和游戏。

7.5.1　营业利润的敏感性*

7.5.1.1　经营杠杆系数*

营业利润可以被定义为销售收入减营业成本，营业成本包括除了利息支出和所得税（以及可能的其他非营业成本，如通过处置资产产生的特殊损失）以外的所有成本。

经营杠杆，是指固定成本的水平占营业成本的百分比。

变动成本，是指随着生产水平上升或下降，其成本总额成比例地增加或减少的成本。

固定成本，是指无论企业的生产水平如何变动，其成本总额固定不变的成本。

请注意，在此分析层次上，不考虑非经营成本，例如特殊利得和损失（例如资产处置利得或损失）、利息支付和所得税。

经营杠杆可以被视为一个行业的特定因素，而不仅仅是公司的特定因素。想象你是一个独立的出租车司机，那时买车或者租车，但无论您怎么决策（购车还是租车），您的固定成本无论如何都高于您选择成为作家时所面临的固定成本。

营业利润增长率与销售收入增长率之间的关系可以用如下公式表示：

$$营业利润增长率 = DOL \times 销售收入增长率$$

其中：

$$DOL^{①} = 经营杠杆系数 = 1 + \frac{固定营业成本}{营业利润}$$

【例 7－24】 诺华公司计算经营杠杆系数的有关资料见表 7－44。

表 7－44　　相关资料　　金额单位：百万美元

公布的数据	2011 年	2012 年	2013 年
销售收入和其他收入	59 375	57 561	58 831
销售成本	18 983	18 756	19 608
固定成本和折旧	29 394	27 612	28 313
息税前利润（EBIT）	10 998	11 193	10 910
经营杠杆系数（DOL）	3.673	3.467	3.595
→假设：销售收入增长率：2%			
销售收入和其他收入	60 563	58 712	60 008
销售成本	19 363	19 131	20 000
固定成本和折旧	29 394	27 612	28 313
息税前利润（EBIT）	11 806	11 969	11 694
息税前利润增长率	7.35%	6.93%	7.19%

2013 年 DOL＝1＋28 313/10 910＝1＋2.595＝3.595

2013 年营业利润增长率＝3.595×2.0%＝7.19%

我们可以检查：77.19%/2%确实等于3.595。经营杠杆系数（又称经营杠杆度）是衡量诺华公司营业利润增长率与销售收入增长率之间的倍数。如果诺华公司销售收入增长10%，则营业利润将增加36%（毛利率和固定成本保持稳定）。

经营杠杆系数的水平随着销售水平的变化而显著不同，经营杠杆系数随着公司销售收入的下降而增加，固定成本不变，营业利润因此下降。

7.5.1.2 货币敏感性分析*

（1）操作风险

大多数公司（无论是哪个行业）都以多种货币从事商业活动。由于订单、交货和付款通常不会同时发生，如果企业以外币结算其产品货款，就会面临汇率风险。

【例 7－25】 X 公司（参考货币＝欧元）从其美国某客户那里获得订单。该产品的销售价格为10 000欧元。那时美元兑欧元的汇率仅为1.00。因此，X 公司以10 000美元设定产品价格。交付和开票在1个月后完成。X 公司很高兴，因为现在的汇率为

① 这个比率也可以表示为：DOL＝毛利/息税前利润。

1 美元 =1.05 欧元，这意味着以欧元计算的销售收入增加到 10 500 欧元。这是 X 公司在其会计系统中捕获的数字。付款是在 2 个月后收到的。X 公司获得 10 000 美元并将其兑换为欧元。不幸的是，美元已经下跌至 0.95 欧元。因此，该银行仅为 X 公司的账户计入了 9 500 欧元。从经济角度来看，X 公司损失了 500 欧元（所需价格 10 000欧元与收到金额 9 500 欧元之间的差额）。但从会计的角度来看，它已经损失了更多的资金，即 1 000 欧元（账单价值 10 500 欧元与收到的金额 9 500 欧元之间的差额）。这1 000 欧元的损失将计入 X 公司的利润表。

（2）折算风险

许多公司（无论是哪个行业）拥有海外资产（如子公司）。他们必须每年 1 次、2 次或 4 次编制资产负债表。因此，它们必须将其所有外国资产（必须强调，这些资产不是为销售而持有的）的价值转换为参考货币。由于汇率不固定，即使这些资产以当地货币计价的金额不变，其换算为参考货币的金额也会随着时间而变化。

【例 7-26】 Y 公司（参考货币 = 欧元）在美国拥有一家子公司。上一年年底，该子公司的价值为 100 万美元，当时的汇率为：1 美元 =1.10 欧元。因此，该子公司的欧元价值为 110 万欧元。这是 Y 公司在上一年年度报告中报告的数字。一年后，美国子公司没有任何变化。其当地货币价值仍为 100 万美元。但美元兑欧元大幅下挫。现在的汇率为：1 美元 =0.85 欧元。因此，该子公司的欧元价值降至 850 000 欧元。Y 公司真的亏了 25 万欧元吗？从经营的角度看，不是。因为：①以当地货币计价的子公司价值没有变化；②该子公司没有被出售，并且不准备在近期内出售。因此，这 250 000欧元的损失不会在利润表中出现。然而，由于 Y 公司（及其附属公司）的总资产价值已经下降，该金额将从股东权益中扣除。

正如我们已经强调的那样，汇率风险不是行业特定的因素，所有行业都有本地公司和跨国公司。

7.5.1.3　盈亏平衡分析*

（1）营业盈亏平衡点*

盈亏平衡分析是一个简单却非常有效地预测经营杠杆对公司影响的工具，它可以告诉财务分析师公司营业利润对产销量水平变化的敏感度。我们将从简单的例子开始逐步过渡到复杂的例子。

在简单的例子中，我们选取了一家生产单一产品的公司。我们将所有的成本分为两类：取决于产量的变动成本和固定成本，同时假设存货为零，这就意味着我们能销售完所生产出的全部产品。假设销售单价是同质化的。盈亏平衡点销售量即为销售利润能够弥补固定成本时的销售量。公式为：

$$净利润 = 销量 \times (单价 - 单位变动成本) - 固定成本$$

$$0 = 盈亏平衡点销量 \times (单价 - 单位变动成本) - 固定成本$$

$$盈亏平衡点销量 = \frac{固定成本}{单价 - 单位变动成本} = \frac{固定成本}{单位边际贡献}$$

换成另外一种说法，盈亏平衡分析能够找出固定成本刚好被边际贡献（总额）所弥补时的销量。

【例7－27】假设诺华公司只生产一种产品——流感药丸。每粒药丸销售价格为1瑞士法郎（这当然是不现实的，但大大简化了计算）。2013年，变动成本（销售成本）占销售收入的33.3%，固定成本总额为28 313百万瑞士法郎，这意味着我们可以计算诺华公司达到盈亏平衡点所需的销售数量。

$$0 = 盈亏平衡点销量 \times (单价 - 单位变动成本) - 固定成本$$

$$0 = 盈亏平衡点销量 \times (1 - 0.333) - 28\ 313$$

$$年盈亏平衡点销售量 = 28\ 313/0.6666667 = 424.67 亿粒流感药丸$$

这比当前销售量低28%。

我们可以在该分析中增加安全边际的概念。管理层想知道在什么样的销售水平下，不会出现亏损。一般认为，安全边际率至少要达到10%～20%。Vernimmen指出，2008年经济危机增加了对安全边际率的要求。我们采取务实的态度，仅要求瑞士诺华公司等成长型公司增加5%的盈亏平衡点销售量，相当于销售额445.9亿美元。[①] 对于高度周期性或无利可图的公司，如造纸业公司，我们会采用更高的安全边际率（15%～20%）。

这是盈亏平衡分析的第一步。该盈亏平衡销售量是能在获得预期利润前必须生产的最低数量。

固定成本通常包括高管薪酬和租金等。这些成本不随产量的变化而变化。另一个特殊问题是有些成本虽然不随产量变化而直接变化，却随批量的变化而变化。这些成本被称为批量层次的变动成本或阶梯状成本。最典型的例子是运输成本，这些成本随着卡车的载货量发生变动。出于分析的目的，这些成本被拆分为两个部分：一个是固定部分，另一个是变动部分。

盈亏平衡分析的下一步是考虑给定产量所产生的预期利润。财务分析师通常用画图来描述这些情况。正如我们看到的，利润可以通过如下公式计算得出：

$$净利润 = 销量 \times (单价 - 单位变动成本) - 固定成本$$

---

① 这仍然低于目前销售水平的24%，因此诺华公司处于非常安全的位置。

净利润 = 销量 × 单位边际贡献 - 固定成本

财务分析师可以直接找出销售量变化的影响。此分析更精细的版本可能会考虑所得税或未来现金流量的现值。详细程度取决于分析的目的。

从表 7 - 45 可以看到，营业利润随销售额的增长而单调增长。相反，当销售额接近经营盈亏平衡点销售额时，经营杠杆系数会无限增加。

表 7 - 45　2013 年营业利润随销售额增长的情况

2013 年销售收入（百万美元）	营业利润（百万美元）	经营杠杆
40 000	-1 645	未计算
42 467	0	未计算
43 000	355	80.67
58 831	10 910	3.60
70 000	18 356	2.54

（2）财务盈亏平衡点*

在前面的例子中，我们计算了公司营业利润等于零时的产销量。我们也可以计算公司净利润等于零时的产销量。

诺华公司 2013 年公布的业绩，意味着将利息净额增加到需要补偿的固定成本金额中，利息净额为 7.75 亿美元。考虑税收会使计算复杂化，因为有些项目在利润表中是以扣除所得税后的净额计算的，例如归属于少数股东的利润和对联营企业的投资收益。[①] 对于相同的边际贡献率，我们计算得到 427.85 亿粒药片的财务盈亏平衡点。这一数字离经营盈亏平衡点并非很远，反映出诺华公司的财务杠杆作用非常有限，我们将在下面进行更详细的讨论。

$$\text{盈亏平衡点销量} = \frac{(\text{固定成本} + \text{利息}) \times (1 - \text{所得税税率}) + \text{少数股东收益} - \text{联营企业投资收益}}{\text{单位边际贡献} \times (1 - \text{所得税税率})}$$

（3）价值创造的盈亏平衡点*

Vernimmen[②] 提到了第三个有趣的盈亏平衡点：价值创造的盈亏平衡点。在不过多涉及与经济增加值（EVA）相关的知识的情况下，我们可以计算与考虑股东盈利能力要求的集团净利润相对应的作业水平。

---

① 如果我们将对罗氏制药公司的参股投资视为非经营性资产，则可将其从计算中排除。我们将其纳入此处是因为在大多数情况下，对联营企业投资被视为经营资产。

② Pierre Vernimmen，“Finance d'entreprise”，Dalloz 2014，pp. 229. 这笔资本成本当然是纯粹的财务费用，并不对应任何损益项目或现金流出。

$$\text{盈亏平衡点销额} = \frac{(\text{固定成本}+\text{利息})\times(1-\text{所得税税率})+\text{少数股东收益}-\text{联营企业投资收益}+\text{资本成本}}{\text{单位边际贡献}\times(1-\text{所得税税率})}$$

【例7－28】 假设2013年诺华公司要求的回报率是10%，权益资本总额为743.43亿美元，年度资本成本为74.34亿美元。因此，盈亏平衡点是：

0＝盈亏平衡点销售额×(销售单价－单位变动成本)

－(固定成本＋利息)×(1－所得税税率)

－少数股东收益＋联营企业投资收益－资本成本

0＝盈亏平衡点销售额×(1－0.333)－28 313×(1－0.1424)－117＋600－7 434

盈亏平衡点销售额＝[(28 313＋775)×(1－0.1424)＋117－600＋7 434]/

[0.66666667×(1－0.1424)]

＝557.87(亿美元)

只有高于这个销售水平的销售额，公司才开始为股东创造价值。Rappaport也使用这种方法。

总而言之，以下是根据诺华公司公布的数据计算的三个盈亏平衡点（见表7－46）。

表7－46　　盈亏平衡点　　单位：百万美元

项目	2012年	2013年
盈亏平衡点销售额（营业利润）	37 110	38 617
盈亏平衡点销售额（净利润）	37 006	38 193
盈亏平衡点销售额（股东价值创造）	49 268	51 877

根据诺华公司调整后的数据确定的盈亏平衡点会给出不同的销售水平。由于诺华公司的核心绩效指标中销售成本较低，这些盈亏平衡点销售水平会更低。需要补偿的费用越少，达到盈亏平衡点的销售额需要量就越少。

7.5.2 财务杠杆敏感度*

在讨论企业战略时，管理者需要回答的关键问题是资本来源的实质：负债还是股东权益。融资范围包括从永久性资本来源（例如股东权益）到风险更大的短期融资。自莫迪利亚尼（Modigliani）和默顿·米勒（Miller）开始，最优资本结构已经在公司理财中得到了充分争论。正如我们看到的，财务分析师可以通过计算和解释长期偿债能力比率很容易理解企业在这个领域的战略。

企业财务经理面临的一个基本融资决策是目标资本结构，即关于企业资本的哪一部分应该使用借入资金以及哪一部分资本应该使用股东提供的权益资本的决策。显然，目标资本结构的决策将基于股东价值最大化的基本原则。最优资本结构，是指能够最大化公司价值和股东财富的资本结构。

资本结构决策的传统观点是，对于某一投资计划，最优资本结构的确定是在增加债务融资所带来的税收优势（税盾）与负债增加引起的风险所增加的财务危机成本之间进行权衡。财务危机成本包括破产的法律和行政成本，以及代理成本、道德风险和合同成本。

但其他因素也与公司目标杠杆率的决策有关。最优资本结构是一家公司特定的指标，主要取决于四个因素：特殊风险、税收情况、公司资产的类型以及对财务冗余的需求。

- 税收：在公司需要缴纳所得税的情况下，增加杠杆率可以使公司少交所得税，但是会增加投资者支付的所得税（因为更多利息支付给了债权人）。① 如果公司有很多的累计损失，杠杆的增加不能减少公司所得税，但会增加个人所得税。

- 风险：无论是否破产，财务危机都是昂贵的（因为总是存在间接成本，例如客户流失、关键员工流失等）。在所有其他情况相同的情况下，商业风险较高的公司更可能遇到财务危机。

- 资产类型：对于价值取决于增长机会或无形资产的公司来说，财务危机成本可能更高。这些公司更有可能放弃投资机会；如果发生违约，它们的资产的价值可能会迅速缩水。

- 财务冗余：从长远来看，公司的价值更多地取决于其资本投资和经营决策，而非融资决策。因此，当良好的投资机会出现时，公司希望有足够的财务冗余来立即利用可用资本。对于拥有大量净现值大于零的投资机会的公司来说，财务冗余最有价值。这是许多公司通常更喜欢保守的资本结构的另一个原因。

7.5.2.1 财务杠杆度*

财务杠杆是首先要强调的因素，即计息债务对股东权益的比率。该比率越高，公司利润对GDP变化的敏感度越高。

【例7-29】 见表7-47。

表7-47 诺华公司的财务杠杆系数

公布的数据	金额（百万美元）		增长率（%）
	2013年	2014年	
销售收入和其他收入	58 831	60 008	2.0
息税前利润	10 910	11 694	7.2

① 债务融资避免了公司层面和股东层面的双重征税。大多数国家的股利受到双重征税。

续表

公布的数据	金额（百万美元）		增长率（%）
	2013 年	2014 年	
计息债务的利息费用	664	664	
理财收益前的税前利润	10 246	11 030	7.7
财务杠杆系数（DFL）	1.065		1.065

对于这种计算，各年的利息费用不变。2014 年的预测显示销售收入增长 2%，如经营杠杆部分的例子一样，固定成本不变。

净利润的增长率与营业利润的增长率之间的关系可以用如下公式表示：

税前利润增长的百分率 = DFL × 营业利润增长的百分率

由于：净利润增长的百分率 = 税前利润增长的百分率，那么：

净利润增长的百分率 = DFL × 营业利润增长的百分率

其中，DFL 是财务杠杆系数。

$$\text{DFL} = \textbf{财务杠杆系数} = 1 + \frac{\textbf{支付的利息}}{\textbf{税前利润}^{①}}$$

关于我们的例子：

DFL = 1 + 664/10 246 = 1.0648

我们可以看到，诺华公司的财务杠杆确实非常低。

7.5.2.2 杠杆效应*

对于债权人来说，增加股权融资是首选，因为这是一种防范损失的方式。股权融资占总融资的比例是债权人用于评价债务人信用风险（与利率直接相关）的重要指标。另外，对于股权投资者来说，债务代表着增加收益的一种方式（同时伴随而来的是放大损失的风险）。将债务用作增加净资产收益率的尝试，在财务中称为财务杠杆。

我们将大幅增加诺华公司的财务杠杆，考查它可能对诺华公司的各种经营成果和财务比率产生何种影响。现在假设债务占诺华公司总资产表的 40%。

我们根据年末资产负债表数据计算资本收益率和净资产收益率。

我们还会假设杠杆率的增加对借贷成本率没有影响。我们会看到现实情况并非如此。借贷增加时，债务成本率显著上升。

从上面的例子中，我们可以理解，当用债务融资投资于公司时，会出现财务杠

① 这个比率也可表示为：DFL = EBIT/EBT = 息税前利润/税前利润。

杆，意图获得比利息率更高的收益率。这种效应的发生是因为利息支付基本上是固定的融资成本，只要企业的投资报酬率高于利息率，就会产生积极的杠杆效应。债务的另一个优点是利息可以抵税，因此杠杆公司支付的所得税较低。

然而，需要特别注意的是，对于股东而言，只要公司盈利，杠杆率就很有意义。如果公司盈利状况恶化（因此无法享受利息抵税的好处），杠杆效应就会双向发挥作用（投资报酬率低于利息率；利息不能抵税），损失也会增加。

【例 7-30】 见表 7-48。

表 7-48　诺华公司的财务杠杆效应分析　金额单位：百万美元

公布的数据	2013 年	2013 年（杠杆）
负债和股东权益总额	126 254	126 254
股东权益总额	74 343	41 859
计息债务总额	18 018	50 502
其他负债	33 893	33 893
销售收入和其他收入	58 831	58 831
息税前利润	10 910	10 910
支付的计息债务的利息	664	1 861
理财收入和其他收入	-111	-111
税前利润	10 135	8 938
所得税	1 443	1 273
税后非经营收益	600	600
税后少数股东收益	-117	-177
净利润	9 175	8 148
净资产收益率（根据年末资产计算，税后）	12.3%	19.5%
净资产收益率*（根据年末资产计算，税前）	13.6%	21.4%

注：资产负债表中计息负债已增至40%，其他负债保持不变，因此，该调整集中在股权资本，使股权资本大幅下降。借款成本增加，而利息收入保持稳定。随着借款的增加，净资产收益率急剧上升。

公司的最优资本结构是财务分析师需要考虑的重要方面。从利润表的角度来看，财务杠杆决定了营业利润（息税前利润）在债务持有者（以利息的形式）和股东之间进行分配的方式。长期偿债比率可以和盈利性比率结合在一起来理解公司的财务杠杆水平和趋势。

税前净资产收益率（ROE^*）、息税前资产收益率（ROA^*）、计息债务的平均利率（i^*）与债务总额对股东权益的比率之间的关系通过以下公式联系在一起：

$$ROE^* = ROA^* + \underbrace{(ROA^* - i^*) \times \text{债务对股东权益比率}}_{\text{税前杠杆效应}}$$

上述等式的第二部分是指税前杠杆效应。因此，我们说税前净资产收益率（ROE*）是息税前资产收益率（ROA*）加上税前杠杆效应。

上述等式可以进行如下公式变换：

$$\frac{\text{税前利润}}{\text{股东权益}}=\frac{\text{息税前利润}}{\text{资产}}+\left(\frac{\text{息税前利润}}{\text{资产}}-\frac{\text{利息费用}}{\text{计息债务}}\right)\times\frac{\text{负债}}{\text{股东权益}}$$

$$=\frac{\text{息税前利润}}{\text{资产}}+\frac{\text{息税前利润}}{\text{资产}}\times\frac{\text{债务}}{\text{股东权益}}-\frac{\text{利息费用}}{\text{股东权益}}$$

$$=\frac{\text{息税前利润}\times\text{股东权益}+\text{息税前利润}\times\text{负债}-\text{利息费用}\times\text{资产}}{\text{资产}\times\text{股东权益}}$$

$$=\frac{\text{息税前利润}\times(\text{股东权益}+\text{负债})-\text{利息费用}\times\text{资产}}{\text{资产}\times\text{股东权益}}$$

$$=\frac{\text{资产}\times(\text{息税前利润}-\text{利息费用})}{\text{资产}\times\text{股东权益}}$$

$$=\frac{\text{税前利润}}{\text{股东权益}}$$

$$=\text{税前净资产收益率（ROE}^*\text{）}$$

财务分析师理解这些因素的基本关系非常重要。应用该公式，并假设利率保持恒定不变，我们可以清晰地看到，在给定息税前资产收益率*下，不同的债务水平对税前净资产收益率*的影响。税前净资产收益率*是债务程度（用债务总额对股东权益的比率来衡量）的线性函数。

该公式适用于公司的资产负债表中仅包含计息债务和股东权益时，但是，大多数时候存在不支付利息的负债，这些负债被称为不计息流动负债（NIBCLs）。诺华公司的不计息负债包括递延所得税负债、拨备和其他非流动负债。

（1）方案1

将这些不计息负债包含在计息债务支付的利率计算中。它们不会触发任何利息付款，因此会自动降低公司支付的平均利率。该方案的计算体现在表7－49中，这种方法并不特别现实，但它意味着公式可以照原样应用。

【例7－31】

表7－49　方案的计算　单位：%

	2013年	2013年（杠杆）
1. 息税前资产收益率（ROA*）（以年末资产、息税前利润计算）	8.55	8.55
利息率（i）	1.28	2.21
息税前资产收益率－i（ROA*－i）	7.27	6.35
负债总额对股东权益比率（包括全部负债）	69.8	201.6
2. 杠杆的贡献	5.08	12.80
1＋2 税前净资产收益率（ROE*）（以年末资产、税前利润计算）	13.63	21.35

$ROE^* = ROA^* + (ROA^* - i) \times$ 负债总额对股东权益比率

$\Rightarrow 13.63\% = 8.55\% + (8.55\% - 1.28\%) \times 69.8\%$

然而,1.28%并不代表诺华公司支付的实际利率,而是“理论”利率(不同于之前计算中使用的 i^*)。不幸的是,该重新计算的利率不会与市场利率同步。

(2)方案 2

【例 7 - 32】将基本公式调整为包括不计息流动负债(NIBCLs),相关计算见表 7 - 50。

表 7 - 50　　方案的计算　　单位:%

	2013 年	2013 年(杠杆)
1. 息税前资产收益率(ROA^*)(以年末资产、息税前利润计算)	8.55	8.55
利息率*(i^*)	3.69	3.69
息税前资产收益率 - i^*($ROA^* - i^*$)	4.87	4.87
计息债务对股东权益比率	24.2	120.6
2. 杠杆的贡献	1.18	5.87
3. 非计息负债(NIBLICs)的贡献	3.90	6.93
1 + 2 + 3 税前净资产收益率(ROE^*)(以年末资产、税前利润计算)	13.63	21.35

$ROE^* = ROA^* + (ROA^* - i^*) \times$ 计息债务对股东权益比率

$\quad + ROA^* \times$ 非计息流动负债对股东权益比率

$\Rightarrow 13.63\% = 8.55\% + (8.55\% - 3.69\%) \times 69.8\% + 8.55\% \times (33\,893/74\,343)$

因此，确定了三个杠杆来源：

- 税前营业利润（8.55%）;
- 财务杠杆本身（1.18%）;
- 该公司无须定期支付利息而获得融资的能力（3.90%）。

如果资产收益率大于 0，那么这第三个杠杆来源的贡献永远不会为负，因此它不会干扰与杠杆相关的推理。这并不是说这些资金是免费的，因为这些准备应该是公司潜在的损失。在计算金融市场的资本成本时，我们会看到无息流动负债（NIBCLs）是一个相当特殊的情况，并且从未得到完全满意的处理。

考虑税前净资产收益率*，我们有如下情况：

- 资产收益率* > i ——→杠杆率越高，税前净资产收益率*越高；
- 资产收益率* < i ——→杠杆率越高，税前净资产收益率*越低；
- 资产收益率* = i ——→杠杆率对税前净资产收益率*没有影响。

【例 7 - 33】再回头看看这两个例子“诺华公司”和“诺华公司杠杆”。[①] 根据这

① 数据来源于诺华公司。

两家公司所公布的数据计算的息税前资产收益率（ROA*）相同，均为 8.55%（=11 021/126 254×100%）。然而，如果两家公司的杠杆率不同，则两家公司的税前净资产收益率（ROE*）会有所不同。根据这些假设，我们有：

诺华公司 ROE* =8.55% +(8.55% -1.28%)×(51 911/74 343)

=8.55% +7.3% ×0.70 =13.6%

诺华公司杠杆 ROE* =8.55% +(8.55% -2.21%)×(84 395/41 859)

=8.55% +6.34% ×2.02 =21.3%

由于负债比率较高，"诺华公司杠杆"具有较高的净资产收益率。此外，ROA* 的特定变化将对两家公司的 ROE* 产生不同的影响。假设现在销售收入和其他收入达到 669.11 亿美元，其他所有条件相同，ROA* 将达到 12.8%，新的 ROE* 计算如下：

诺华公司 ROE* =12.8% +(12.8% -1.28%)×(51 911/74 343)

=12.8% +11.52% ×0.70 =20.9%

诺华公司杠杆 ROE* =12.8% +(12.8% -2.21%)×(84 395/41 859)

=12.8% +10.59% ×2.02

=34.2%

2.21% 是从 i*（3.69%）计算获得的。我们现在考虑负债总额 843.95 亿美元（包括不计息负债），这将计算的利率降低至 2.21%。

"诺华公司杠杆"与"诺华公司"相比，ROE* 的增加幅度更大：

诺华公司 ROE* 的变动百分比 =(20.9% -13.6%)/13.6% =53%

诺华公司杠杆 ROE* 的变动百分比 =(34.2% -21.4%)/21.4% =60%

财务杠杆系数可以完全解释 ROE* 的变动百分比和 ROA* 的变动百分比。财务杠杆系数可以基于息税前利润增长前的利润表进行计算，其计算公式为：

$$财务杠杆系数 = \frac{息税前利润}{税前利润}$$

因此，我们得出：

ROE* 的变动百分比 = ROA* 的变动百分比 ×财务杠杆系数

财务杠杆系数的使用对于观察资产收益率* 的变动百分比对净资产收益率* 的影响是一个非常简单而且有力的工具。

【例 7-34】 见表 7-51。

表 7-51　资产收益率变动百分比

项目	2013 年	2013 年（杠杆）
资产收益率*（ROA*）的变动百分比	50%	50%
财务杠杆系数	1.06	1.21
净资产收益率*（ROE*）的变动百分比	53%	60%

根据这些信息，我们知道，在所有其他条件相同的情况下，息税前利润的某个变化将对“诺华公司杠杆”税前利润比对“诺华公司”税前利润产生更大的影响。根据我们的假设，我们可以通过使用财务杠杆系数和 ROA^* 增加的百分比50%（=12.8%/8.55% −1）来确定 ROE^* 的变动百分比：

诺华公司 ROE^* 的变动百分比 = 50% × 1.06 = 53%

诺华公司杠杆 ROE^* 的变动百分比 = 50% × 1.21 = 60%

我们获得了与上述例7－33相同的结果。

为简单起见，我们使用了税前净资产收益率（ROE^*），但在实际情况下，我们可能需要在税后进行分析。一个简单的解决方案是将净资产收益率与净资产收益率进行比较，就好像企业不会借贷一样，即计算无杠杆的净资产收益率：

$$\text{无杠杆的净资产收益率} = \frac{\text{净利润} + \text{利息费用} \times (1 - \text{所得税税率})}{\text{股东权益} + \text{计息债务}}$$

无杠杆的净资产收益率表示企业从未借款的情况下，企业所有者所获得的净资产收益率。因此，在股东权益的基础上增加了借款，而从净利润中剔除利息费用（扣除税收的影响）。净资产收益率和无杠杆净资产收益率的差异代表了企业所有者通过负债所获得的财务杠杆。

根据这些数据，无杠杆净资产收益率的计算见表7－52。

表7－52　　无杠杆净资产收益率的计算

公布的数据	2012年	2013年	2013年（杠杆）
股东权益和少数股东权益（百万美元）	69 137	74 343	41 859
诺华公司利润（百万美元）	9 270	9 175	8 148
支付的利息（百万美元）	655	664	1 861
计息债务（百万美元）	19 726	18 108	50 502
所得税税率（%）	14.9	14.2	14.2
无杠杆净资产收益率（根据年末资产计算）（%）	11.06	10.55	10.55
净资产收益率（根据年末资产计算）（%）	13.41	12.34	19.47

正如我们看到的，诺华公司在2012年和2013年获得较小的正面杠杆效应。这意味着公司投资所产生的收益率高于利息成本。

从例7－34我们可以得出一个重要结论：如果息税前资产收益率减计息债务利率（$ROA^* - i$）为负数的概率很高，那么诺华公司目前较低的债务水平应该是合理的。相反，如果（$ROA^* - i$）变为负数的概率趋近0，我们可以认为较高的负债可以带来较高的财务杠杆效应。换句话说，对债务水平的评论不仅要参考资产负债表，也要参考利润表的特征。

表7－53列出了两种情况下（经济状况的改善和恶化）的有关杠杆效应的全面总结。

表 7－53

在不同经济状况下经营成果对更高杠杆率的敏感性

衰退 根据公布的数据 2013 目前	2013 加杠杆		经济状况稳定 根据公布的数据	2012年	2013年 目前	2013年 加杠杆		经济繁荣 根据公布的数据 2013年 目前	2013年 加杠杆
			计息债务总额	19'726	18'018	50'502			
			其他负债	33'893	33'893	33'893			
			股东权益和少数股权	69'137	74'343	41'859			
			资产负债表总额	122'756	126'254	126'254			
45'911	45'911		销售量	57'561	58'831	58'831		66'911	66'911
45'911	45'911		销售收入和其他收入	57'561	58'831	58'831		66'911	66'911
14'998	15'302		变动成本	18'756	19'608	19'608		22'301	22'301
28'313	28'313		固定成本和折旧	27'612	28'313	28'313		28'313	28'313
2'600	2'296		息税前利润	11'193	10'910	10'910		16'297	16'297
664	1'861		计息债务支付的利息	655	664	1'861		664	1'861
1'936	435		理财收益前税前利润	10'538	10'246	9'049		15'633	14'436
-111	-111		理财收益和其他收益	-165	-111	-111		-111	-111
260	46		所得税	1'542	1'443	1'273		2'210	2'040
600	600		税后非营业利润	552	600	600		600	600
-117	-117		税后少数股东收益	-113	-117	-117		-117	-117
2'048	761		归属于诺华集团股东的利润	9'270	9'175	8'148		13'795	12'768
2.8%	1.8%		净资产收益率（根据年末资产计算）	13.41%	12.34%	19.47%		18.6%	30.5%
2.5%	0.8%		税前净资产收益率（ROE*）（根据年末资产计算）	15.00%	13.63%	21.35%		20.9%	34.2%
2'013	**2013 Lev.**			2012年	2013年	2013年加杠杆		2013年	2013年加杠杆
11.89	13.33		经营杠杆系数	3.47	3.60	3.60		2.74	2.74
2'013	**2013 Lev.**				2013年	2013年加杠杆		2013年	2013年加杠杆
1.34	5.28		财力杠杆系数		1.06	1.21		1.04	1.13
2013	**2013 Lev.**				2013年	2013年加杠杆		2013年	2013年加杠杆
2.0%	1.7%		1 ROA*（息税前资产收益率，根据年末资产计算）		8.6%	8.6%	1	12.8%	12.8%
1.3%	2.2%		i（利息率）		1.3%	2.2%		1.3%	2.2%
0.7%	-0.5%		ROA*–i		7.3%	6.3%		11.5%	10.6%
69.8%	201.6%		负债对股东权益比率（包括全部负债）		69.8%	201.6%		69.8%	201.6%
0.5%	-1.0%		2 杠杆对收益率的贡献		5.1%	12.8%	2	8.1%	21.4%
2.5%	0.8%	1+2	ROE*（税前净资产收益率，根据年末资产计算）		13.6%	21.4%	1+2	20.9%	34.2%
					2013年	2013年加杠杆			
2.0%	1.7%		1 ROA*（息税前资产收益率，根据年末资产计算）		8.6%	8.6%	1	12.8%	12.8%
-1.7%	-2.0%		ROA*–i*		4.9%	4.9%		9.1%	9.1%
3.7%	3.7%		i*（计息债务的平均利率）		3.7%	3.7%		3.7%	3.7%
24.2%	120.6%		负债对股东权益比率		24.2%	120.6%		24.2%	120.6%
-0.4%	-2.4%		2 杠杆对收益率的贡献		1.2%	5.9%	2	2.2%	11.0%
0.9%	1.4%		3 非计息负债（NIBLICs）贡献		3.9%	6.9%	3	5.8%	10.4%
2.5%	0.8%	1+2+3	ROE*（税前净资产收益率，根据年末资产计算）		13.6%	21.4%	1+2+3	20.9%	34.2%

7.5.3　净利润敏感性*

净利润对营业利润增长的敏感系数是多少？

可以将净利润定义为（忽略异常的利得和损失）营业利润扣除利息，再减去所得税。

原则上，债务水平是由公司专门决策确定的，所以我们在专门讨论资产负债表因素的章节中解决这个问题（参见上一章）。然而，请注意，资本的提供者（股东和债权人）为了优化其风险—回报而对公司施加压力，导致某一特定行业内各家企业拥有比理论所表明的更为同质化的债务对股东权益比率。这是一个盈利问题，如果不诉诸高负债，一些行业永远不会赚到足够的利润。

高负债意味着更高的风险，原因有两个：

- 净利润对 GDP 变化的敏感性取决于：①销售收入对 GDP 变化的敏感性；②固定成本总额（经营固定成本和支付的利息）在总成本中所占的比例。因此，债务水平越高，净利润对 GDP 变化的敏感性越高。
- 支付的利息是降低利润的费用，利息费用的金额取决于：①负债水平；②利率水平。因此，债务水平越高，净利润对利率变化的敏感性就越高。

一方面，当经济开始从高峰下滑，增速开始放缓，而利率仍然很高的时候，拥有高债务对股东权益比率的公司（或行业）非常脆弱。另一方面，当经济开始从低谷复苏时，利率仍然很低，它们实现了令人瞩目的盈利增长。

不要忘记，除了基本效应（债务利息增加或减少以及利率上升或下降）之外，利率变化还会影响公司的估值（影响折现率）。从投资者的角度来看，第二个影响比第一个影响更重要。利率飙升将更多地影响股价，是因为估值效应的影响，而不是因为基本面的影响。

所得税与行业相关的因素无关。基本上，税率取决于特定公司经营所在的国家和该国所用税收优化系统的组合。

除了 GDP 和利率之外，还必须解决第三个宏观因素，即汇率。美国和欧洲的主要指数都由跨国公司主导，这些控股公司在全球范围内销售其产品（或服务）。虽然这些公司从经济角度看是国际性的，但根据其总部所在的位置，它们仍被视为美国、英国、德国、法国或瑞士的公司。

如果世界各国都采用同一种货币，汇率将不会产生影响。虽然趋势非常明显［使用的货币越来越少，可以想象，主要货币集团（美元、欧元和日元）迟早会进入一个共同货币体系]，公司仍面临汇率风险。

7.5.3.1　杠杆系数*

我们可以将经营杠杆系数和财务杠杆系数合并为总杠杆系数，以评估净利润对销售变化的敏感性。

【例 7－35】诺华公司杠杆系数的计算见表 7－54。

表 7－54　　杠杆系数计算

公布的数据	金额（百万美元）		增长率（%）
	2013 年	2014 年	
销售收入和其他收入	58 831	60 008	2.0
变动成本	19 608	20 000	2.0
固定成本和折旧	28 313	28 313	
息税前利润	10 910	11 694	7.2
计息债务的利息费用	644	664	
理财收益前的税前利润	10 246	11 030	7.7
经营杠杆系数	3.595	3.421	
财务杠杆系数	1.065	1.060	
总杠杆系数	3.828	3.627	

净利润增长率与销售收入增长率之间的关系可以用如下公式表示：

税前利润增长的百分比＝总杠杆系数 ×销售收入增长的百分比

因为：　**净利润增长的百分比＝税前利润增长的百分比**

所以：　**净利润增长的百分比＝总杠杆系数 ×税前利润增长的百分比**

其中：

$$\text{总杠杆系数 (DL)} = 1 + \frac{\text{固定成本} + \text{利息支出}^{①}}{\text{税前利润}}$$

诺华公司 2013 年总杠杆系数的计算如下：

总杠杆系数(DL)＝[1＋(28 313＋664)]/10 246＝1＋2.83＝3.83

净利润的增长率＝3.83×2%＝7.7%

第二个需要强调的因素是营运资本和现金流。必须评估公司的偿付能力（即公司偿还短期债务的能力）。有两个比率被广泛地用于评估现金紧缩的风险：

$$\text{流动比率} = \frac{\text{流动资产}}{\text{流动负债}}$$

---

① 这个比率也可以表示为：**总杠杆系数（DL）＝毛利/税前利润**

总杠杆系数＝经营杠杆系数（毛利/息税前利润）×财务杠杆系数（息税前利润/税前利润）

$$速动比率 = \frac{速动资产}{流动负债} = \frac{流动资产 - 存货 - 预付账款}{流动负债}$$

7.5.3.2　杜邦分析：盈利能力的分解*

如前文所述，不应该对比率进行孤立地分析，要想有意义，需要将不同类型的比率放在一起进行整体解释。为了查明公司的整体财务状况和经营业绩，财务分析师需要将财务比率组合起来进行考察，因为来自某一类比率的信息可以帮助理解另一类财务比率。整合所有来源的信息可以帮助勾画出企业的整体图画。财务分析师经常使用的将几项比率整合在一起的分析工具是杜邦财务分析体系（名字来源于开发该分析工具的杜邦公司①）。这一分析工具的目的是理解影响企业净资产收益率的所有因素。净资产收益率的拆解可以帮助财务分析师更好地理解公司在一定期间内自身和与竞争对手相比的业绩。

净资产收益率是概括公司整体业绩的重要指标，既可以用于分析当期业绩，也可以用于预测未来业绩。净资产收益率的魅力在于其能够拆解的内在能力，当我们把它拆解成若干因素后，可以得到更多有用的信息以及关于企业经营效率的结论。财务分析师开发了很多拆解净资产收益率的模型，下面我们介绍最流行的三阶段拆解法。

正如我们看到的，净资产收益率等于净利润除以股东权益。第一步，资产被包含在等式中：

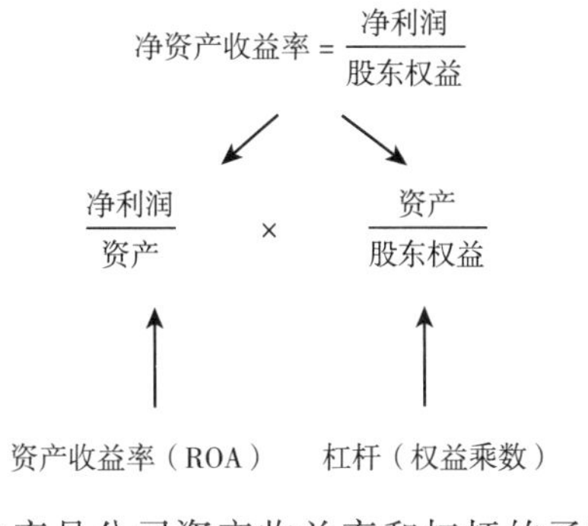

换句话说，净资产收益率是公司资产收益率和杠杆的函数。为了提高净资产收益率，公司管理层可以提高资产收益率，或者合理地使用杠杆。注意：在公式中，杠杆是用债务总额对股东权益的比率加 1（又称为权益乘数）表示的。我们已经在前文详细分析了杠杆是如何促进净资产收益率提高的。

【例 7－36】 基于所计算的比率，拆解诺华公司的净资产收益率，见表 7－55。

---

① 杜邦公司业务部门的经理历来使用资产收益率（ROA）来帮助他们做出投资决策。财务决策（从而选择杠杆和 ROE）曾经是杜邦公司母公司的责任。该分析符合股东价值观。

表 7－55　　拆解诺华公司的净资产收益率

项目	2012 年	2013 年
资产收益率（ROA）	7.55%	7.27%
杠杆（权益乘数＝1＋债务总额对股东权益的比率）	1.78	1.70
净资产收益率（ROE）	13.41%	12.34%

注：对数据进行了四舍五入。

在杜邦分析的第二阶段，通过相似的方式在等式中引入企业的销售收入总额来对资产收益率进行拆解。

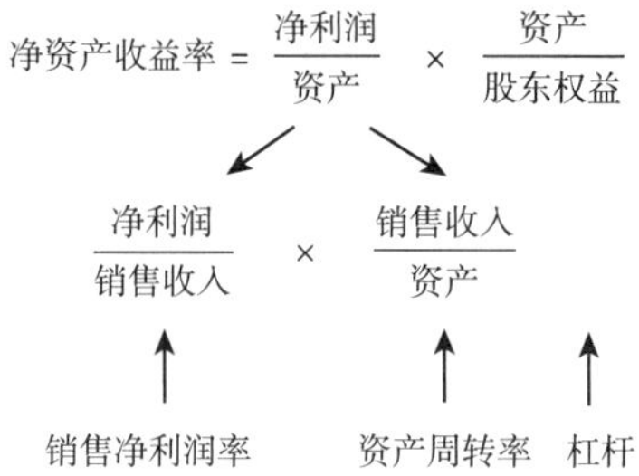

上面等式的第一个项目代表的是销售净利润率（盈利能力比率），第二个项目代表资产周转率（资产管理效率比率）。换句话说，公司的资产收益率取决于它的盈利能力和管理效率。

如果两家公司属于同一行业，那么将这两家公司的销售净利润率和资产周转率进行比较是有意义的。例如，Richemont（一家奢侈公司）2007 年的销售净利润率为 29.61%，资产周转率只有 0.54（Richemont 的财务报表可以在 www.richemont.com 找到）。家乐福公司（一家零售公司）的销售净利润率为 3.02%，而资产周转率为 1.58。两家公司不能直接比较，因为他们不属于相同行业，并且采用不同的商业策略。Rochemont 公司期望通过高售价（高销售净利润率）来赚取利润，而家乐福公司则寄希望于高资产周转率。

【例 7－37】 基于诺华公司的比率，拆解净资产收益率，见表 7－56。

表 7－56　　拆解净资产收益率

项目	2012 年	2013 年	2013 年（有杠杆）
资产收益率（ROA）	7.55%	7.27%	6.45%
销售净利润率	16.10%	15.60%	13.85%
资产周转率	46.9%	46.6%	46.6%
杠杆（权益乘数＝1＋债务总额对股东权益的比率）	1.78	1.70	3.02
净资产收益率（ROE）	13.41%	12.34%	19.47%

注：对数据进行了四舍五入。

我们可以看到，杠杆率在定义上等于 ROE/ROA 比率。

在杜邦分析的最后一个阶段，是将销售净利润率拆解为营业利润率、利息负担和税收负担。净资产收益率的这五项因素拆解被广泛用于经验研究。

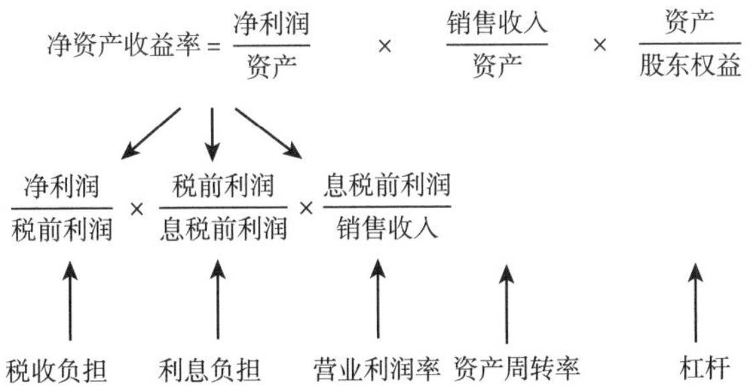

净资产收益率等于五个因素的乘积。第一个和第二个因素分别是税收负担和利息负担。在解释这些比率时要小心：较高的税收将降低税收负担比率，而较高的利息费用降低利息负担比率。诺华公司的例子见表 7－57。

表 7－57　　诺华公司的例子

项目	2012 年	2013 年	2013 年（有杠杆）
资产收益率（ROA）	7.55%	7.27%	6.45%
营业利润率	19.45%	18.54%	18.54%
利息负担	92.67%	92.90%	81.92%
税收负担	89.37%	90.53%	91.17%
资产周转率	46.9%	46.6%	46.6%
杠杆（权益乘数 = 1 + 债务总额对股东权益的比率）	1.78	1.70	3.02
净资产收益率（ROE）	13.41%	12.34%	19.47%

注：对数据进行了四舍五入。

第三个和第四个因素分别是营业利润率和资产周转率。这两个因素的乘积是息税前资产收益率（ROA*），该比率与资产收益率的分析方法类似（参见上文）。

7.6　以利润质量作为衡量会计风险的指标*

7.6.1　财务预警信号*

公司会尽可能将美好的一面展现出来。高盈利通常意味着高股价，管理层的薪酬经常是与实现关键业绩指标挂钩的，包括实现盈利目标。报酬方式经常是股票期权或股票，因此管理层非常渴望高股价。

公司有报告漂亮盈利业绩的强烈动机。大多数公司使用老式的方法做到了这一点，而另一些公司则走捷径，使用更激进的会计方法，有时甚至用欺诈的方法。财务分析师在研究公司时要注意上述问题，在分析财务报表时需要持有几分怀疑态度。拥有丰富的常识是非常有帮助的。即使运行良好的公司也可能在某些季度出现盈利下滑，并不需要担心这些公司，担心的反而是那些从来不报告季度盈利下滑的公司。这些公司可能在进行平滑盈利。

当然，有些时候，经济背景会影响一家公司。如果大多数公司确实承认这一事实，有些公司可能会试图对盈利的下滑轻描淡写，坚持认为这只是一个临时事件。研究财务报表以及发生的事件可以为真实的情况提供额外的信息。

在下一部分，我们将关注由经济环境变化、公司的管理方式以及潜在激进的会计处理或盈余操纵等引起的麻烦的信号，尤其是激进的收入确认。

财务报表不是唯一的预警信号的来源，还有其他非财务的预警信号，例如核心高管人员的突然离职。一般规则是，任何异常的事件和声明都要严密调查。有趣的是，我们注意到，是企业文化决定了企业是否比其竞争对手更愿意接受盈余管理。出于这一原因，我们以关注非财务预警信号作为开始。

最后，如果财务分析师有机会的话，能够做到的最有用的事是与公司管理层沟通。公司管理层说什么或者不说什么，都可以作为财务报表的有价值的补充。公司管理层的肢体语言、在被问问题时不舒服的信号、闪烁其词的回答都可以成为精明的财务分析师的线索。事实上，有些对冲基金曾雇佣过中央情报局的特工来帮助他们在与高管人员会谈和电话会议中侦测欺诈问题。与此相同的是，两位斯坦福大学的研究者——David F. Larcker 和 Anastasia Zakolyukina，使用语言学和心理学工具分析电话会议来确定欺骗性语言。看起来，特定的讲话模式暗示了欺诈的可能性。

7.6.2 非财务信号（会计师变更；首席财务官突然离职；推迟披露报表）*

并不是所有的预警信号都可以在财务报表中找到。通常，对公司出现突发问题的第一印象是某些事项出现了问题，并且很难解释管理层的变化、推迟披露报表和更换审计师等。

7.6.2.1 企业文化*

必须指出的是，关注公司治理和公司的企业文化，就相当于告诉我们，在企业中，我们期望得到什么。例如，如果企业文化是非常激进的，那么管理层可能在实现目标上存在很大压力，由此导致对盈余进行操纵。

7.6.2.2 董事会*

如果董事会既不独立（也就是说，董事会由高比例的内部董事组成），也不称职，就不可能有充分的检查和高管人员的平衡。在银行董事会里，有多少董事真正理解金融危机时发生了什么以及对冒险的补偿有什么影响？董事会的规模也是一个要考虑的因素。看起来小型的董事会在监控首席执行官方面比大型董事会做得好。

7.6.2.3 存在控股股东*

存在控股股东也可能是引起公司盈余管理倾向的一个因素，但需要和其他因素结合起来考虑，例如董事会不独立，以及存在公司治理机制的其他弊端。新兴市场在这方面看起来更加脆弱。

例如，某国是一个公司治理较不完善的国家，通常有控股股东的参与，会导致暧昧的关联方交易。

7.6.2.4 审计师*

审计师的胜任能力也是一个问题。通常，某些公司似乎都聘用美国的小型会计师事务所。因为这些公司的业务在另一个国家，所以，这些小型会计师事务所可能不能够正确履行他们的职责。检查审计师不是只局限于某一国的公司，对其他国家的公司也适用。会计师事务所应该是有声望的，与被审计公司的规模对等的（即如果被审计客户是巨型跨国公司，小型当地的会计师事务所是没有能力充分履行义务的），而且会计师事务所最好在被审计公司所在的相同国家有审计业务。例如，大多数大型对冲基金通常聘用一家大型知名会计师事务所。

突然解聘审计师或者审计师辞职也是一个关键预警信号，尽管这对投资者来说很不幸，因为他们总是在事后才发现。当一家公司解聘审计师时，可能和一些问题有关联，包括内部控制存在缺陷，审计师要求扩大审计范围（当审计师寻求在其所发现问题的领域追加工作），会计处理分歧和购买审计意见等（频繁更换审计师可能是公司寻求所期望审计意见的信号）。

然而，审计师辞职则更为严重。通常对公司来说是个坏兆头，而且对审计师来说可能存在严重的诉讼风险。市场对公布的这类信息的反映极其不利。

【例 7-38】 2011 年 6 月，生活伴侣控股公司（在寿险的二级市场经营）在披露其审计师已经辞职时，发现其股价下跌 16%。公司有关收入确认的政策可能存在重大误报是审计师离职的原因。

然而，长期聘用同一家会计师事务所也可能导致自满懈怠。新引入的审计师会实施更严格的控制。

7.6.2.5 高级管理人员离职*

出人预料的高管人员变动，通常也是潜在问题的最好信号。当然，在某些情况下，某些突然离职的原因是完全合理的（健康问题和更换工作等），并且公司还会提供详细的解释。然而，如果不能提供合理解释或者理由完全不可信（比如花更多时间陪家人），就值得警惕了。首席财务官的突然离职或解聘可能意味着财务的不合规（错误甚至欺诈）已经被发现。

除了首席财务官以外的其他高管人员突然离职，也可能意味着核心高管人员在公司运营的特定重要方面、战略或购并达不成一致意见，或者公司存在冲突的氛围，这些致使高管人员不能正确开展工作。如果是后一种情况，管理层的变动可能要比同行更频繁。

【例 7-39】 2011 年 7 月 18 日，好事达保险公司在宣布其核心高管人员之一——Joseph Lacher 将即刻离开公司时，其股价下跌 5%。Joseph Lacher 是好事达保障险、私有房产保险和汽车保险业务的总裁。好事达保险公司正在失去汽车保险业务方面的份额，而且私有房产保险业务也在苦苦挣扎。Lacher 先生在 2009 年临危受命扭转了这些处于颓势的业务单元，他是受人尊敬的，而且公众看好他能够成功实施重组计划，但是他的离职使得好事达保险公司重新回到盈利状态变得很困难。

7.6.2.6 结论*

总之，观察公司的背景和企业文化通常会得到一些关于公司是否比其他进行盈余操纵的企业更有风险的暗示。然而，即使有了背景信息，通常还需要公司有采取激进措施的动机。一个成长性公司实现或打破盈利预期通常不需要诉诸会计伎俩。只有当公司业绩下滑或利润增长面临挑战时，一些公司才会试图在数字上做文章。

7.6.3　与收入有关的警示信号*

7.6.3.1　收入增长速度超过同行*

市场乐意看到公司比预期的销售和盈利增长更为强势，并且通常会以优异的股票价格作为奖赏。在大多数情况下，以上反映是有保证的，因为这意味着公司正在赢得市场份额或者发布一个创新产品（例如，苹果公司的 iPhone 和 iPad 等）。然而，在某些其他情况下，财务分析师则需要警惕了。

例如，公司比其竞争对手或同行业的其他公司增长更快，但是似乎没有什么特殊的优势或者新产品。可能最简单的案例是在银行业内。一家银行在其主要产品（贷款）方面没有特殊优势，这样的话，如果该银行的贷款加速增长，势头甚至超过所在区域的同行（因为不同区域增长率不同），其原因可能是这家银行放松了信贷担保标准、吸引低质量贷款或者在定价上更加激进。任何一个措施对未来盈利能力都是不利的，首先银行未来可能出现巨额贷款损失，其次净利息差会受到影响。

这并不属于虚假性会计或欺诈性会计的做法，而是公司采用了非常激进的战略。然而，它对盈利能力会有重大影响。

在面对公司增长速度超过同行，但又没有明显理由时，就需要及时回顾一下，看看公司是否有在某些季度销售强劲增长而接下来的季度销售收入令人失望的历史。如果是这样，可能是公司通过预先记账的方式提前确认收入。这是一个不正确的收入确认的情形。

例如，公司可以在年末或季末通过给予分销商折扣或延长付款期的方式增加销售收入，这样做会导致超出正常水平的销售收入，通常被称为填塞销售渠道。如果分销商已经有很多产品库存，不可能在短时间内再次订货，因此会导致未来收入下滑，或者允许退回货物。这种方式本身虽然不受欢迎，但也并不违法。不过有些时候，该种销售方式是违法的，特别是允许买方退货的时候。这种情况下，交易并不真正构成销售。

BOX Lantrnoix 公司——填塞销售渠道的案例

在 2006 年 9 月，计算机网络公司 Lantronix 的前首席财务官 Steven Cotton，被美国证券交易委员会指控财务欺诈。Cotton 通过蓄意过量向分销商发货，并给予分销商不公开的退货权和不正常的延迟付款期限，来人为地虚增报告收入和利润。

这还不是全部。Lantronix 公司还贷款给从其分销商处购买产品然后再退货的第三方。Lantronix 公司对于未收到订单的货物也向外发运产品。

Cotton 通过其行为，致使 Lantronix 公司虚增收入达 21%，并且在 2000 财年第二和第三季度、2001 财年和 2002 财年的第一季度少报税前损失大约 98%。

毋庸置疑，Cotton 从其欺诈行为中获得了财务利益，因为除其他人外，他的报酬与实现公司特定财务目标紧密相连，包括实现财务分析师的预计收入和利润。

如果发生这类事情，我们应该怎么看？正如我们在前文提到的，收入增长速度超出同行且又没有合理理由，是一个预警信号。应收账款增速如果超过销售收入增速也是一个重要信号，我们将在下一节讲述。

7.6.3.2　应收账款回收期延长*

应收账款增速超过销售收入或者应收账款周转天数变长也是一个预警信号。注意，在计算应收账款周转天数的时候，最好在几个季度或几年期间进行，并且如果存在重大季节性变动，采用拖尾形式在几个季度期间计算则更为有用。

有时，应收账款回收期的延长反映了经济环境。可能是顾客花了太长时间来付款，这可能意味着顾客的经营环境恶化。或者，公司正面临疲软的销售形势，正努力通过放松信用条款来恢复销售，这可能意味着公司需要承担更多的财务成本，也可能意味着公司正针对商业信誉不确定的新公司进行销售，所以会对未来可能发生的坏账计提高额准备。

【例 7－40】 美国第一太阳能公司应收账款情况见表 7－58。

表 7－58　　美国第一太阳能公司的应收账款

项目	2008 年 第 3 季度	2008 年 第 4 季度	2009 年 第 1 季度	2009 年 第 2 季度
销售收入（百万美元）	348.7	433.7	418.0	526
净利润（百万美元）	99.3	132.8	164.6	180.6
应收账款（百万美元）	41.5	61.7	184.8	351.3
销售增长率	119%	116%	112%	97%
应收账款增长率	111%	240%	925%	603%
应收账款周转天数	11 天	13 天	40 天	60 天

例如，太阳能板制造商美国第一太阳能公司的应收账款，从 2008 年第 4 季度的 0.617 亿美元跃升至 2009 年第 1 季度的 1.848 亿美元。而同期销售收入却从 4.337 亿美元跌至 4.18 亿美元。仔细看一下财务报表，我们发现该公司修改了特定客户的长期供货合同，在 2009 年第 1 季度将其付款期限从 10 天延长至 45 天。

然而，应收账款增幅超过了销售收入增幅，特别是如果坏账准备没有增加，通常是个激进确认收入的信号。可以关注一个有趣的比率——坏账准备/应收账款。该比率随着应收账款增加而下降，如果公司坏账准备计提不足，虚增了利润。

7.6.3.3　应付账款付款期延长*

应付账款付款期延长意味着公司需要更长时间支付货款给供应商。这不一定是坏事，因为公司正在有效利用其运营资本。将公司的应付账款与同行相比较，可以知道公司是否持平或落后。如果公司的应付账款付款大数低于行业平均数或正在接近行业平均数，则不一定是坏事。然而，我们需要意识到付款期延长不是无止境的，付款期延长给经营现金流所带来的益处最终会停止。

然而，如果公司付款期与同行持平，又进一步延长了应付账款付款期，这可能是个压力信号，也就是支付供应商货款出现困难。事实上，延长付款可能使供应商更难熬，甚至导致其破产。

关注应付账款和存货的关系也非常有趣，应付账款通常是和存货采购相关联的。我们可以假设随着时间的推移，应付账款和存货应该同步增加或减少。然而，如果它们之间变动不同步，比如应付账款不变或降低，但存货却增加，我们就应该仔细考虑并寻找原因了。

7.6.3.4　库存增加*

如果存货增速超过销售收入或当存货周转期增长，这可能是个未来盈利能力下降的迹象。它可能会引发外部投资者询问更多问题并确定存货水平为什么上升。有些时候，这完全有正当理由。如果一个零售商计划开新店，其可能需要提前囤积货物。这可以解释为什么存货增加。另外，可能因为需求量下降或因为产品不适合市场需求，导致公司销售这些产品比较困难。在短期内，如果这些产品被确认为过时，需要淘汰（例如高科技行业），存货要被注销或者需要降价销售，打压了毛利润（例如在零售行业）。长期内，基于产品无法出售的原因，可能意味着公司存在更基本的问题。

例如，2011 财年第 1 季度所做的统计表中，在 2010 年第 3 季度，Coach 公司的销售收入同比增长率为 20%（与上一年同期相比），然而，其存货水平同比增长 36%（与上一年同期相比），季度环比增长 26%（与上一季度相比）。这一数据足以引起担心，可能产品卖不动。然而，在电话会议期间，管理层认为有计划地大量囤积货物是为圣诞节假期做准备，符合基本的商业趋势。此外，Coach 还打算在亚洲开设众多新的店铺以及分销中心。事实上，销售收入在后续季度持续快速增长，而毛利率保持不变。

看一下 Coach 公司的财务报表，我们看到在 2010 年第 3 季度存货水平上升，但是在第 4 季度实现的大量假期销售额使存货水平大幅度下降（见表 7 – 59）。

表 7 – 59　Coach 公司的销售收入、毛利和存货

项目	2009 年第 1 季度	2009 年第 2 季度	2009 年第 3 季度	2009 年第 4 季度	2010 年第 1 季度	2010 年第 2 季度	2010 年第 3 季度	2010 年第 4 季度	2011 年第 1 季度
销售收入（千美元）	739 939	777 744	761 437	1 065 005	830 669	950 525	911 669	1 264 457	950 706
销售成本（千美元）	214 876	230 426	211 259	294 066	215 094	263 526	235 498	349 281	259 091
毛利润（千美元）	525 063	547 318	550 178	770 939	615 575	686 999	676 171	915 176	691 615
存货（千美元）	357 670	326 148	337 545	269 200	306 673	363 285	458 920	367 410	391 442
销售增长率（%）					12	22	20	19	14
存货增长率（%）					– 14	11	36	36	28
毛利率（%）	71	70	72	72	74	72	74	72	73
存货周转天数（天）	152	129	146	84	130	126	178	96	138

让我们再看另一个例子，也是在零售行业。一家销售女装的公司 Talbots，正试图对自己重新定位。其客户群正在老龄化，Talbots 开始翻新自己的花色并且翻修店面来吸引年轻客户。其经营业绩喜忧参半。在 2010 年第 1 季度，非常严格的存货控制（同比下降 18%）最可能导致公司失去许多销售机会。此后，开始增加存货量，但其产品销售时好时坏。在 2010 年第 3 季度末，存货周转期上升至 98 天而销售收入增长缓慢。在 2010 年第 4 季度早期，公司发布了利润预警，提示即使增加了促销活动（也就是降价销售），其销售收入也会低于预期。Talbots 的相关数据见表 7 – 60。

表 7 – 60　Talbots 公司的销售收入、毛利和存货

项目	2009 年第 1 季度	2009 年第 2 季度	2009 年第 3 季度	2009 年第 4 季度	2010 年第 1 季度	2010 年第 2 季度	2010 年第 3 季度	2010 年第 4 季度	2011 年第 1 季度
销售收入（千美元）	306 175	304 641	308 891	315 925	320 661	300 742	299 099	292 558	301 310
销售成本（千美元）	211 156	220 239	185 591	204 292	180 845	195 777	171 395	207 215	193 965
毛利润（千美元）	95 019	84 402	123 300	111 633	139 816	104 965	127 704	85 343	98 593
存货（千美元）	190 749	145 494	165 892	142 696	156 661	130 344	184 699	158 040	177 134
销售增长率（%）					5	– 1	– 3	– 7	– 6
存货增长率（%）					– 18	– 10	11	11	13
毛利率（%）	31	28	40	35	44	35	43	29	34
存货周转天数（天）	82	60	82	64	79	61	98	70	83

7.6.3.5 毛利率*

很多情况下，毛利率的下降可能是一个预警信号，意味着公司所面临的外部环境越来越困难。毛利率下降有很多原因。首先，如果不同产品有不同的毛利率，则产品组合的改变会影响总毛利率。

美国惠普公司（Hewlett Packed，USA），2011年3月

截至2010年1月31日的3个月，惠普公司总毛利率比上年同期下降了0.6个百分点。毛利率的下降是低毛利率的个人电脑和打印机硬件销售收入强势增长的结果，这一效应部分地被服务业务的成本改进所抵消。

成本控制是一个关键因素。对于材料成本是主要成本的公司来说，更是如此。公司可能通常会将这些投入成本通过提价转嫁给客户，但是在某些情况下，尤其是当客户对价格敏感时，过快增加的投入成本或者公司没有过多的定价能力，他们可能不能完全转嫁给客户（见下面例题）。总之，同行也会或多或少感觉到相同的压力。如果不是这样的话，我们可能要重新关注企业，看看有无其他原因。

卡特公司（美国），2011年4月

生产成本取决于原材料的基本成本（例如棉花和聚酯纤维）、人工工资和运输成本。公司的绝大多数产品使用棉质纤维，棉质纤维成本近期达到历史最高水平。此外，人工成本在整个亚洲，特别是中国（公司50%以上的产品产地）大幅增长。而且，运输至美国的运费由于较高的燃油价格和市场的有限能力而上升。公司从国外供应商大量采购成品，并支付美元货币。因此，公司由于美元相对于他国货币贬值，使产品的成本遭受负面影响。通货膨胀和外汇风险因素已经开始导致较高的销售成本和存货水平，并且对卡特公司的盈利能力和经营现金流产生影响。公司预计，至少在2011年全年，较高的产品成本仍会持续给盈利能力和经营现金流造成负面影响。

公司同样面临通货膨胀和通货紧缩风险。在通货膨胀方面，公司正在经历并预计在可预见的将来持续经历生产成本的上涨，该上涨是由基本成分成本上涨所驱动的，例如棉花、聚酯纤维、工资率和运输成本。公司的生产成本还受到美元相对于他国货币贬值的负面影响。这些通货膨胀和外汇风险因素已经开始导致较高的产品成本和存货水平。公司计划针对某些产品提高售价，但在近期这也不会完全吸收成本上升的影响，并且公司的盈利能力会受到负面影响。

> 近几年，公司还经历了通货紧缩给销售价格带来的压力，部分是由于青少年和儿童服装市场的激烈竞争。在这种环境下，顾客不可能接受价格上调。如果公司不能有效提高售价来抵消高额生产成本，那么对盈利能力的负面影响会远远超过预期。

降低价格来维持市场份额将会导致毛利率下降。事实上，如果一个产品不再有竞争力，公司应该努力降价以维持市场份额。这种情况下，应该仔细分析并判断是不是临时的（竞争对手已于公司发布新款产品之前开发出新产品）或者是更加结构性的(公司产品已经不再与市场相关)。

竞争压力可能也会导致毛利率下降。在整个行业需求疲软时，公司可能在定价上更为激进。例如，在零售行业公布的 Lehman 公司的破产就是这种情况。面对需求的全面降低以及相对较高的库存量，零售商们竞相降价清空库存。更低成本制造商的到来迫使公司为了维持竞争力不得不降价。

> **美国惠普公司（Hewlett Packed，USA）**
>
> 公司为了保持竞争力，会持续针对大量产品和服务进行价格下调，与此同时，还要努力维持或提高销售收入和毛利润。在公司的业务市场，特别是个人电脑和打印机市场，竞争非常激烈，公司的产品和服务正面临来自全球无数公司的价格竞争。在过去的几年中，个人电脑、打印机和关联产品的价格竞争一直特别激烈，因为竞争对手侵略性地削减价格并降低产品的毛利润。此外，在有些市场，竞争对手的更低成本使公司竞争压力更大，竞争对手的报价比公司能够提供的报价要低，公司的经营成果和财务状况受到这些以及其他行业范围内价格压力的负面影响。

7.6.3.6 经营现金流在一段时间内低于净利润*

经营现金流是考核公司业绩的一个关键指标。与净利润由权责发生制（也就是收入可以在实际收到现金前确认，而费用可以在实际支付现金前确认）推导出来相反，经营现金流是基于支付和收到的现金计算。它可以用来衡量公司履行财务义务和进行资本投资的能力。

对经营现金流、投资现金流和融资现金流的项目进行分类有很大的灵活性。由于投资者关注经营现金流，公司可能试图进行分类（例如，在投资部分将软件成本资本化处理）以使现金流看起来更好看。另外，在将一家公司的业务与其同行业进行比较时要谨慎，如果公司还从事其他项目，我们应该仔细研究。

然而，如果经营现金流没有和净利润保持相同变化趋势（例如，正的或增长的净利润和负的或降低的经营现金流）。这可能意味着某些收入被高估，费用被低估。一个有用的比率是通过比较经营现金流和净利润来评估这一情况，即经营现金流/净利润。

如果这一比率在一段时间内低于 1，表明可能存在盈余操纵。

7.6.4 Beneish M 得分*

Beneish 比率可以检查公司是否操纵了其经营成果。该比率在测试样本统计检验中，正确识别出了 75% 以上的利润操纵的公司。

$$\begin{aligned} \text{M 得分} = &-4.84 + 0.92 \times DSRI + 0.528 \times GMI + 0.404 \times AQI + 0.892 \times SGI + \\ &0.115 \times DEPI - 0.172 \times SGAI + 4.679 \times TATA - 0.327 \times LVGI \end{aligned}$$

表 7－61　Beneish 比率的变量定义

因子	名称	公式	基础
DSRI	应收账款日销售额指数	应收账款/销售收入总额	今年/去年
GMI	毛利率指数	毛利/销售收入总额	去年/今年
AQI	资产质量指数	(非流动资产－不动产、厂房和设备)/总资产	今年/去年
SGI	销售增长指数	销售收入总额	今年/去年
DEPI	折旧指数	折旧/(折旧＋不动产、厂房和设备净额)	去年/今年
SGAI	销售和管理费用指数	销售和管理费用/销售收入	今年/去年
TATA	应计利润总额对总资产	(营运资本－现金)－折旧	今年/去年
LVGI	杠杆指数	债务总额/资产总额	今年/去年

Beneish 发现，得分超过 2.22 分的公司最有可能操纵了他们的经营成果。①

一些金融信息提供商，如 Starmine，也有一个与利润质量（应计项目金额，利润对公司自由现金流比率和营运资本管理）相关的指标。

7.7 商业环境分析*

7.7.1 超越数字的公司愿景*

比率分析框架见图 7－2。

① 想要了解更多详情：参阅 Beneish 的论文：*The Detection of Earnings Manipulation*，1999。

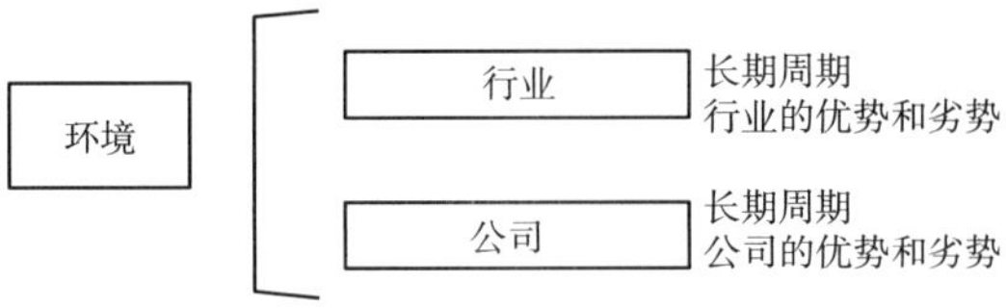

图7-2 比率分析的框架

在计算财务比率和进行敏感性分析之后，我们再对商业环境进行分析。

经济自由主义经常导致产品市场的激烈竞争。虽然产品的盈利能力可以让公司创造价值，但总会有一个竞争对手试图以更低的成本生产该产品来获得更高的利润。除了可口可乐公司和通用电气公司等少数案例外，很少有企业能够长期保持强劲的盈利能力。根据竞争理论，超额利润往往在产品生命周期的中期就消失了。

对商业环境的分析让我们更好地理解盈利持续性的概念。公司在严重衰退的经济体、严重滑坡的行业、不确定的经济和法律环境或公共财政账户混乱的国家无法持续发展。相反，如果一家公司在未来不打算继续进行再投资，而且不培养员工和不与地方监管当局建立良好关系，那么从长期来看，能够可持续发展和没有问题的可能性很小。

7.7.2 行业定性分析*

7.7.2.1 行业长期生命周期*

了解行业周期是建立股票投资组合的关键。生命周期（或长期周期）需要与商业周期（或短期周期）区分开来。

行业周期的第一个阶段与产品生命周期的第一个阶段非常相似。像 Bodie、Kane 和 Marcus 以及其他作者一样，我们可以在任何行业生命周期中强调 4 个连续的阶段，见图 7-3。

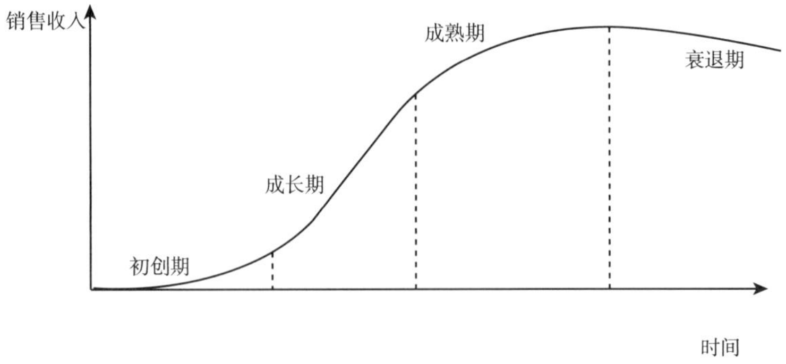

图7-3 行业周期

（1）初创期

第一阶段的特点是出现了一种新产品、新技术或新的商业模式。例如，与互联网相关服务中专门针对个人的在线投资研究就是典型的例子。要预测哪些公司能够生存下去并有可能成为行业领导者是非常困难的，至少可以说，选择合适的股票并不是一件容易的事。因此，强烈建议个人投资者以及大多数投资专业人士通过真正的专家管理的共同基金来投资该行业。

（2）成长期

第二阶段的特点是出现行业领导者。手机行业是一个很明显的例子，该产品已确定，销售收入和利润增长（虽然高于平均水平）更容易预测。因此，选择股票的风险较小，消息灵通的投资者可能会开始购买个股，但那些没有足够时间密切监测投资的人应该坚持投资共同基金。

（3）成熟期

第三阶段的特点是价格竞争更加激烈。目前，电视机行业处于这个阶段。该产品已经达到了消费者使用的全部潜力，并且已经变得或多或少标准化，利润率正在逐渐承受压力，成本削减计划可能已经是必要的。公司更容易受商业周期影响（见下文）。然而，选择个股可能仍然是相当安全的（如果食品和饮料等行业不是周期性的，并且其成熟阶段将持续很长时间）。但如果行业（如汽车制造商）是周期性的，或产品（如盒式录像带）即将被新产品所取代，处于成熟阶段的这些行业其风险也会更高。

（4）衰退阶段

第四阶段的特点是，在低于平均水平的增长后，销售萎缩，这通常是由于产品的过时。具有讽刺意味的是，在这里选择个股就像在初创期一样——是一项艰巨的任务。投资者应将重点放在分析周转情况和资产使用上。另外，个人投资者和大多数投资专业人士通过由真正的专家管理的共同基金来投资这样的行业是明智的，而不是试图自己做这项工作。

彼得林奇使用另一个（虽然是相关的）行业分类系统。他将公司分为以下六种类型：

①缓慢增长型公司。大型和成熟的公司只会比宏观经济增长略快。这个类型的公司对应于上述成熟期的开始阶段。

②稳健增长型公司。像可口可乐这样的大型著名公司，它们的增长速度比缓慢增长型公司快，但并不处于快速增长的初始阶段。该类型的公司对应于上述成长期的末期。

③快速增长型公司。小型和积极进取的新公司，年增长率在 20% 到 25% 左右。

该类型的公司对应于上述的初创期和成长期的开始阶段。

④周期型公司。这些公司的销售额和利润经常随着商业周期而扩大和缩小。这一类型的公司不对应于上述任何阶段，因为它涉及的是短期周期，即商业周期，而不是长期周期，即生命周期。事实上，周期型公司可以处于初创期（数字图书）、成长期（手机）、成熟期（电视机）或衰退期（唱片）。

⑤逆境反转型公司。这些公司处于破产阶段或即将破产。这可能是由于销售额持续下降，即公司正处于衰退阶段。但也可能是现金紧缺的结果，在这种情况下，公司可能处于上述任何阶段。例如，我们可能会遇到一个由于股市陷入困境而无法筹集到新资金的初创公司。换句话说，这个类型的公司并不严格对应上述任何一个阶段。

⑥资产隐蔽型公司。这些公司拥有目前尚未反映在其股票市场价格中的宝贵资产。像周期型公司一样，这个类型的公司不对应于任何特定的生命周期阶段。您可能在上述所有四个阶段都会发现资产隐蔽型公司，这些公司通常拥有可观的有形资产，例如房地产。

至于行业分类，我们会建议您忘记特殊情况，如周期型公司和资产隐蔽型公司，这些是特定类型的股票，而不是特定类型的行业的概念。

正如我们已经说过的那样，缓慢增长型公司、稳定增长型公司和快速增长型公司可以被视为生命周期阶段。

就周期型公司而言，它是指商业周期，而不是生命周期。另一类，即所谓的防御型公司也是如此。这些公司没有（或很少）受到经济下滑的影响，也没有（或很少）受到经济复苏的影响。表 7 - 62 提供了生命周期和商业周期的示例。

表 7 - 62　　生命周期和商业周期的示例

周期	防御型公司	周期型公司
初创期	健康促进营养素	数字图书
成长期	减肥食品	手机
成熟期	洗衣粉	电视机
衰退期	高焦油香烟	唱片

7.7.2.2　行业的优势和劣势*

(1) 产品和服务的特征*

①产品或服务处于哪一生命周期阶段?

处于初创期的行业通常表现出最高的销售增长率，但它们会面临着亏损和负的现金流。正如我们前面所强调的那样，这些行业比平均风险高得多。

处于成长期的行业通常表现出最高的利润增长率。由于产品或服务已经确定，这些行业比处于初创期的行业风险要小得多。

处于成熟期的行业通常表现出低销售额和利润增长，但是它们产生了大量现金。这些行业通常是四种生命周期类型中风险最小的，前提：一是行业内的竞争不太激烈（行业增长缓慢有助于竞争）；二是它们还没有接近衰退期。

处于衰退期的行业（根据定义）表现出销售额和（或）利润下降。它们可能仍然是现金牛，但这不能持续很长时间，除非因为某种原因它们进入复兴阶段（有时会发生）。它们比成熟期的行业风险更高，有时甚至比初创期的公司风险更大（例如，当行业中的大多数公司即将破产时）。

②产品或服务在多大程度上满足基本需求？

与基本需求相对应的行业通常对不断变化的市场条件（即商业周期）不太敏感，换句话说，它们风险较小。请注意，这个因素与盈利能力和（或）长期盈利前景无关。周期性行业可能同样盈利能力强，并且增长速度与防御性行业一样快。

③产品或服务是否同质？

销售非常同质化的产品或服务的行业，通常比提供相对互补的产品或服务的行业风险更高。如果销售同质化产品或服务的行业出现问题，比如说，由于该行业面临经济下滑，处于该行业的所有公司都会以同样的方式受到影响，销售量面临下降。另外，由于销售同质化产品或服务的行业的竞争力往往较强，利润率可能较低。

④产品或服务的便携性如何？

由于来自国外的竞争可能更高，销售易于运输的产品或服务的行业的风险通常高于平均水平。比如，互联网服务比庞大的、沉重的和（或）易腐的货物更容易受到国际竞争的影响。另外，由于竞争，利润率可能面临压力。

⑤产品或服务在多大程度上可以得到法律保护？

通过专利保护他们的产品和（或）他们的生产过程的行业通常风险较小，而且比不能得到保护的行业更有利可图。商标和版权也是有用的保护措施。一般来说，实物商品可以比服务得到更好的保护。

⑥来自替代产品或服务的压力有多大？

面临相关行业公司竞争的行业通常盈利水平低于平均水平。替代品的可获得性限制了可向客户收取的价格。此外，这些行业的风险更高，因为他们的客户可能（或多或少）轻易地从他们的产品或服务转换到相关行业提供的产品或服务。

除了现有的替代品外，还必须考虑潜在的替代品。那么什么是可能出现并威胁行业的新产品或服务呢？这个因素在与高科技相关的行业中显然是最重要的。

（2）客户的特征*

①客户的讨价还价能力有多大？

拥有大量小客户的行业通常比拥有少量大客户的行业风险小。由于它们不需面临买家要求的价格优惠，它们也更有利可图。

应该同时考虑最终用户（最终买家）和中间商（实际的客户）。如果只有少数中间商分销产品或服务，尽管终端用户数量众多，但该行业很可能面临压力。换句话说，应认真分析产品或服务的分销渠道。在不同国家以不同类型的分销方式销售其产品的行业通常风险较平均值低。这并不意味着它们具有更高的盈利能力，因为更多的市场和（或）分销类型意味着更高的成本。

最后但并非最不重要的是，客户的讨价还价能力还取决于行业内竞争的激烈程度。

②客户的忠诚度有多大？

由于保持现有客户往往比试图吸引新客户更有利可图，因此从强大的客户忠诚度中受益的行业通常会获得更高的利润并降低风险。

（3）供应商的特征*

①供应商的讨价还价能力有多大？

拥有大量小供应商的行业通常比拥有少量大供应商的行业风险更小。由于拥有大量小供应商的行业可以向供应商索要价格优惠，它们也更有利可图。

一般，应评估供应商之间的竞争程度。供应商之间激烈的竞争产生较低的采购价格，从而使该行业受益。

②供应商的忠诚度有多大？

保持现有供应商往往比定期从一个供应商转向另一个供应商更有利可图，因此从强大的供应商忠诚度中受益的行业通常会获得更高的利润，且风险更低。

有人可能会认为这个因素远没有客户忠诚度那么重要，对于需要融资支持其扩张的增长型行业而言，这可能是正确的。但请注意，生产工具（厂房、电脑和家具等）的管理，已成为大多数行业的真正挑战，可能与产品创新和客户满意度同等重要。在这里，产品、客户和物流是三个关键。由于上述生产工具通常由供应商提供（而不是由行业本身构建），从长远来看，确保它们的忠诚度（例如将它们视为合作伙伴而不仅仅是提供者）可能证明是非常有帮助的。

（4）劳动力的特征*

①工人的讨价还价能力有多大？

劳动力市场高度工会化的行业通常被认为比其他行业具有更高的风险和更低的盈利能力，因为工会可以参与集体谈判来增加向工人支付的工资。换句话说，可以以牺牲股东的利益为代价而由劳动力来获得潜在利润的一大部分。

然而，必须承认，几乎不存在工会的行业（或国家）可能最终被证明风险更高，利润较平均水平低，因为被轻视的工人缺乏动力，这在某些情况下甚至可能导致严重的社会动荡。

另一个重要因素是商业周期的阶段。劳动力市场有多紧张？这也决定了工人的讨价还价能力。

②员工的忠诚度如何？

保留现有员工通常比招聘新员工更有利可图，因此从强大的员工忠诚度中受益的行业通常会获得更高的利润且降低风险。

（5）股东（和其他资本提供者）的特征*

股东的忠诚度有多大？

保持现有股东的利润也更高，风险也更低。股东经常变动往往会增加资本成本，这对于需要依靠融资来支持其扩张的增长性行业来说，确实是个坏消息。

即使公司不需要筹集新的资金，对于处于更成熟阶段的行业也是负面的。如你所知，股东要求的回报率增加会导致股价下跌。因此，股票期权计划证明效率较低，公司管理层和员工必须以较高工资的方式获得报酬，但这降低了报告的利润。

（6）环境特征*

企业对环境有什么副作用？

销售对人类和（或）动物健康有危害的产品的行业的风险显然比平均水平高。潜在或实际污染空气、地表和（或）水这些行业也受到压力，从长远来看，这些行业也可能被证明盈利能力更低，因为它们将被要求为环境风险买单。

在受监管的市场运营的行业通常也是风险较高的。因为它们已经受到很长时间的保护，所以当市场开放时它们可能会受到重创。这些行业通常比平均盈利更多，但其回报可能无法持续。

7.7.3　公司的定性分析*

7.7.3.1　公司的长期现金流量周期*

很显然每个公司需要走过生命周期的不同阶段，在不同的阶段，公司的需求也各不相同。在初创期，公司需要现金流入或者从外部取得现金以开展各项活动。在成长期，公司也同样需要现金流。公司的现金流可以从融资活动取得或者从公司的其他业务分部取得。在成熟期，公司开始盈利，对综合收益表和经营活动产生的现金流产生正向的贡献。在衰落期，虽然其对综合收益表的贡献在下降，但经营活动产生的现金流可能继续保持在一定水平。有关企业生命周期不同阶段现金流的详细解释可以参见图7－4。

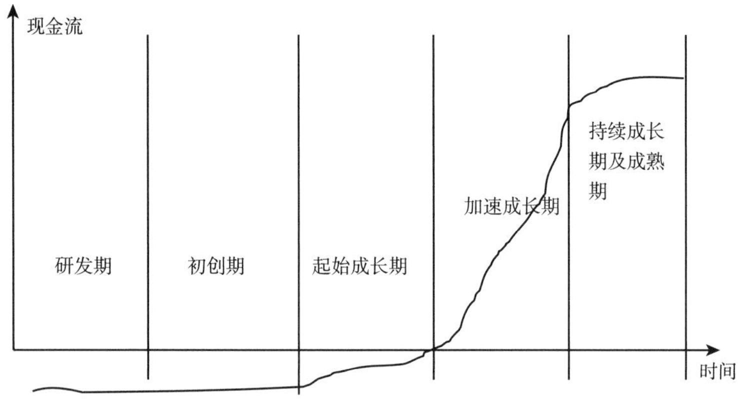

图7－4　业务活动的S形现金流曲线

图7－4显示了企业不同发展阶段的现金流。两个坐标轴都没有刻度，因为企业生命周期各阶段的时间跨度取决于企业所从事的业务活动的性质和或多或少受管理层控制的因素，例如研究、生产和营销决策等的时间跨度。绝大多数新企业不能立即产生正现金流或充足的现金流。我们必须理解业务成长对融资需求的影响：有时某项业务由于其高盈利能力而使得经营活动产生的现金流非常高，但仍不足以支持其成长的需要。

从投资角度看，重要的是要看到企业在不同发展阶段的潜在的回报以及与投资相关的风险。在初创期，风险通常很高，风险溢价与风险水平可能并不成比例关系，这与投资的形式无关，无论是贷款、债券投资，还是股票投资，都是如此。此外，我们还必须清楚认识代理问题，尤其管理型股东（通常是企业的创始人）与一般股东（通常仅作财务投资）之间的利益冲突。

第一阶段：研发期

在这一阶段，某个人或者几个人在创意的基础上设立企业。资金来源于创业者自己或是来自创业者的家庭和朋友支持。此时，企业失败的可能性非常高，使得此阶段做出理性投资决策几乎不太可能。对这类“种子”的融资，最重要的标准是企业创业者的素质，即他们过去在其他领域的业绩、能力及他们激励员工的能力等。

第二阶段：初创期

在这一阶段，产品处于可销售状态，但是未来会发生什么还处于画板上。公司需要资金支持其生产。对于产品，在现实中的工作方式、潜在顾客是否接受该产品仍然存有疑问。如果有好的商业计划，公司可能从风险投资公司取得资金，在美国获得风险投资的可能性比其他许多国家要高。从风险投资获得第一轮融资非常困难，降低风险或者调整风险通常是其主要任务。目标通常是通过求助专门从事特定行业部门的投资基金来实现的，这类风险投资基金积极介入其投资企业的管理。此外，有些投资基金创建了由大量专业风险资本投资基金组成的投资组合。如果这些“基金的基金”能获得良好的管理，其风险与投资回报就变得能够被接受。对于创业者来说，要解决的问题是，要在企业中保持大量股份，同时为企业潜在发展提供足够高的价值。他们因为被迫放弃太多股权给新股东而感到沮丧。此阶段最重要的问题是：为维护创业者的权利，同时最小化可能的利益冲突找到解决方案，例如采取股票期权。

第三阶段：起始成长期

这一阶段已解决产品的生产问题，产品也被广泛接受。公司正享受正的经营性现金流，但可能还需要大量投资以购入固定资产和投资于营运资本（如存货、应收账款等）。此时，对于标准的银行贷款来说，可能风险仍然太高，还需要取得权益性融资。解决这一问题仍可从风险投资机构获取资金，如果业务的增长很快，创业者可能被迫接受他们对公司权益的大幅度稀释。从纯财务的角度看，创业者所持公司股份的投资回报总额可能很高，这是因为：公司的规模正增加，财务状况不断改善，这些好的结果对银行或公众来说是显而易见的。

第四阶段：加速成长期

公司已取得成功，并且其年度财务报表非常出色，但是它的经营性现金流量仍不足以支持其增长和新业务发展的融资需求。企业过去的业绩可能有助于其进行首次公开发行（IPO），成为公众公司可帮助其拓宽未来的融资渠道。此外，风险投资家的角色很快就会结束，他们准备好兑现其投资利得，以便再次投资于处于第二或第三阶段的企业。如果不成为公众公司，可以选择将企业的大部分股权或全部股权出售给一家大公司。

第五阶段：持续成长期及成熟期

该阶段企业保持一个合理的增长率，并且内部融资可以满足其绝大部分融资需求。由于公司已有知名度并且保持盈利，公司可以通过传统的金融交易从金融市场取得外部资金，如从银行取得贷款、发行债券和增加权益资本等。企业在某些时候，尤其是当企业盈利很高时，经营性现金流量可能比固定资产更新和获得适度增长所需的资金更大。在该阶段，管理层经常通过兼并与收购来证明多元化和增长的合理性。此时，对经理们个人而言，杠杆收购也很有吸引力，人们只是希望企业不会到达第六阶段，即衰退期和失踪阶段。

7.7.3.2 公司的优势和劣势（SWOT 分析）*

预测公司未来的业绩是一项挑战，因此，很多投资专业人士已经放弃了对超出今年或者明年之后的盈利或现金流进行估计的想法。

对某些行业做出预测是否比其他行业更为容易？肯定是这样。事实上，该问题与上述行业特征密切相关。

（1）产品（或服务）的特点

- 预测处于成熟期的公司的业绩比预测处于初创期的公司或处于衰退期的公司更容易。
- 预测防御性公司（销售满足基本需求的产品或服务的公司）的业绩比预测周期性公司更容易。
- 预测销售同质化产品（或服务）行业的公司的业绩比预测销售差异化产品（或服务）的公司更难。
- 预测提供易于运输的产品（或服务）的公司的业绩比预测较少受到国际竞争的公司的业绩更难。
- 预测可以通过专利保护其产品（或服务）的公司的业绩比预测不可能通过专利保护其产品（或服务）的公司更容易。
- 预测面临替代产品（或服务）竞争的公司的业绩比预测其他公司的业绩更难。

（2）客户的特点

- 预测拥有大量小客户的公司的业绩比预测拥有少数大客户的公司容易得多。
- 预测从客户忠诚中受益的公司的业绩比预测遭受高客户流失率的公司更容易。

（3）供应商的特点

- 预测拥有大量小供应商的公司的业绩比预测拥有少数大供应商的公司更容易。
- 预测从供应商忠诚中受益的公司的业绩比预测供应商流失率高的公司更容易。

（4）劳动力的特点

- 预测高度工会化行业的公司的业绩至少在短期内比预测工会化程度较低的行业的公司更难。
- 预测从员工忠诚中受益的公司的业绩比预测员工流失率高的公司更容易。

（5）股东（和其他资本提供者）的特征

- 预测从股东忠诚中受益的公司的业绩比预测遭受高股东流失率的公司容易得多。

请注意，股东的忠诚度取决于前文所述公司的所有其他特征。“公司越危险，股东的忠诚度越低；股东越不忠诚，公司风险越大。”它有时会变成一个真正的恶性循环。

同一行业内的不同具体公司业绩预测有何差异呢？毫无疑问，它们的业绩倾向于以同样的方式、于相同的时间发展。所有汽车制造商都受益于消费者信心的提高。投资者情绪转为负面时，所有投资经纪人都会受到打击。

同一行业内的公司提供的产品（或服务）越同质化，其盈利和现金流增长越相似。例如，药品公司可能会取得相当不同的业绩，因为它们的产品并不相同，这意味着更好地了解特定公司的基本面可以增加价值。此外，像大多数生物技术公司一样，如果他们处于初创期，了解各个公司的特征就更为重要。这主要是因为它们目前的产品组合还没有多样化，这意味着新药开发的影响是惊人的。

就具体公司而言，我们不应该忽略由法规、反垄断法、保护主义、诉讼、公平竞争问题、政治不稳定以及具体的环境和社会方面所产生的风险程度，以评估特定行业的增长潜力和风险，我们可能会通过以下清单，并尽可能精确地回答这些问题。请注意，这些相同的问题也可能对分析特定公司有用。

7.8 诺华公司案例研究

7.8.1 诺华公司的财务比率

诺华公司的财务比率见表7-63。

表7-63 诺华公司的财务比率

项目	公布的数据			调整后的数据		
	2011年	2012年	2013年	2011年	2012年	2013年
1. 经营风险						
毛利率（GM,%）	68.0	67.4	66.7	73.7	72.8	71.7
营业利润率（OM,%）	18.5	19.4	18.5	22.4	21.8	20.9
销售净利润率（NM,%）	15.3	16.1	15.6	22.5	21.7	21.1
资产周转率（AT,%）	50.5	46.3	46.6	60.7	55.9	56.2
不包括无形资产的资产周转率（%）	106.8	91.7	87.3	181.6	162.3	158.6
存货周转期（IOP，天）	114	131	135	138	157	159
应收账款周转期（CP，天）	63	64	61	63	64	61
应付账款周转期（POP，天）		104	111		124	130
采购额（百万美元）		19 570	20 131		16 472	17 196

续表 1

项目	公布的数据			调整后的数据		
	2011 年	2012 年	2013 年	2011 年	2012 年	2013 年
债务融资期限（天）		90.7	85.2		97	90
2. 资本盈利能力（%）						
实际税率（%）	14.9	14.9	14.2	16.1	15.7	15.3
资产收益率（平均资产，税后,%）		7.7	7.3		12.4	12.0
资产收益率（年末资产，税后,%）	7.8	7.5	7.3	13.6	12.1	11.9
资产收益率*（平均资产，息税前,%）		9.3	8.7		14.8	13.9
资产收益率*（年末资产，息税前,%）	9.4	9.0	8.6	16.2	14.4%	13.8
资产收益率**（平均资产，税后息前,%）		8.2	7.9		13.1	12.6
资产收益率**（年终资产，税后息前,%）	8.3	8.0	7.8	14.3	12.8	12.4
资产收益率**（平均资产，剔除无形资产,%）		16.8	15.1		38.6	35.9
资产收益率**（年末资产，剔除无形资产,%）	17.5	15.9	14.6	42.7	37.1	35.1
已使用资本收益率（%）		8.8	8.1		15.0	14.2
净资产收益率（平均资产，税后,%）		13.74	12.79		17.3	15.7
净资产收益率（年终资产，税后,%）	13.84	13.41	12.34	19.3	16.6	14.9
净资产收益率*（平均资产，税前,%）		15.37	14.13		20.6	18.7
净资产收益率*（年终资产，税前,%）	15.56	15.00	13.63	23.2	19.8	17.8
3. 风险						
包括现金的流动资产（百万美元）	24 084	28 004	29 783	19 009	19 885	20 561
包括债务的流动负债（百万美元）	21 442	21 981	23 859	16 774	18 106	19 542
流动比率（CR,%）	112	127	125	113	110	105
速动比率（QR,%）	85	97	94	78	73	68
流动债务和负债（百万美元）	21 442	21 981	23 859	23 148	24 051	26 318
现金比率（CaR,%）	22	34	35	22	34	35
债务总额（百万美元）	51 556	54 928	51 732	28 021	29 536	25 286
计息债务总额（百万美元）	20 229	19 726	18 018	20 229	19 726	18 018
债务净额（百万美元）	45 505	45 692	40 987	21 970	20 300	14 541
计息债务净额（百万美元）	14 178	10 490	7 273	14 178	10 490	7 273
债务总额的平均利率（i,%）	1.36	1.19	1.28	2.49	2.22	2.63
计息债务总额的平均利率（i*,%）	3.46	3.32	3.69	3.46	3.32	3.69
债务净额的平均利率（i,%）	1.67	1.23	1.47	3.45	2.77	4.14
计息债务净额的平均利率（i*,%）	5.35	5.37	8.28	5.35	5.37	8.28
现金的平均利息（%）				-0.98	1.00	0.58
资本结构比率（CS,%）	38.7	36.8	32.5	22.4	19.7	13.9

续表 2

项目	公布的数据			调整后的数据		
	2011 年	2012 年	2013 年	2011 年	2012 年	2013 年
债务/股东权益比率（TDE,%）	30.7	28.5	24.2	29.2	26.2	21.7
债务总额/股东权益比率（%）	78.3	79.4	69.6	40.5	39.3	30.4
长期债务/股东权益比率（LTDE,%）	29.2	26.9	22.2	27.8	24.7	19.8
利息保障倍数（ICR，倍）	17.2	18.8	17.9	24.9	25.0	23.8
经营现金流对现金利息比率（OCFCIC,%）	22.4	23.9	21.6		24.8	24.4
经营现金流对负债比率（OCFL,%）	111	112	136		116	153
经营现金流对利润比率（%）	157	153	144		118	120
经营现金流对资产总额比率（%）	12.2	11.4	10.4		14.3	14.2
股本变动率（%）		0.6	0.2		-1.5	0.0
4. 价值驱动因素（投入）						
固定资产寿命（固定资产净值/折旧）	7.30	9.72	9.92	7.30	9.72	9.92
资本性支出/折旧比率（为不动产、厂房和设备,%）					175	169
资本性支出总额/销售收入比率（为不动产、厂房和设备,%）					5.3	5.3
资本性支出总额/销售收入比率（为固定资产，不包括无形资产,%）					5.5	5.3
净营运资本/销售收入（%）				3.8	3.1	1.7
支付率（%）					48.4	49.1

评论：以前的章节已经对各种比例进行了评论，在这里，我们只会研究这种趋势从一年持续到下一年是否有利。例如，净资产收益率的改善是有利的，而产品存储时间的增加是不利的。我们可以计算每种主要类型的比率（营运能力比率、盈利能力比率和融资能力比率）的总体得分①（见表 7-64）。

表 7-64　　计算每种主要类型的比率

项目	公布的数据		调整后的数据	
	2012 年	2013 年	2012 年	2013 年
总体得分（分）	3	-15	5	-17
营运能力比率（%）	-3	-3	-7	-3
盈利能力比率（%）	2	-12	2	-12
融资能力比率（%）	4	0	8	2

① 对于每个比率，如果是有利变化，我们赋予 1 分；如果是不利变化，则赋予 -1 分。

诺华公司的总体得分在2013年有所下降，主要是由于盈利能力比率下降。与2012年相比，虽然2013年的融资能力比率有明显的“放缓”，但这类比率有所改善。

这些比率的变化比这些比率的水平更重要，我们可以从这种“相对”分析中得出什么结论？我们将会在评价部分看到，市场趋势会因特定情况而反弹或下跌。例如，市场“知道”诺华公司是一家好公司，但对投资者而言，重要的是分析诺华公司这一基本状态的动态。

7.8.2 Piotroski 得分

诺华公司的 Piotroski 得分见表7-65。

表7-65　诺华公司的 Piotroski 得分

公布的数据	财务比率（%）			Piotroski 得分（分）	
	2011年	2012年	2013年	2012年	2013年
毛利率（GM）	68.0	67.4	66.7	0	0
资产周转率（AT）	50.5	46.3	46.6	0	1
资产收益率（年终资产，税后）	7.8	7.5	7.3	1	1
流动比率（CR）	112	127	125	1	0
资本结构比率（CS）	38.7	36.8	32.5	1	1
经营现金流对利润比率	157	153	144	1	1
经营现金流对资产总额比率	12.2	11.4	10.4	1	1
股本变动率		0.6	0.2	0	0
Piotroski 比率总得分				5	5

诺华公司具有良好的基本面。2012年至2013年的 Piotroski 比率总得分保持稳定。①

7.8.3 奥特曼 Z 得分和 Hillegeist 得分（见表7-66）

表7-66　诺华公司的奥特曼 Z 得分和 Hillegeist 得分

项目	2012年	2013年
根据 Z 得分的有形资产	62 770	67 387
根据 Z 得分的营运资本	3 953	4 174

① 表的注释是 Piotroski 使用的9个指标中的每一个指标的注释。

续表

项目	2012 年	2013 年
根据 Z 得分的负债总额	54 928	51 782
X1 营运资本/有形资产（%）	6.3	6.2
X2 留存收益/有形资产（%）	109	109
X3 息税前利润/有形资产（%）	17.8	16.2
X4 市场价值/负债账面价值（%）	277	376
X4 bis 股东权益/负债账面价值（%）	126	144
X5 销售收入/有形资产（%）	92	87
奥特曼 Z 得分	4.76	5.26
奥特曼双重优质 Z 得分	6.47	6.55
Hillegeist 得分	5.04	5.42
一年内的违约概率（%）	0.65	0.44

诺华公司的违约概率极低。

7.8.4 Beneish 模型（见表 7-67）

表 7-67　　Beneish 得分

表示	项目	2012 年	2013 年	比率	8 因素	5 因素
DSRI	应收账款日销售额指数	17.46%	16.83%	1.037	0.92	0.823
GMI	毛利率指数	67.42%	66.67%	0.989	0.528	0.906
AQI	资产质量指数	57.88%	55.55%	1.042	0.404	0.593
SGI	销售增长指数	57 561	58 831	0.978	0.892	0.717
DEPI	折旧指数	9.33%	9.16%	0.982	0.115	0.107
SGAI	销售和管理费用指数	5.10%	5.20%	0.981	-0.172	
TATA	应计利润总额对总资产	-4.0%		-4.0%	4.679	
LVGI	杠杆指数	30.46%	29.75%	1.024	-0.327	
Beneish 得分					-2.65	-2.89

诺华公司的得分低于 Beneish 模型所要求的平均值 -2.2①。

① 每项得分是不同比率的总和乘以模型的因子。Beneish 模型有两种版本，一种具有 8 个因素，另一种具有 5 个因素。

7.8.5 对诺华公司环境的定性分析

对诺华公司环境的定性分析见表7－68。

表7－68　　诺华公司环境的定性分析

	行业：制药		公司：诺华公司	
生命周期	“成长期” 成熟期/防御型 “稳健增长型”新兴市场的新市场		持续增长和成熟	
特征/预测	有利=1；不利=5		容易预测=1；不可预测=5	
1. 产品（或服务）	2	盈利增长令人满意但有所下降 产生高额现金 来自管制/试验从潜在的负债	1	防御性公司，产品差异化（重要生产线） 产品受许可证保护，生产线良好 桑多兹是仿制药的领导者
2. 客户	2	大量客户 专利保护的产品的客户忠诚度	2	涵盖的国家数量很多 健康组织也很重要（最大=销售额的10%） 客户忠诚度因重要的营销努力而增加
3. 供应商	1	很多供应商（化学公司）	1	大量小供应商 重要增值使供应商变得不那么重要
4. 员工	1	工会不是很强（赛诺菲除外）	2	员工生产率高 在瑞士，结构调整有时很难被接受
5. 股东	3	作为巨大的公司，股东没有特别的忠诚度 高股利使得股票对养老金具有吸引力	2	几代前由家族拥有，更多机构投资者 良好的沟通和透明度政策
平均	1.8		1.6	
因子权重	65%		35%	
	行业相对同质，因此行业因素具有比公司因素更高的权重			
诺华公司的最终得分	1.7 （优秀=1；差=5）			

7.8.6 结论①

对诺华公司分析的结论见表7－69。

① 这些结论与2013年发布的数据相关。投资者已将其纳入2012～2013年诺华公司的市场价格分析中。

表7-69 对诺华公司分析的结论

1. 分析2012~2013年的关键数据	2. 2012~2013年的定性分析
水平 趋势	水平
比率： 高[1] 恶化	行业： 高[1]
敏感性： 低[2]	公司： 高[2]
1：Pictreski得分：6（稳定）	报表质量： 恶化
2：经营业绩低敏感性；财务业绩低敏感性	1. 行业优势劣势分析中评分为1.8分（有利=1；不利=5）
	2. 公司优势劣势分析中评分为1.6分（有利=1；不利=5）
一般诊断：基本面好，防御型 盈利能力缓慢恶化，报表列报中略有负面趋势 关键数据分析和定量分析之间保持一致性	

第 8 章　财务预测*

8.1　不同的预测格式*

我们已经到达对历史盈利趋势进行分析和对商业环境进行观察这一部分的结尾。现在投资者必须着手估计公司未来的财富创造。预测阶段在估值阶段之前，我们将在关于公司财务和金融市场分析的章节中讨论估值问题。

预测是投资过程中的重要步骤，见图 8 - 1。

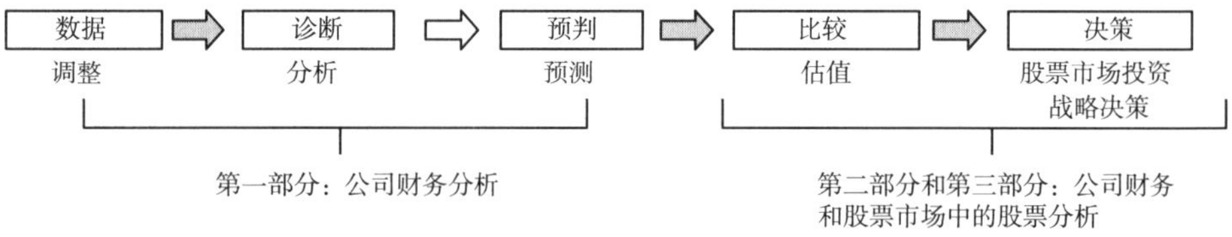

图 8 - 1　预测与投资过程

预测可以以多种形式进行，从涵盖整个公司的最简单的形式，到包括各种价值动因和分部业绩的最复杂的形式。

8.1.1　综合格式*

企业通常会披露他们自己的预测，但财务分析师需要谨慎地使用这些数据，因为公司管理层通常不会披露设定这些情景所使用的基本假设。因此，许多财务分析师将公司的预测财务报表作为出发点，更正他们对企业未来财务业绩预测所使用的假设。请务必记住，预测财务报表不是“科学测量”，而是关于公司可能要发生的事情的更现实的假设。财务分析师不应该强调百分之百的准确，而应该更加重视做出符合现实的假设。

只有在评价了企业过去的表现后，才能完成财务绩效预测，这可能为前瞻性分析提供坚实的基础。从企业以前的财务报表中，可以计算一段时间的比率，以确定趋势。财务分析师在预测中使用确定的趋势时，应从分析中删除非经常性项目。然而，对于初创公司或最近经历重大重组或收购计划的公司而言，过去的业绩可能不那么相关。在这些情况下，进行未来预测更加困难，财务分析师通常更多地依赖公司自己的预测。来自类似公司的数据也可用于预测未来的财务业绩。

财务分析师作出的重要决策需要以财务报表为基础，这些财务报表可以是当年的财务报表或上一年的预计财务报表。对于处于初创期的公司或最近经历重大重组或收购计划的公司而言，第二种选择可能更合适。

预测财务报表通常至少包括预测资产负债表、预测利润表和预测现金流量表。财务分析师通常采取自上而下的方法。在编制预测利润表之前，重要的是有一个良好的销售预测。

根据销售增长率，进行制造成本、特许权使用费、进货运费、职务津贴、工资和福利、营业费用和利息费用等项目的预测。在完成预测利润表及其支持性预测后，可以根据变量之间的假定关系编制预测资产负债表。在这个阶段，财务分析师需要确定一些无法直接拟合到模型中的因素，换句话说，一些参数可以保持不变（例如股本）。最后，再编制预测现金流量表。

应该避免循环问题。由于资产负债表、利润表和现金流量表是相互联系的，可能会出现这些问题。例如，利息和债务是相互关联的。除非我们知道债务水平，否则我们无法计算利息费用。但是，除非我们知道净利润和利息支出，否则我们无法确定债务水平。这些问题可以通过采取债务或利息支出的近似数字来绕开，可以使用具有迭代功能的电子表格解决方案自动解决。

销售预测是编制预测财务报表的关键起点。财务业绩预测的质量直接取决于未来销售增长率预测的质量。历史趋势通常用于预测未来的水平。

一旦预测了销售收入，财务分析师就可以选择各种预测财务报表的方法。根据分析的目的，应选择最适合的方法，方法的选择取决于所需预测的详细程度。例如，可以对单独的费用进行单独预测，也可以对所有费用使用相同的假设。财务分析师需要选择最适合的方法。这些方法是：

- 共同比法；
- 增长率法。

8.1.2　共同比法*

共同比法是最简单的方法：它假设所有项目都随销售收入成比例变动。所有费用都被看成是变动的。尽管这是一个简单的假设，但这个方法的确能够洞悉公司未来的运营情况。有些时候，认为某些项目随销售收入成正比例变动（例如净营运资本和变动成本等），而某些项目保持固定不变或遵循不同增长路径则更加现实。

【例 8-1】 假设每年销售收入的增长率为 5%，采用共同比法，我们编制了 2014 年、2015 年、2016 年和 2017 年的预测财务报表。

利润表中的所有项目均按比例变化。因此，我们只是将当年的数字乘以系数 1.05。诺华公司运用共同比法编制的预测利润表见表 8-1。

表 8-1　　诺华公司的预测利润表（共同比法）：调整后数据

项目	2013 年（百万美元）	2014 年（百万美元）	2015 年（百万美元）	2016 年（百万美元）	2017 年（百万美元）	2014～2017 年增长率（%）
销售收入	58 831	61 773	64 861	68 104	71 509	5
销售成本	16 673	17 507	18 382	19 301	20 266	5
毛利润	42 158	44 266	46 479	48 803	51 243	5
折旧费用	1 835	1 927	2 023	2 124	2 230	5
销售和管理费用	25 838	27 130	28 486	29 911	31 406	5
营业利润	14 485	15 209	15 970	16 768	17 607	5
理财收益或损失	258	270	284	298	313	5
税前利润	14 743	15 480	16 254	17 067	17 920	5
所得税	2 210	2 320	2 436	2 558	2 686	5
净利润和少数股东收益	12 533	13 160	13 818	14 509	15 234	5

之后，我们将开始编制预测资产负债表。假定所有项目（除了标有星号 * 的现金和现金等价物那一行）将保持与销售收入的比例关系，因此将当年的数字乘以系数 1.05。诺华公司运用共同比法编制的预测资产负债表见表 8-2。

表 8-2　　诺华公司的预测资产负债表（共同比法）：调整后数据

项目	2013 年（百万美元）	2014 年（百万美元）	2015 年（百万美元）	2016 年（百万美元）	2017 年（百万美元）	2014～2017 年增长率（%）
资产	135 020	150 775	167 318	184 688	202 926	10.4
流动资产	29 783	40 277	51 295	62 864	75 010	10.4
现金和现金等价物*	9 222	18 687	28 626	39 061	50 019	38.8
存货	7 267	7 630	8 012	8 412	8 833	5.0
应收账款	9 902	10 397	10 917	11 463	12 036	5.0
其他流动资产	3 392	3 562	3 740	3 927	4 123	5.0
非流动资产	105 237	110 498	116 023	121 824	127 916	5.0
不动产、厂房和设备	18 197	19 107	20 062	21 065	22 119	5.0
无形资产	67 633	71 014	74 565	78 293	82 208	5.0
其他非流动资产	19 407	20 377	21 396	22 466	23 589	5.0
负债和股东权益	135 020	150 775	167 318	184 688	202 926	10.4
流动负债	26 318	27 634	29 016	30 466	31 990	5.0

续表

项目	2013年（百万美元）	2014年（百万美元）	2015年（百万美元）	2016年（百万美元）	2017年（百万美元）	2014~2017年增长率（%）
短期债务	6 776	7 115	7 471	7 844	8 236	5.0
应付账款	6 148	6 455	6 778	7 117	7 473	5.0
其他流动负债	13 394	14 064	14 767	15 505	16 280	5.0
非流动负债	25 593	26 873	28 216	29 627	31 108	5.0
长期债务	11 242	11 804	12 394	13 014	13 665	5.0
准备和其他非计息流动负债	14 222	14 933	15 680	16 464	17 287	5.0
少数股东权益	129	135	142	149	157	5.0
股东权益	83 109	96 268	110 086	124 594	139 828	13.2
股本和资本公积*	1 001	1 001	1 001	1 001	1 001	0.0
留存收益*	82 108	95 267	109 085	123 593	138 827	13.4

让我们仔细看看标有星号“*”的项目。首先，假定股本和资本公积保持在同一水平上是合理的，换句话说，没有向股东进行任何分配，也没有收到股东的任何投资。如果这个假设不成立，那么数字应该随之得到纠正。

其次，留存收益遵循基本会计等式。因此，期末留存收益等于期初留存收益加上净利润（取自预测利润表）。

最后，期末现金和现金等价物来自预测现金流量表，现金和现金等价物可以根据会计恒等式“资产=负债+股东权益”进行调整。以两种方式计算现金可以相互检验，以防止发生任何错误。

诺华公司运用共同比法编制的预测现金流量表见表8-3。

表8-3 诺华公司的预测现金流量表（共同比法）：调整后数据

项目	2013年（百万美元）	2014年（百万美元）	2015年（百万美元）	2016年（百万美元）	2017年（百万美元）	2014~2017年增长率（%）
净利润和少数股东收益	12 533	13 160	13 818	14 509	15 234	5
折旧费用	1 835	1 927	2 023	2 124	2 230	5
营运资本的变动		-51	-53	-56	-59	
经营现金流		15 035	15 787	16 577	17 405	5
投资现金流		-7 189	-7 548	-7 925	-8 322	5
筹资现金流		1 618	1 699	1 784	1 874	5
现金流总额		9 465	9 939	10 436	10 957	5
期初现金和现金等价物		9 222	18 687	28 626	39 061	61.8
期末现金和现金等价物		18 687	28 626	39 061	50 019	38.8

净利润和折旧费用均来自预测利润表。

营运资本的计算为：非现金流动资产与流动负债之间的差额。营运资本的变动为负，可以用企业不得不将现金投入其营运资本的事实来解释。

投资现金流的计算为：非流动资产的增加（减去折旧费用）。最后，筹资现金流代表了非流动负债的变化。

所有用于编制预测现金流表的项目（净利润、净营运资本、固定资产、债务和其他负债）都以每年5%的速度增长。因此，自由现金流也增加了5%。如果其中一个参数发生变化，例如，如果决定以年利润支付股利，则不再适用。

8.1.3　增长率法*

理论上，增长率法会得出最佳结果，因为它针对每个项目单独考虑增长率。收入、费用、固定资产、流动资产和流动负债等项目的增长率是不同的。这些增长率或者取自预算，或者来自过去的趋势，而有些项目保持恒定不变。然而，这种方法在使用上有困难：需要做出很多假设，而且计算的结果不会自动变得更加准确。

【例8－2】使用增长率法编制2014～2017年诺华公司的预测财务报表（调整后的数据）。遵循以下假设：

- 销售净额将增长8%；
- 销售成本将增长7%；
- 不动产、厂房和设备使用固定的折旧率；
- 销售和管理费用将增长5%；
- 财务费用将占长期债务的3%；
- 税率与当前年份保持一致；
- 企业按股本的30%支付股息；
- 存货增长5%，而所有其他流动资产和负债（现金除外）增长8%；
- 不动产、厂房和设备增长4%，其他非流动资产保持不变；
- 长期债务增长7%；
- 除留存收益外，所有其他项目保持不变。

尽管有许多假设，但预测财务报表的构建呈现出迭代问题。表8－4是诺华公司按增长率法编制的预测利润表。

不同项目使用不同的增长率。为了计算折旧费用，首先计算不动产、厂房和设备，按10.08%的固定折旧率对这些固定资产计提折旧。同时使用15.53%的固定所得税税率。

表8-4　　诺华公司的预测利润表（增长率法）：调整后数据

项目	2013年（百万美元）	2014年（百万美元）	2015年（百万美元）	2016年（百万美元）	2017年（百万美元）	2014~2017年增长率（%）	备注
销售收入	58 831	63 537	68 620	74 110	80 039	8.0	
销售成本	16 673	17 840	19 089	20 425	21 855	7.0	
毛利	42 158	45 699	49 532	53 685	58 184	8.4	
折旧费用	1 835	1 908	1 985	2 064	2 147	4.0	固定折旧率：10.08%
销售和管理费用	25 838	27 130	28 486	29 911	31 406	5.0	
营业利润	14 485	16 659	19 060	21 710	24 631	13.9	
理财收益或损失	258	361	386	413	442	5.0	长期债务，利率3.00%
税前利润	14 227	16 298	18 674	21 297	24 189	14.1	
所得税	2 210	2 531	2 900	3 307	3 757	14.1	相同税率，15.53%
净利润和少数股东收益	12 018	13 767	15 774	17 990	20 432	14.1	

现在让我们来看看资产负债表。如例8-1所示，股本和资本公积保持在同一水平。但是，在计算留存收益时，期末余额根据已支付的股利（股本的30%）进行调整。其余项目按不同的增长率进行调整。期末现金和现金等价物来自现金流量表。诺华公司运用增长率法编制的预测资产负债表见表8-5。

表8-5　　诺华公司的预测资产负债表（增长率法）：调整后数据

项目	2013年（百万美元）	2014年（百万美元）	2015年（百万美元）	2016年（百万美元）	2017年（百万美元）	2014~2017年增长率（%）	备注
资产	135 020	148 155	162 967	179 624	198 306	10.2	
流动资产	29 783	42 191	56 246	72 115	89 978	10.2	
现金和现金等价物*	9 222	20 203	32 728	46 956	63 059	46.1	
存货	7 267	7 630	8 012	8 412	8 833	5.0	
应收账款	9 902	10 694	11 550	12 474	13 472	8.0	
其他流动资产	3 392	3 663	3 956	4 273	4 615	8.0	
非流动资产	105 237	105 964	106 721	107 509	108 317	7.0	
不动产、厂房和设备	18 197	18 925	19 682	20 469	21 288	4.0	
无形资产	67 633	67 633	67 633	67 633	67 633	0.0	
其他非流动资产	19 407	19 407	19 407	19 407	19 407	0.0	

续表

项目	2013 年（百万美元）	2014 年（百万美元）	2015 年（百万美元）	2016 年（百万美元）	2017 年（百万美元）	2014～2017 年增长率（%）	备注
负债和股东权益	135 020	148 155	162 967	179 624	198 306	10.2	
流动负债	26 318	27 881	29 570	31 393	33 363	6.2	
短期债务	6 776	6 776	6 776	6 776	6 776	0.0	固定不变
应付账款	6 148	6 640	7 171	7 745	8 364	8.0	
其他流动负债	13 394	14 466	15 623	16 873	18 222	8.0	
非流动负债	25 593	27 528	29 610	31 850	34 260	7.6	
长期债务	11 242	12 029	12 871	13 772	14 736	7.0	
准备和其他非计息流动负债	14 222	15 360	16 589	17 916	19 349	8.0	
少数股东权益	129	139	150	163	176	8.0	
股东权益	83 109	92 745	103 787	116 380	130 683	12.1	
股本和资本公积*	1 001	1 001	1 001	1 001	1 001	0.0	
留存收益*	82 108	91 744	102 786	115 379	129 682	12.2	30% 支付率

现在我们来看看预测现金流量表。与前文例 8－1 的原理相同，唯一的区别是筹资现金流需要调整（减去）企业支付的股利（股本的 30%）。诺华公司运用增长率法编制的预测现金流量表见表 8－6。

表 8－6　　　　诺华公司的预测现金流量表（增长率法）：调整后数据

项目	2013 年（百万美元）	2014 年（百万美元）	2015 年（百万美元）	2016 年（百万美元）	2017 年（百万美元）	2014～2017 年增长率（%）
净利润和少数股东收益	12 018	13 767	15 774	17 990	20 432	14.1
折旧费用	1 835	1 908	1 985	2 064	2 147	4.0
营运资本的变动		136	158	182	209	
经营现金流		15 812	17 917	20 236	22 788	13.0
投资现金流		－2 636	－2 742	－2 851	－2 965	4.0
筹资现金流		－2 195	－2 650	－3 157	－3 719	19.2
现金流总额		10 981	12 525	14 228	16 103	13.6
期初现金和现金等价物		9 222	20 203	32 728	46 956	
期末现金和现金等价物		20 203	32 728	46 956	63 059	

无论使用何种方法，都需要计算各种财务比率来分析所作假设的合理性，这些比率包括资产收益率、资产周转率、债务对股东权益比率等。他们应该强调这些假设是否现实。此外，预测应包括与这些主要假设相关的敏感性分析。

8.1.4　基于价值动因法的预测*

价值动因法是一种特殊的增长率方法。当我们试图使用最少数量的变量进行完整的预测时，它更容易获得。我们讨论了用于估算估值中使用的主要现金流的价值动因。我们在预测中使用的价值动因如下：

（1）公司内部的价值动因

- 销售增长率；
- 毛利率；
- 净营运资本/销售收入；
- 资本性支出/销售收入；
- 股利支付率。

（2）公司外部的价值动因

- 利率；
- 汇率；
- 税率。

通过这些不同的参数，我们能够计算年度报告中的所有账户金额，包括公司自由现金流。这是价值动因法的优点之一，它明确说明了年报中三种账户之间的相互依存关系。

在本节最后，我们将根据价值动因法为诺华公司提供详细的示例。

8.2　估计公司的价值动因*

估计公司的价值动因，包括估计销售收入，与企业的经济和政治环境密切相关。公司经营所属的行业对公司成长能力有主要影响。即使一家公司在竞争中占有相当大的市场份额，但如果整个行业陷入困境，它将很难迅速发展。

8.2.1　销售预测*

8.2.1.1　分析过去的趋势*

（1）经济周期分析*

我们在这里先进行一个简单的宏观经济分析。Paul 和 Carole Huebotter 建议将商业周期分为四个阶段，以优化行业分配为目标。他们的理论适用于美国股票市场，但它能很好地扩展到所有发达市场。

①阶段一。该阶段始于经济衰退的底部。那些仍在工作的人（大概 90% ~93% 的有工作意愿的人）并不害怕失去工作。在不确定时期推迟的家庭购买开始再次发生。汽车和大型家电等大件物品的销售回暖。利率处于最低点，因此现在是购买或建造房屋的好时机。随着信心的增强，家庭出行更多，旅行更多，更多地沉迷于娱乐。出于不同的原因，能源行业也表现良好。商业领袖清楚新的周期已经开始，新周期的能源需求将超过前一个周期。

②阶段二。经济增长过快。此时，美联储开始加息以防止经济过热和通货膨胀高启。在此期间，公用事业和金融等利率敏感行业表现不佳，债券市场情况也不理想。由于较高的利率开始对住房开工和大量购买施加压力，提供周期性消费品的公司集团不受投资者青睐。在经济复苏的这个阶段，制造业运行正接近满负荷的状态，原材料库存很低。这时，金属、化学品、造纸和林产品行业正在开足马力生产，以补充成品行业的库存储备。这些基础材料开始出现较高的价格，他们的生产商拥有所有可能的世界中最好的境况——强劲的需求和较高的价格。随着接近生产能力的满负荷利用，效率和生产力开始受到重视。此时，该行业投资于计算机、软件、自动化设备和通信，努力满足现有工厂生产能力的需求。

③阶段三。第二阶段的利率上涨最终会对经济产生预期的影响，并达到预期的软着陆。尽管 GDP 仍然强劲增长，但 GDP 增速有所下降。由于商业的快速发展和大量货物的运输，运输业蓬勃发展。产能扩张有利于资本品行业。利率虽然很高，但现在保持稳定，这有助于金融行业实现强劲的贷款需求和可靠的利润。

④阶段四。这一阶段始于增长率的急剧下降。人们对经济衰退的担忧超过了对通货膨胀的担忧。在这个阶段，美联储试图通过一系列降息刺激经济。尽管存在裁员，且人们的工作保障率变小，但是公用事业服务、食品以及其他非周期性消费品的需求相对不受影响。

评价：这种分析在当前的经济环境中存在一些偏差，这种情况的独特之处在于它具有各家央行实施的量化宽松计划。我们处于第一阶段和第二阶段之间。在美国，虽然经济的生产能力远未得到充分利用，但增长率几乎恢复正常。我们经济体存在的大量流动性阻止了长期利率的上涨，同时鼓励家庭和企业进行投资。

（2）有机销售*

公司的增长主要是因为消费者对产品和服务的需求很大，因此销售增长分析是未来现金流可持续增长分析的基础。

有机销售是一个非常有用的指标，对那些面临国际敞口或者收购其他公司的企业进行分析时则更有用。该指标衡量的是剔除并购、资产剥离和外汇影响后的销售增长，该指标有助于帮助投资者更好地理解潜在的销售增长趋势，为预测提供坚实的基础。

事实上，因为很难预测货币的变动和企业潜在的收购活动，多数财务分析师主要预测有机销售增长，并根据当年新信息的变化来调整预测。

【例8-3】 表8-7是美国宝洁公司从美国公认会计原则的销售增长调整到有机销售增长的示例。

宝洁公司（Procter and Gamble）（美国）

表8-7　　宝洁公司数据　　单位：%

时间	销售净额增长	外汇影响	购并、资产剥离的影响*	有机销售增长率
2009年第1季度	9	-5	1	5
2009年第2季度	-3	5	0	2
2009年第3季度	-8	9	0	1
2009年第4季度	-11	9	1	-1
2010年第1季度	-6	7	1	2
2010年第2季度	6	-2	1	5
2010年第3季度	7	-3	0	4
2010年第4季度	5	-1	0	4
2010财年	3	1	-1	3
2011财年（预计）	2至4	3	-1	4~6

资料来源：宝洁公司。

（3）价格效应和产品组合*

一旦确定了有机增长率，我们就可以将影响有机销售增长的因素进行分解。影响有机销售增长的因素有三个：

- 数量增长；
- 价格变化；
- 产品组合的变化。

例如，在苹果公司的销量增长指标上，有机销售增长的因素为年销售的同一型号的智能手机数量有所增加。价格上涨表明公司具有竞争力，尤其是考虑到当前的低通货膨胀环境。我们可以将这种变化与竞争对手的变化进行比较。

产品组合的变化表明推出新产品的影响以及它们对老产品的潜在蚕食。高科技行业对这种现象特别敏感。

【例8-4】 假设一款新产品"超级智能手机"，在今年第2季度推出。旧型手机和新型手机的价格和数量分别以黑体显示（见表8-8）。我们想估计产品组合的影响以及用新产品取代旧产品的效果。假定旧型号智能手机的自然增长率为零。

表 8－8

项目		第 1 季度	第 2 季度	变化（%）
智能手机	销售量（百万部）	**500 000**	**400 000**	－20.0
	价格（美元）	**500**	**450**	－10.0
	销售收入（百万美元）	250.0	180.0	－28.0
“超级智能”手机	销售量（百万部）		150 000	—
	价格（美元）		600	—
	销售收入（百万美元）	0.0	90.0	—
合计	销售量（百万部）	500 000	550 000	10.0
	价格（美元）	500	491	－1.8
	产品组合			－0.2
	销售收入（百万美元）	250.0	270.0	8.0
替代率（%）				66.7

此次发布新产品使得销售收入增长 8%，其中，销售数量增长率为 10%，价格效应为 －1.8%，产品组合效应为 －0.2%。后两个因素的总和代表销售收入增长率与销售数量增长率之间的差异。

替代率估计为 66.7%（即旧型号手机减少的销售量除以新手机销售量），即“超级智能手机”的 2/3 买家是旧机型的买家。

8.2.1.2 领先指标分析*

（1）新订单、未交付的订单、订单出货比*

①新订单（已收到的订单）。当合同在法律上生效并且不可撤销时，企业记录和报告新订单，然后确认新订单的全部价值。某一期间企业收到的所有订单的价值总和就是新订单的价值。

②未交付订单。未交付订单是企业手中持有的已经下单但还没有交货完成的订单的金额，或者未完工或者是处于完成过程中。它可以通过将本期收到的新订单金额加上上期未交付的订单余额，再减去本期已确认收入的订单金额得到。

披露这一指标的主要是制造业公司和半导体行业的公司。未交付的程度通常因企业的不同而各有不同。例如，某些高端客户订制化的产品需要提前较长时间订制，同时某些项目（如电厂）则可能需要几个月或几年才能完成。

未交付水平能够用于估计未来收入。但是需要注意的是，有些订单可能被取消或延期。

ABB 公司

表 8－9　　ABB 公司的新订单、未交付的订单和订单出货比

项目	2008 年	2009 年	2010 年
新订单（美元）	38 282	30 969	32 681
未交付订单（在 12 月 31 日）（美元）	23 837	24 771	26 193
确认的收入（美元）	34 912	31 771	31 589
订单出货比（%）	1.10	0.97	1.03

资料来源：ABB 公司。

③订单出货比。订单出货比是衡量已收到的订单（已记录）和已装运并开具发票的产品金额之间的比率。

$$\text{订单出货比}=\frac{\text{已收到的订单}}{\text{已装运并开具发票的产品金额}}$$

如果该比率大于 1，则公司收到的订单比开具发票的订单多，表明公司的产品需求强劲；该比率小于 1，则表明需求较弱，该指标常被半导体行业的投资者使用。

（2）药品线*

对于像诺华这样的公司，其增长主要取决于其开发新药的能力，因此有必要总结最新的研究和开发进展。诺华公司产品排名前 10 位的产品约为 200 亿美元，总计 320 亿美元；排名前 20 位的占药品销售额的 80% 以上。

新药有 3 个开发阶段。第一阶段是一个非常早期的开发阶段。在第二阶段中，药物在更大的患者群体上进行测试。第三阶段涉及对一个大体量被测人员进行统计分析，该阶段需要公司提供大量资源。然后，这类药物才会被批准并最终在市场上发布。这个程序可能非常冗长，并且因国家而异。即使其他国家的主管部门已经批准了一些新的药品，但另一些国家的卫生部门也可能会拒绝。

财务分析师使用预测和成功概率相结合的方法。首先，评估一种药物的市场潜力。根据现有信息和标准收益率，对未来销售现金流进行估算。其次，对所有现金流进行折现，折现率的大小需要考虑到这类药物的治疗或竞争风险，之后就得到了被批准的药物的估计价值。最后，财务分析师将相对于药物开发阶段的批准概率应用于此。

【例 8－5】诺华公司药物的一个例子。

诺华公司在临床开发方面拥有超过 200 个项目，其中包括制药事业部的 144 个项目，该公司在其年度报告中提到了其中的 47 个。其中，旨在抗击乳腺癌的 PI3K 抑制剂（或 BKM120）已经完成第三阶段的工作。该产品正处于审批阶段，据部分财务分析师预计，该产品将在2020年达到10亿美元的高峰期销售额。预计自由现金流收益率（自由现金流/销售收入）约为40%（见表8－10）。

表8－10　　预计的财务数据

项目	2014年	2015年	2016年	2017年	2018年	2019年	2020年	2021年	2022年	2023年	2024年	2025年
销售收入（百万美元）	0	0	100	300	600	900	1 000	800	500	300	200	100
自由现金流（百万美元）	0	0	40	120	240	360	400	320	200	120	80	40

自由现金流收益率	40%
净现值（百万美元）	991
实现率	10%
成功概率	35%
概率加权净现值（百万美元）	347
每股净现值（美元/股）	0.15

折现现金流量按照工业项目计算。根据当前信息可知，进入市场的概率估计为35%。我们可以看到，该产品的价值大约为每股0.15美元。这种方法可以用来衡量与产品线有关的公告的重要性。

8.2.2　投资预测（净营运资本和资本性支出）*

营业额的增加对应于更好地使用现有的生产线，或者更常见的是需要资本支出的生产能力的增加。我们回到前文提到的增长方程：

公司自由现金流的增长率＝税后净营业利润的再投资率×新投资的内含收益率

某公司将60%的现金流再投资于收益率为30%的投资项目，则该公司的现金流将增加18%。[①]

在实践中，公司很少报告这个问题，公司通常只是为其内部和外部投资提供内含收益率目标，以及此类投资的预期回报期。经验表明，这些数字应该在事后进行检查，并不是因为公司不遵守诺言，而是因为他们乐观地报告了他们投资的“事前”内含收益率，因为公司管理层会把它呈现给董事会。实际上，这种分析中的重要比率是“事后”内含收益率，即所有宏观或微观经济影响（如竞争对手出乎意料地积极

---

① 根据Aswath Damodaran于2007年7月在斯特恩商学院发表的“资本收益率、已投资资本收益率和净资产收益率：计量和含义”中的观点，计算自由现金流再投资率的公式是：（资本性支出＋净营运资本变动－摊销和折旧）/税后净营业利润。如果我们使用净利润，则该公式变为：（资本性支出＋净营运资本变动－摊销和折旧－债务变动额）/净利润。

进取）实际实现的比率。

我们选择了以下价值动因：

- 营运资本需求，营运资本是关于销售收入的函数；
- 资本性支出需求，资本性支出是关于销售收入的函数，它包括产能投资、生产力投资（降低制造成本）以及通过收购进行投资。

营运资金需求是关于以下因素的函数：

- 销售收入增长列报（净营运资本/销售额）。
- 净营运资本管理效率比率的稳定性。公司仍然更倾向于引入像 SAP 这样的管理软件来优化经营现金流。

净营运资本有时被视为投资，有时被视为固有的营业成本。净营运资本实际上具有双重功能，因为如果不增加净营运资本，公司就不能增加销售额（这是销售的结果，而不是像资本性支出这样的先期投资）。

产品附加值越高，净营运资本就越重要。销售价格（债务人）与购买价格（债权人）之间的差异是净营运资本的决定性因素。

净营运资本在高通货膨胀期间增加，在低通货膨胀期间下降。

投资需求（资本性支出）是相对于销售收入或折旧计算的。一家投资超过其折旧的公司显然处于发展阶段。

投资和生产能力根据以下因素进行估计：

- 历史数据；
- 未来的销售预测（资本性支出/销售收入比率）；
- 竞争对手的投资。

外部增长投资估计基于以下因素：

- 历史数据；
- 管理层对收购进行快速整合的能力的历史趋势；
- 资产负债表中可用的现金金额和债务比率。

8.2.3　其他内部价值动因*

8.2.3.1　毛利率

毛利率根据竞争状况和提高交易盈利能力的内部努力进行估计。诺华公司管理层多年来一直努力使其销售网络合理化，特别是在美国，同时保持相对较高的研发费用。因此，该战略是通过提高竞争力来应对利润率压力的。

在对诺华公司的预测中，我们对固定成本的预测是维持不变的，虽然很显然固定成本只在短时间内保持不变。除了销售量的增加，固定成本也会增加。

8.2.3.2 股利支付率

股利支付率和股利政策将在公司融资章节讨论。我们没有包括股票回购。

8.2.3.3 非现金费用和其他准备金

这两个要素包括了前面章节中描述的与现金流入或流出无关的收费的影响：直接计入了综合收益的被投资企业资产价值重估增值或外币折算收益或损失中。前几年的数字通常可以作为对未来数额的合理估计。如果没有，这个数字应该保持为零。

8.2.4 外部价值动因*

8.2.4.1 汇率影响*

一家公司几乎没有方法预测或对抗货币波动。

原则上，一个货币疲软的国家的公司在未来的预算中不需要考虑货币贬值的情况，除非它能够考虑到不得不进口的原材料成本和各种生产成本的上涨（需要进口原材料等才能实现这样的结果）。

诺华公司和雀巢公司在瑞士的营业额约占2%。由于瑞士法郎的坚挺，诺华公司和雀巢公司在一段时间内已经记录了资产减值和销售增长不佳的情况。鉴于美元区是其最大的销售地理区域，诺华几年前决定采用美元作为其报告货币。在计算归属于诺华公司股东的每股收益时，必须将美元折算成瑞士法郎。

如果我们想要在每个预测水平上都考虑汇率因素，那么汇率的影响通常是非常复杂的。最好对公司的经营业绩有一个大体的了解，并根据汇率相应地调整利润率和价值动因。

诺华公司在其2013年年报中的第169页和第242页，描述了各种金融风险（包括汇率）的影响。相关内容见表8－11。

表8－11 各种金融风险的影响 单位:%

项目	固定汇率的百分比	汇率影响	以美元计算的变动百分比
销售收入	4	－2	2
营业利润	5	－8	－3
核心营业利润	3	－5	－2

诺华公司还提供了其销售收入和生产成本地域分布的百分比。我们用自己的估计数据补充了表格（见表 8－12）。

表 8－12　加入估计的金融风险的影响

项目	美元	欧元	瑞士法郎	日元	其他发达市场	新兴市场
销售收入	36	26	2	8	3	25
营业费用	40	25	12	4	5	14
汇率变动		3%	1%	－18%	－2%	－5%

基于这些数字，我们如何重构 8% 的负面货币效应对营业利润的影响？

计算每种货币对销售收入和营业费用的加权平均影响（见表 8－13）。

表 8－13　各种货币对销售收入和营业费用的加权平均影响

项目	美元	欧元	瑞士法郎	日元	其他发达市场	新兴市场	合计
销售收入	36	26	2	8	3	25	
营业费用	40	25	12	4	5	14	
汇率变动		3%	1%	－18%	－2%	－5%	
对销售收入的影响		0.8%	0.0%	－1.4%	－0.1%	－1.3%	－1.95%
对营业费用的影响		0.8%	0.1%	－0.7%	－0.1%	－0.7%	－0.65%

比例规则允许我们验证货币对营业利润的影响确实是 8%（见表 8－14）。

表 8－14　计算过程

项目	固定汇率年末	以美元计价年末	以美元计算的变动百分比（%）
销售收入	100	98.1	－1.95
减：营业费用	81.2	80.7	－0.65
营业利润	18.8	17.4	－7.56

8.2.4.2　通货膨胀率和利率*

通货膨胀包含在增长预测中有以下三个原因：

● 只要公司能够通过价格上涨来复制通货膨胀，通货膨胀就会自动增加销售收入。

● 通货膨胀会对利润率产生影响。有些国家的中央银行对通货膨胀严格限制，这些国家的公司如果任意涨价会受到纪律处分，因此缺乏通货膨胀来增加其销售收入，并且这些国家的货币坚挺，对出口会产生不利影响。保持较高水平的竞争力是永久的动力。

• 通货膨胀影响利率，因此影响财务费用。

通货膨胀影响公司进行历史数据的比较。过去 15 年的平均销售增长包括高通货膨胀时期。在缺乏详细信息的情况下，我们建议假设目前的通货膨胀会继续。

8.2.4.3 税率*

跨国公司面临的各国的税率截然不同，通常有团队负责从财务上优化集团的收入。因此，外部分析人士很难确定适当的税率。此外，税收总额包括当期税项和递延税项准备的变动。

年报中包含的信息因公司而异。诺华公司提供有关瑞士税收和外国税收之间细分的有用信息，见表 8－15。

表 8－15　有关瑞士税收和外国税收之间的细分数据

2012 年	瑞士	外国	集团
税前利润（百万美元）	5 059	5 866	10 925
税收（百万美元）	530	1 806	2 336
税率（当期,%）	10.5	30.8	21.4
递延税款（百万美元）	267	527	794
税率（全球,%）	5.2	21.8	14.1
2013 年	瑞士	外国	集团
税前利润（百万美元）	5 516	5 059	10 575
税收（百万美元）	507	1 764	2 271
税率（当期,%）	9.2	34.9	21.5
递延税款（百万美元）	157	671	828
税率（全球,%）	6.3	21.6	13.6

从第 203 页起，诺华集团还公布了其预期税率（2013 年为 12.1%）与其有效税率（2013 年为 13.6%）之间的调节。预期税率包括资产负债表中递延税项下的税项抵免的使用。有一些有关各种税收抵免到期期限的信息，但这些要素不能充分确定使用这些抵免的日期。

对递延税款账户的分析也揭示了这些项目的复杂性：

2013 年初，递延所得税资产（净额）：　0.79 亿美元

借记金额：

• 转入损益的递延所得税：　8.28 亿美元（本国＋海外）
• 转入股东权益的递延所得税：　3.11 亿美元

贷记金额：

- 转入综合收益的递延所得税：　6.66 亿美元
- 转入其他的递延所得税：　0.78 亿美元

2013 年末，递延所得税资产（净额）：　4.74 亿美元

如果没有管理层的明确指导，我们建议使用与上一年相同的税率。

8.3 经常性 非经常性项目*

财务报表包括一些被公司视为非经常性项目的信息。这种现象是一个更广泛的问题。好消息和坏消息的分类，是指企业将好消息作为其正常经营的一部分写入报告，而将坏消息作为例外事件列入报告的行为。但是，不能太频繁地进行这样的分类。在大多数情况下，仔细分析年度报告可以揭示真实的故事。

从分析的角度来看，被视为非经常性的项目不应包括在未来的盈利预测中。国际会计准则或美国公认会计原则都没有解决这个问题。要判断一个项目是否属于经常性项目，我们必须运用常识。

8.3.1 经常性会计项目*

与产品生命周期有关的大部分项目原则上被认为是经常性的，包括：

- 暂时性收入和费用，调整性项目；
- 公司资产和负债的减值损失（价值变动）；
- 这些项目的税务影响；
- 重组成本；
- 与营业周期（净营运资本）相关的外汇利得和损失。

8.3.2 非经常性会计项目*

以下原则上被认为是非经常性的项目：

- 公司终止经营、关闭或即将出售；
- 会计估计和会计政策的变更；
- 非常费用项目（即完全不可预知的事件）；
- 长期资产和负债价值的上调和下调，包括这些资产或负债的汇兑收益和损失。

大多数情况下，这些变动都是直接计入综合收益，因此不包括在利润计算中。

但是，如果其中一个项目在过去5个财务年度中至少出现了三次，那么它也必须归类为经常性项目。这个频率意味着公司有一个产生这种损益的商业模式。例如，经常性资产的处置利得可以表明愿意从财务或更多机会主义的角度考虑对资产组合进行管理。

8.3.2.1 终止经营的利润、利得和损失*

终止经营的利润、利得和损失是非经常项目的特例。这里假设企业有一部分业务终止了经营。国际财务报告准则第5号（IFRS 5）《持有待售的非流动资产和终止经营》规定，应当在一项业务符合持有待售的标准或企业对该业务进行处置时，将该项业务分类为终止经营。

如果一项非流动资产的账面价值主要是通过出售而不是通过持续使用来收回，该项资产应被归类为持有待售的资产。在这种情况下，该类资产必须能够立即出售，同时出售的可能性很高。该类资产在资产负债表中单独列报，并按其账面价值与公允价值减销售成本的较低者计价，该类资产不再计提折旧。

国际财务报告准则第5号同时强调，终止经营的结果应在综合收益表中单独列报。尽管如此，分析师仍应认真对待该事项，对该类事项给予适当关注，并能清晰辨认终止经营所带来的影响。

8.3.2.2 备选会计政策对财务报表的重要性和影响*

国际会计准则第8号（IAS 8）对财务报表中会计政策选择的含义进行了阐述，该准则关注会计政策、会计估计变更和差错更正。如前文所述，分析师必须针对会计政策变更作出调整。这些变更可能与下面的某一个或多个项目有关：

- 存货计价方法；
- 长期合同的会计处理；
- 雇员福利计划；
- 附属公司的会计处理；
- 会计准则变动带来的变化；
- 其他事项。

前四项都是企业的自愿选择，最后一项是来自外部的法定要求。然而，对这些变化带来的影响的分析是一样的。

8.3.2.3　定义*

国际会计准则第 8 号（IAS 8）给出了以下两项的区别：

- 会计政策变更；
- 会计估计变更。

由于会计政策和会计估计变更的会计处理不同，应对这两个概念加以充分理解。

会计政策变更，是指企业在编制和列报财务报表时所遵循的原则、基础、约定、规则和惯例的变更。

下列事项属于会计政策变更：

- 存货计价方法由后进先出法（LIFO）转变为先进先出法（FIFO）；
- 决定将借款费用资本化处理，计入符合条件的资产成本中，而这些借款费用以前是作为费用确认的；
- 对合营企业投资的会计处理，由比例合并法改为用权益法进行核算；
- 其他事项。

会计估计变更，是指由于资产或负债预期经济利益发生了变化，从而对资产或负债账面价值进行调整。

企业可在下述情形下进行会计估计变更：根据相关风险的新信息修订当前准备金的金额；或根据资产的使用年限修订资产的折旧年限。

只有在下列情况下，可以变更会计政策：

- 会计准则的要求；
- 可提供有关事项与交易的更相关的信息。

相反，当原有的估计已不再有效时，应尽快变更会计估计。

8.3.2.4　会计估计变更的会计处理*

会计估计变更的确认应采用未来适用法，即只变更当期确认（如果对未来期间有影响，也在未来期间确认）。会计估计变更对前期财务报表无影响。

【例 8－6】 假定在第 N－3 年年初，以 100 000 元购入一项资产，在购买日，预计该资产的使用年限为 10 年，无残值。在第 N 年末，由于该资产过时得较快，重估该项资产的剩余使用年限为 3 年。

相关的折旧费用计算如下：

第 N－3 年：(100 000/10)	10 000 元
第 N－2 年：	10 000 元

第 N－1 年：	10 000 元
第 N 年：(100 000－30 000)/(3＋1)	17 500 元
第 N＋1 年：	17 500 元
第 N＋2 年：	17 500 元
第 N＋3 年：	17 500 元
	100 000 元

8.3.2.5　会计政策变更的会计处理*

会计政策变更必须采用追溯调整法，即对前期可比的信息按新会计政策进行重新表述，就像新的政策已经一直在使用那样。这些变化累计的影响体现为年初对留存收益的调整。其他前期的信息也需要重新表述。下面通过举例来理解该种处理方法。

【例 8－7】 在第 N 年，ABC 公司决定改用完工百分比法对长期合同进行会计核算。在此之前，该公司使用完成合同法确认收入。该公司利润和留存收益的详细情况见表 8－16。

表 8－16　ABC 公司利润和留存收益　　单位：元

项目	第 N－1 年	第 N 年
经营活动的利润	150 000	100 000
所得税（税率 30%）	－45 000	－30 000
税后利润	105 000	70 000
股利	－40 000	－30 000
期初留存收益	135 000	200 000
期末留存收益	200 000	240 000

会计政策变更的影响：

- 第 N－1 年前，增加 30 000 元；
- 在第 N－1 年，减少 10 000 元。

对第 N－1 年前的调整：

增加留存收益，税后＝3 000×0.70＝21 000（元）

对第 N－1 年综合收益表的重述：

减少税后利润＝10 000×0.70＝7 000（元）

重述第 N－1 年综合收益表：

经营活动的利润	140 000 元
所得税（税率：30%）	-42 000 元
税后利润	98 000 元
股利	40 000 元
期初留存收益：	156 000 元（考虑到前期调整，期初留存收益增加了 21 000 元）
期末留存收益：	214 000 元

对第 N 年综合收益表的调整：

本年度报表已按新会计政策编制，无变化。

对第 N 年留存收益的调整：

期初留存收益	214 000 元
期末留存收益	254 000 元

与报表项目相关的财务报表附注将解释会计政策变更的影响。

我们发现分析师必须仔细查看财务报表的附注，必须估计会计政策变更对财务报表的影响。这是使不同时期的财务报表能够进行比较的必要前提。同样，为了对不同公司进行比较，也需要对财务报表进行调整。一旦了解了会计政策变更的影响，相应的财务报表（包括以往年份的财务报表）都需要重新表述，只有这时财务报表的分析才有意义。

不幸的是，某些公司虽然进行了变更，但没有提供所有的必要信息以调整相应的会计数据。因而分析师要格外小心，特别注意这些变更对于他在分析中采用的财务比率或其他指标可能产生的影响。

一般情况下，大多数会计变更对现金流量没有影响。这一特性使得现金流量表成为业绩分析的重要工具，以至于现金流量表成为财务报表不可缺少的一部分。

8.4　其他信息（季度报告和分部报告）*

总体预测可以通过公司的季度报告和分部报告加以改进。

财务分析师通常根据集团内各个分部的销售收入和营业利润的估计来估算合并的业绩。近几年各分部的数字透明度有所改善，这使得在对集团进行战略性分析时更容易评估投入资本的配置。

季度数据用于验证全年预测与公司管理层每三个月发布一次的指导意见是否一致。这也是大多数财务分析师修改预测的时候。

8.4.1 基于中期报告的预测*

大多数企业的业绩报告采取财务报表的形式，一年报告一次。这些财务报表在财年结束后编制，它们反映的是企业过去的数据。财务分析师和其他报表使用者无法接受这么延迟的信息。因此，很多国家要求上市公司提供中期业绩报告，多数企业会提供中期报告。由于该要求的重要性，国际会计准则理事会（IASB）制定了相应的准则，即国际会计准则第 34 号（IAS 34）《中期财务报告》。

国际会计准则第 34 号规定："中期财务报告既可以是完整的财务报表（按照国际会计准则第 1 号编制），也可以是简略的财务报表（按照国际会计准则第 34 号编制）。"国际会计准则第 34 号将"中期"定义为"短于一个完整财务年度的财务报告期间"。在大多数国家，中期财务报告涵盖 3 个月或 6 个月的报告期间。

中期财务报告的目的是：

- 为报表使用者（例如财务分析师和债权人）提供及时和频繁的信息；
- 为预测年度业绩提供基础；
- 为持续修正业绩预测提供依据。

必须指出的是，报告期间越短，报告中的错误就越可能被夸大。年度事件，例如税收抵免、税收、费用预测、未来发行债券和股票的影响，年度维护费用或者部门关闭等不能在中期报告中正确地预计。以中期报告为基础的预测可能无法考虑因市场条件导致的利润的季节性或暂时的市场变动。一旦财务分析师考虑了这些因素，中期报告就可以成为财务预报和分析的有用工具。

关于中期财务报告存在着两种截然不同的观点。在美国，中期财务报告被看作构成年度报告的有机组成部分。而在欧洲，编制年度财务报表和中期报告被视为不同的行为。完整的步骤要求对全年的业绩进行估计，因此有可能发生预测错误。由于观点分歧，国际会计准则第 34 号采取了折中的观点。

然而，国际会计准则第 34 号鼓励，按照最近年度报表中采用的会计政策编制中期报表。该会计准则详细地说明了在中期财务报表中需要披露的项目，这些项目是上一年的年报披露后才发生的事件和环境变化，而不是对过去年报中已有的信息再重复披露。

中期财务报告有三个重要特点：

- 公司可以提供简略形式的报告，但是不禁止提供详细的财务报表；
- 即使是简略形式的报告，公司也可以自由地增加其认为重要的项目；

• 披露准则和会计原则既适用于完整的中期财务报表，同样也适用于简略的报告。

无论是简略形式还是详细形式，中期报告至少包含以下部分：

• 简略的或者详细的资产负债表；
• 简略的或者详细的综合收益表；
• 简略的或者详细的所有者权益变动表；
• 简略的或者详细的现金流量表；
• 经过选择披露的附注；
• 披露每股收益（包括基本每股收益和稀释每股收益）；
• 母公司的中期报告，如果最近的年报是合并财务报表，还包括集团合并财务报表。

我们可以从中期报告中发现企业会计政策变更的详细信息，以及前文提到的年度效应和季节性、暂时性事件。

以下是附注应披露的主要事项：

• 与最近年度的财务报表相比，会计政策或方法的变更；
• 企业经营季节性的说明；
• 对基于这些报告进行预测产生影响的非经常性项目；
• 股利和对全部类型的所有者的其他分配形式；
• 债券和股票的发行、回购和偿还；
• 当前财务年度上一中期报告中会计估计变更的性质和金额，或者上一财务年度会计估计变更的性质和金额；
• 在中期报告期间发生的公司构成的所有变动，例如合并、处置投资、长期投资、重组或者终止经营；
• 或有负债及或有资产的变动。
• 对经营分部进行有选择的披露。

国际会计准则第 34 号强制要求披露可比业绩信息，即公司需要列示以前年度的可比信息及截止报告日的信息。因此，中期利润表应至少包括四栏：

• 当期数据；
• 年初至中期期末数据；
• 对应的上一年度的可比中期数据；
• 对应的上一年度的年初至可比中期期末数据。

现金流量表和所有者权益变动表同样需要提供上述四栏信息。然而，资产负债表只反映本期中期期末的数据和上一年度同期期末的数据。

为了消除季节性的影响，一些公司也提供12个月的滚动数据。

因此，我们发现，中期财务报表对于财务分析师预测公司未来业绩和评估当期业绩是非常有用的。

8.4.2　基于分部报告的预测*

我们知道，财务报告的主要目的是提供关于企业经营的“真实和公允”的信息。在这一点上，分部报告就显得很重要。

2009年前，国际会计准则理事会（IASB）规范分部报告的准则是国际会计准则第14号（IAS 14）《分部报告》，它要求企业以产品或服务以及地理区域为依据，报告业务分部的经营信息。然而，该方法受到了质疑，原因是它未能向报表使用者提供足够的反映企业内部的组织架构的信息，从而无法使报表使用者更好地理解管理层的经营意图。

因此，采用管理法的国际财务报告准则第8号（IFRS 8）《经营分部》取代了国际会计准则第14号，新准则适用于自2009年1月1日始的财务报表。

8.4.2.1　分部的确定*

国际财务报告准则第8号将符合下列条件的组成部分定义为经营分部：

• 该分部的经营活动产生收入和发生费用；

• 该分部的经营成果定期被公司的经营决策主管（首席执行官、首席运营官等）审查，公司的经营决策主管是指负责公司的资源分配和业绩评价的人员；

• 该分部的财务信息可以获得。

公司必须提供符合以下条件之一的经营分部的信息：

• 该分部的收入（包括分部间的销售）大于或等于所有报告分部收入总额的10%；

• 该分部的利润或损失大于或等于所有报告分部利润总额或损失总额的10%；

• 该分部的资产大于或等于所有报告分部资产总额的10%。

如果两个或多个经营分部有如下相似特征，可合并成一个经营分部：

• 产品和服务的性质相同；

• 生产过程的性质相同；

• 客户的类型或阶层相同；

- 分销方法相同；
- 监管环境相同。

然而，国际财务报告准则第 5 号（IFRS 5）《持有待售的非流动资产和终止经营》强调，经营分部报告的对外销售收入总额不能低于公司收入总额的 75%。如果达不到 75%，还需进一步确认经营分部直到到达该标准。

8.4.2.2　披露要求*

对每一个报告分部，企业应列报下列信息：

- 利润或损失的金额；
- 资产总额；
- 负债的金额（如果该信息定期向经营决策主管提供）；
- 来自外部客户的销售收入；
- 来自其他经营分部的收入；
- 利息收入；
- 利息费用；
- 折旧和摊销；
- 所得税费用；
- 具有重大影响的非现金项目。

企业还应披露下述一般信息：

- 确定可报告分部时所考虑的因素（例如管理层是否选择以产品或服务以及地理区域的不同或上述因素的组合而设立经营分部）；
- 每个可报告分部获得收入的产品或服务的类型。

诺华公司在其公布的数据和调整后的数据（核心净利润）中提供的分部信息与苹果公司提供的分部信息形成了对比，诺华公司发布的分部信息非常少，并集中在区域性业绩上以避免披露其产品盈利能力。

8.4.2.3　使用分部信息进行分析*

从前文的内容可以看出，分部信息可以有多种用途。分部信息的各种用途是：

- 比较各分部的业绩；
- 比较各种产品的业绩；
- 将负责不同地理区域的各个经理的业绩进行比较；
- 决定主要业务分支和终止不可行的项目；

- 与拥有同一产品线的公司业绩进行比较。

在比较业绩时，需要牢记只有同类的项目才可以进行比较。例如，一家公司的制药部门应该与其他公司的制药部门比较。同样，比较美国农产品的业绩，需要与美国其他公司的农产品进行对比。

分部数据可以用在趋势分析中，其中一个最大的作用是预计未来的业绩。我们知道，对于一家经营多种产品的公司而言，其总体业绩是在调整内部交易之后各个分部业绩的加总。因此，一旦我们有了分部数据，就可以将其用于对未来的预测上。从单个部门或分部的预测可以看出整个公司的前景，这需要进行部门内部交易的调整。调整后的合并数据便于我们更好地对公司未来的业绩进行预期。

此外，会计准则要求企业披露信息，以使财务报表使用者能够评估其所从事的业务活动的性质和财务影响以及其经营所处的经济环境。在大多数公司中，各种活动按分部（分部）分组。除其他信息外，企业必须披露每个分部的净营业利润、销售收入和资产。

诺华公司提供了高水平的分部信息透明度，因为它实际上公布了每个分部的全部损益和资产负债表。通过考虑年度报告中的所有内容并做出一些推断，我们可以按分部估算公司自由现金流以及已投入资本（见表 8－17）。[①]

表 8－17　　　　诺华公司的分部信息

2013 年	制药	爱尔康	山德士	疫苗	消费品	公司	集团
净营运资本（百万美元）	1 052	1 274	940	773	379	-244	4 174
不动产、厂房和设备及长期资产（百万美元）	13 774	4 000	4 896	2 303	982	10 890	36 845
投资无形资产的资本（百万美元）	14 826	5 274	5 836	3 076	1 361	10 646	41 019
商誉和无形资产（百万美元）	6 099	37 133	12 640	2 176	786	33	58 867
已投入资本（百万美元）	20 925	42 407	18 476	5 252	2 147	10 679	99 886
核心营业利润（百万美元）	9 523	3 694	1 541	65	298	-636	14 485
估计的税率（%）	12.0	20.0	20.0	20.0	20.0	15.0	13.4
税后净营业利润（百万美元）	8 380	2 955	1 233	52	238	-541	12 317
折旧（百万美元）	822	319	307	150	47	110	1 755

① 这些数据是估计的数据。仅来自年度报告的数据不能用于重建这些数据。

续表

2013 年	制药	爱尔康	山德士	疫苗	消费品	公司	集团
非现金费用（百万美元）	659	256	107	5	21	-44	1 004
资本性支出（百万美元）	-1 775	-523	-500	-182	-79	-126	-3 185
净营运资本变动（百万美元）	-479	-186	-77	-3	-15	32	-760
核心自由现金流（百万美元）	7 607	2 821	1 070	22	212	-569	11 131
诺华公司公布的分布自由现金流（百万美元）	8 332	2 755	1 055	104	208	-783	11 671
包括无形资产的自由现金流收益率（%）	36.4	6.7	5.8	0.4	9.9	-5.3	11.1
不包括无形资产的自由现金流收益率（%）	51.3	53.5	18.3	0.7	15.6	-5.3	27.1

正如诺华公司在其年报中对每个分部分析的开头所表明的那样，这些数据非常接近各分部公司自由现金流。

我们将在有关公司财务的章节中讨论战略分析的核心内容之一是建立公司资本分配的优势。为此，我们将广泛讨论分部的盈利能力。根据上面计算的数据，我们已经可以看到各分部之间的盈利能力存在很大差异，而且这些数据可能会因诺华公司的无形资产是否被考虑而发生显著变化。对于爱尔康而言，这一差异尤其显著，因为诺华公司在当时的资产负债表中报告了重大收购形成的商誉。

8.5　诺华公司案例*

8.5.1　变量的增长和价值驱动因素*

表 8-18 的数据基于 2014 年 3 月诺华公司管理层信息和主要卖方分析师的估计数。

现金的增长速度比利润快得多。这表明诺华公司管理层有必要找到可以使用这笔现金融资来进行促进公司增长的投资；否则，公司的资产负债表将会随着资产收益率的下降而变得越来越现金密集。

表 8－18　驱动因素

利润表（分析的视角：调整后数据）	变动项目增长情景						变动项目增长的价值动因				
	金额（百万美元）					2013～2015 年增长率（%）	2013 年（%）	2014 年预测（%）	2015 年预测（%）	类型	说明
	2011 年	2012 年	2013 年	2014 年预测	2015 年预测						
销售收入	59 492	57 505	58 831	59 125	60 603	1.5	2.3	0.5	2.5	变动	销售增长率－产品线（根据概率）
销售成本	15 653	15 658	16 673	16 851	17 393						
毛利润	43 839	41 847	42 158	42 274	43 210	1.2	71.7	71.5	71.3	变动	毛利率
不包括折旧费用的固定成本	25 789	25 262	25 838	25 838	25 838						
息税折旧摊销前利润	18 050	16 585	16 320	16 436	17 372	3.2					
固定资产折旧费用	2 141	1 743	1 835	1 971	2 084					固定	年数（按照资产类型）
息税前利润	15 909	14 842	14 485	14 465	15 288	2.7					
经营性所得税	2 566	2 330	2 210	2 242	2 400		15.3	15.5	15.7	变动	税率
税后净营业利润	13 343	12 512	12 275	12 223	12 888	2.5					
税后非营业利润	779	755	877	921	967	5.0		5.0	5.0	固定	历史增长率
已投入资本贡献总额	14 122	13 267	13 152	13 144	13 855						
诺华公司（调整后数据）											
税后净利息费用	632	691	642	642	618	－1.9					
计息资产的利息	699	655	664	685	721		3.7	3.8	4.0	变动	如果没有精确值，使用目前的利率

续表 1

利润表（分析的视角：调整后数据）											
	变动项目增长情景						变动项目增长的价值动因				
	金额（百万美元）					2013～2015 年增长率（%）	2013 年（%）	2014 年预测（%）	2015 年预测（%）	类型	说明
	2011 年	2012 年	2013 年	2014 年预测	2015 年预测						
计息资产的收入	－59	92	35	54	117		0.38	0.50	0.80	变动	如果没有精确值，使用目前的利率
其他理财损益	5	－257	－129	－129	－129						
净利润	13 490	12 576	12 510	12 502	13 237	2.9					
少数股东利润	132	113	117	117	117	0.0					
归属于股东的净利润	13 358	12 463	12 393	12 385	13 120	2.9					
已投入资本的分配总额	14 122	13 267	13 152	13 144	13 854						
资产负债表（分析的视角：调整后数据）											
净营运资本	2 235	1 779	1 019	946	946	－3.60	1.73	1.60	1.50	变动	净营运资本/销售收入
应收账款	10 323	10 051	9 902	9 193	9 193						
存货	5 930	6 744	7 267	6 746	6 746						
其他流动资产	2 756	3 090	3 392	3 149	3 149						
应付账款	4 989	5 593	6 148	5 708	5 708						
其他流动负债＋税金	11 785	12 513	13 394	12 435	12 435						
不动产、厂房和设备	15 627	16 939	18 197	19 241	20 187	5.30					上年资本性支出＋折旧
无形资产	65 325	67 513	67 633	6 733	6 733	0.00					

续表 2

资产负债表（分析的视角：调整后数据）

	变动项目增长情景						变动项目增长的价值动因				
	金额（百万美元）					2013～2015 年增长率（%）	2013 年（%）	2014 年预测（%）	2015 年预测（%）	类型	说明
	2011 年	2012 年	2013 年	2014 年预测	2015 年预测						
其他资产	418	505	525	525	525						
对联营企业投资	8 622	8 840	9 225	9 686	10 171	5.00		5.00	5.00	固定	历史增长率 5%
出售资产的递延所得税	5 857	7 365	8 134	8 134	8 134	0.00					
已投入资本	98 084	102 941	104 733	106 165	107 595	1.40					
金融债务净额	14 178	10 490	7 285	3 402	66	-90.5					
流动债务	6 374	5 945	6 776	6 776	6 776						
现金和现金等价物，适销证券	5 075	8 119	9 210	13 093	16 429	33.6					
长期债务	13 855	13 781	11 242	11 242	11 242						
其他长期金融资产	976	1 117	1 523	1 523	1 523						
其他负债/非计息流动负债	7 792	9 810	7 268	7 268	7 268						
少数股东权益	96	126	129	129	129						
股东权益	69 257	75 229	83 097	87 789	92 087	5.3					
其中：股本	1 016	2 002	1 001	1 001	1 001						
留存收益	68 241	73 227	82 096	86 788	91 086						
递延所得税负债，出售负债	6 761	7 286	6 954	6 954	6 954						
已投入资本	98 084	102 941	104 733	106 165	107 595	1.4					

8.5.2 自由现金流（分析的视角：调整后数据）*

自由现金流见表 8－19。

表 8－19　　**自由现金流**

	诺华公司（调整后数据）						变动项目增长的价值动因			
	金额（百万美元）				2013～2015 年增长率（%）	2013 年（%）	2014 年预测（%）	2015 年预测（%）	类型	说明
	2012 年	2013 年	2014 年预测	2015 年预测						
毛利润	41 847	42 158	42 274	43 210	1.20					
不包括折旧费用的固定成本	25 262	25 838	25 838	25 838						
息税折旧摊销前利润	16 585	16 320	16 436	17 372						
非现金费用		0	300	500			300	500	变动	手动输入（默认为 0）
经营性所得税	2 330	2 210	2 242	2 400						
息折旧摊销前利润	14 255	14 110	13 894	14 472						
应收账款	272	149	709	0						
存货	－814	－523	521	0						
其他流动资产	－334	－302	243	0						
应付账款	604	555	－440	0						
其他流动负债＋税金	728	881	－959	0						
净营运资本	456	760	73	0						

续表 1

诺华公司（调整后数据）							变动项目增长的价值动因			
	金额（百万美元）				2013～2015年增长率（%）	2013年（%）	2014年预测（%）	2015年预测（%）	类型	说明
	2012年	2013年	2014年预测	2015年预测						
经营经济性现金流	14 711	14 870	13 968	14 472	-1.30					
无形资产	-2 188	-120	0	0						
资本性支出		-3 093	-3 015	-3 030		5.26	5.10	5.00	变动	不动产厂房和设备资本性支出/销售收入比率
大楼和不动产厂房和设备净额	-1 312	-1 258	-1 044	-946						
不动产厂房和设备折旧	-1 743	-1 835	-1 971	-2 084						
其他长期资产	-87	-20	0	0						
投资	-5 330	-3 233	-3 015	-3 030	-3.20					
公司自由现金流（经营）	9 381	11 637	10 953	11 442	-0.80					
对联营企业投资	-218	-385	461	484						
税后联营企业贡献	755	877	921	967						
出售资产递延所得税资产	-1 508	-769	0	0						
非营业利润的变动	-971	-277	1 382	1 451						
公司自由现金流（资产方）	8 410	11 361	12 334	12 893	6.50					
税后利息费用	-691	-642	-642	-618						
流动债务	-429	831	0	0						
现金和适销证券	-3 044	-1 091	-3 883	-3 336						

续表 2

诺华公司（调整后数据）							变动项目增长的价值动因			
	金额（百万美元）				2013～2015 年增长率（%）	2013 年（%）	2014 年预测（%）	2015 年预测（%）	类型	说明
	2012 年	2013 年	2014 年预测	2015 年预测						
长期负债	-74	-2 539	0	0						
其他长期金融资产	-141	-406	0	0						
其他负债/非计息流动负债	2 018	-2 542	0	0						
债务净额	-1 670	-5 747	-3 883	-3 336						
债务人得到的偿付	-2 361	-6 390	-4 525	-3 954						
少数股权的贡献	-113	-117	-117	-117						
少数股权	30	3	0	0						
股利	-6 030	-6 089	-6 192	-6 822		49.10	50.00	52.00	变动	股利支付率
资本公积	-446	1 564	-1 500	-2 000			1 500	2 000	变动	手工输入（默认为0）
股本	-15	0	0	0						
股东和少数股东报酬	-6 574	-4 639	-7 809	8 939	38.80					
公司自由现金流（融资）	-8 935	-11 029	-12 334	-12 893	8.10					
出售负债递延所得税	525	-332	0	0						
非经营性项目的变动	525	-332	0	0						
公司自有现金流（负债方）	-8 410	-11 361	-12 334	-12 893	6.50					

8.5.3　基于分部报告的预测*

为了检查我们估计的合并营业利润是否正确，我们将估算每个经营分部的利润。财务分析师同时使用这两种方法来判断哪个是最可能的结果，并据此调整他们的估计。季度结果可用作其他方法的交叉检查。因此，投资者拥有关于未来利润的整个系列的指标，使他们能够始终保持“可信”的预测。

表 8－20　　基于分部报告的预测（2014 年 4 月）

项目	2013 年	2014 年	2015 年	2016 年	说　明
制药					
销售收入（百万美元）	32 214	32 536	32 536	32 211	
增长（%）		1.0	0.0	－1.0	专利到期
“核心”息税前利润（百万美元）	9 523	9 435	9 435	9 341	
毛利率（%）	29.6	29.0	29.0	29.0	重组计划
爱尔康					
销售收入（百万美元）	10 496	10 706	11 027	11 468	
增长（%）		2.0	3.0	4.0	
“核心”息税前利润（百万美元）	3 694	3 640	3 804	4 014	
毛利率（%）	35.2	34.0	34.5	35.0	推出新产品/营销成本
山德士					
销售收入（百万美元）	9 159	8 884	9 773	9 968	
增长（%）		－3.0	10.0	2.0	
“核心”息税前利润（百万美元）	1 541	1 599	1 857	1 894	
毛利率（%）	16.8	18.0	19.0	19.0	
疫苗					
销售收入（百万美元）	1 987	1 590	1 669	1 753	
增长（%）		－20.0	5.0	5.0	向 Grifols 销售血液制品
“核心”息税前利润（百万美元）	－165	79	150	210	
毛利率（%）	－8.3	5.0	9.0	12.0	分拆 Grifols
消费品					
销售收入（百万美元）	4 064	4 470	4 783	5 118	制造问题结束
增长（%）		10.0	7.0	7.0	
“核心”息税前利润（百万美元）	298	447	717	1 024	
毛利率（%）	7.3	10.0	15.0	20.0	
公司和其他利润					

续表

项目	2013 年	2014 年	2015 年	2016 年	说 明
销售收入（百万美元）	888	888	888	888	稳定，没有进一步说明
增长（%）					
“核心”息税前利润（百万美元）	-636	-636	-636	-636	稳定，没有进一步说明
毛利率					
集团					
销售收入（百万美元）	58 808	59 074	60 676	61 406	
增长（%）		0.5	2.7	1.2	
“核心”息税前利润（百万美元）	14 255	14 565	15 328	15 847	
毛利率（%）	24.2	24.7	25.3	25.8	

注：加下划线的为预测数。

结论是：可以在不需要几十个不同变量的情况下获得诺华公司估计的合理近似值；可以以最高精度预警投资者预测盈利中的危险。这导致了“数字捣碎”现象：当这一过程结束时，如果估计的盈利过时，许多投资者都试图减少他们对几个小变量的预测，以得出他们认为更“正确”的数字。毫无疑问，获得的结果令人满意，但其往往掩盖了他们所采用的许多不确定的个人估计。关键不是增加不确定估计的数量，而是要将估计减少到投资者能够相信的一小部分变量。如果没有这个信念，就应使用市场共识，正如评估部分所讨论的那样。

附件：诺华公司的财务报表

（1）诺华公司合并财务报表（截至 2013 年 12 月 31 日，见表 8 ~ 21 ~ 表 8 - 23）

表 8 - 21　　合并利润表（全年，审计后）　　单位：百万美元

项目	2013 财年	2012 财年（调整后）	变化
销售净额	57 920	56 673	1 247
其他销售收入	911	888	23
销售成本	-19 608	-18 756	-852
毛利润	39 223	38 805	418
营销和销售费用	-14 549	-14 353	-196
研究与开发支出	-9 852	-9 332	-520
管理费用	-3 060	-2 937	-123
其他收入[(1)]	1 367	1 049	318
其他费用[(1)]	-2 219	-2 039	-180
营业利润	10 910	11 193	-283

续表

项目	2013 财年	2012 财年（调整后）	变化
来自联营企业的利润	600	552	48
利息费用	-683	-724	41
其他理财收入和费用	-92	-96	4
税前利润	10 735	10 925	-190
所得税费用	-1 443	-1 542	-99
净利润	-9 292	9 383	-91
归属于：			
诺华公司股东的利润	9 175	9 270	-95
非控制股东的利润	117	113	4
流通在外的平均股数：基本（百万股）	2 441	2 418	23
基本每股收益（美元）(2)	3.76	3.83	-0.07
流通在外的平均股数：稀释后（百万股）	2 479	2 445	34
稀释的每股收益（美元）(2)	3.70	3.79	-0.09

注：（1）2012 财年其他收入和费用已经根据所采用的修改后的国际会计准则第 19 号《雇员福利》进行了调整，对其他费用调整的金额为 3.18 亿美元（税后 2.35 亿美元）。

（2）每股收益（EPS）根据归属于诺华公司集团母公司的净利润计算。

表 8-22　　合并资产负债表（全年，审计后）　　单位：百万美元

资　　产	2013 财年	2012 财年（调整后）	变动
非流动资产			
不动产、厂房和设备	18 197	16 939	1 258
商誉	31 026	31 090	-64
除商誉以外的无形资产	27 841	30 331	-2 490
金融资产和其他非流动资产	18 648	17 827	821
非流动资产小计	**95 712**	**96 187**	**-475**
流动资产			
存货	**7 267**	**6 744**	**523**
应收账款	**9 902**	**10 051**	**-149**
其他流动资产	**3 392**	**3 090**	**302**
现金及现金等价物，适销证券、衍生金融工具	9 222	8 119	1 103
持有供出售的资产	759	0	759
流动资产小计	**30 542**	**28 004**	**2 538**

续表

资　　产	2013 财年	2012 财年（调整后）	变动
资产总额	**126 254**	**124 191**	**2 063**
所有者权益及负债			
归属于诺华集团母公司股东的所有者权益	74 343	69 137	5 206
非控制性股东所有者权益	129	126	3
股东权益合计	**74 472**	**69 263**	**5 209**
非流动负债			
金融债务	11 242	13 781	-2 539
其他非流动负债	14 172	17 096	-2 924
非流动负债合计	**25 414**	**30 877**	**-5 463**
流动负债			0
应付账款	6 148	5 593	555
金融债务和衍生金融工具	6 776	5 945	831
其他流动负债	13 394	12 513	881
集团持有待售的负债	50	0	50
流动负债合计	**26 368**	**24 051**	**2 317**
负债合计	**51 782**	**54 928**	**-3 146**
所有者权益和负债总计	**126 254**	**124 191**	**2 063**

注：2012 年 12 月 31 日，已经根据所采用的修改后的国际会计准则第 19 号《雇员福利》对资产负债表总额进行了调整，调整减的净额为 2 500 万美元（参见第 36 页和第 72 页的详细说明）。

表 8-23　　合并现金流量表（全年，审计后）　　单位：百万美元

项目	2013 财年	2012 财年（调整后）
净利润	9 292	9 383
非现金项目的转回	7 750	8 073
从联营企业和其他企业收到的股利	446	426
收到的利息	40	49
支付的利息	-609	-594
其他理财收入	55	214
其他理财支出	-22	-22
支付的所得税	-2 024	-2 022

续表

项目	2013 财年	2012 财年（调整后）
营运资本和准备变动前的现金流	**14 928**	**15 507**
重组支出和其他准备产生的现金支出	-1 015	-1 173
净流动资产和其他经营现金流项目的变动	-739	-140
经营活动产生的现金流	13 174	14 194
购置不动产、厂房和设备的现金流出	-3 064	-2 698
处置不动产、厂房和设备的现金流入	60	92
购置无形资产的现金流出	-507	-370
处置无形资产的现金流入	154	163
购置金融资产的现金流出	-165	-180
处置金融资产的现金流入	315	221
购置其他流动资产现金流出	-39	-57
处置其他流动资产现金流入	17	18
购买联营企业权益	-52	0
收购企业	-42	-1 741
购买适销证券和商品	-278	-1 639
销售适销证券和商品产生的现金流入	249	516
投资活动产生的现金流	**-3 352**	**-5 675**
支付诸华集团股东现金股利	-6 100	-6 030
回购库藏股	-2 930	-505
行权和其他库藏股交易产生的现金流入	1 693	414
非流动金融债务增加产生的现金流入	93	1 979
偿还非流动金融债务产生的现金流出	-2 022	-704
流动金融债务的变动	596	-1 737
纳入合并的被投资企业所有权变动的影响	4	-6
支付给非控制股东的股利和其他融资现金流	-103	-86
融资活动使用的现金流	**-8 769**	**-6 675**
货币折算对现金和现金等价物的净影响	82	-1
现金和现金等价物的净变动	**1 135**	**1 843**
1 月 1 日的现金和现金等价物	5 552	3 709
12 月 31 日的现金和现金等价物	6 687	5 552

(2) 分部报告（见表 8－24）

表 8－24 **合并利润表（分部，全年）** 单位：百万美元

项目	制药		爱尔康		山德士		疫苗和诊断		消费品保健		公司总额（包括抵销）		集团总额	
	2013 财年	2012 财年	2013 财年	2012 财年	2013 财年	2012 财年	2013 财年	2012 财年	2013 财年	2012 财年	2013 财年	2012 财年（调整 1）	2013 财年	2012 财年（调整 1）
对第三方的销售净额	32 214	32 153	10 496	10 225	9 159	8 702	1 987	1 858	4 064	3 735			57 920	56 673
对其他分部的销售收入	202	277	50	56	294	279	61	44	11	18	－618	－674		
分部销售净额	32 416	32 430	10 546	10 281	9 453	8 981	2 048	1 902	4 075	3 753	－618	－674	57 920	56 673
其他收入	497	471	27	53	18	12	333	331	36	26		－5	911	888
销售成本	－6 655	－6 578	－4 900	－4 618	－5 476	－5 126	－1 578	－1 478	－1 751	－1 729	752	773	－19 608	－18 756
毛利润	26 258	26 323	5 673	5 716	3 995	3 867	803	755	2 360	2 050	134	94	39 223	38 805
营销和销售费用	－8 514	－8 568	－2 452	－2 462	－1 672	－1 561	－334	－324	－1 577	－1 442		4	－14 549	－14 353
研究与开发费用	－7 242	－6 918	－1 042	－975	－787	－695	－476	－453	－305	－291			－9 852	－9 332
管理费用	－1 051	－1 061	－589	－510	－374	－350	－140	－136	－316	－271	－590	－609	－3 060	－2 937
其他收入	699	577	79	49	106	74	70	23	79	75	334	251	1 367	1 049
其他费用	－774	－755	－437	－353	－240	－244	－88	－115	－63	－73	－617	－499	－2 219	－2 039
营业利润	9 376	9 598	1 232	1 465	1 028	1 091	－165	－250	178	48	－739	－759	10 910	11 193
占销售净额的百分比	29.1%	29.9%	11.7%	14.3%	11.2%	12.5%	－8.3%	－13.5%	4.4%	1.3%			18.8%	19.8%
来自联营企业的利润		－2		16	2	5	1	3			597	530	600	552
利息费用													－683	－724
其他理财收入和费用													－92	－96
税前利润													10 735	10 925
所得税													－1 443	－1 542
净利润													9 292	9 383

注：2012 财年其他收入和费用已经根据所采用的修改后的国际会计准则第 19 号《雇员福利》进行了调整，对其他费用调整的金额为 3.18 亿美元（税后 2.35 亿美元）（参见第 36 页和第 72 页的详细说明）。

（3）集团和分部经营业绩（见表 8－25）

表 8－25 **关键数据**

项目	2013 年第 4 季度（百万美元）	2012 年第 4 季度（百万美元）	变动百分比（%）		2013 财年（百万美元）	2012 财年（百万美元）	变动百分比（%）	
			美元	固定汇率			美元	固定汇率
销售净额	15 078	14 828	2	4	57 920	56 673	2	4
分部营业利润	2 551	2 560	0	10	11 649	11 952	－3	4
公司收入和费用，净额	－178	－159	－12	－9	－739	－759	3	4
集团营业利润	2 373	2 401	－1	10	10 910	11 193	－3	5
为销售净额的百分比	15.7	16.2			18.8	19.8		
来自联营企业的投资收益	154	167	－8	－8	600	552	9	9
利息费用	－163	－199	18	19	－683	－724	6	6
其他理财收入和费用	－42	－19	—	—	－92	－96	4	30
所得税	－264	－328	20	9	－1 443	－1 542	6	－1
净利润	2 058	2 022	2	13	9 292	9 383	－1	7
每股收益（美元）	0.83	0.82	1	13	3.76	3.83	－2	6
自由现金流	3 319	3 513	－6		9 945	11 383	－13	
核心业绩指标								
营业利润	3 385	3 594	－6	2	14 485	14 842	－2	3
为销售收入的百分比	22.5	24.2			25.0	26.2		
净利润	2 955	3 042	－3	4	12 533	12 576	0	5
每股收益（美元）	1.20	1.24	－3	4	5.09	5.15	－1	4

（4）分部关键数据（见表8－26）

表8－26　核心业绩指标：从国际财务报告准则业绩指标调整到核心业绩指标（集团）全年

单位：百万美元

项目	制药		爱尔康		山德士		疫苗和诊断		消费品保健		公司总额（包括抵销）		集团总额	
	2013财年	2012财年	2013财年	2012财年	2013财年	2012财年	2013财年	2012财年	2013财年	2012财年	2013财年	2012财年（调整1）	2013财年	2012财年（调整1）
营业利润	9 376	9 598	1 232	1 465	1 028	1 091	－165	－250	178	48	－739	－759	10 910	11 193
无形资产摊销	278	322	1 989	1 915	409	364	222	215	53	57	4	3	2 955	2 876
资产减值														
无形资产	29	211	57	17	20	43		5	8	7			114	283
与集团范围制造场地的合理化相关的不动产、厂房和设备	1								33				34	
其他不动产、厂房和设备	28	25	4		－3	3	1	6	－1	3	17	2	46	39
金融资产	16	2					7	1			42	31	65	34
资产减值损失总额	74	238	61	17	17	46	8	12	40	10	59	33	259	356
与收购相关的项目														
费用			330	264		62		3			1	1	331	330
与收购相关的项目合计（净额）			330	264		62		3			1	1	331	330
其他异常项目														
异常撤资利得	－313	－93										－51	－313	－144
重组项目														
－收入	－40	－70		－1		－10				－8			－40	－89
－费用	122	240	77	24	2	4		1	25	3			226	272

续表

项目	制药		爱尔康		山德士		疫苗和诊断		消费品保健		公司总额（包括抵销）		集团总额	
	2013 财年	2012 财年	2013 财年	2012 财年	2013 财年	2012 财年	2013 财年	2012 财年	2013 财年	2012 财年	2013 财年	2012 财年（调整 1）	2013 财年	2012 财年（调整 1）
与诉讼相关的项目														
-费用	33	19			85					25			118	44
其他异常收入	-70	-137	-56		-4	-59		-56			-75		-205	-252
其他异常费用	63	96	61	14	4	5			2	24	114	117	244	256
其他异常项目合计	-205	55	82	37	87	-60		-55	27	44	39	66	30	87
调整合计	147	615	2 462	2 233	513	412	230	175	120	111	103	103	3 575	3 649
核心经营业绩	9 523	10 213	3 694	3 698	1 541	1 503	65	-75	298	159	-636	-656	14 485	14 842
为销售净额的百分比	29.60%	31.80%	35.20%	36.20%	16.80%	17.30%	3.30%	-4.00%	7.30%	4.30%			25.00%	26.20%
来自联营企业的投资收益		-2		16	2	5	1	3			597	530	600	552
对来自联营企业的投资收益的核心调整（税后净额）				-16							277	219	277	203
利息费用													-683	-724
其他理财收入和费用													-48	-96
所得税（根据上述项目进行了调整）													-2 098	-2 201
核心净利润													12 533	12 576
归属于股东的核心净利润													12 416	12 463
核心每股收益（美元）													5.09	5.15

注：1. 2012 财年其他收入和费用已经根据所采用的修改后的国际会计准则第 19 号《雇员福利》进行了调整，对其他费用调整的金额为 3.18 亿美元（税后 2.35 亿美元）（参见第 36 页和第 72 页的详细说明）。

2. 2013 财年调整了与委内瑞拉相关的减值损失 4 400 万美元。

（5）补充表格：全年（见表8-27）

表8-27　前二十大医药产品2013财年的销售净额

品牌	商业特许经营权	适应证	美国		世界其他地区		合计		
			美元（百万美元）	变动百分比（以固定汇率计）	美元（百万美元）	变动百分比（以固定汇率计）	美元（百万美元）	变动百分比（以美元计）	变动百分比（以固定汇率计）
Gleevec/Glivec	肿瘤	慢性粒细胞白血病	1 939	14	2 754	-6	4 693	0	1
Diovan/Co-Diovan	初级卫生保健	高血压	1 679	-20	1 845	-12	3 524	-20	-16
Lucentis	眼科	老年性黄斑变性			2 383	1	2 383	-1	1
Gilenya	神经科学	复发性多发性硬化	1 023	41	911	94	1 934	62	62
Sandostin	肿瘤	肢端肥大症	710	9	879	6	1 589	5	8
Exforge	初级卫生保健	高血压	356	-1	1 100	16	1 456	8	12
Afinitor/Votubia	肿瘤	乳腺癌	691	68	618	64	1 309	64	66
Tasigna	肿瘤	慢性粒细胞白血病	428	22	838	36	1 266	27	31
Galvus	初级卫生保健	糖尿病			1 200	40	1 200	32	40
Exelon/Exelon Patch	神经科学	阿尔茨海默氏病	457	7	575	-5	1 032	-2	0
Exjade	肿瘤	铁螯合剂	265	6	628	4	893	3	4
Neoral/Sandirnmun	综合医疗护理	移植	56	-13	694	-3	750	-9	-4
Voltoren（不包括其他分部）	成药	炎症，疼痛	2	100	673	-4	675	-11	-4
Myfortic	综合医疗护理	移植	270	13	367	13	637	10	13
Xolair	初级卫生保健	哮喘			613	24	613	22	24
Zometa	肿瘤	癌症并发症	115	-80	485	-30	600	-53	-52
Ratalin/Focalin	成药	注意力不足，多动症	435	8	159	6	594	7	8
Comtan/Stalevo	神经科学	帕金森病	33	-78	368	0	401	-24	-21
TOBI	重症监护	囊性纤维化	268	28	119	12	387	22	22
Femara	肿瘤	乳腺癌	19	-14	365	-7	384	-12	-7
前20名产品总额			8 746	2	17 574	5	26 320	1	4
组合的其余部分			1 510	-15	4 384	3	5 894	-5	-2
分部销售收入合计			10 256	-1	21 958	5	32 214	0	3

缩略语

Accruals	非现金项目（应计项目）
B/S	资产负债表
BU	业务部门
Capex	资本性支出
CDS	信用违约掉期
CEO	首席执行官
CFROI	投资的现金流回报
COGS	销售成本
CPI	消费者价格指数
DM	发达市场
EBIT	息税前利润
EBIDA	利息、折旧和摊销前利润
EBITDA	息税折旧和摊销前利润
EBT	税前利润
EM	新兴市场
FCF	自由现金流
FCFE	权益自由现金流（股东自由现金流）
FCFF（or FCF）	公司自由现金流
IRR	内部收益率（内含报酬率）
MM	莫迪利亚尼米勒
NIBCLs	不计息流动负债
NOPAT	税后净营业利润
NWC	净营运资金
P&L	损益（利润和损失）
R&D	研究与开发（研发）
ROCE	已使用资本回报率
OCF	经营现金流
OeCF	经营经济性现金流

习题：问题

问题 1：

洛伦佐·法拉利负责分析汽车行业公司的财务报表。最近，两家中国汽车制造商——汉唐汽车公司和珠穆朗玛汽车公司发布了截至 N1 年 12 月 31 日财年的、根据国际财务报告准则（IFRS）编制的财务报表。汉唐汽车公司和珠穆朗玛汽车公司 N1 年 12 月 31 日的简化合并资产负债表见表 1、表 2。资产负债表中项目“其他准备”包括该期间的综合收益总额。

表 1　　汉唐汽车公司 N1 年 12 月 31 日合并资产负债表　　单位：千元

无形资产	1 800 000	股本	500 000
固定资产	5 600 000	资本公积	3 000 000
金融资产	800 000	其他准备	3 400 000
非流动资产	**8 200 000**	**所有者权益**	**6 900 000**
存货	6 600 000	流动负债	4 300 000
应收款项	3 100 000	非流动负债	6 700 000
流动资产	**9 700 000**	**负债**	**11 000 000**
总计	**17 900 000**	**总计**	**17 900 000**

表 2　　珠穆朗玛汽车公司 N1 年 12 月 31 日合并资产负债表　　单位：千元

无形资产	400 000	股本	450 000
固定资产	4 100 000	资本公积	2 000 000
金融资产	350 000	其他准备	1 600 000
非流动资产	**4 850 000**	**所有者权益**	**4 050 000**
存货	3 900 000	流动负债	2 700 000
应收款项	2 600 000	非流动负债	4 600 000
流动资产	**6 500 000**	**负债**	**7 300 000**
总计	**11 350 000**	**总计**	**11 350 000**

为了比较财务报表分析，洛伦佐·法拉利想对公司融资的合理性进行评价。他将权益比率（Equity Ratio）作为其分析的关键指标。

a）根据上述财务报表计算两家中国公司 N1 年 12 月 31 日的权益比率。（2 分）

b）为了提高关键指标权益比率的有效性和可比性，洛伦佐·法拉利打算为这两家中国汽车制造公司编制估测资产负债表。正如财务报表附注表明的那样，这两家公司资本化的无形资产全部是公司内部开发的专利（发明）。

b1）根据国际财务报告准则（IFRS），将公司内部开发的专利确认为无形资产应满足哪些条件？（6 分）

b2）在该财年，无形资产的账面价值变化见表 3：

表 3　　无形资产的账面价值变化　　单位：千元

项目	汉唐汽车公司	珠穆朗玛汽车公司
账面价值（N1 年 1 月 1 日）	1 400 000	450 000
+ 在 N1 年的资本化费用	700 000	100 000
- 在 N1 年的摊销	-300 000	-150 000
= 账面价值（N1 年 12 月 31 日）	1 800 000	400 000

为了给这两家中国汽车制造公司编制 N1 年 12 月 31 日的估测资产负债表，洛伦佐·法拉利假设将公司资本化的内部开发专利的支出作为费用在利润表中加以确认。在表 4、表 5 资产负债表中的相应位置，填写调整后的账面价值。不需要考虑当期和递延所得税的影响。（6 分）

表 4　　汉唐汽车公司 N1 年 12 月 31 日合并资产负债表（估测）

无形资产		股本	
固定资产		资本公积	
金融资产		其他准备	
非流动资产		**所有者权益**	
存货		流动负债	
应收款项		非流动负债	
流动资产		**负债**	
总计		**总计**	

表 5 珠穆朗玛汽车公司 N1 年 12 月 31 日合并资产负债表（估测）

无形资产		股本	
固定资产		资本公积	
金融资产		其他准备	
非流动资产		**所有者权益**	
存货		流动负债	
应收款项		非流动负债	
流动资产		**负债**	
总计		**总计**	

b3）中国公司所得税税率为 30%。税法禁止将自创无形资产进行资本化。

b3i）这两家中国汽车制造公司 N1 年 12 月 31 日的资产负债表中针对内部开发的无形资产应确认的递延所得税资产和（或）递延所得税负债的金额是多少（简要解释你的回答）？（5 分）

b3ii）如果考虑递延所得税的影响，两家公司 N1 年 12 月 31 日资产负债表中内部开发的无形资产的资本化的反转会产生什么影响？填写表 6、表 7 中资产负债表项目调整后的账面价值。（6 分）

表 6 汉唐汽车公司 N1 年 12 月 31 日合并资产负债表（估测）

无形资产		股本	
固定资产		资本公积	
金融资产		其他准备	
非流动资产		**所有者权益**	
存货		流动负债	
应收款项		非流动负债	
流动资产		**负债**	
总计		**总计**	

表 7 珠穆朗玛汽车公司 N1 年 12 月 31 日合并资产负债表（估测）

无形资产		股本	
固定资产		资本公积	
金融资产		其他准备	
非流动资产		**所有者权益**	

续表

存货		流动负债	
应收款项		非流动负债	
流动资产		**负债**	
总计		**总计**	

c）洛伦佐·法拉利通过阅读附注中的披露，了解到两家公司相当部分的生产能力均是通过租赁取得的。然而，汉唐汽车公司涉及的全部是经营租赁，而珠穆朗玛汽车公司所签订的全部是融资租赁合同。

为了消除租赁业务对权益比率的影响，基于汉唐汽车公司的所有租赁合同均于N1年12月31日签订的假设，洛伦佐·法拉利打算将基于会计目的的经营租赁视同为融资租赁进行处理。根据报表附注所提供的信息，每年的最低租赁付款金额为4亿元，从N2年12月31日到N6年12月31日，于每年年末进行支付。为了计算租赁付款额的现值，洛伦佐·法拉利估计的合理年利率为5%。

c1）融资租赁合同的签订如何影响承租人在租赁期开始时的资产负债表？在回答该问题时，不需要考虑后续的计量。（4分）

c2）将经营租赁重新分类为融资租赁，对汉唐汽车公司N1年12月31日报表中的资产、流动负债、非流动负债和所有者权益的金额会产生什么影响？（6分）

c3）考虑将经营租赁重新分类对估测资产负债表的影响（根据你从问题b3ii）得到的结果回答问题。在表8中填写调整后的账面价值。不需要考虑当期和递延所得税的影响。（4分）

表8　汉唐汽车公司N1年12月31日的合并资产负债表（估测）

无形资产		股本	
固定资产		资本公积	
金融资产		其他准备	
非流动资产		**所有者权益**	
存货		流动负债	
应收款项		非流动负债	
流动资产		**负债**	
总计		**总计**	

c4）一旦考虑递延所得税的影响，所有者权益的金额是多少？解释你的回答。

（3 分）

d）中国汽车制造商将所生产的大部分汽车出口到西欧。为了降低未来 6 个月预期汽车销售款的外汇风险，珠穆朗玛汽车公司将预期的销售款作为套保项目，将货币远期指定为现金流量套期的套保工具。N1 年 12 月 31 日，套保工具的利得为 3 亿元。

d1）现金流量套期对珠穆朗玛汽车公司 N1 年 12 月 31 日的资产负债表中资产、负债和所有者权益的金额会产生怎样的影响？不需要考虑当期和递延所得税的影响。

（4 分）

d2）如果珠穆朗玛汽车公司没有签订远期合同来降低预期销售款的外汇风险，按照问题 b3)，根据珠穆朗玛汽车公司的估测资产负债表计算的权益比率是多少？不需要考虑当期和递延所得税的影响。（3 分）

问题 2：

Aircraft 公司按照国际财务报告准则（IFRS）编制的 X1 年 12 月 31 日的合并资产负债表，包括下列关于内部产生无形资产的信息（见表 1）。所有数目的单位都是“千美元”。

表 1 **内部无形资产** 单位：千美元

账面价值 ×1 年 1 月 1 日	增加 ×1 年	摊销 ×1 年	账面价值 ×1 年 12 月 31 日
2 000	600	400	2 200

内部产生无形资产是由开发成本的资本化形成的。

Aircraft 公司 X1 年 12 月 31 日的合并股东权益金额为 8 000 千美元。在 X1 财年，Aircraft 公司赚取的合并净利润为 900 千美元。税法不允许将内部产生的无形资产确认为资产。

在回答下列问题时考虑递延所得税的影响。合并财务报表包括的所有公司的所得税税率都是 30%。

a）如果Aircraft公司没有在合并资产负债表中确认内部产生的无形资产，计算Aircraft公司在X1年12月31日的合并股东权益。（6分）

b）如果Aircraft公司没有在合并资产负债表中确认内部产生的无形资产，计算Aircraft公司X1年的合并净利润。（9分）

c）Aircraft公司采用间接法编制X1年的合并现金流量表。使用表2、表3，在表中相应部分列示内部产生无形资产的会计处理所产生的影响（指明相关项目及其金额）。假设X1年的内部产生无形资产的增加是现金流出。（9分）

表2　对经营活动现金流量的影响（间接法）

+/-	相关项目	金额
=	余额	

表3　对投资活动现金流量的影响（间接法）

+/-	相关项目	金额
=	余额	

注：可能不必要用到表中所有行。

d）假定Aircraft公司没有确认内部产生的无形资产，在表4、表5中回答和问题c）同样的问题。（6分）

表4　对经营活动现金流量的影响（间接法）

+/-	相关项目	金额
=	余额	

表 5 对投资活动现金流量的影响（间接法）

+/-	相关项目	金额
=	余额	

注：可能不必要用到表中所有行。

问题 3：

a）表 1 包含存货信息以及从 XYZ 公司第 1 年到第 3 年的利润表中摘录的信息。XYZ 公司的存货会计使用先进先出法（FIFO）。

表 1 利润表（摘录）

项目	第 1 年		第 2 年		第 3 年	
	数量	单价（元）	数量	单价（元）	数量	单价（元）
期初存货	1 000	300	700		700	
4 月购进	1 200	400	1 200	600	800	800
8 月购进	1 500	500	1 000	700	1 500	700
12 月购进	1 000	600	800	800	1 000	600
销售	4 000		3 000		3 000	
期末存货	700		700		1 000	

当 XYZ 公司使用先进先出法（FIFO），填写表 2 利润表（摘录）的空白部分。

表 2 利润表 单位：元

项目	第 1 年	第 2 年	第 3 年
销售收入	2 052 000	2 304 000	2 688 000
销售成本	…	…	…
毛利润	…	…	…
其他费用	200 000	200 000	200 000
税前营业利润	…	…	…

（10 分）

b）表 3 是 XYZ 公司在第 2 年年末和第 3 年年末资产负债表的摘录。

表 3　　资产负债表（摘录）　　单位：元

项目	第 2 年	第 3 年
流动资产		
i）存货	来自问题 a）的计算	来自问题 a）的计算
ii）应收账款	230 000	260 000
iii）现金和现金等价物	100 000	120 000
流动资产合计	i + ii + iii	i + ii + iii
流动负债		
应付账款	180 000	200 000
流动负债合计	180 000	200 000

所得税税率是 30%。

假设第 3 年的折旧费用是 60 000 元，在先进先出法下计算第 3 年的经营活动现金流量。（10 分）

问题 4：

方达陀公司是一家建筑公司，主要从事交通、能源和城市基础设施复杂项目的建造。方达陀公司的内部管理和报告符合国际财务报告准则（IFRS）中的财务报告原则。请回答以下问题。

a）在 2016 年初，方达陀公司获得一项建造一座新的足球体育馆的合同。计划于 2019 年 3 月底完工。该足球俱乐部和方达陀公司商定，建设整个体育馆系统的固定价格为 120 百万欧元。根据方达陀公司计算，建造体育馆的总成本估计为 100 百万欧元。

a1）体育馆地下停车场的地下土方挖掘工程于 2016 年 12 月 31 日（财务报告日）完工。地下土方挖掘工程共发生 5 百万欧元成本，其中：

- 工资为 1.3 百万欧元；
- 固定资产折旧 2 百万欧元；
- 其他费用 1.7 百万欧元。

工资和其他费用导致等额现金和现金等价物的流出。2016 年所做的工程已经计入该客户 2016 财年的成本，但是在 2016 年没有收到任何工程款。

方达陀公司根据国际会计准则第 11 号运用完工百分比（POC）法报告建造合同；完工状态根据实际发生的合同成本占预期合同总成本的比率进行计量。假设总承包合同的结果可以可靠地计量。不考虑税收。

a1i）确定方达陀公司在 2016 财年利润表中所确认的与体育馆建造合同相关的收入金额。对你的计算结果提供解释性评论。（4 分）

a1ii）体育馆建造合同对方达陀公司 2016 年 12 月 31 日的资产负债表和 2016 财年的利润表会产生什么影响？填写表 1 的空白处（如果没有影响，填写“0”）。（6 分）

表 1　产生的影响

资产负债表项目	影响
固定资产	
存货	
应收款	
现金和现金等价物	
利润表项目	影响
营业收入	
完工产品和在产品存货的变化	
其他资本化的自营工程	
材料成本	
人工成本	
折旧	
其他经营费用	
营业利润（EBIT）	

a2）假设基于税收的目的，直到体育馆最终交付使用才确认建造合同的利润。假设方达陀公司的所得税税率为 30%，根据国际财务报告准则，年税后利润或损失是多少？（说明你的答案的理由）（4 分）

a3）考虑上述 a2）中的假设，体育馆建造合同对 2016 财年经营活动产生的现金流量产生什么影响？（运用间接法计算经营活动产生的现金流量）（4 分）

b）2016 财年末，有迹象表明方达陀公司最大的预拌混凝土车间发生减值，有关该车间的信息如表 2。回答下列问题。

表 2　　该车间的信息表

取得成本	20 百万欧元
累计折旧费	15 百万欧元
剩余使用年限	5 年
预期未来现金流量	每个财年末产生的税前现金流量将为 950 000 欧元，处置时的残余现金流量为 0
公允价值减去处置成本（2016 年 12 月 31 日）	3. 5 百万欧元

b1）根据谨慎性原则，当一项资产的账面价值超过其可收回金额，企业应确认减值损失。第 36 号国际会计准则（IAS 36）规定了在估计一项资产可收回金额时必须遵循的程序。根据第 36 号国际会计准则，如何确定该可收回金额？（2 分）

b2）假设折现率为 10%，计算该预拌混凝土车间的在用价值。（6 分）

b3）预拌混凝土车间的减值损失是多少？说明你的答案。（4 分）

b4）已减值的预拌混凝土车间在未来 5 年每年应确认多少折旧费？（2 分）

c）2016 财年末，方达陀公司需要一台大型设备（一台硬质岩石隧道挖掘设备）。该台设备将通过融资租赁取得。方达陀的财务总监（CFO）收集了以下信息（见表 3）。

表 3　融资租赁合同：条款

租赁起始日	2017 年 1 月 1 日
租赁期限	5 年
年租赁付款额（年末支付）	5 275 950 欧元
租赁隐含的利率	10.0%
租赁资产估计的经济寿命	5 年
折旧方法	直线法
标的资产的公允价值	20 000 000 欧元
5 年后的残值	0

注：方达陀公司正在根据第 17 号国际会计准则准备账目。

c1）利用表 4 计算分期租赁付款额。（8 分）

表 4　分期租赁付款

时间	利息	租赁付款额	偿还的本金	年末租赁负债
2017 年				
2018 年				
2019 年				
2020 年				
2021 年				

c2）完成表5，该表是方达陀公司2017年和2018年资产负债表和利润表的摘录。

（8分）

表5　　资产负债表和利润表（摘录）

资产负债表	2017年12月31日	2018年12月31日
固定资产		
金融债务		

利润表	2017年	2018年
经营费用		
财务费用		

问题5：

Dot公司是一家公开上市公司。截至2017年6月30日的年度财务报表，包括比较财务报表，如表1所示。

表1　　截至以下日期的年度利润及其他综合收益表　　单位：千美元

		2017年6月30日	2016年6月30日
销售收入		620 000	500 000
销售成本		-436 000	-372 000
毛利润		184 000	128 000
销售费用		-72 000	-48 000
营销及管理费用		-44 000	-32 000
财务费用	-借款利息	-3 000	-5 000
	-租赁利息	-5 000	-2 000
税前利润		60 000	41 000
所得税		-20 000	-15 000
本年利润		40 000	26 000
本年其他综合收益［注（i）］		27 000	0
本年综合收益合计		67 000	26 000

以下时点的资产负债表见表2。

表 2 **资产负债表** 单位：千美元

	2017年6月30日	2016年6月30日
不动产、厂房和设备（包括融资租赁）［注（i）和（ii）］	280 000	214 000
递延开发支出［注（ii）］	20 000	—
非流动资产合计	300 000	214 000
存货	66 000	76 000
交易性应收账款	59 000	49 000
现金和现金等价物	1 000	21 000
流动资产合计	126 000	146 000
资产合计	**426 000**	**360 000**
股本（每股1美元）	160 000	160 000
重估价准备［注（i）］	27 000	—
留存收益	64 000	35 000
股东权益合计	251 000	195 000
年利率8%的借款	28 000	62 500
递延税款	30 000	16 000
融资租赁债务	24 000	18 000
非流动负债合计	82 000	96 500
融资租赁债务	15 000	12 000
交易性应付账款	53 000	42 000
应交税费	25 000	14 500
流动负债合计	93 000	68 500
股东权益和负债合计	**426 000**	**360 000**

注：

（i）2016年10月1日，Dot公司以融资租赁方式又获得了公允价值为3 000万美元的厂房。当天公司还将它的不动产重估增值了4 000万美元。Dot公司已经将因此产生的重估价准备1 300万美元转入了递延税款。在2016/2017财年，没有发生非流动资产的处置。

（ii）截至2017年6月30日的财年内，不动产、厂房和设备的折旧是1 800万美元，递延开发支出的摊销是400万美元。

a）依据《国际会计准则第7号——现金流量表》，使用间接法，编制Dot公司截至2017年6月30日的年度现金流量表。

注：下面提供的表3可能有助你解答问题。（27分）

表3 Dot公司截至2017年6月30日的年度现金流量表 单位：千美元

经营活动	
税前利润	……
将税前利润转换为净现金流量的调整	
不动产、厂房和设备的折旧	……
无形资产摊销	……
财务费用	……
营运资本调整：	
存货的变动	……
交易性应收账款的变动	……
交易性应付账款的变动	……
已付财务费用	……
已付所得税	……
经营活动产生的现金流量	……
投资活动	
不动产、厂房和设备的购买	……
递延开发支出	……
投资活动使用的现金流量	……
融资活动	
年利率8%借款的偿还	……
融资租赁债务的偿付	……
已付股利	……
融资活动使用的现金流量	……
现金和现金等价物的净减少	-20 000
2016年7月1日的现金和现金等价物	21 000
2017年6月30日的现金和现金等价物	1 000

b）填写下面的表4，评论Dot公司的比较业绩（2016/2017财年与2015/2016财年比较），依据的是公司的“（1）毛利率、（2）营业利润率、（3）营业费用占销售收入的百分比、（4）资产周转率、（5）投资报酬率（ROCE）和（6）杠杆比率”。

（20分）

说明：

- 投资报酬率 = 营业利润/已动用资本

 = 息税前利润/（股东权益 + 金融负债 - 现金及现金等价物）；

• 杠杆比率 = 金融负债（总额）/股东权益；

• 简便起见，在比率（4）、比率（5）和比率（6）的计算中使用资产负债表期末余额（不使用期间平均余额）；

• 2015/2016 财年的比率（1）至比率（6）已进行了计算，见表 4。

在根据比率（1）至比率（6）评价公司的比较业绩时，尝试回答下列问题：

（1）毛利率

毛利率变化的原因是什么？

（2）+（3）营业利润率和营业费用占销售收入的百分比营业利润率变化的原因是什么？你能否看到营业成本和（更高）销售收入之间的相关性？

（4）资产周转率

在 PPE 和开发项目上的大量投资对资产周转率有负面影响吗？最近期的变化是否是未来期间好的预示？营运资本管理是否有帮助？

（5）投资报酬率

如有，请指明投资报酬率的哪个组成部分做出了积极的贡献？

（6）杠杆比率

股东权益的增加来自于什么（给出两种来源）？用于偿还债务的资金来自哪里（给出两种来源）？为什么对于 Dot 公司而言，债务不一定是件坏事？相关数据见表 4。

表 4　　Dot 公司用于比较业绩的比率

项目	2016/2017	2015/2016
毛利率	……	25.6%
营业利润率	……	9.6%
营业费用占销售收入的百分比	……	16.0%
资产周转率	……	1.39
投资报酬率	……	18.0%
杠杆比率	……	47.4%

问题 6：

A 公司创建于大约 100 年前，当时主要生产显微镜，逐渐成为世界最大的照相机制造商之一。20 世纪 60 年代，A 公司举债购买了精密设备技术并进入医学内窥镜市场。目前，A 公司在全球医学内窥镜市场的市场份额排名第一（估计 2017 年为 75%）。

目前 A 公司根据业务划分为以下事业部：医学事业部，主要经营内窥镜；科学解决方案事业部，主要经营显微镜和测试设备；成像事业部，主要经营数码照相机和记录设备；其他事业部，主要经营销售额较小的各种光学设备。

从表 1（除了一些例外，为公司预测数）可见，医学事业部具有持续的高盈利能力，并在公司总销售收入中占绝对优势。

表 1 **主要财务数据** 单位：百万元

销售收入	年度	2017 年	2018 年预测	2019 年预测	2020 年预测
	医学	**6 089**	**6 480**	**7 000**	**7 650**
	科学解决方案	1 017	1 030	1 058	1 100
	成像	783	765	750	700
	其他	159	150	155	150
	合计	8 048	8 425	8 963	9 600
营业利润	年度	2017 年	2018 年预测	2019 年预测	2020 年预测
	医学	1 093	1 208	1 342	1 450
	科学解决方案	10	10	15	15
	成像	-48	-50	-45	-40
	其他	-8	-10	-10	-5
	合计	1 047	1 158	1 302	1 420
资本性投资金额和折旧	年度	2017 年	2018 年预测	2019 年预测	2020 年预测
资本性投资金额		529	620	655	720
折旧		495	524	538	553

2017 年底，A 公司向证券分析师和投资者发布了截止到 2020 年的中期目标。

- 2020 年的目标销售收入为 960 亿元，营业利润为 142 亿元，净资产收益率（ROE）至少达到 16.0%，股东权益比率至少达到 50%。
- 公司过去的资产负债表状况不佳并努力筹集资金，因此公司计划每年偿还 300 百万元计息债务。A 公司竞争对手（精密设备）的股东权益比率平均为 45%。
- A 公司计划更积极地回报股东，承诺 2018 年度和 2019 年度的股利支付率将提高到 10%，2020 年度的股利支付率将提高到 20%。而 2017 年度的股利支付率仅为5.4%。

B先生是一名证券分析师，决定验证A公司的目标及其所依据的假设。B先生对A公司没有提供详细数据的项目进行了估计。表2是B先生对主要财务报表数据所做的估计。

下面是B先生所使用的主要假设：

①A公司有关销售收入和营业利润的预测是合理的。

②在计算周转率和净资产收益率（ROE）财务指标时，运用每年年末数字进行计算。

③每年的流动资产周转率和流动负债周转率与2017年相同。

④每年将按A公司的计划偿还计息债务3亿元。

⑤公司所得税税率将逐年下降，将从2018年的39.0%下降到2019年的38.0%，再下降到2020年的37.0%。

⑥为了简单起见，假设所有股利均在其利润发生的当年支付。

B先生在编制预计财务报表时，还假设了以下条件：

⑦每年其他固定资产和其他非流动负债的金额与2017年相同。

⑧每财年末的金融资产余额 = 上财年末的金融资产余额 + 该财年的净现金流入。

⑨每财年末的股东权益 = 上财年末的股东权益 + 该财年的税后净利润 − 该财年支付的股利。

根据上述假设，填写表2中标注数字（1）～（20）的空格。

表2　　财务报表（估计）　　单位：百万元

资产负债表				
项目	2017年末	2018年末预测	2019年末预测	2020年末预测
金融资产	2 439	2 606	（1）	（10）
流动资产	3 541	3 712		
有形固定资产	3 341	3 437		（11）
其他固定资产	685	685	685	685
资产总额	10 006	10 440		（12）
流动负债	2 100	2 200	2 340	2 507
计息债务	3 045	2 745		（13）
其他非流动负债	697	697	697	697
股东权益	4 164	4 798	（2）	（14）
负债和股东权益总额	10 006	10 440	（3）	

利润表

年度	2017 年	2018 年预测	2019 年预测	2020 年预测
销售收入	8 048	8 425	8 963	9 600
销售成本	2 693	2 900	3 061	3 321
毛利	5 355	5 525	5 902	6 279
销售和管理费用	4 308	4 367	4 600	4 859
营业利润（没有计入净理财收入）	1 047	1 158	1 302	1 420
净理财收入	-12	-3	-2	-1
税前利润	1 035	1 155	1 300	1 419
所得税费用等	409	450		(15)
税后净利润	626	705	(4)	

现金流量表 单位：百万元

年度	2017 年	2018 年预测	2019 年预测	2020 年预测
经营活动的现金流量	486	1 158	(5)	
税后净利润	626	705		
折旧	495	524		
营运资本的变动	-502	-71	-97	-114
固定资产和负债的其他变动	-133	0	0	0
投资活动的现金流量 (=取得固定资产)	-529	-620		
自由现金流	-43	538		(16)
融资活动的现金流量	-339	-370	(6)	(17)
计息负债的变动	-305	-300		
支付的股利	-34	-70		
净现金流量	-382	167	(7)	(18)
流动资产周转率	2.27	2.27	2.27	2.27
流动负债周转率	3.83	3.83	3.83	3.83
股利支付率	5.4%	10%	10%	20%

净资产收益率（ROE）

年度	2017 年末	2018 年末预测	2019 年末预测	2020 年末预测
A）净利润/销售收入	7.8%	8.4%		
B）销售收入/资产总额	0.80	0.81		(19)
C）资产总额/股东权益总额	2.40	2.18		
净资产收益率=净利润/股东权益总额	15.0%	14.7%	(8)	(20)
股东权益比率	41.6%	46.0%	(9)	

习题：解答

问题1[①] 答案：

a）

汉唐公司所有者权益比率＝6 900 000/17 900 000×100%＝38.5%

珠穆朗玛公司所有者权益比率＝4 050 000/11 350 000×100%＝35.7%

b）—b1）

• 根据国际会计准则第38号，研究支出不能被资本化［国际会计准则第38号第54段规定："研究（或内部项目的研究阶段）不能形成无形资产，因此研究（或内部项目的研究阶段）支出在其发生时应该被确认为费用"］。当开发支出满足所规定的条件时，才能资本化。

• 当且仅当企业能够证明满足以下所有条件时，开发（或内部项目的开发阶段）支出，才能确认为无形资产：

——在技术上能够完成该无形资产以至该无形资产可用于使用或出售；

——公司有意愿完成该无形资产，并且使用或出售；

——公司有能力使用或出售该无形资产；

——能说明该无形资产将如何为公司产生可能的未来经济利益；

——有足够的技术、财务和其他资源用于完成开发该无形资产并使用或出售；

——在开发阶段，公司能够可靠地计量归属于无形资产的支出。

b）—b2）汉唐公司N1年12月31日合并资产负债表见表1。

表1　　汉唐公司N1年12月31日合并资产负债表

无形资产	0	股本	500 000
固定资产	5 600 000	资本公积	3 000 000
金融资产	800 000	其他准备	1 600 000
非流动资产	**6 400 000**	**所有者权益**	**5 100 000**

① 阅卷者注意：因前面答案错误而延续的错误，不应扣分。

续表

存货	6 600 000	流动负债	4 300 000
应收账款	3 100 000	非流动负债	6 700 000
流动资产	**9 700 000**	**负债**	**11 000 000**
总额	**16 100 000**	**总额**	**16 100 000**

珠穆朗玛公司 N1 年 12 月 31 日合并资产负债表见表 2。

表 2　　珠穆朗玛公司 N1 年 12 月 31 日合并资产负债表　　单位：千元

无形资产	0	股本	450 000
固定资产	4 100 000	资本公积	2 000 000
金融资产	350 000	其他准备	1 200 000
非流动资产	**4 450 000**	**所有者权益**	**3 650 000**
存货	3 900 000	流动负债	2 700 000
应收账款	2 600 000	非流动负债	4 600 000
流动资产	**6 500 000**	**负债**	**7 300 000**
总额	**10 950 000**	**总额**	**10 950 000**

无形资产 =0

根据洛伦佐·法拉利的假设，所有内部开发专利的（资本性）支出，均作为费用在利润表中加以确认。因此，没有开发支出应该被资本化为无形资产。

其他准备分别为 1 600 000 千元与 1 200 000 千元。

根据洛伦佐·法拉利的假设，所有内部开发专利的支出，均作为费用在利润表中加以确认，因此，这些支出应该作为两家公司净（综合）收益的减少。

汉唐公司其他准备（调整后）=3 400 000 - 无形资产账面价值

=3 400 000 - 1 800 000 = 1 600 000（千元）

珠穆朗玛公司：其他准备（调整后）=1 600 000 - 无形资产账面价值

=1 600 000 - 400 000 = 1 200 000（千元）

b3）—b3i）

汉唐公司：递延所得税负债 = 1 800 000 × 30% = 540 000（千元）

珠穆朗玛公司：递延所得税负债 = 400 000 × 30% = 120 000（千元）

将内部开发专利的支出资本化，使得资产负债表中的净资产超过基于纳税目的计算的净资产。当无形资产的账面金额在未来期间恢复时，企业需要支付额外的所得税，等于应税暂时性差异的 30%。这些额外的未来所得税在资产负债表中以负债加以列示（见表 3、表 4）。

b3）—b3ii）

表 3 **汉唐公司 N1 年 12 月 31 日合并资产负债表** 单位：千元

无形资产	0	股本	500 000
固定资产	5 600 000	资本公积	3 000 000
金融资产	800 000	其他准备	2 140 000
非流动资产	**6 400 000**	**所有者权益**	**5 640 000**
存货	6 600 000	流动负债	4 300 000
应收账款	3 100 000	非流动负债	6 160 000
流动资产	**9 700 000**	**负债**	**10 460 000**
总额	**16 100 000**	**总额**	**16 100 000**

表 4 **珠穆朗玛公司 N1 年 12 月 31 日合并资产负债表** 单位：千元

无形资产	0	股本	450 000
固定资产	4 100 000	资本公积	2 000 000
金融资产	350 000	其他准备	1 320 000
非流动资产	**4 450 000**	**所有者权益**	**3 770 000**
存货	3 900 000	流动负债	2 700 000
应收账款	2 600 000	非流动负债	4 480 000
流动资产	**6 500 000**	**负债**	**7 180 000**
总额	**10 950 000**	**总额**	**10 950 000**

内部开发的无形资产资本化回转的所得税效应对“其他准备”和“非流动负债”的影响如下：

递延所得税负债（见 b3i）构成非流动负债的一部分。因此，非流动负债必须扣减各自相应的金额，即：

汉唐公司的非流动负债＝6 700 000－540 000＝6 160 000（千元）

珠穆朗玛公司的非流动负债＝4 600 000－120 000＝4 480 000（千元）

另外，累计净（综合）收益需增加相同的金额，即：

汉唐公司的其他准备＝1 600 000＋540 000＝2 140 000（千元）

珠穆朗玛公司的其他准备＝1 200 000＋120 000＝1 320 000（千元）

c）—c1） 在租赁期开始时，承租人应当将租赁项目作为一项资产加以确认，或者作为使用资产的权利加以确认。确认的金额按照其公允价值与最低租赁付款额的现值孰低原则确定。

按相同的金额确认融资租赁负债。

c）—c2） 租赁付款额的现值 $=400\ 000\times1.05^{-1}+400\ 000\times1.05^{-2}+400\ 000\times1.05^{-3}+400\ 000\times1.05^{-4}+400\ 000\times1.05^{-5}$

$$=1\ 731\ 791\text{（千元）}$$

必须将该金额确认为一项资产。

非流动资产和负债增加的金额等于租赁付款额的现值。380 952 千元（$=400\ 000\times1.05^{-1}$）的一部分必须在流动负债项下披露，余额 1 350 839 千元（=1 731 791 − 380 952）增加非流动负债。所有者权益不受重新分类的影响。

c）—c3）

表 5　　汉唐公司 N1 年 12 月 31 日合并资产负债表　　单位：千元

无形资产	0	股本	500 000
固定资产	7 331 791	资本公积	3 000 000
金融资产	800 000	其他准备	2 140 000
非流动资产	**8 131 791**	**所有者权益**	**5 640 000**
存货	6 600 000	流动负债	4 680 952
应收账款	3 100 000	非流动负债	7 510 839
流动资产	**9 700 000**	**负债**	**12 191 791**
总额	**17 831 791**	**总额**	**17 831 791**

汉唐公司按照其公允价值与最低租赁付款额的现值孰低原则将租赁项目确认为一项资产。这是 1 731 791（见答案 C2）。因此：

固定资产 = 5 600 000 + 1 731 791 = 7 331 791（千元）

另外，汉唐公司的负债增加相同的量（相当于租赁付款额的现值）。据其到期期限，该金额必须被分割为流动负债 380 952 千元（= 4 300 000 + 380 952 = 4 680 952）和非流动负债 1 350 839 千元（= 6 160 000 + 1 350 839 = 7 510 839）。

c）—c4） 租赁资产和租赁负债的确认会导致相同金量的暂时性差异，但符号相反。因此，无论是资产还是负债将增加相同的金额（租赁付款额现值的 30%），使所有者权益不会受到影响。

d）—d1） 在套期交易发生前，不在利润中确认套期工具的利得。因此，在 N1 年 12 月 31 日的资产负债表上有：

- 资产（套期工具），以 3 亿元计量。
- 在所有者权益中，现金流量套期累计利得为 3 亿元。

d）—d2） 珠穆朗玛公司的所有者权益比率将降低到 32.6%（= 3 470 000/10 650 000 × 100%）。

根据问题 b3）：

所有者权益比率 =3 770 000/10 950 000 ×100% =34.4%

根据 b3）的答案，珠穆朗玛公司的所有者权益是 3 770 000 千元。所有者权益包括 3 亿元的套期利得。因此，如果珠穆朗玛公司没有签订远期合约：

其所有者权益 =3 770 000 −300 000 =3 470 000（千元）

另外，如果没有将与套期工具相应的利得确认为资产，则：

资产总额 =10 950 000 −300 000 =10 650 000（千元）

问题 2 答案

a)

X1 年 12 月 31 日合并资产负债表上的权益	8 000 千美元
−X1 年 12 月 31 日内部产生无形资产的账面价值	2 200 千美元
+递延所得税负债：30% ×2 200	660 千美元
=在不确认内部产生无形资产情形下的调整股东权益	6 460 千美元

还有一种可选择的方法：

X1 年 12 月 31 日的合并股东权益	8 000 千美元
−X1 年的合并净利润	−900 千美元
−X1 年 1 月 1 日内部产生无形资产 ×70%	−1 400 千美元

X1 年 1 月 1 日的合并股东权益	5 700 千美元	调整净利润
+X1 年的合并净利润	+900 千美元	
−开发成本资本化形成的内部产生无形资产 ×70%	−420 千美元	
+内部产生无形资产的摊销 ×70%	+280 千美元	
在不确认内部产生无形资产情形下的调整股东权益	6 460 千美元	

b)

X1 年利润表上的净利润	900 千美元
−内部产生无形资产的资本化费用	600 千美元
+内部产生无形资产的摊销	400 千美元
+递延所得税负债的变化：30% ×(2 200 −2 000)	60 千美元
=X1 年的调整净利润	760 千美元

其他（更简单）的解题方法：

X1 年利润表上的净利润	900 千美元
−内部产生无形资产的资本化费用（税后）：70% ×(600)	420 千美元

+内部产生无形资产的摊销（税后）：70%×(400)	280 千美元
=X1 年的调整净利润	760 千美元

c)

对经营活动现金流量的影响（间接法）

税前利润（摊销）	-400 千美元
+摊销	400 千美元
=余额	0

对投资活动现金流量的影响

无形资产的增加	-600
=余额	-600 千美元

d)

对经营活动现金流量的影响（间接法）

税前利润（无形资产上的支出被确认为费用）	-600 千美元
+摊销	0
=余额	-600 千美元

对投资活动现金流量的影响

无形资产的增加	0
=余额	0

问题 3 答案

a) 使用先进先出法的情形：

表 1 **利润表**

项目	第 1 年			第 2 年			第 3 年		
	数量	单价（元）	金额（元）	数量	单价（元）	金额（元）	数量	单价（元）	金额（元）
期初存货	1 000	300	300 000	700	600	420 000	700	800	560 000
4 月购进	1 200	400	480 000	1 200	600	720 000	800	800	640 000
8 月购进	1 500	500	750 000	1 000	700	700 000	1 500	700	1 050 000
12 月购进	1 000	600	600 000	800	800	640 000	1 000	600	600 000
可供出售的存货	4 700		2 130 000	3 700		2 480 000	4 000		2 850 000
销售	4 000		2 052 000	3 000		2 304 000	3 000		2 688 000
期末存货	700	600	420 000	700	800	560 000	1 000	600	600 000
销售成本			1 710 000			1 920 000			2 250 000

表 2 利润表

项目	第 1 年	第 2 年	第 3 年
销售收入	2 052 000	2 304 000	2 688 000
销售成本	1 710 000	1 920 000	2 250 000
毛利润	342 000	384 000	438 000
其他费用	200 000	200 000	200 000
税前营业利润	142 000	184 000	238 000

（10 分）

b）

表 3 资料负债表（摘录） 单位：元

项目	LIFO
税前营业利润	238 000
－所得税（30%）	－71 400
营业利润	166 600
＋折旧	60 000
－存货的增加	－40 000
－应收账款的增加	－30 000
＋应付账款的增加	20 000
经营活动现金流量	176 600

问题 4 答案

a）—a1）—a1i）

收入＝5.0/100.0×120.0＝6.0（百万欧元）

有关收入确定的解释性评论：

——完工状态根据实际发生的合同成本（5.0 百万欧元）占预期合同总成本（100.0 百万欧元）的比率，即 5% 进行计量。

——运用完工百分比确认收入（120 百万欧元×5%＝6.0 百万欧元）。

a）—a1）—a1ii）

表 1 产生的影响

资产负债表项目	影响
固定资产	－2.0 百万欧元
存货	0.0 百万欧元
应收账款	6.0 百万欧元

续表

资产负债表项目	影响
现金和现金等价物	-3.0 百万欧元
利润表项目	影响
营业收入	6.0 百万欧元
完工产品和在产品存货的变化	0.0 百万欧元
其他资本化的自营工程	0.0 百万欧元
材料成本	0.0 百万欧元
人工成本	-1.3 百万欧元
折旧	-2.0 百万欧元
其他经营费用	-1.7 百万欧元
营业利润（EBIT）	1.0 百万欧元

a）—a2） 税后利润或损失：

——2016 财年的税后利润等于 0.7 百万欧元［= 营业利润 1.0 百万欧元 ×（1 - 所得税税率 30%）］。

——税前利润 1.0 百万欧元减去递延所得税费用 0.3 百万欧元。

a）—a3） 见表 2

表 2　　该车间的信息表

现金流量表	影响
税后利润或损失	0.7 百万欧元
调整所得税费用（非现金）	0.3 百万欧元
调整应收账款增加	-6.0 百万欧元
固定资产折旧	2.0 百万欧元
经营活动提供的现金流量	**-3.0 百万欧元**

b）—b1）

根据国际会计准则第 36 号第 6 段，一项资产（或现金产出单元）的可收回金额根据其公允价值减去处置成本与其在用价值的较高者确定。

b）—b2）

在用价值：3 601 247.43 欧元

折现率：　　10%

年现金净流量　　950 000

表 3 **净现金流量表** 单位：欧元

	净现金流量	1 元复利现值系数	现值
第 1 年	950 000	0.9091	863 636
第 2 年	950 000	0.8264	785 124
第 3 年	950 000	0.7513	713 749
第 4 年	950 000	0.6830	648 863
第 5 年	950 000	0.6209	589 875
在用价值（=净现值 NPV）			3 601 247

b）—b3）

减值损失 =1 398 753（欧元）

减值损失 = 账面价值 - 可收回金额

一项资产的可收回金额根据其公允价值减去处置成本的差与该资产在用价值的较高者确定。

在用价值（3 601 247.43 欧元）高于公允价值减去处置成本的差（3 500 000 欧元）。

因此，减值损失 =（20 000 000 - 15 000 000）- 3 601 247 = 1 398 753（欧元）

b）—b4）

2017 年至 2021 年期间每年应确认的折旧费 =3 601 247.43 欧元/5 =720 250 欧元

c）—c1） 见表 4

表 4 **分期租赁付款**

	利息	租赁付款额	偿还的本金	年末租赁负债
				20 000 000
2017 年	2 000 000	5 275 950	3 275 950	16 724 050
2018 年	1 672 405	5 275 950	3 603 545	13 120 505
2019 年	1 312 051	5 275 950	3 963 900	9 156 606
2020 年	915 661	5 275 950	4 360 289	4 796 316
2021 年	479 632	5 275 950	4 796 316	0

c）—c2） 固定资产：

2017 年末：20 000 000 - 4 000 000 = 16 000 000（欧元）

2018 年末：20 000 000 -（4 000 000 × 2）= 12 000 000（欧元）

金融债务 = 年末的融资租赁（参见表 5）

经营费用 = 折旧费（每年 4 000 000 欧元）

财务费用 = 融资租赁付款额中的利息费用（参见表 5）

表 5　　**资产负债表和利润表（摘录）**　　单位：欧元

资产负债表	2017 年 12 月 31 日	2018 年 12 月 31 日
固定资产	16 000 000	12 000 000
金融债务	16 724 050	13 120 505
利润表	2017 年	2018 年
经营费用	4 000 000	4 000 000
财务费用	2 000 000	1 672 405

问题 5 答案

a）Dot 公司截至 2017 年 6 月 30 日的年度现金流量见表 1。

表 1　　**截至 2017 年 6 月 30 日的年度现金流量表**　　单位：千美元

经营活动	
税前利润	60 000
将税前利润转换为净现金流量的调整：	
不动产、厂房和设备的折旧	18 000
无形资产摊销	4 000
财务费用	8 000
营运资本调整：	
存货的变动（76 000 - 66 000）	10 000
交易性应收账款的增加（59 000 - 49 000）	- 10 000
交易性应付账款的增加（53 000 - 42 000）	11 000
已付财务费用	- 8 000
已付所得税［注（i）］	- 8 500
经营活动产生的现金流量	**84 500**
投资活动	
不动产、厂房和设备的购买［注（ii）］	- 14 000
递延开发支出（20 000 + 4 000）	- 24 000
投资活动使用的现金流量	**- 38 000**
融资活动	
年利率 8% 借款的偿还（62 500 - 28 000）	- 34 500
融资租赁债务的偿付［注（iii）］	- 21 000
已付股利［注（iv）］	- 11 000
融资活动使用的现金流量	**- 66 500**
现金和现金等价物的净减少	- 20 000
2016 年 7 月 1 日的现金和现金等价物	21 000
2017 年 6 月 30 日的现金和现金等价物	1 000

注：（i）已付所得税（见表2）

表2　已付所得税　单位：千美元

所得税债务上年结转	-递延	-16 000	
	-当期	-14 500	
所得税费用		-20 000	
从重估价准备中转入		-13 000	
所得税债务结转下年	-递延	30 000	
	-当期	25 000	
余额-已付所得税		-8 500	（5分）

注：（ii）不动产、厂房和设备（见表3）

表3　不动产、厂房和设备　单位：千美元

不动产、厂房和设备上年结转（在2016年6月30日）	214 000
重估	40 000
新融资租赁	30 000
折旧	-18 000
不动产、厂房和设备结转下年（在2017年6月30日）	-280 000
余额-现金购买	-14 000

注：（iii）融资租赁（见表4）

表4　融资租赁　单位：千美元

融资租赁债务上年结转	-非流动	-18 000
	-流动	-12 000
新融资租赁	-30 000	
融资租赁债务结转下年	-非流动	24 000
	-流动	15 000
余额-现金偿还		-21 000

注：（iv）已付股利（见表5）

表5　已付股利　单位：千美元

留存收益上年结转	-35 000
本年利润	-40 000
留存收益结转下年	64 000
余额-已付股利	-11 000

b） 比率计算（见表6）

表6 **比率计算** 单位：%

计　　算	2016/2017年	2015/2016年
毛利率[184 000/620 000×100]	29.7	25.6
营业利润率[（60 000+3 000+5 000）/620 000×100]	11.0	9.6
营业费用占销售收入的百分比[（72 000+44 000）/620 000×100]	18.7	16.0
资产周转率[620 000/426 000]	1.46	1.39
投资报酬率[（60 000+3 000+5 000）/（251 000+28 000+24 000+15 000－1 000）×100]	21.5	18.0
杠杆比率[（28 000+24 000+15 000）/251 000×100]	26.7	47.4

注：括号中给出了计算2016/2017比率所用的数字。

评论2016/2017财年相比2015/2016财年的比较业绩。

毛利率（1）：

毛利率从2015/2016年度的25.6%上升到2016/2017年度的29.7%，这说明有很大的改善。这可能源于一系列原因：

——销售价格的上升；

——销售产品成本的下降（如更有效率的生产、更低的原材料价格）；

——产品组合倾向于具有更高利润率和更高价值增值产品的变化。明显地，随着在不动产、厂房和设备以及开发项目上的投资，Dot公司处于扩张阶段（如在新业务/产品/市场）。也许改进源于开发项目的投产（因为它已经在摊销）和产生收益。

——所有这些因素的混合作用。

营业利润率/营业费用占销售收入的百分比（2）+（3）：

营业利润率从2015/2016年度的9.6%上升到2016/2017年度的11.0%。这完全是由于在增长的毛利率下，营业费用（即销售费用、营销和管理费用）事实上超过销售收入增长比例的增长（营业费用占销售收入的百分比：2016/2017年度的18.7%相比2015/2016年度的16.0%）。营业成本超比例的增长和销售收入的增长之间可能有相关性，例如在广告费上更高的支出可能导致增加的销售收入和更高的毛利率。

资产周转率（4）：

同样，Dot公司已经成功地将每一美元投资取得的销售收入从1.39美元提升到1.46美元，增加了5.0%[=（1.46－1.39）/1.39×100%]。考虑到在PPE（包括运营还不到一个完整年度的新融资租赁租入资产）和开发项目上巨大的新投资，这是一个很好的成绩，也是对未来期间好的预示。再考虑到厂房重估增值相对的抑制作用，这个成绩就更加突出。除了销售收入（分子）有 24% 的增长，良好的营运资本管理（分母）也对资产利用效率的提升做出了贡献。

投资报酬率 ROCE（5）：

ROCE 从 2015/2016 年度的 18.0% 上升到 2016/2017 年度的 21.5%，上涨了 19.4%，这在一个明显的扩张期是一个优异的业绩。营业利润率和更高的资产周转率都有积极的贡献。

杠杆比率（6）：

偿还年利率 8% 的 34.5 百万美元的借款，减去净增加的融资租赁债务 9 百万美元，使得债务降低 25.5 百万美元。这再加上股东权益 56 百万美元的增长（虽然该增长的近一半来自于 27 百万美元的重估价准备，还有 29 百万美元来自于留存收益），使得杠杆比率从 2015/2016 年度的 47.4% 显著降低到 2016/2017 年度的 26.7%。

偿还债务的资金来自手上持有的现金（20 百万美元）以及经营活动产生的净现金流。

许多股东可能对债务的降低感到满意，然而，债务并不必然是件坏事。Dot 公司按 8% 的年利率借款（指借款利率，租赁的利率未知），但能赚取整体 21.5% 的 ROCE。

问题 6 答案

（1）2 817 百万元

金融资产 +［税前利润 ×（1 − 公司所得税税率）+ 折旧 − 营运资本增加 + 投资现金流 − 计息债务增加 − 税前利润 ×（1 − 公司所得税税率）× 股利支付率］

= 2 606 +［1 300 ×（1 − 0.38）+ 538 − 97 − 655 − 300 − 1 300 ×（1 − 0.38）× 0.1］

或者：2 606 百万元 +（7）

（2）5 523 百万元

所有者权益 +［税前利润 ×（1 − 公司所得税税率）×（1 − 股利支付率）］

= 4 798 +［1 300 ×（1 − 0.38）×（1 − 0.1）］

或者：4 798 +（4）−［（4）× 0.1］

（3）11 005 百万元

流动负债 +（计息债务 + 计息债务增加）+ 其他非流动负债 + 所有者权益

= 2 340 +（2 745 − 300）+ 697 +（2）

或者：（1）+ 8 963/2.27 +（3 437 + 655 − 538）+ 685 = 11 004

（4）806 百万元

税前利润×(1－公司所得税税率)＝1 300×(1－0.38)

(5) 1 247 百万元

净利润＋折旧－营运资本增加＋固定资产和负债的其他增加＝(4)＋538－97＋0

(6) －381 百万元

计息债务增加－净利润×股利支付率＝－300－(4)×0.1

(7) 211 百万元

经营现金流量＋投资现金流量＋融资现金流量＝(5)－655＋(6)

(8) 14.6%

净利润/所有者权益＝(4)/(2)

(9) 50.2%

所有者权益/总负债和权益资本＝(2)/(3)

(10) 2 952 百万元

金融资产$_{2019}$＋[税前利润×(1－公司所得税税率)＋折旧－营运资本增加＋投资现金流量＋计息债务增加－税前利润×(1－公司所得税税率)×股利支付率]

＝(1)＋[1 419×(1－0.37)＋553－114－720－300－1 419×(1－0.37)×0.2]

或者：(1)＋(18)

(11) 3 721 百万元

有形固定资产$_{2018}$＋(投资现金流量$_{2019}$－折旧$_{2019}$)＋(投资现金流量$_{2020}$－折旧$_{2020}$)

＝3 437＋(655－538)＋(720－553)

(12) 11 587 百万元

金融资产＋(有形固定资产)＋(销售收入/流动资产周转率)＋其他固定资产

＝(10)＋(11)＋(9 600/2.27)＋685

(13) 2 145 百万元

计息债务$_{2018}$＋计息债务增加$_{2019}$＋计息债务增加$_{2020}$＝2 745－300－300

(14) 6 238 百万元

所有者权益＋税前利润×(1－公司所得税税率)－税前利润×(1－公司所得税税率)×股利支付率＝(2)＋1 419×(1－0.37)－1 419×(1－0.37)×0.2

(15) 525 百万元

税前利润 X 公司所得税税率＝1 419×0.37

(16) 613 百万元

税前利润×(1－公司所得税税率)＋折旧－营运资本增加－投资现金流量

＝1 419×(1－0.37)＋553－114－720

(17) -479 百万元

计息债务增加 - 税前利润 ×(1 - 公司所得税税率) × 股利支付率

$= -300 - 1\ 419 \times (1 - 0.37) \times 0.2$

(18) 134 百万元

自由现金流(FCF) + 融资现金流量 = (16) + (17)

(19) 0.83

销售收入/资产总额 = 9 600/(12)

(20) 14.3%

[税前利润 ×(1 - 公司所得税税率)]/所有者权益

$= [1\ 419 \times (1 - 0.37)]/(14)$

资产负债表 单位：百万元

项目	2017 年末	2018 年末预测	2019 年末预测	2020 年末预测
金融资产	2 439	2 606	(1) 2 817	(10) 2 952
流动资产	3 541	3 712	3 949	4 230
有形固定资产	3 341	3 437	3 554	(11) 3 721
其他固定资产	685	685	685	685
资产总额	10 006	10 440	11 005	(12) 11 588
流动负债	2 100	2 200	2 340	2 507
计息债务	3 045	2 745	2 445	(13) 2 145
其他非流动负债	697	697	697	697
股东权益	4 164	4 798	(2) 5 523	(14) 6 239
负债和股东权益总额	10 006	10 440	(3) 11 005	11 588

利润表 单位：百万元

项目	2017 年	2018 年预测	2019 年预测	2020 年预测
销售收入	8 048	8 425	8 963	9 600
销售成本	2 693	2 900	3 061	3 321
毛利	5 355	5 525	5 902	6 279
销售和管理费用	4 308	4 367	4 600	4 859
营业利润（没有计入净理财收入）	1 047	1 158	1 302	1 420
净理财收入	-12	-3	-2	-1
税前利润	1 035	1 155	1 300	1 419
所得税费用等	409	450	494	(15) 525
税后净利润	626	705	(4) 806	894

现金流量表 单位：百万元

项目	2017 年	2018 年预测	2019 年预测	2020 年预测
经营活动的现金流量	486	1 158	(5) 1 247	1 333
税后净利润	626	705	806	894
折旧	495	524	538	553
营运资本的变动	-502	-71	-97	-114
固定资产和负债的其他变动	-133	0	0	0
投资活动的现金流量 (=取得固定资产)	-529	-620	-655	-720
自由现金流	-43	538	592	(16) 613
融资活动的现金流量	-339	-370	(6) -381	(17) -479
计息负债的变动	-305	-300	-300	-300
支付的股利	-34	-70	-81	-179
净现金流量	-382	167	(7) 211	(18) 134
流动资产周转率	2.27	2.27	2.27	2.27
流动负债周转率	3.83	3.83	3.83	3.83
股利支付率	5.4%	10%	10%	20%

净资产收益率（ROE）

项目	2017 年末	2018 年末预测	2019 年末预测	2020 年末预测
A）净利润/销售收入	7.8%	8.4%	9.0%	9.3%
B）销售收入/资产总额	0.80	0.81	0.81	(19) 0.83
C）资产总额/股东权益总额	2.40	2.18	1.99	1.86
净资产收益率=净利润/股东权益总额	15.0%	14.7%	(8) 14.6%	(20) 14.3%
股东权益比率	41.6%	46.0%	(9) 50.2%	53.8%

后　记

2024 版《注册国际投资分析师考试指定用书》是由中国证券业协会主持翻译、审定、出版的。具体翻译、审译工作分工如下：李明亮、陆宇建、何诚颖、李磊宁、杜冬云和邹洋、涂红、高洁、刘程、彭海兰同志承担了《经济学》《财务会计和财务报表分析》《公司财务》《股票估值与分析》《固定收益证券估值与分析》《衍生产品估值与分析》和《投资组合管理》的翻译工作，陆宇建、梅丹、邹洋、杜冬云、涂红、刘程同志承担了《财务会计和财务报表分析》《公司财务》《衍生产品估值与分析》《经济学》《股票估值与分析》《固定收益证券估值与分析》《投资组合管理》的审译工作。参加教材翻译、审译工作的人员有杨高宇、章耀、林珊珊、戴丹苗、路颖、吴一萍、周洪荣、朱蕾、王伟、臧赢鹏、陈海楠、黄桂勇、王伟豪、张晛、刘琬璐、任天一。

教材的翻译工作还得到了海通证券股份有限公司、国信证券股份有限公司、中航证券有限公司、南开大学、中央财经大学、对外经济贸易大学的帮助。

在本套教材的编辑出版过程中，中国财政经济出版社做了大量工作。

在此对以上各方参与专家、工作人员及相关单位一并表示衷心感谢！

中国证券业协会

2024 年 7 月